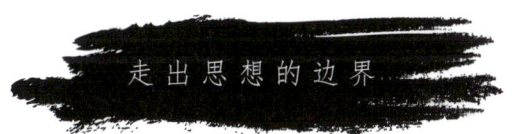
走出思想的边界

knowledge-power
读行者

风雪定陵

明定陵地下玄宫洞开记

岳南 杨仕 著

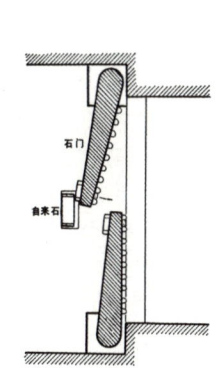

湖南文艺出版社 博集天卷

定陵全景

十三陵大红门

长陵全景

定陵棂星门、明楼

赵其昌、楼宇栋、王岩（自左至右）在定陵左库房查丝织品

定陵地下玄宫透视

万历皇帝像

王恭妃（后为孝靖皇后）像

孝端皇后像

金翼善冠

金翼善冠之局部

孝端皇后的六龙三凤冠

孝端皇后的六龙三凤冠之局部

孝靖皇后的十二龙九凤冠(复制件)

乌纱翼善冠(帽胎复原)

孝靖皇后的十二龙九凤冠(复制件)之局部

缂丝十二章衮服（复制件）

孝靖皇后的红素罗绣平金龙百子花卉方领女夹衣（复制件）

红素罗绣平金龙百子花卉方领女夹衣绣博戏、戏球、斗殴图

红素罗绣平金龙百子花卉方领女夹衣绣斗殴图

红素罗绣平金龙百子花卉方领女夹衣绣招蜻蜓、斗蟋蟀、沐浴图

红素罗绣平金龙百子花卉方领女夹衣绣观鱼、玩鸟图

镶宝金钗、Ⅴ型2式镶宝金簪与Ⅴ型3式镶宝金簪

Ⅴ型3式镶宝金簪、Ⅲ型镶宝金簪与Ⅷ型镶宝金簪

Ⅴ型Ⅰ式镶宝鎏金银簪、Ⅰ型镶宝金簪与Ⅰ型镶宝鎏金银簪

镶宝花丝仙人镏金银簪

镶宝玉龙戏珠金簪

金环镶宝玉兔耳坠

镶宝花蝶镏金银簪

万历皇帝的大碌带

万历皇帝的玉带钩

玛瑙带钩

心字形金带饰　　　　　万历皇帝的镶宝长方形金带饰

镶宝三菱形金带饰

大明万历年制刻云龙纹金筒形盒　　Ⅰ型金盆

金香薰

Ⅱ型金盆

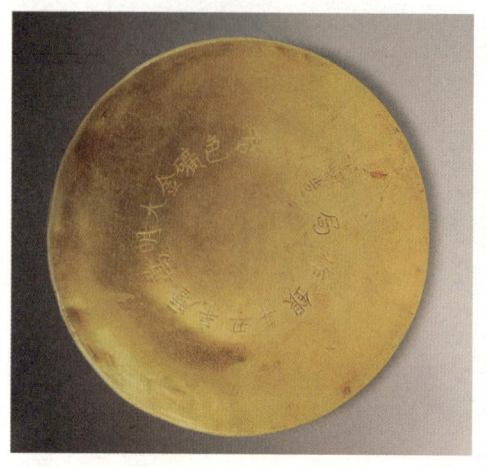

大明万历年制刻云龙纹金筒形盒底部铭文

花丝镂空金盒玉盂盖顶

花丝镂空金盒玉盂

金盒

金带柄罐

黄琉璃香瓶

金匙筯瓶（分置）

鎏金银托盘双耳玉杯

金酒注

金爵

金托玉执壶　　　　　　　　　　　　　　　　　金托玉爵

镶珠石二龙戏珠花卉金托金爵之局部　　　　　镶珠石二龙戏珠花卉金托金爵

金盖金托玉碗

金盖金托盘青花碗

金盏

青花梅瓶

三彩瓷觚

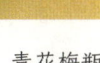
青花油缸

沙地云龙纹金漱盂内壁纹样

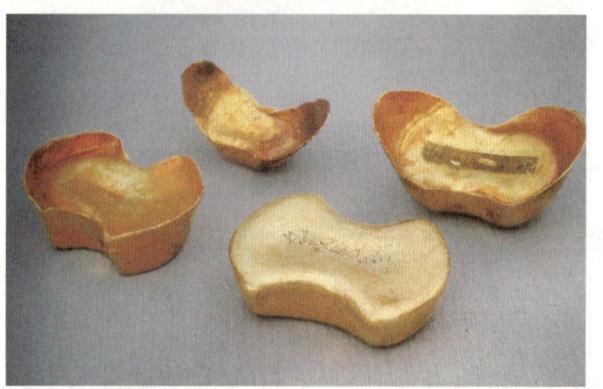

金锭

木人俑

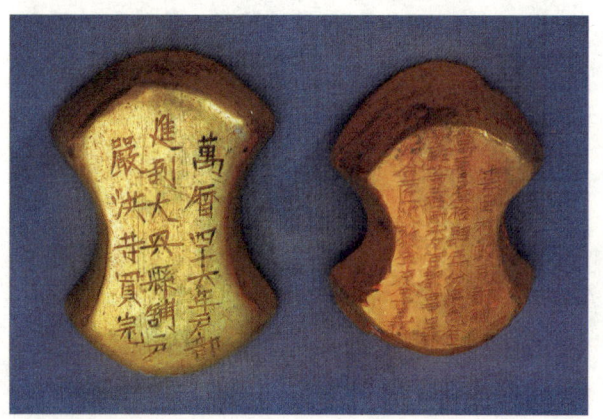

金锭底部铭刻

目录

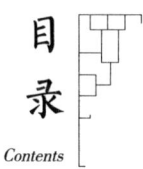

Contents

序　　　　往事如烟（赵其昌）/1

序　章　　似此星辰非昨夜 /001

第一章　　**巨人的抉择** /005
　　　　　狱中吴晗的悔恨 /006
　　　　　上书国务院 /007
　　　　　风雪天寿山 /011

第二章　　**穿过历史的迷雾** /023
　　　　　痛苦的历程 /024
　　　　　献陵风流事 /027
　　　　　走进监狱 /033
　　　　　城墙黑洞的启示 /036

第三章　　**万历新时代** /045
　　　　　深宫托孤 /046
　　　　　在锁链的捆绑中成长 /056
　　　　　帝国夕阳 /065

第四章　追踪玄宫隧道 /077

地宫入口与隧道门 /078

电光闪过之后 /085

"火神爷"的传说 /091

神秘的指路石 /095

第五章　大厦崩溃 /101

进退维谷 /102

举家罹难 /108

将星西陨 /112

第六章　皇陵中的爱情 /123

一根骨针 /124

木板房突然塌陷 /127

苦难的岁月 /128

年夜篝火 /132

匆匆来去的"嘉尔曼" /139

有情人终成眷属 /144

第七章　定陵地宫的主人 /147

御驾亲临陵区 /148

"吉壤"纷争 /153

一锤定音 /157

辉煌的陵园 /163

无字碑之谜 /169

山雨欲来风满楼 /176

第八章　金刚墙谜洞 /183

石隧道的神秘文字 /184

发现圭字墙 /186

封口消失何处 /191

金字塔与中国皇陵 /193

第九章　风流皇帝苦命妃 /205

两个女人 /206

闭月羞花郑贵妃 /212

国本之争 /218

太子母亲之死 /225

父子诀别 /231

万历母子与佛家恩怨 /233

第十章　玄宫轰然洞开 /243

大墙之下话传闻 /244

玄宫初露 /247

石门钥匙与"自来石" /256

第十一章　风雨下定陵 /265

疯狂的报复 /266

走向沉沦 /273

以清代明新纪元 /279

第十二章　错位的棺床 /289

希望与绝望 /290

遗诏终成空 /296

奇特的葬例 /299

定陵玄宫的历史地位 /305

第十三章　地宫中的两个女人 /309
　　卍字符下的孤魂 /310
　　蜡炸木俑与殉葬制度 /322
　　孝端王氏 /326

第十四章　打开皇帝的棺椁 /335
　　无可奈何花落去 /336
　　灯光重新闪亮 /340
　　璀璨的瑰宝 /349

第十五章　面对沉重的遗产 /357
　　命运的转折 /358
　　第一座皇陵博物馆 /365
　　定陵与杠铃 /367

第十六章　大风起兮云飞扬 /373
　　帷幕悄悄拉开 /374
　　"战斗队"的勇士们 /378
　　向帝后尸骨进军 /383
　　为时太晚的反思 /389

第十七章　海瑞与吴晗 /393
　　消失的偶像 /394
　　死尸复活 /403
　　吹皱一池清水 /406
　　走向人生终点 /409

第十八章　活着的与死去的 /415

　　古墓里亮起一豆灯光 /416
　　令人失望的定时炸弹 /422
　　无尽的哀思 /425

第十九章　在历史的档案里 /429

　　陵园里来了"胡伯伯" /430
　　周恩来对死人不感兴趣 /431
　　宋庆龄进入地下宫殿 /433
　　摄影师悬梁自尽 /435
　　江青深夜进入地宫 /438
　　金锭失窃案 /441
　　夜擒盗宝贼 /442
　　帝后棺椁与七条人命 /445

尾　声 /449

　　复生的希望 /450
　　迟到的报告 /453
　　让历史告诉未来 /458

附录一　怀念赵其昌同志 /463
附录二　夏鼐与定陵发掘 /465

主要参考文献 /475
后　记 /477

序

往事如烟

赵其昌

定陵发掘，已经四十多年过去了，面对着文稿，那些悠悠往事一齐涌来，千头万绪。随着时光的流逝，有些事已经记忆不清，有些事也确实有意无意地不再去想它；那些终生难忘的，再度浮现时却又乱糟糟如一团麻絮，真不知从何说起。

文稿中写了万历皇帝、皇后、妃嫔、文臣武将，也写了明朝历史、考古学史、考古工程，还涉及一系列历史事件、人物，方方面面，影影绰绰，就像是乱麻中又洒上一杯胶水，使我越发择不出个头绪来。掩卷之后，我在屋子里来回踱步，苦苦思索。

"啊，原来我是在读一部纪实文学作品！"我倏然顿悟。

考古总要去考证历史，多年的考古生涯，使我的脑筋禁锢了，思想僵化了。文学史学，虽然同源，却不同流，文稿是文学，又何必非像考古那样，桩桩件件、点点滴滴去做详尽的考证呢？一部《红楼梦》，本来是文学，又是历史，对曹雪芹来说，不过是顽石一"梦"，如果非去考证大观园处所，宴会的座次，真宝玉假宝玉，岂不真的陷入"烦琐哲学"，这样的考证又有何益？更何况文稿已经清清楚楚地说明，这只是定陵发掘的一个侧面记录。定陵发掘已经过去很多年，地下宫殿经年开放，它本身也在阐述着历史，现在又添了个文学，有文有

史，源流俱在，还有什么可讲？如果非讲它的是非得失，那就请广大的读者去评说吧。想到这里，我的思想也豁然开朗了。

考古学是历史科学的组成部分，其任务在于根据古代人类通过各种活动遗留下来的遗迹遗物，用以研究人类古代历史。古代人有意无意遗留下来的遗迹遗物很多，古城古堡、洞穴废墟、居住村落、建筑遗址等等是一类，而更多的则是墓葬。人总是要死的，古今皆然。按照一般习惯，人死去要埋葬，一代一代地死去，又一代一代地埋葬，形成了为数众多的坟丘。社会向前进，各个时代的埋葬形式也随之发展演变，葬制、习俗、随葬器物也就千差万别。如果把它们一个个完整地挖出来，按照时代、地区加以排列比较，先民们所走过的脚步，也就成了看得见摸得到的形象逼真的历史。不管故去的先民承认不承认，也不论他们留给我们的是石器、青铜、金银、碑刻、陶瓷等等，抑或坛坛罐罐，一抹丹青、半爪鸿泥，甚至一堆遗弃的废物垃圾，但是，其中却无不积淀着他们的思想意识、风俗习惯，包涵了科学、技术、文学、艺术等等，再加上多种部落、民族、地区相互交往、学习渗透、取长补短所构成的物质文化——现实中人们常叫它文物，莫不正是我们今天的物质文明与精神文明之源呢？如果说考古是在"寻根"，寻人类的根、民族的根，寻我们文明之根、文化之根，那些书写考古的文学之作又是什么？时下社会上有"寻根文学"一说，要说它是真正的"寻根文学"，该是名实相符吧。

考古、历史工作者的历史寻根，常以文物展出或论文、专著的形式展现出来，普及不免受到影响。而文学工作者用生花之笔去寻根，以广大人民喜闻乐见的文学形式表现，影响所及，使人们对先辈的历史文明做更进一步的理解与认识，其作用也许要远远超过前者。我们的民族之根很深，根深必叶茂；文史同源，文明之源很远，源远流长。祝愿老树新枝，让文明之花开得更艳。

定陵是帝王陵墓，封建帝王以全国的人力物力财力营建陵墓，埋葬自己，其规模之宏大可以想见。就建筑讲，地上的、地下的构成一个整体，它包括了对生与死的认识，对周围环境——所谓"风水"的理解、运用，同时涉及选址、布局、设计、测量、施工等诸多实际问题；就出土器物讲，又联系到当时的政治、经济、文化、科技水平等。一个地下宫殿，不只是皇帝生

序 往事如烟

前生活的再现，实际上应该视为明代社会的一个缩影。皇帝生前可以建陵埋葬，但现在的陵墓已经不再为他所有，而是祖国文化的组成部分。如果把它完整地揭示出来，对出土器物进行修复整理、妥善保存并展示出来，再进行多方面的研究阐述，无疑对祖国文化是一大贡献。定陵是新中国成立后第一次主动发掘的帝王陵墓，四十多年以后，如果回顾这一历程，值得反思的地方的确不少，有些也不能说不是教训。

考古发掘，是要把埋没在地下的遗迹遗物揭露出来，在揭露过程中，遗迹遗物不可避免地会受到不同程度的损坏，从这个意义上讲，任何发掘都是对遗迹遗物的破坏，古今中外皆如此。考古工作者的责任在于采取最妥当最严密的方法，使这种损坏降低到最低程度，从这一原则出发来检验定陵发掘，年轻的工作队经受住了考验。按照考古常规，发掘工作完毕，只是完成了全部工程的一半，最重要的工作是将出土器物进行整理，然后写出全面的发掘报告，这才是全部工程的最后结束。但定陵的发掘却不是这样，发掘工作完成后，工作队解散了，队员们各自回到原单位或下放劳动。工作队解散，定陵博物馆建立，开放参观，但是并没有继续工作队未完的工作。二十多年之后，再到定陵整理器物、编写报告时，有些器物已经面目全非了。损坏没有发生在发掘之初，而是发生在发掘之后，这是万万没有料到的，损失已无法弥补，不禁令人扼腕。原因自然是多方面的，运动的冲击、人为的破坏，也许主要还与认识或当时当地当权者责任有关。一个文化工作者，如果对祖国的历史文化没有一定程度的理解与认识，甚至起码的热爱，损失自然也就不可避免了。三十多年以后，夏鼐所长说了句不无遗憾的话："如果现在挖，后果会好些，再推迟三十年也许更好。"至此，我才理解他与郑振铎当初一再反对发掘的含义和后来上书国务院请求制止再挖皇陵的良苦用心。

定陵发掘完成后，地下宫殿开放，陈列一些出土器物，并不能满足多方面研究工作的需要，因而全面地系统地详细地反映陵墓发掘与出土文物的"报告"就显得特别重要。正是由于这一原因，中外学术界对它的盼望、催促与责难也就成了理所当然的事。遗憾的是，报告问世，已经三十多年过去了。对人类历史来说，三十年不算个大数字，对一个人来说，一生之中又能有几个三十年？发掘工作于1958年完成，再回定陵整理器物、编写报告已是1979年底，而1991年新年前夕我才看到发掘报告的样书。我久久地望着几

十万文字、几百幅图像、拓片、照片、厚厚的八开版两大册，心潮起伏，又勾起许多往事。

编写的曲折过程不必再提，而发掘委员们关心发掘报告的一些零星琐事，却难以忘怀，怎么也排遣不开。

郑振铎当时是文化部副部长兼文物局局长，主管全国图书馆、博物馆与文物考古事业，又兼中国科学院考古研究所所长（时夏鼐为副所长），关心定陵发掘是必然的。有一次他问我有什么困难需要他解决，我说，有一部明代抄本《万历起居注》，现藏天津图书馆善本部，它是《明实录·万历实录》的底本，保存定陵材料当然比现行《明实录》更多，但属特藏善本，不外借，我们很需要但看不到。他当即答应"这事我来办"。五天之后，他专程派人借来，送到定陵，还附了一张字条："确是明抄，海内孤本，十分宝贵，保存好，速看速还。郑。"几十大本，几百万字，我连夜阅读、摘记，又立即组织人重抄一部，原书送还。重抄本数十册现存定陵。

发掘工作刚完，在故宫神武门举办了"定陵出土文物展览"。布展期中，《人民日报》约他写稿介绍，他来到现场，一见我开口便说："发掘工作完成了，要立即着手写发掘报告，要快，不能拖。"又说他藏有明代帝后服饰图片数十张（他不仅是著名的文学家也是著名的古籍版本收藏家），十分宝贵，有彩色，比《三才图会》的要准确，写报告可做参考，次日他便把图片交夏所长转给我。展览开幕后，他的文章在《人民日报》刊出（1958年8月31日，题为《朱翊钧的地下宫殿》），定陵发掘的消息一经公布，轰动中外。我下放时，在农村新闻广播中听到他出访阿富汗、阿联（即由埃及等国合组的阿拉伯联合共和国，存续时间较短，现已解体）等国飞机失事的消息，心中十分悲痛。若干年后回定陵写发掘报告，他的图片真的成为复原帝后服饰极为重要的参考资料，事毕送还，主人却归道山了。他去世后，全部藏书捐赠北京图书馆，入特藏部，馆方为他的赠书编印了厚厚一部《西谛书目》（郑字西谛），那些图片久借不归，未能列入书目，我有责任，至今引为憾事。然而略感慰藉的是，利用定陵资料写出文章的，在发掘委员中他是唯一的一位。

发掘委员会的委员中，郭沫若最关心发掘，经常到现场看看，有时还带几本明人笔记要我阅读，坐下来谈考古、谈明史，一坐就是半天。郭老早年学医，打开地宫之前，他一再嘱咐，人死放久了，有一种"尸毒"，千万要小心。帝后的尸骨，将来要做多方面检验，提供病理或医药方面研究，请专家写专题，附在发掘报告上。他关心工作队的健康、安全，尽可能做了些防护设备，没有出现事故也没有染上"尸毒"，但是，尸骨却被烧毁了，连一点骨渣也没有找到。

地宫打开之后，他来得更多了。一天下午他突然来要看一下皇后的"谥册"——死后晋封的册文。他坐在木板房内用放大镜仔细阅读，夫人于立群却张罗着为我介绍女友。郭老听觉不敏，拍拍助听器仍听不清我们的谈话，站起来大声问："你们在谈什么？"于立群附耳大声说："皇后问题。"我在纸上写了"对象"二字，朝他眼前一展，他笑了："噢，对象！我看你的对象就是发掘报告，这比结婚重要啊，你结婚时立群可以参加，不过，我可希望你在结婚之前就把报告拿给我看！"说罢哈哈大笑。今天，发掘报告终于出版，他却溘然而逝。我往哪里去送呢？

邓拓对定陵发掘十分关心，也经常来工地现场。他说："我在研究中国资本主义萌芽，万历一朝是关键。"他翻阅我平时摘录的有关明代史料的卡片，并希望我借给他，我答应了。临上车他又嘱咐我："开棺要告诉我，我要看，出土器物我要一件一件仔细看，发掘报告我更要看。"并一再说明，写报告时，史料卡片一定送还。"文革"之中，他被抄家，卡片不知去向，多少年的心血丢失了，我并不介意，而现在，发掘报告出版了，作为发掘委员，他却无缘过目了，我深感不安。

"文革"后期，在灯市口马路上突然遇到夏鼐所长——我的业师。他说刚从"五七干校"回来，要筹备一个全国文物展。随后问我情况，我如实以对："我还没有解放，正在单位挖防空洞，劳动改造。"他说："很好嘛！还在挖土，没离开老本行呀。"问我定陵情况，我摆摆手说："这一行不干了！我现在练就了一把好手艺，设计、画图、起券垒墙，样样能干，以后改做瓦匠了！"他笑着说："按古希腊的谚语，你能盖房子，再种些树，我看还是个好公民嘛。"看得出他是有意在安慰我。

夏所长有个习惯，平时同他谈话，他总是随走随说，在办公室里，也是我坐着说，他来回走动，边听边说。这一次却一反常态，我们在马路边相对站立，足足二十分钟，没说上几句话。我把他提着的一捆蔬菜放在自行车筐内,并肩而行,一直走到干面胡同他的宿舍,路上我们竟没说一句话。事后,他把询问定陵发掘报告的信函递给我,有国内的,更多是国外的,厚厚一叠。有询问,也有讥讽、挖苦,甚至口出不逊,令人难以忍受。我也把收到的询问信送他看。他不再走动,静静地坐着,一语不发。我已经理解,为了这未完成的皇陵工程,他所承受的压力该有多大。没想到一部发掘报告的分量,竟是这般沉重!

王岩和我把整理定陵发掘报告的工作计划、编写提纲拟好之后,送夏所长过目,顺便讲了个意见:定陵出土器物中丝织品最多,多年没做整理,保存又不好,这一次想仔细整理,留下个详细记录,绘出细致图样,使今后的研究工作不再去触动原物,以减少损坏。他很同意。请他估计个时间,以便掌握进度。他沉思很久说:"定陵挖了两年,那是日夜赶工的,照那样干法,几千件东西整理起来,也许比两年要长些,你们看两年半行不行?"临行时,他又补充说:"所内的技术力量你们随时用,下田野的可以调回来。我只希望能快点完成。"实际情况比我们共同估计的要复杂得多,夜以继日,足足干了五年才完稿,送他过目时,时间超出了一倍。我们很感不安,而他却平静地说:"我了解,实物腐朽严重,不容易整理,你们尽力了。"稿子交到他手不久,谁又想到,这位中国社会科学院副院长、考古研究所名誉所长、身兼国外六国院士的一代考古巨匠,却与世长辞了。

定陵发掘之初,他并不赞成,确定发掘之后,他却是具体指导者,无论是初期的发掘工作还是最后的发掘报告,都凝聚着他的心血。在和他的遗体告别之后,归途中我默默地想:与其他发掘委员相比,也许他还算幸运的,虽然没有看到发掘报告最后成书,总算看到了完稿,自始全终,在发掘委员中他是仅有的一位。九泉之下,可以瞑目了。

吴晗当时是北京市副市长兼北京市文化教育委员会主任,主管文教事业,我的原单位北京市文物调查研究组为他直接领导(后属文化局)。他又是历史学家,明陵发掘的发起人之一、发掘委员,对发掘当然关心备至。

1958年初秋,我下放前夕,《考古通讯》要公布"定陵发掘简要报告",责任编辑徐元邦坐等索稿,我连夜赶写"简报"上半部,打电话报告吴晗,问他是否过目。回答很干脆:"简报稿子我不看,我只望你抓紧时间早日完成正式报告,我要看正式发掘报告。"我低声答应。他哪里知道,我第二天就要离开定陵，下放劳动，我不愿告诉他。此一去何时回京，能否回来，不能预料，正式报告的事我却贸然答应下来，真是糊涂之至，心中十分不安。

吴晗逝世十年之后，即1979年，"三家村"冤案平反。1984年是吴晗七十五周年诞辰、逝世十五周年，生前他曾任北京市历史学会会长，学会事前筹备开纪念大会、出版《吴晗史学论著选集》。他原为清华大学教授，清华建"晗亭"（邓小平题字）届时揭幕，学会理事分工，我承担在首都博物馆举办"吴晗纪念展览"的工作。布展期间，我从定陵取来几张照片，放大展出。开幕前夕，吴晗的胞妹吴浦月来了，面对照片，问我当时情况，我极力按捺住激动的情感，尽量把话题扯开：在1957年前后，吴晗要出访埃及，特地来到定陵，问我要不要带回一点关于发掘金字塔的资料。我告诉他这类资料图书馆可以找到，从定陵出土器物看，急需一些国外对出土文物的修复、保存等书籍。此后不久，他陪同驻埃及大使陈家康夫妇到定陵参观，顺便将厚厚一本修复文物的英文书交给我。我试译了其中的重要章节供参考，挺费力，没译完就放下了。说到这里，我把吴晗与陈家康夫妇的合照指给吴浦月，她一直默然不语。我又讲述了一些多年来吴晗关心北京文物考古的事例，她仍然默默不语，后来我讲他关心定陵发掘报告以及多次指点我读书记笔记的情况。讲述之间，也许无意中流露了我的深切怀念之情，万万没有料到，她竟当着那么多人的面，紧紧抱住我号啕大哭起来，我一时茫然，不知所措。

事隔不久，《吴晗传》作者之一王宏志来找我，说要补充一点吴晗与北京文物和定陵发掘的史实。当时发掘报告正在编写，尚未完稿，一提定陵这块心病，我又哽咽起来，谈话无法进行。我们是先后同学，也许不会怪我失态。没过多久，侯仁之教授介绍美国人马紫梅女士来访，她也要写一本英文本《吴晗传》。事先约好时间，我有了一点心理准备，谈了一些吴晗关心北京文物事业的例子，她满意地走了。然而就在送走马女士之后时间不长，吴浦月也带着无限悲伤和遗恨，寻找她的胞兄去了。我满怀悲痛之情参加了她的葬礼。

定陵发掘报告久久不能问世，师友们偶尔问及原因，我也讲述一些情况，做点解释，自然也流露一点情绪。有的同行知道一点内情，冲着我说几句歇后语发牢骚：你不就是拉磨的驴吗，报告写不写关你屁事，咸吃萝卜淡操心。他的意思很清楚，安排不安排整理发掘报告，有领导在，你，小干部，是"小驴拉磨"，听吆喝的。有的师长劝我：既如此，你可以考虑写一篇"备忘录"，在《考古》杂志上刊出，至少可以取得国内外同行的谅解。发掘期间，工作记录之外，我也零星地记了些日记，以备查考。但"文革"中大都丢失了，时间、地点、人物记不大清，"备忘录"不好着笔，一直没有写。现在好了，发掘报告出版，一代皇陵工程终于最后结束，我如释重负，再也不用"备忘录"了。

行文至此，本可结束了，但猛地想起，热心的读者也许关心多少年前那支工作队的去向，所以应该再唠叨几句。

白万玉，据他讲，"卢沟桥事变"后曾在他的老家张家口龙关县（现已撤销，并入赤城县）干过一阵游击队，跟日本人狠打过几仗。除去这段时间，他一生都在干考古，大家尊称他"白老"。定陵发掘没有星期日，两年多他也就在探沟和地宫中度过。他田野经验丰富，尤其长于修复器物，可惜工作队结束过早，没有发挥他的专长。回到考古所，不久退休，北京大学的考古专业又请他去讲过器物修复课，也带过同学的野外学习。他无子嗣，记得螟蛉子在电车公司工作，我去找过，却无结果。对中国早期的考古调查，河南、陕西、甘肃以及新中国成立前的西北科学考察团的内蒙古、新疆之行，他都有过详细的讲述，我也做过详细笔录，如能整理出来，对他应是个纪念。

于树功本是北京市文物调查研究组秘书，工作队初建，他担负了一切行政事务，安排就绪后，又回到文物组。他青年时代与先烈李大钊有交往，送莫斯科学习，与乌兰夫、伍修权等同届。日本占领东北，回哈尔滨做情报工作，被告密入狱，判死刑，又改无期。几年之后，他竟说服了留学日本的青年狱医赵公民（新中国成立后任吉林省卫生厅厅长，死于"文革"），结伴出逃，成为日本监狱内重犯逃脱仅有的一例。曾入煤窑，隐姓埋名做矿工。后回到北京，蹬三轮车为生，新中国成立前接通关系。能说半句俄语，他却偏偏要做文物工作。"文革"中，为越狱一事又受冲击。晚年躺在病床上，我去看他，去一次哭一次，害得我不敢久待。只有一次，我们忆起当年有人曾以掘陵破坏"风水"为由，扬言要干掉我，他特地送我一把苏制匕首防身的事，两人不禁哈哈大笑。遗憾的是他去世时我在定陵写报告，未能见上最后一面。

刘精义这位当年的文弱书生，今天已是文质彬彬的学者，在北京市文物研究所，副研究员，致力于北京史研究，写了几篇颇有见地的论文。他说并未放弃对十三陵的研究，正在作"明陵札记"，几十万言，不久即可成书。一提到健康，他总是说陵园中那日日夜夜的泥水生活锻炼了他，至今保持着熬夜的习惯。

李树兴是开工不久才到定陵的，清理工作中搞登记、保管，工作队解散留在定陵，"文革"中焚毁尸骨，他是目击者，听他讲过一些别人不愿说的细节。现在颐和园管文物，偶去游园还谈谈往事。

曹国鉴、冼自强、王杰仍在考古所工作，曹练得一手瘦金书、写意画，成了书画家；冼在实验室搞碳-14，整日足不出户；王杰却天天出差去发掘现场画图。

"文革"中我在本单位挖防空洞，劳动改造，有人告诉我一位公安人员在等我，带着盒子枪。一听说枪，吓了一身冷汗。满身泥污跑出防空洞，看到他远远地向我敬礼，走近一看，是庞中威。看到我这一身装束，泥泥水水，他感叹不已。他说回考古所不久，下放河北省某县，当了一名干警，干得挺不错。多年不见，凭了他的精明强干，也许当上局长了。还有一位时桂山，回考古所后去了青岛博物馆，虽未见过面，但有信函，刊物上也见到他的文章。清理工作最紧张时，人手不足，我去请考古所的同学好友支援，刘观民、黄展岳他们是自己背了行李去到定陵的，现在是所里的研究员，各自领导着一摊子。

如果前后联系起来，二十年后编写报告者自然也属工作队成员。

王岩这位六十年代初北京大学考古专业的毕业生，"文革"中去保定满城发掘那知名中外的"金缕玉衣"，发掘报告刚一完成便转到定陵。整理器物等细致烦琐而艰巨的工作是他和王秀玲完成的，几年的时间，把他累坏了，明显地看出两鬓增添了几缕白发，刚一结束，又远去洛阳了。人在洛阳，心系定陵，仍要关心那本报告稿，排图、修改、校样，一稿一稿与责任编辑楼宇栋折腾了七次，京洛路上他往返至少七趟。五年编写，两年复核校订，一本报告耗去他七年时间。现在他是考古所洛阳队队长，又在那里挖汉唐城址，消息传来，很有收获。

王秀玲是"文革"期间北京师范大学历史系毕业生，十三陵生人，研究乡土，当然最合适，现在担任讲课任务，培养解说员。

　　魏玉清是十三陵特区文物科长，编写报告期间承担着繁重的后勤行政事务，做得井井有条。又潜心于业务，写书还担任着十三陵的全部陈列工作。

　　吴平，是从苏州特邀来的，六十年代初北京工艺美术学院染织系的高才生，在定陵一住近三年，丝织品匹料、龙袍、靴帽等全部图案纹饰是她一人完成。在大案子上把破损的碎片拼凑起来，初稿画完，誊成清稿，一稿一稿、一张一张，足足几百张，一个放大镜磨得模模糊糊。有一次她举着放大镜却斜指着我的鼻子说："你呀，你呀！把我的青春磨完了！"回苏州不久，又离别相依为命的老父远渡重洋去美国进修。不久前接到来信，询问发掘报告的事，我真想回信不提"报告"二字，只写个"祝你青春永驻"，也回敬她一个玩笑。

　　定陵开放之后，观众人山人海，天天如此。有一次我陪外宾去参观，走出陵园大门，在广场上看到一位农民装束的白发老者，站在一块石头上高声讲解，观众围得水泄不通。侧耳听听，定陵的历史、发掘和意义、过程，讲得清楚明白，真实而生动，语气中还带着几分得意。定陵的人我几乎都熟悉，但不认得他，哪里来的一位义务解说员？仔细一看，原来是三十多年前参加发掘的一位民工，模样还记得，但忘了姓名。我不愿打扰他，悄悄地走开了。三十多年前疑神疑鬼的山民，今天高高地站在广场上对着众多的观众讲得绘声绘色、头头是道，又是什么使他有了这么大的变化，前后判若两人？噢！我突然明白，是文化，文化显示力量了。

　　直接与定陵发掘有关的人讲完，该轮到我自己上场了。我嘛，四十多年前的毛头小伙子，已经退休，齿摇摇、发苍苍，垂垂老矣。田野跑不动，只能关在斗室中爬格子。定陵发掘之初，吴晗要求我搜集明代北京的历史资料，"文革"前作过一部分送他过目，他被抄家，资料散失了。"文革"后重新再作，日夜不息，二百万言已经脱稿。吴晗是我的领导、师长，生前交给我两件事，定陵发掘他没有看到最后完成，也没能利用发掘报告写出一篇文章，过早地逝去了。今天，发掘报告已经出版，还获得两个奖项，一个中国社会科学院的社会科学研究优秀成果奖；一个夏鼐考古学基金会的考古学研究优秀成果奖。《明实录北京史料》业已完成，得此消息，九泉有知，当可瞑目了。老师，安息吧！

写到这里，我感到很累，很疲乏。站起身来，直直腰、挺挺胸，推开窗子想换换空气，扭开收音机听听香港回归的消息，不想却传来北京地区天气预报：

明天 晴
温度 零上2摄氏度至零下9摄氏度
风力 二三级
北部山区有小雨雪

噢！明天，是一个难得的好天气，年轻的考古队又该出发了，一点小雨雪挡不住他们的去路。

祖先留给我们的遗产太多了，埋藏得很深，需要他们去苦苦地寻、深深地挖。我依稀看到他们的身影又在凄冷的荒野上一步一步地探索、寻觅，一铲一铲地发掘。他们肩上的担子够重的。祝他们成功。

赵其昌

一九九六年冬，于北京西四

【简介】赵其昌（1926—2010），河北安国人，1953年北京大学历史学系考古学专业毕业后分配到北京市文教委员会文物调查研究组，后转入首都博物馆工作，长期从事北京地区考古学、历史学方面的研究。1956年参加明代定陵的发掘工作，担任考古发掘队队长。1985年—1988年任首都博物馆馆长。1988年退休，后兼任首都博物馆专家委员会主任。主要著述有《定陵考古发掘报告》，与王岩（社科院考古所）合著，1991年由文物出版社出版，获中国社会科学院考古所研究优秀成果奖与夏鼐考古基金会优秀奖。另有《定陵掇英》大型画册。《明实录北京史料》四册，有关北京史迹考证、论述文字数十篇，如《唐幽州乡里》《延庆奚人遗迹》等，编为《京华集》出版。

序章 似此星辰非昨夜

风雪定陵

明定陵自万历十八年（1590年）年建成至今已四百余年。

四百余载沧桑岁月，使这座宏伟瑰丽的皇帝陵寝如同它那地下玄宫（王者的墓穴）存放的青铜器一样，蒙上了一层难以辨认的绿锈。而陵墓主人那极富传奇色彩的一生，更像一个谜团久久地困惑着无数先哲、学者，至今为此争论不休：一个幼年极端聪颖并颇有大志的皇帝何以在刚刚步入黄金时期就为自己修筑陵墓？一个皇帝对一个女人的爱何以近四十年始终不渝，以至为她引起的"国本之争"，差点断送了大明江山？这个皇帝又何以二十多年不理朝政，使大明帝国江河日下，几乎伴同他一起走进了坟墓？

1958年9月6日，新华通讯社向世界播发了这样一条消息：

明十三陵中的定陵已被打开。陵墓是一座地下宫殿，全部用大块青白石砌成的拱券，有两层楼高、八十多公尺长。在后殿里放着三口一人多高的朱红色棺材，明朝第十三个皇帝朱翊钧和他的两个皇后都躺在里面。尸体已腐烂，骨架完好，头发软而有光，尸骨周围塞满了无数的金银玉器和成百匹的罗纱织锦。这些锦缎时经三百余年，有的还金光闪闪。

织锦品的发现，对了解和研究久已失传的明代特有的丝织技巧，具有极其重要的意义……

震惊、愕然、猜疑……这条被封锁了两年多的消息一经播出，立即使各国考古界为之哗然，无数惊愕的目光骤然投向东方这块古老而神奇的土地。

与此同时，某些大国的科研情报部门，立即开动迅速运转的机器，用不同的手段和方式，探测着定陵洞开的隐秘和出土文物的价值。

其间，最敏感的美联社率先做出反应——

这是中国自成立后有计划主动发掘的第一座皇帝陵墓。它从1956年5月开始动工，至1958年7月结束，为时两年零两个月。一切迹象表明，定陵的发掘是由一批实力雄厚、训练有素的专家完成的。据观察家分析，这不同于以往任何一次考古发掘，说明红色中国的考古学事业正在走向成熟……

定陵已经开放，似乎一切都不再是秘密。然而，事实并非如此。

当我们步入古老幽深的地下玄宫，面对三口复制的朱红色棺椁，仍觉一团团迷雾在心中升腾，冥冥之中似有一种声音在向世间诉说着什么，如泣如诉，如悲如哭。

当年出土的那三口用金丝楠木精制而成的巨大朱漆棺椁原物安在？那三具骨架完好，头发软而有光的尸体存放何处？那金光闪闪，代表了整个中华民族丝织技术和人类纺织技术高峰的几百匹织锦珍品又在哪里？

迷雾又一次困惑了人们。

国外科学界睁大了眼睛密切注视着定陵发掘报告的诞生，希图从中得到破译的密码，获得难以预料的信息。

但，三十年过去，中华大地上却没有一篇有关定陵发掘的学术性报告问世。这时，无论是西方还是东方，人们望眼欲穿，如火的希望渐渐地变为灰烬。

终于，耐不住寂寞的人们开始用不同的形式探测这一"秘密"的起因，信函如雪片一样从世界各地飞来。不解、恼怒，甚至出言不逊……一位香港的华人女科学家在信中愤然写道："定陵发掘近三十年而不出一篇学术报告，如此巨大的时间间隔是世界考古史上绝无仅有的。我真担心，中华五千年灿烂文明及祖宗留下的基业，会毁于你们这些不肖子孙之手……"

巨石飞来，响声如雷，中国考古界却出奇地沉默。他们不能不表示沉默，又怎能不表示沉默？

面对异国他邦那一双双真诚、期待的眼睛，即使是一代考古巨匠夏鼐也无法解释和羞于诉说。定陵的发掘连接着久远的过去，交织着一系列错综复杂的历史事件，在他和他的弟子心中，当年那史诗般的伟大发掘，以及辉煌的荣光，似乎早已成为遥远的梦幻。萦绕在脑际的却是一曲棺椁毁弃，骨架被焚，发掘者家破人亡、妻离子散的苍凉挽歌……

三十年过去，弹指一挥间。

历史给予我们的是定陵发掘见证人衰老病死的噩耗。当年首次倡议发掘并联名上书国务院的吴晗、郭沫若、沈雁冰、邓拓、范文澜、张苏以及参加指导发掘工作的郑振铎、夏鼐等文化巨匠俱已作古，即使是当年参加发掘的不到20岁的热血青年，也已青春早逝，华发频添，垂垂老矣。自然法则不可抗拒，历史就是这样造就着一切，又毁灭着一切。

面对这种可怕的"死亡周期"，今天的我们不能再度沉默。既然历史已经不可挽回地赋予了定陵洞开的历史事实，我们理应当此重任，以沉重的笔尖作为犁铧，去刺破岁月沉积的覆盖层，捡拾远古遗留的碎片，以期修补和复原历史的原貌，使其闪烁自身的光华或暗淡，让死去的感到欣慰，活着的不再遗憾。

——这便是我们笔耕的誓愿。

第一章
巨人的抉择

风雪定陵

发掘明陵，吴晗决心已下。搬兵请将，上书总理。郑振铎、夏鼐提出异议。双方纷争在所难免。巨人的抉择，揭开了中国考古史新的一页——

狱中吴晗的悔恨

1969年10月10日。夜,漆黑。风,瘆人。一股肃杀的气氛缠绕着古城北京某监狱。

行将归天的吴晗,苦苦挣扎着不肯离去。

呼吸越来越困难了。他双手紧紧扼住自己的下颚,笨拙的身子在干草上急剧地抽搐、颤抖,两条干瘦的小腿伸开、蜷回,又伸开,灵魂在挣脱躯壳的最后时刻是那样不情愿。或许,这颗痛苦的灵魂在彻底绝望之前,还要回到清华园的绿草地、北京市政府那张明净的办公桌前,到定陵那神秘深邃的地宫中再走一趟,向他们一一告别、辞行。然而,这一切都不属于他了。

早在1962年,一些"左"派学者就把他当作"资产阶级学术权威"的重点抨击对象。历史剧《海瑞罢官》的清官问题、历史人物的评价问题、道德继承问题,已经远远地超出了学术的讨论范围,他已经无可逃脱地成了批判的靶子。而风靡全国的"三家村"事件,终于使他走上了十年内乱开刀祭旗的凄壮祭坛。从那时起,他和他几十年倾力倡导和创造的学术基业,遭到毁灭性的劫难就注定了。

现在,他要死了。

一豆油灯照着他灰白痛苦的脸。弥留之际,他依稀记起六个月前监狱长送来的消息,在苦难中突然旧病复发的爱妻袁震,已经与世长辞。临死时,面对朋友送来的一锅红豆稀粥,她有气无力地说:"我觉得心里闷得慌,什么都吃不下,只想看一眼老吴……"此刻,他和爱妻一样,也将在巨大的悲愤中死去了。他可以忍受死亡,但他再也无法忍受临死前的孤独。他巴望着15岁的女儿小彦和11岁的儿子吴彰突然闯进来和自己亲热地拥抱,做最后的诀别。他企望与自己肝胆相照、同舟共济的邓拓、夏鼐两位良朋益友做一次长谈,甚至他希望那个定陵发掘队队长、自己的学生赵其昌再来到面前,向他汇报定陵的情况。

明陵的发掘是他学生时代的夙愿,也是他新中国成立以来极力促成的一件文化事业方面的大事。自从万历帝后的棺椁被毁之后,他就重新考虑发掘定陵的得失。当那个皇帝和两位皇后的骨架被腾升的烈焰顷刻化为灰烬的消息传来时,他才清楚地认识到,在十年前那场争论中,郑振铎、夏鼐两位挚友的远见。此时,假如郑振铎、夏鼐出现在眼前,他会爬起来抓住他们的手说:"如果那时我能看到今天,也许不会……"

但是,没有人来。

流逝的时光不会再一次到来了。今天,属于他的,只有悲愤和无尽的悔恨……

上书国务院

1935年初夏。北平清华园中的古月堂。

即将赴河南安阳殷墟参加田野考古实习的历史系学生夏鼐,正和他的同窗好友吴晗踏着绿茵茵的草地在亲切交谈,畅述着自己日后的志愿。夏鼐问打算留校任教的吴晗:"如果由你来选择,你打算挖什么古迹?"

以研究明史崭露头角从而成为胡适爱徒的吴晗,不加思索地说:"当然挖明十三陵。"

两人相视一笑,握手言别。他们谁也没有想到,二十年后,这次看似无足轻重的闲聊,竟成为现实,并由此引发起一场纷争。

1955年10月4日,国务院秘书长习仲勋的办公桌上,平放着一份刚送来的报告:

关于发掘明长陵的请示报告

国务院:

在社会主义建设取得伟大成就的今天,我们的文化事业也得到了飞快发展。为进一步加强和繁荣社会主义文化事业,我们请求对十三陵中的明朝统治者朱棣的长陵进行发掘。

封建统治阶级的帝王,死后陵墓中都有大量殉葬品。朱棣是明朝开国皇帝朱元璋的儿子,他在世时迁都北京,是十三陵的首陵,殉葬品可能多于其他陵墓。通过对长陵的发掘,以活生生的事例与实物,进行历史探索,并可利用这些器物,进一步开展对明朝政治、经济、军事、文化等史实的研究,更好地为社会主义建设服务。

陵墓发掘后,就原址建立博物馆,将出土器物整理陈列。

以伟大领袖毛泽东提出的"古为今用"的方针,向广大人民群众进行阶级教育,可进一步认清封建统治阶级的反动丑恶面目,加强对伟大社会主义祖国的热爱,同时也可增加首都人民群众的文化生活内容。

当否,请批示。

郭沫若　沈雁冰　吴晗

邓拓　范文澜　张苏

1955年10月3日

习仲勋看罢报告,觉得事关重大,立即批转主管文化的陈毅副总理并呈报周恩来总理阅示。

消息传开,文化部文物局局长郑振铎、中国科学院考古研究所副所长夏鼐大惊。当他们得知这份报告的发起人是北京市副市长吴晗时,便急忙前来劝阻并希望其收回报告,一场纷争由此开始。

"出土器物是最可靠的历史资料,我们发掘长陵后,可利用明成祖的随葬器物,进一步开展对明朝政治、经济、军事、文化等史实的研究工作,同时将出土文物整理后,就地成立博物馆,对首都人民进行历史唯物主义教育,增加首都人民的文化生活内容……"郑振铎听罢吴晗的叙述,从椅子上站起身,急不可待地说:"我国目前考古工作的技术水平还难以承担这样大规模陵墓的发掘工作,出土的古物在保存、复原方面的技术也不过关,如此规模庞大的陵墓发掘和出土文物的保存,就连世界上技术先进的国家也会感到头痛……"

未等郑振铎说完，吴晗接着反驳："全国已经解放五六年了，有老一辈的考古专家，也有新培育的一批大学生，从人力物力方面都有条件胜任这项巨大的工程。"

夏鼐见二人难分胜负，便及时地出来为郑振铎助一臂之力。他先是不动声色地望望面前的这位同乡加同学，诙谐地讲道："老吴，眼下全国都在大规模地搞基本建设，考古人员严重不足，今天西北告急，明天东南告急，我们的人全所出动，配合基建还应付不了局面，又怎能主动发掘皇陵呢？再说出土的许多古物都要保存和复原，这方面的人手更少。你应该从全国考古工作的轻重缓急来考虑问题，不能从明史专家的角度来安排发掘工作。老兄！你已经不再是清华园那个吴晗了啊！"

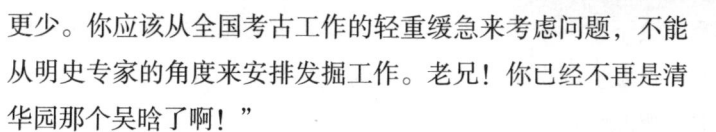

时任北京市副市长的吴晗

……整整一个下午，纷争仍无结果。发掘明陵对主管北京市文化教育的副市长吴晗来说，既然决心已下，就很难有外来的力量予以改变。

郑振铎、夏鼐走后，吴晗怕风云不测，便立即找到郭沫若、邓拓等好友，通过不同的方式在中央领导人面前加紧了对发掘长陵重大意义的宣传和鼓动。与此同时，郑、夏也间接地向中央提出了自己对长陵发掘的不同观点，争论双方都把希望寄托在周总理身上。五天之后，有消息传来，周恩来总理已经做出裁决并在报告上签字——

同意发掘

巨人的抉择，使中国的考古事业揭开了新的一页。同时，有许多意想不到的故事，也要在这一页上书写。

1955年12月初，在吴晗的主持下，成立了"长陵发掘委员会"。委员会成员为：

中国科学院院长 郭沫若
文化部部长 沈雁冰
北京市副市长 吴晗
《人民日报》社社长 邓拓
中国科学院历史研究所第三所所长 范文澜
全国人民代表大会常务委员会副秘书长 张苏
中国科学院考古研究所副所长 夏鼐
文化部文物局局长 郑振铎
北京市副市长 王昆仑

长陵发掘委员会下设一个考古工作队。工作队由文化部文物局、中科院考古研究所、北京市文物调查研究组共同抽调人员组成。

其成员姓名及概况为：

赵其昌 队长 28岁 北京大学历史系考古专业毕业
白万玉 副队长 58岁 小学毕业
于树功 队员 52岁 苏联莫斯科中山大学毕业
刘精义 队员 23岁 南开大学历史系肄业
冼自强 队员 17岁 初中毕业
曹国鉴 队员 18岁 初中毕业
庞中威 队员 19岁 初中毕业
李树兴 队员 19岁 初中毕业
王杰 队员 19岁 初中毕业

我们不惜篇幅，列举长陵发掘委员会和考古工作队人员的概况，意在为新中国成立以来，以研究历史并建立陵墓博物馆为主要目的，有计划、主动发掘的第一座皇帝陵墓的历史史实，留下尽可能详细的记录，以期为政治家、历史学家、考古学家以及其他学科多方面的研究工作者提供更加开阔的思考空间，为此次发掘的得失做出真实而科学的评价。

风雪天寿山

既然发掘明陵已成定局，身为考古研究所副所长并主管业务的夏鼐，责无旁贷地承担起发掘的指导工作。他催促工作队长赵其昌——也是他的学生尽快上路，去明陵调查。

1955年最后的一天，赵其昌偕同探工赵同海携带着考古专用的各种工具，走出古城北京，冒雪北上，来到十三陵这座昔日的皇家圣地。

寒风呼号，雪花纷飞。起伏的群山和荒芜的陵墓蒙上一层惨白的葬衣，沉睡了几百年的皇家陵园越发显得死寂

十三陵神道

与凄凉。赵其昌踏着没膝的积雪，越过祾恩殿[①]，爬上长陵宝顶[②]。

"会当凌绝顶，一览众山小。"站在大明成祖皇帝这座辉煌、雄伟的宝顶之上，举目四望，群陵棋布，高低错落，黄瓦红墙，掩映在绿松白雪之间，真是一幅绝妙的风景画；俯首南眺，一条长达7公里的中轴线如同一道宽大壮美的银链，从遥远的天际横空而降，直通脚下，巨石雕刻的文臣武将排列两侧，形成一条"神道"，显示着威严而肃穆的皇陵气派。狂风劲吹，积雪翻腾，树枝撼动，嗡嗡之声伴随旋卷飘扬的雪片忽隐忽现，此起彼伏，遮云蔽日，如战鼓擂响，似万马奔腾。凄凄北国旷野，仿佛燕王朱棣正率领千军万马，挥舞金戈铁甲，再度高擎"清君侧"的大旗，开始横扫天下的征程……

洪武三十一年（1398年）闰五月，明朝开国皇帝朱元璋在南京西宫的御榻上进入弥留之际，他竭力睁大眼睛，望着皇太孙朱允炆，浑浊的眸子里闪现着几分忧郁和惶惑。在

传明太祖朱元璋真像

七十一年的漫长生涯中，朱元璋由一个无家可归的和尚成长为一个拥有八荒四海的皇帝，他经受了无数次刀光剑影的生死考验，而每一次都凭借自己杰出的胆略和才能，钢铁般的意志，正当的或卑劣的手段扼住了命运的咽喉，由胜利步入辉煌。而步入辉煌的他在权力的顶峰，又做出了一系列令世人震惊的事情。他废除了中书省、丞相制，以六部为最高政务机关，直接对皇帝负责；废除了行省制度，代之以布政司、按察司、都司；废除了大都督府，设中、左、右、前、后五军都督府；大肆屠戮宿将元勋；颁布了一系列旨在防止后宫

第一章 巨人的抉择

和宦官干政的禁令；借鉴汉唐时期的封藩制，将二十六个儿子封为藩王，又采取措施，限制藩王势力……所有这些，目的只有一个，那就是保证朱家永远处于权力的顶峰而不被摔下。

既然这一切都安置完备，那么，在撒手人寰之前，这位颇具文韬武略的皇帝，除了对自己即将离去的不情愿，还要担忧什么呢？他动了下嘴唇，似乎要跟皇太孙朱允炆——这位自己权位的继承人交代些什么，但嘴唇抽搐了一阵，却没有说出话来。也许，朱元璋凭借那种在酷烈的政治斗争中锻炼出来的敏锐直觉，他预感到有一个人，一个在相貌、性情、禀赋、才干等各个方面都与自己酷肖的人，将在他死后掀起一场巨大的波澜。这个人就是他的第四个儿子——燕王朱棣。

或许是出于更加复杂的考虑，朱元璋最终还是没有对朱允炆说出这个可怕的预感，他只是把身边一个心腹太监叫过来，有气无力地悄悄叮嘱了几句秘语便闭上了眼睛，一代枭雄——大明江山的开国之君，就这样离开了他亲手创造的皇皇大业，走进了南京郊野、钟山之下那座规模宏大、气度非凡的陵墓——孝陵去了。

朱元璋驾崩的消息传至北平后，一队人马立即驰出古城向京师飞奔，跑在队伍最前边的就是燕王朱棣。朱棣本是朱元璋第四子，封国在北平（今北京），北平为古燕地，故称燕王。此刻，他心急如焚，恨不得插翅飞到京城，弄清朝廷虚实，掂量一下能否将那个诱人的梦化为现实。由藩王到皇帝，这个梦从洪武十三年（1380年）他被封北平藩王开始，已在心中埋藏了十八年。

当朱棣兴冲冲地向南疾驰，快要抵达淮安时，突然碰到新皇帝朱允炆派来的特使。使者向他宣读了太祖遗诏："传位于皇太孙朱允炆；诸王各守信地，勿到京师会葬；王所在地，所有文臣武将悉听朝廷节制。"

听罢遗诏，朱棣大惊失色。诏书的意图很明确：不让诸王接近京城这个权力中心，以免影响政权的顺利更替。削弱诸王的政治、军事实力，以确保皇权的绝对优势。

朱棣强按怒火，率队返回北平……

现在的朱棣已今非昔比了。从这个威风凛凛地雄踞于马背上的中年汉子身上，很难再看到十八年前那年轻初封的藩王影子。十几载寒来暑往、雨雪

013

明成祖朱棣像

秋霜,无数次呐喊冲杀、拼死搏斗,大大地改变了他的形象:在那金光粼粼的坚甲内,一身坚实而富有弹性的肌肉取代了昔日柔弱的肌肤,正随着骏马的颠簸而跃动。原先白皙而细腻的脸庞已刻上了深深的皱纹,古铜色的皮肤在阳光的照映下泛出暗褐色的光泽。细长而微微外凸的眼睛凝视着远方,时而阴沉,时而炽烈,时而迷蒙,时而豁朗。高鼻梁、鼻尖微微内勾,使人联想到苍鹰的利爪。往昔那带着乳臭的唇髭,已变成漆黑而浓密的长髯,正同烈马的雄鬃一道在风中飘拂。

当年的毛头小伙子已接近不惑之年。39岁,这是成就伟大事业的黄金岁月。

长期的漠北征战生活,赋予他一个古代优秀军事家所需要的一切素质:深谋远虑的战略眼光,狐狸般狡诈的用兵方略,不惧死亡的勇猛气魄,精湛的武艺以及邀买军心的种种花样。更重要的是朝中现状对他十分有利,颇受朝野拥戴的太子朱标早已去世,势力不在自己之下的秦王朱樉、晋王朱棡先后病死,当年那班富有文韬武略的开国元勋,几乎被他的父亲以各种罪名杀光了。现在声威赫赫的父皇已命归黄泉,新继位的侄儿只有22岁,围绕在他身边的只是几个貌似胸有城府、多谋善断,实则只是拘法古人的迂腐儒生。所有这一切无疑给朱棣造就了一个夺取皇位的绝好时机。在经过漫长而焦虑的等待之后,潜藏在心底的梦终于不可遏止地激荡起来,催促他不惜生命去完成伟大而惊险的事业。

朱棣是朱元璋的儿子,朱允炆是朱元璋的孙子。皇孙朱允炆已经称帝,改元建文,而作为皇帝叔叔的朱棣篡夺侄儿的王位,于情理不通,于礼法不容。于是在朱元璋驾崩一年零两个月后,燕王朱棣便以朝中齐泰、黄子澄等奸臣在

第一章 巨人的抉择

皇帝面前拨弄是非为借口，毅然打起"清君侧"的大旗，宣布起兵，以靖"国难"。

大风起兮，猛士如云。朱棣手执丈八蛇矛亲率大军离开北平，一路车骑交错、戈矛并举、刀剑迸击、战马嘶鸣。燕军过固安，渡巨马河，趟白水沟，横跨长江天堑……经过四年的征战厮杀，终于攻克了南京城。

燕军入城后，朱棣立即派出人马，前往皇宫捉拿建文帝朱允炆。这时，皇宫突然起火，烈焰冲天，混乱中却找不到建文帝的踪迹。朱棣闻讯，急忙下令紧闭宫门、城门，派人四处搜寻。一连数日，一无所获。把一些没死的太监和宫女找来询问，一位大胆的太监指着一具烧焦的尸体说这便是皇帝，其余内侍也随声附和。于是朱棣命人把这具尸体当作皇帝盛殓起来。至于那是真皇帝、假皇帝抑或是一名太监宫女，却无从证实。因为有的太监说，皇帝死于大火。一个当年服侍朱元璋后又服侍朱允炆的太监，在经受了一顿拷打和恐吓后，又说出了皇帝朱允炆已经逃走的故事，并把逃走经过说得极为具体详细——

当金川门失守的消息传至皇宫后，建文帝长吁短叹，徘徊前庭，打算自尽。这时一个老太监猛然想起了太祖朱元璋的遗嘱，便急忙拿出一个铁皮箱递给皇帝，说是太祖临终前交给他收藏的，太祖特意叮嘱："遇大难，启之。"建文帝打开铁箱一看，里面有三张度牒[3]，分别写着"应文""应贤""应能"三个名字。有三副袈裟，僧靴僧帽，一把剃刀，十锭银子。另外还有太祖朱元璋亲笔朱书一封："应文从鬼门出逃，余人从御沟出走。"

刚巧建文帝身边的两个太监一个叫杨应能，一个叫叶希贤，两人读罢朱书，像是心有所悟，解开了"天机"，便自愿与朱允炆一起落发为僧，按朱书所示，分头逃离京城。

关于建文帝的生死，众说纷纭，难辨真伪。有人说他出逃后先到神乐观暂避战乱，之后三人相伴浪迹江湖，行踪遍及云南、四川、贵州、陕西、江苏等地，并在国外度过了后半生……各种传说已无确切文字史料记载，至今仍是明史上的一大悬案。不过，朱棣称帝后，确实派出许多心腹查访过朱允炆的踪迹。大臣胡濙到处巡游就领有这一旨意，后来郑和也曾肩负这项重大使命，率船队下西洋，其主要目的就是打探建文帝是否已逃往海外并建立

郑和下西洋图

新的政权。明成祖朱棣经过四年的血战，终于用无数尸骨铺成了一条通往皇宫的大道，当年那个辉煌的梦实现了。他在群臣的一片劝进声中在南京称帝后，改年号为永乐。由于他镇守北平多年，深知它在军事上的重要地位，便决定迁都北平，并于永乐四年（1406年）征调工匠、民夫上百万人，开始营建北京宫殿。今天的故宫、天坛、太庙（劳动人民文化宫）等规模宏大的建筑，就是在此期间及以后陆续建造而成的，为后人留下了珍贵文化遗产。

永乐五年（1407年），皇后徐氏死去，因为正在修建北京，所以朱棣经过深思熟虑之后，没有在南京建陵安葬，而是派礼部尚书赵羾及江西术士廖均卿等人去北京寻找"吉壤"。他们遍访北京四郊，足足跑了两年时间，才找到几处可供挑选的地方。最先是口外的屠家营，但因皇帝姓朱，"朱"和"猪"同音，皇帝认为猪家要进了屠家定要被宰杀吞刮，未能同意。另一处选在昌平西南的羊山脚下，羊和猪本可相安无事地各自生活，但山后有个村子叫"狼儿峪"，猪的旁边有狼出没危险可怕，也未被采用。再一处是京西的"燕家台"，可那位永乐皇帝感到"燕家"和"晏驾"是谐音，不吉利，又遭否定。京西的潭柘寺景色虽好，但山间深处地方狭窄，没有子孙发展之余地，亦未能当选。直到永乐七年（1409年），才在昌平黄土山下选中陵地，并由朱棣亲自察看后决定下来。

这里确是一块最为理想的风水宝地，燕山余脉自西北高原逶迤而来，曲折环绕，成为一道天然的屏障。中间一片平原，广袤宽阔，风景绮丽，泉水顺山而下，沿平原两侧

第一章 巨人的抉择

缓缓流过，真可谓山清水秀。更为奇特的是，在平原的东西两侧，有青山两座，成守卫之势，俨然是两位顶天立地的将军。在此处兴建陵墓，不只风景美好，更主要的是这里山势如屏、易守难攻，一旦驻军把守，既可护卫陵寝，又便于保卫京师。朱棣立即降旨，"圈地八十里为陵区禁地"，开始动工修建长陵，并派军守护。

朱棣不愧是明代少有的军事家和政治家，对陵区的选择和驻军的守卫，再一次显示了他非凡的才华，其苦心远见，在他死后不久便可得到证实。无论是北方的瓦剌、俺答汗大军，还是努尔哈赤的铁骑，都把十三陵视为通向北京的咽喉和畏途，从而费尽心机、不惜余力地进行攻打。即使在中原纵横驰骋的李闯王，也是从柳沟先入德胜口，再下十三陵，只因居庸关守将投降，才使十三陵变得唇亡齿寒，导致北京陷落。

自永乐皇帝圈地筑陵的圣旨传下，黄土山四周百余里便成为禁地，凡在此住居的百姓，十日之内必须迁往外乡。于是，一幅悲惨的帷幕随之拉开。官兵们披挂整齐，手持棍棒，残忍地殴打和驱赶着迟迟不肯离去的百姓。男人推车挑担，女人抱着婴儿，面对祖祖辈辈赖以生存的家园顷刻间变为废墟，不禁声泪俱下，孩童的啼哭和老人的呼喊，在凄冷的旷野里回荡。其悲苦之状，撼天地，泣鬼神。

有一叫李焕的白发老者，面对烈焰升腾的两间茅屋，扑卧在地，抓起一把黄土放在怀里，死死不愿离去。撕裂肺腑的哀号和头上溅出的热血，使执棒的官兵都为之动情，

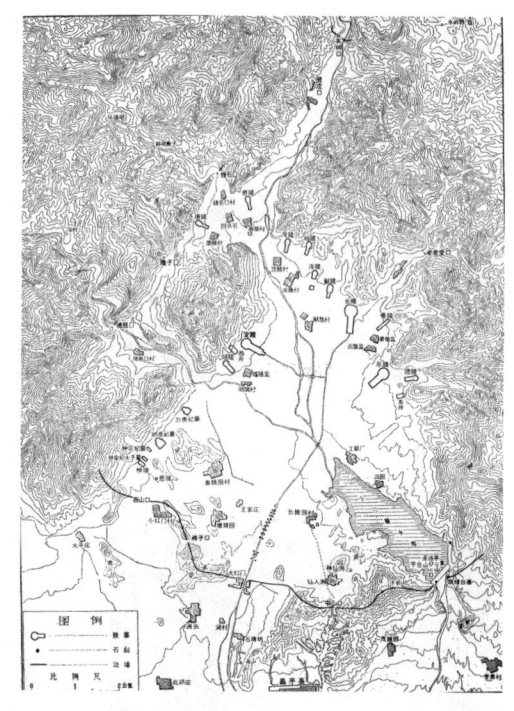

十三陵图

017

明长陵

长陵匾额

长陵祾恩殿金丝楠木柱

泪湿衣襟。最后，李焕老人口吐鲜血，一命呜呼。永乐皇帝得知此情，感其对家园的依恋，特传旨将他葬在天寿山旁侧。至今，这座荒冢还和十三陵一样默默地守在天寿山麓。

永乐七年（1409年），浩大的陵墓工程在黄土山下正式动工，所用军工、民夫四十余万。据《太宗永乐实录》等书记载，当年朱棣生日，在黄土山上饮酒作歌，百官上寿时为讨他欢喜，称此山为天寿山。朱棣听罢大喜，即传旨改黄土山为天寿山。

长陵的营建，先后用十八年时间方完成。朱棣的皇后徐氏，于永乐五年（1407年）去世后，在南京停尸六年，直到永乐十一年（1413年），长陵的地宫建成后，才由南京移来入葬，成为十三陵第一个入葬者。

永乐二十二年（1424年），朱棣第五次率大军出征漠北，病死于归途中。这位在历史的中心舞台上活跃了二十三年的一代君王，终于走进了长陵的地下玄宫，寻找他的生前伴侣去了。

从成祖朱棣在天寿山下建造长陵起，到明代最后一个皇帝思宗朱由检（年号崇祯）止，除景帝朱祁钰因故别葬外，其他诸帝都在天寿山附近营葬，共十三处，成为明代中后期皇帝陵墓的集中区。陵区周围因山势筑有围墙，长达12公里，围墙设垛口、城关、敌楼，驻军守护。十三陵各陵建筑自成整体，布局、形制与皇祖朱元璋的孝陵一脉相承。祭殿在前，寝宫在后，门廊、殿堂、明楼④、宝城⑤排列得层次分明，严肃整齐，从宫前庄严的神道、石桥、无字碑，直达宝城，一线相贯，地势逐步升高，有曲有直，有高有低，远山近水，连成一个气势宏伟壮丽的建筑整体。十三陵的地上或地下建筑，无疑是封建剥削阶级的产物。但从某种意义上说，它又是中国古代人民非凡的智慧与才华的结晶，是一种文明与文化的创造。

遗憾的是，这笔财富大都没能完整地保留下来。从正统十四年（1449年）"土木之变"，来自北方的瓦剌大军在十三陵燃起焚烧殿宇的大火之后，这文明便开始了它悲剧性的毁灭。最能象征十三陵各陵建筑艺术与风格的祾恩殿，经过数次战火之后，也只剩长陵的一座孤影自怜了。这座建成于宣德二年（1427年）的辉煌建筑，历经五百余年沧桑而无恙。祾恩殿以六十根金丝楠木大柱形成构架，其中，中间四根高为14.3米，直径1.17米。这样高大的楠木柱，是我国古建筑史上独一无二的奇迹，即使故宫的太和殿也不能与之匹敌。祾恩殿无论是形体结构、建筑风格，都堪称中国古代建筑艺术的典范，它的出现同样反映了当时国家的富庶与强盛。

....

风雪早已停歇，夕阳西下，余晖洒在起伏的山峦上，翻起银色的光芒。苍凉的北国之冬，一片肃静。赵其昌、赵同海两人经过对长陵三天的勘察，没有发现可供发掘的线索，倒是给他们以新的启示：这个陵墓规模太大了，能否找一个较小的陵墓进行试掘，等积累了经验再掘长陵？

三天之后的夜晚，吴晗家中不大宽敞的书房中灯烛明亮，长陵的照片、草图、各种数据资料和几块填土标本摆满了地板。吴晗和夏鼐静静地听着赵其昌的调查汇报：

"我们在长陵的宝城、宝顶上上下下来回跑了两天，找不到半点可供参详的线索。在明楼后的宝城内打了两个探眼。全是填土，没有生土比较，打铲已经没什么意义了。没有线索，仅靠臆测，会使我们走向失败⋯⋯"

吴晗低着头，拿铅笔轻轻地敲打着桌子。夏鼐用放大镜不停地检查填土标本。书房中悄然无声。一位小姑娘送来一大盘水果，几碟小点心。她走后，屋子里仍然一片寂静。

赵其昌又提出一个建议，打破寂寞的氛围：

"现在天寒地冻，调查中动土又很困难，能不能给我两个月时间，查查文献。十三陵的皇帝、皇后，无论生前建陵或死后建陵，总不会同时死去，如果不能同时入葬，就有个再次挖开二次入葬问题。类似的问题，他们又是怎么处理的？我想带着一些问题，再着重调查一下，多住些天。"

夏鼐一向重视调查，尤其注重结合文献的调查，所以非常同意。他说："十三陵的建造，前后延续二百多年，无论建筑布局和形制，早、中、晚期总是有些变化的，应该普遍调查，再归纳一下，比较异同，总会提出些问题来，结合丧葬制度，相互参照、印证，可能会有些收获。然后动工，才有把握，我看这样好。"

吴晗也表示同意，对赵其昌说："查文献，好！我这里讲明代的书不少，你随便拿去看，今天就可以带走些。"他指了指书架："再去调查，你打算住多久？"他转向夏鼐："作铭（夏鼐字），多长时间合适？"

赵其昌伸出两个手指。夏鼐接下来："两个月可以，一个陵总要几天，两个月不算多。"

也许吴晗原以为两个手指是指两周，既然夏鼐说是两个月，也不再说什么了。他端起水果、点心："来，尝尝，尝尝！"下一个步骤、时间大体有了眉目，紧张的气氛松弛下来，话题又转入闲谈。

正吃着水果，也许是赵其昌感到肩上的担子太重了，顺口冒出一句："吴副市长，长陵太大了，能不能找个小的，试掘一个？"吴晗一怔，转身问夏鼐："什么叫试掘，哪个'试'？"夏鼐笑笑："辰伯（吴晗字），考试的'试'！你考试得不及格的'试'。"吴晗也笑了："那试掘与发掘又有什么不同？"

夏鼐道："试掘与发掘，其实方法程序上完全一样，完工后整理材料没什么不同，照样印出报告，只是没有很大把握时叫法谦虚一些而已。国外也有这样的先例。"

在试掘问题上，二人意见完全一致。至于是否试掘，要等调查后的结果再定，而且还要上报批准。

汇报结束，夜已经很深了，吴晗送到大门口，对赵其昌笑了笑说："这次长陵之行很辛苦吧，天怪冷，住哪儿？"赵其昌如实回答："十三陵没有客店，我们是在山下一个农民小茶馆里，两个人双腿交叉睡在一条宽板凳上，过了两夜。睡得晚，起得早，还不感到怎么冷。"吴晗转脸对夏鼐说："目前昌平县⑥还不属北京市，属河北省，以后可能要划归北京市，开工后我去看看，打个招呼，对工作方便些。"夏鼐也笑了："田野工作很辛苦，吃不好睡不好是经常的事，我们考古所也是这样，这不算什么，年轻人都经得住……"

春天转眼就要到来，十三陵的积雪开始融化。再次北上十三陵，他们将有什么收获呢？

注释：

①祾恩殿：即享殿，是祭祀时举行典礼的处所。

②宝顶：坟丘封土中央再堆一个小丘，常用灰土做成。

③度牒：亦称"祠部牒"。中国古代僧尼出家，由官府审核发给的凭证，有牒者可免地税、徭役。

④明楼：陵寝建筑中的明楼建在方城之上，作用接近碑亭，方城与宝城连成一体，明楼四面各开一门，四出重檐，屋顶为十字形穹窿，楼内置丰碑。

⑤宝城：坟冢外围之圆形城墙。

⑥因本书写作时间较早，部分行政区划如今已发生改变，为尊重作者原意，书中部分地名以作者写作时的行政区划为准。——编者注

第二章 穿过历史的迷雾

风雪定陵

赵其昌率队踏遍十三陵。初次寻访，便遭公安人员盘查。一场误会之后，引出新的线索。监狱犯人的供词，当地百姓的几句闲话，定陵玄宫重见天日在所难免——

痛苦的历程

1901年春，瑞典地质学家斯文·赫定，为继承导师李希霍芬的事业，踏上了中国西部这片异常神秘的土地，想要解决悬而未决的罗布泊地理位置问题。

在中国历史上，罗布泊的地理位置曾有明确的文字记载。然而，这个记载在十九世纪末却被俄国军官普尔热瓦尔斯基推翻，从而引起世界学术界对这个神秘之湖的热烈争论。

普尔热瓦尔斯基曾两次去新疆塔里木河下游进行考察，宣称中国史书上的记载是完全错误的，而他所发现的台特马湖才是历史上真正的罗布泊。

他的一家之言使世界地理考古学界为之哗然，欧洲一些国家的科学家也撰文大力吹捧。英国的卡莱、达格里、木瓦罗特和爱尔兰的亨利亲王，还有俄国的普热尔佐夫、科兹洛夫等人相继前赴罗布泊考察后，对普尔热瓦尔斯基的观点表示认可和称赞。为此普尔热瓦尔斯基这位普通的俄国军官名噪一时，连连加官晋职。

正当普尔热瓦尔斯基大走红运、得意忘形之时，斯文·赫定的导师、德国著名地理学家李希霍芬却对这个"划时代的发现"提出了疑问。他认为普尔热瓦尔斯基所找到的新湖泊为淡水湖，而罗布泊实为咸水湖，历史上的罗布泊应该在塔里木河东流的尽头，并不在普尔热瓦尔斯基所勘定的位置。从此，新旧罗布泊的学术大争论在世界范围内展开。

这场旷日持久的学术大讨论，将青年时代的斯文·赫定的兴趣引向东方这块神秘的土地，也正是导师李希霍芬的积极支持与鼓励，

在中国西部沙漠野外考察时的斯文·赫定

第二章 穿过历史的迷雾

斯文·赫定率领考察人员在罗布泊大泽中前行（斯文·赫定绘）

使他踏上了通往罗布泊的征途。

1900年3月，斯文·赫定胜利地跨越塔克拉玛干大沙漠，从英库勒北行，穿过孔雀河，沿库鲁克干河床，在楼兰遗址的东南一带发现了一块大洼地，他惊喜地探测到此地是一个干涸的湖泊。

经过仔细地勘察和鉴定，他认为这就是历史上真正的罗布泊。这一论断在二十八年之后得到证实。

令人惊叹的是，斯文·赫定无意中发现了被人类历史遗忘了千余年的古楼兰遗迹。第二年，他又来到此地，组织人力对古城遗址进行发掘，事实再次证实了他的论断，沉默死寂的楼兰古城终于重见天日。罗布泊荒漠隐藏的千古之谜，终于被一个瑞典人解开。斯文·赫定的探险发现顿时传遍整个西方。也就在此时，一棵近代考古学的幼芽，在东方这块神秘的国土上埋下了。

可惜在中国，这以地质学为基础发展而成的田野考古学，这刚刚破土而出的稚嫩幼芽，并没有引起东方人的注意和兴趣，他们奉行和沿用的依然是清代顾炎武、阮元、王国维等从宋代沿袭发展而来的以研究古文字为主要内容的金石学。真正知道这棵幼芽的价值并为之培土，从而在中国诞生田野考古这门学科，是在斯文·赫定离开的二十年之后。那时，西方的田野考古学已经盛行，东方的版图自然成为这门

风雪定陵

中央地质调查所工作人员在野外测绘（中国地质博物馆提供）

北京周口店龙骨山北裂隙，第一个头盖骨即出自这一洞穴中（裴文中摄）

新兴学科的试验基地和掠夺目标。从英国的斯坦因于1906年第二次在中国西部地域的古楼兰、阳关、敦煌等城堡和洞窟掠夺大批珍贵文物之后，中国的古代文化便开始遭到了空前的劫难。敦煌、龙门、云岗等石窟的壁画、石雕像等古代艺术品，被盗凿得伤痕累累、百孔千疮；西安、洛阳的古墓被掘，随葬品被西方人洗劫一空；大批古建筑被毁，许多古遗址和文物古迹被掘得破烂不堪，一片荒凉……

残酷的事实使中国人猛醒，不能再沉默了。中华民族有自己丰厚的文化积累，中国人有自己的文化事业，更应当有一支研究、考察、发掘和保护自己古代文化的队伍。于是，在二十世纪二十年代，中国黄河流域的考古工作便兴盛起来，国民党中央地质调查所从1921年开始，陆续派人到各地勘察，发现和发掘了一系列石器时代遗址，其中包括瑞典地质学家安特生指导发掘的著名的仰韶文化遗址。北京地区周口店的古人类遗址，在1921年由裴文中博士主持的发掘中，发现了第一个著名的"中国猿人北京种——北京人"完整的头盖骨化石，并首次通过研究确认石器、烧骨和用火后灰烬的存在，从而明确了"北京人"的文化性质，将它纳入了考古学范围。稍后，他和贾兰坡教授主持发掘的山顶洞遗址，又获得了旧石器时代晚期山顶洞人化石及文化遗物。尽管这些遗址的早期发掘是国际合作性质的，但它却是中国考古事业崛起的先声。1935年，安阳殷墟的发掘工作由中国人首次独立完成。可以说，中国近代考古学是从这时开始诞生的。1950年10月，中国科学院考古研究所的成立，标志着中国考古事业一个新时代的到来。通过对中原、西北、东北、西南、东南一系列文化遗址的发掘，以翔实的出土资料，否定了法国人约瑟夫·德·歧尼和波提埃等提出的关于中国文明之源来自西方的学说。中国史前和早期历史的发现、发掘和研究，终于在全世界的考古学领域内，占据了自己应有的位置。

中国本来就有悠久的历史，灿烂的文明。在这块丰厚的黄土地上，辛勤劳动的先民，一代一代，用智慧、血泪滋润着它，创造了高度的文明，而这一文明，又随着时光的流逝物化了。遗留在地上的、掩埋在地下的物质文化，长期以来没有引起后世子孙足够的理解和重视，更不为外国人所认识。当崛起的新中国的青年一代考古学者和老一辈的考古学家把这些早已物化了的文明捧出来公之于世的时候，外国人一下子惊呆了：看看吧！这不是古董，更不只是文物，也绝不仅是艺术品，是行将复兴的中华民族记录他们从古到今祖祖辈辈建功立业的活生生的文明史，是留给全人类的物质的、精神的巨大财富、遗产，其数量无可比拟，其价值无法估量，其内涵精深、博大，又华光四射！

新中国对皇陵的首次发掘，必然使世界再度对东方这个文明之邦肃然起敬。

献陵风流事

新的一年开始了，对赵其昌来说，也是一个新的开始。他在大学时代，学的是旧石器、新石器、甲骨文金文、商周的青铜器，以及秦砖汉瓦、魏晋

赵其昌在研究出土器物

碑刻、唐宋诗文等等，一下子转到明朝，真是个新课题新工作，必须从头开始。

他在导师夏鼐的指导下，进行了几个月的实物与史料研究。所掌握的中国考古资料和出土文物表明，在每一个历史阶段，不仅有大量的生产工具、生活用具和装饰品等实物出土或遗留下来，并有许多古遗址和古墓葬，尤其是古城遗址和帝王墓葬更是屡见不鲜。

西安曾经是十一个朝代建都的地方，周围有周、秦、汉、唐时期帝王墓七十二个，仅唐代就有十九个。洛阳为九个朝代建都之地，东汉十三个皇帝就有九个帝陵建在洛阳，五代十国时期的七个帝陵也在此处。南京亦有九个朝代建都，而以六朝古都著称于世。六朝为汉唐过渡阶段，时经三百余年，其帝后王侯陵墓共七十一处，已有三十一处在南京近郊和丹阳一带发现。北宋的九个皇帝，除徽宗、钦宗被金人所虏囚死漠北外，其余七个均在河南巩义市入葬，加上赵匡胤父亲的陵墓，谓之"七帝八陵"。在中国漫长的历史上，只有元代帝王墓葬，仍是一个难解之谜。其缘于蒙古贵族盛行"深葬不坟"，使葬地无处寻找。史书曾载："其墓无冢，以马践踩。"即埋葬之后，万马踏平，不留痕迹。其习俗与汉族殊异。至于元太祖成吉思汗陵就另当别论了。

赵其昌当前研究的重点，自然是明清两代帝王陵墓的史料。他几乎跑遍北京各大图书馆，在浩如烟海的史籍中，查找着有关的资料。找来《明实录》《大明会典》《明史》《国榷》《日下旧闻考》等经典仔细揣摩，连明清人的笔记、野史，都尽可能一一翻阅。他要弄清众多的帝后、王侯、嫔妃和各种陵墓的建筑形制、布局规格、祭祀礼仪、埋葬制度、随葬器物，以及帝王墓葬的发展演变过程，尤其是地下建筑的形制。遗憾的是这最为关键的一环，文献史料却极少记载。要想弄清皇陵真相，就必须做实际的探访和勘察，舍此别无选择。

积雪消融，枯草微露，走进巨大的皇家陵园，立感悲怆凄凉。辉煌的明楼、大殿、宝城，俱已失去原有的风采雄姿

明十六帝及其陵墓一览表

陵名	帝名	建元	庙号与谥号	享年	世系	在位年数	祔葬[1]皇后
★孝陵	朱元璋	洪武	太祖高皇帝	71岁		31年（公元1368—1398年）	马氏
★	朱允炆	建文	清谥惠帝	26岁	太祖长孙	4年（公元1399—1402年）	
长陵	朱棣	永乐	成祖文皇帝	65岁	太祖四子	22年（公元1403—1424年）	徐氏
献陵	朱高炽	洪熙	仁宗昭皇帝	48岁	成祖长子	1年（公元1425年）	张氏
景陵	朱瞻基	宣德	宣宗章皇帝	38岁	仁宗长子	10年（公元1426—1435年）	孙氏
裕陵	朱祁镇	正统天顺	英宗睿皇帝	38岁	宣宗长子	22年（公元1436—1449年）（公元1457—1464年）	钱氏、周氏
★景泰帝陵	朱祁钰	景泰	代宗景皇帝	30岁	宣宗次子	8年（公元1450—1457年）	汪氏
茂陵	朱见深	成化	宪宗纯皇帝	41岁	英宗长子	23年（公元1465—1487年）	纪氏、王氏、邵氏
泰陵	朱祐樘	弘治	孝宗敬皇帝	36岁	宪宗三子	18年（公元1488—1505年）	张氏
康陵	朱厚照	正德	武宗毅皇帝	31岁	孝宗长子	16年（公元1506—1521年）	夏氏
永陵	朱厚熜	嘉靖	世宗肃皇帝	60岁	宪宗孙	45年（公元1522—1566年）	杜氏、陈氏
昭陵	朱载垕	隆庆	穆宗庄皇帝	36岁	世宗三子	6年（公元1567—1572年）	孝懿李氏、陈氏、孝定李氏
定陵	朱翊钧	万历	神宗显皇帝	58岁	穆宗三子	48年（公元1573—1620年）	孝端王氏、孝靖王氏
庆陵	朱常洛	泰昌	光宗贞皇帝	39岁	神宗长子	1月（公元1620年）	郭氏、王氏、刘氏
德陵	朱由校	天启	熹宗悊皇帝	23岁	光宗长子	7年（公元1621—1627年）	张氏
思陵	朱由检	崇祯	思宗愍皇帝	35岁	光宗五子	17年（公元1628—1644年）	周氏、田氏（妃）

注：除加★的孝陵位于南京、景泰帝陵位于北京金山以及惠帝不知所终外，其余明十三帝陵皆位于北京昌平境内。

029

献陵石桥

而变得满身疮痍，残垣断壁、荒草凄迷，一代豪华璀璨的建筑群，已经成为一片废墟。目睹现状，不禁感慨万千。"昔日皇陵形胜地，垒垒荒冢伴斜阳。"工作队的几位同志来到长陵管理处，开始了调查和访问。他们白天一座一座陵墓仔细查看，晚上走访当地老乡。十三座皇陵，想要找到一点线索，真如大海捞针。

经过几天的探访，工作队决定把目标重点放在献陵。

献陵位于长陵西侧的黄泉寺山下，埋葬着朱棣的长子朱高炽。陵园规模较小，距长陵地域最近，入葬时间上前后紧接，从发掘工作考虑，如果试掘，以献陵最为合适。不仅埋葬制度、地下建筑结构必然有很多可供参考之处，试掘之后还可以直接把设施、人员拉到长陵，工作、食宿解决起来都比较方便。于是对献陵开始了第一步工作：查阅史书，收集资料，实地勘察，寻找线索。

明成祖朱棣亲率军队第五次出征漠北，在大军班师途中患病，逝于榆木川（今内蒙古多伦西北），遗命把帝位传给皇太子朱高炽。

朱高炽四十七岁当上了明朝的第四位皇帝，改元洪熙。可他只在皇帝的宝座上坐了九个多月，就一命呜呼了，死后谥庙号为"仁宗",葬于献陵。

把朱高炽称为"仁宗",这"仁"字用得倒也确切。对一个封建帝王来说,像他那样关心百姓疾苦的实在为数不多。洪武二十八年(1395年),他由祖父朱元璋亲自册立为燕世子,定为燕王朱棣的接班人。那时诸王大多数都到藩国去了,有些晚辈却仍留京中。朱元璋把这些孙子留在身边,就是想教育他们将来怎样做藩国的领袖。朱高炽文笔华美,诸王世子中无人与之相比。朱元璋时常让他帮助自己批阅奏章。而朱高炽选批最多的是那些关于百姓生活,特别是各地上报灾情的奏疏,他总是立即让爷爷过目,朱元璋曾不解地问他:

"怎么你选的尽是些上报灾情的奏文?"

"孙儿觉得民以食为天。现下有的地方闹灾,民不聊生,乃是最急迫的事情,才请皇爷优先处理。"

"唔!"朱元璋点点头。又问:"尧在位时闹了几年水灾,汤时七年大旱,百姓又靠什么活下来呢?"

"靠的是尧、汤圣人有恤民的政策。"

朱元璋听后大喜:"你这孩子虽然生长在深宫,却关心民间疾苦。好!"明朝开国皇帝朱元璋,是农民起义领袖出身,懂得民间疾苦,实行了一些较开明的政策,经济得到复苏,因之国库也颇为殷实。但朱棣好大喜功,频繁地进行大规模征战,加之建都北京、疏浚运河等浩大工程,耗费了大

献陵明楼

031

量人力物力。朱高炽登基当天，第一道命令就是追回第七次下西洋的郑和远洋船队，召回在交趾采办珍珠的中使和在西域买马的官员；对将为皇宫进行采购、烧铸、供应等一切花钱的勾当，一律停止。可惜这位雄心勃勃、一心强国富民的皇帝，在位短短九个多月就因病去世了。

献陵和其他各陵都有一个明显的不同之处，就是在祾恩殿和明楼之间有一座小山相隔，把陵墓切割成两块。如今前方大殿已不存在，仅留有山后一片残破的建筑。赵其昌率人在山后的明楼和宝城内外查找线索，仔细辨别、分析当年入葬的隧道口可能留下的痕迹。明朝陵墓制度，一般是宝城内应当用厚实的黄土填满，并筑起高大的宝顶。但献陵的宝顶却掩埋不住宝城内墙，显得极简单和寒酸。赵其昌回想起史料上记载的仁宗朱高炽的遗诏："山陵制度，务从俭约，丧制用日易月，皆以二十七日释服，各处总兵镇守备御重臣，悉免赴阙行礼。"儿子朱瞻基遵从父命，献陵的营建，不尚奢华，三个月后就把仁宗埋葬了。看来这段记载确为事实。

近半个月的勘察仍无线索，工作队开始分头探访。一个偶然的机会，得知附近村里存有祖宗留下的《陵谱》，据说上面记载有陵墓的建筑和入葬经过。这些村庄大多是由当年的守陵宫监发展而来的，有秘籍存留也许可能。当赵其昌查访三天，终于从当地一富农家中借来《陵谱》时，却不禁哑然失笑：原来所谓《陵谱》所记全是臆说传闻，毫无史料价值。三十年后，我们在采访中有幸读到了《陵谱》中关于献陵的记载：

……仁宗朱高炽为太子时，每日在宫中游荡。其时，宫中规矩，凡夜晚宫中妃子门口挂红灯，太子方可进入。挂绿灯，表明内住长辈，不得入内。

一夜，朱高炽游宫，见一楼内窗棂上挂着红灯，便喝退侍从，径直入楼。待其宽衣上床后，却见床上竟是姨娘……

此事在皇宫里哗然传开，或曰太子对比其年长几岁之姨娘早有此意。当夜，是其事先将姨娘房门绿灯摘下，于窗棂之上换成红灯；或曰姨娘早对太子有情，是其亲摘绿灯，换上红灯……仁宗皇帝驾崩，其子朱瞻基命人将父皇陵墓建于小土山后，使石碑殿堂及明楼宝顶互不能见，意在以小山将父皇仁宗与其姨娘之丑行遮掩。故此小山谓之"遮羞山"……

老乡们自然不会知道，据文献记载，这座陵墓的建造形制实则与"风水"有关。皇家园陵最重要的一条就是选择"龙脉"，这起伏的山丘就是"龙脉"的象征。献陵建造时，因这小山形如几案，是作为"龙脉"而完好保存下来的，史书上称为"玉案山"，殊不知"风水"反给这位仁宗皇帝蒙上一层不白之冤。

走进监狱

史书缺乏记载，《陵谱》只能当作饭后谈资，面对一座座巨大的陵园，却找不到一点可供科学方法发掘的线索。时间一天天过去，吴晗、夏鼐不断派人前来询问，工作队员心急如焚。

正当他们一筹莫展时，两位全副武装的公安人员却找上门来。

"有老百姓报告说，你们前来十三陵盗墓，有这么回事吗？"

一个大个子公安人员右手按住挎枪的部位，站在3米以外问道。

赵其昌望着两名公安人员严肃、紧张的面孔，从口袋里掏出介绍信，风趣地说："我们这可是公家的买卖，详细情况已和十三陵管理处的负责人谈过。"

大个子警察接过介绍信仔细看看，严肃的面孔立即堆上笑容，右手自然地放下，递支烟给赵其昌，略表歉意地说："对不起，由于这里的盗墓案件时有发生，我们听说后就来查看一下真假。"

这个原本一笑了之的插曲，却给工作队带来新的启示：能不能从被盗的墓葬中发现点线索，或者从盗墓者的口供里判断陵墓玄宫的结构？主意商定，工作队员再度分头行动。

终于，赵其昌从长陵园村得到一点消息。1923年，当地土匪侯现文，领十八人对德陵和东井、万贵妃坟进行挖掘，由于人少墓大未能成功。事发后，侯现文被关进监狱，终了一生。到1944年秋，长陵园村的程老六拉起百余人的队伍，自称程六爷，占山为王。他重走当年侯现文的老路，在一天深夜，将队伍偷偷拉到万贵妃墓前，开始挖掘。经过三个昼夜的刨、挖、凿、炸，终于将墓顶打透，万贵妃的随葬品被抢劫一空。程老六命人找来六匹马，将金银器物连夜驮到长陵园村进行分赃。当兵的每人分到一两黄金、二十颗宝珠，当官的每人分一金罐或相当于一金罐的器物，程老六自然得的最多。

盗墓后的第三天，程老六便举行大婚，所用车辆浩浩荡荡，宰杀猪羊无数，其威风与排场为当地百姓见所未见。筵席之上，程老六的新娘子头戴从墓中盗出的金顶凤冠，趾高气扬，说话拿腔拿调，走路一扭一扭的，俨然一副京剧戏台上皇后气派。

可惜好景不长。半年之后，程老六和国民党警备部队发生冲突直至混战，被乱枪打死在工部厂村的河套里，其妻妾家产俱被国民党警备部队瓜分一空。

赵其昌得到线索，立即赶往万贵妃墓地寻踪觅迹。万贵妃是宪宗皇帝朱见深的妃子，4岁就从山东诸城被选入宫，而后充当宣宗孙皇后的宫女。长成之后，就被那时还是太子的朱见深看中，并有了男女私情。朱见深18岁即位时，万氏已是35岁的半老徐娘，可由于她生来娇艳，而且驻颜有术，又为人机警，因此一直受到朱见深的宠爱。为了她，朱见深竟寻找吴皇后的过错从而将她废掉，想借机封万氏为皇后，因群臣竭力劝谏和朱见深母亲的阻挠而未成功。成化二年

万贵妃墓残迹

（1466年），万氏因生子而被封为贵妃。

成化二十三年（1487年），58岁的贵妃病死。宪宗朱见深万分悲痛，为她辍朝七日，并打破皇妃不得入葬天寿山陵区的常规，在苏山脚下为她修建了一座规模巨大的坟墓，以慰藉爱妃的在天之灵。

然而，现在赵其昌所见到的，却是一片碎砖乱石，地面建筑俱成废墟，只有一个长满荒草古树的大土堆，在这凄凉的山野中形影相吊。

他围着废墟转了一圈，又爬上墓顶仔细察看半天，竟未找到当年程老六盗墓的一点痕迹。几十年的风雨，早已使那罪恶见证荡然无存了。

赵其昌直起身，用拳头捶打着酸痛的脊背。面对西沉的红日和远处稀疏的明楼、大殿、宝城，一股焦躁的情绪萦绕在他心头。他蓦然觉得自己的行动并不聪明，即使找到程老六的盗墓痕迹又有何益？目前的发掘不同于盗墓，盗墓者在宝顶随便打个洞进入墓室，取出金银宝物就是目的；而发掘明陵是要以科学的考古手段，首先找到地宫入口，沿当年棺椁入葬的通道进入地宫，直至找到死者的尸骨……这才是考古工作者应做的一切。

就在赵其昌去万贵妃墓寻迹的同时，工作队的于树功拿着介绍信来到昌平监狱看守所，向负责人说明了自己的任务和意图，他要从这里打开缺口，寻找线索。

一个身着囚衣，剃着光头的中年汉子，被两名公安人员带进审讯室。

"你盗过哪些墓？"于树功坐在审讯桌前，急切地问道。

中年汉子扑通一声跪倒在地，用一种哀求的眼光看看左右人员，结结巴巴地说："首长，我……我全交代了，我知道坦……坦白从宽，抗……抗拒从严的理儿，我……就盗过一座墓。"

"在什么地方盗的？"于树功眼中露出喜悦的光。

"德胜门外一座王……王爷坟。"

"你是怎么进去的？"

"我……我是石匠，那伙盗墓的找我，我……我帮他们撬石头。"

中年汉子额上渗出油亮的汗珠。看得出，这是个初进监狱的新手。

"你们是怎么找到墓门的？"于树功站起身盯问着这关键的一环。

"三个人刨了一会儿，就……就见到了石头。我……我先找到石头缝，连凿带……带撬，大伙没用一个时辰，就……就掀开了墓顶。"中年犯人面露喜色，似乎又回到了那难忘的夜晚。

"里面有多大？"于树功皱皱眉头问。

"黑乎乎，看……看不清。"犯人用手比画着，"大概有这间屋子这么大。"

于树功听罢，重新坐到椅子上，沉默片刻，示意公安人员将犯人带下。再找来两名犯人询问，同样毫无所获。

走出监狱大门，于树功才感到这次寻访纯系徒劳，像十三陵这样硕大的陵墓，怎是几个人可以盗得了的？除非像孙殿英那样的大军阀，架起机枪，用炸药把乾隆墓和慈禧墓炸开。但如此方法对现在的考古发掘又有多大参考价值？真是被任务急昏头了。要想尽快找到线索，必须改变"战术"。

城墙黑洞的启示

吉普车沿着崎岖不平的路，向十三陵驶去，车后腾起团团尘雾，车上坐着赵其昌、赵同海和于连增三人。透过迷蒙的玻璃窗，眼望十三陵渐已转绿的原野，赵其昌一言不发，陷入了沉思。小赵憋不住先开口问："吴副市长和夏所长有什么安排？"

"为什么先在定陵？"小于问。

"定陵营建年代较晚，地面建筑保存得比较完整，将来修复起来也容易些。"

"吴副市长怎么说？"小赵追问。

"他说万历是明朝统治时间最长的一个，做了四十八年皇帝，可能史料会多一些。""那我们先从哪里着手呢？"赵其昌没有回答。他根本没有听见小于的问话，此刻他已沉浸在初次调查定陵的情况和有关定陵的史料之中。

定陵虽是明代陵墓中建成较晚的一个，至今只有三百多年，但风雨剥蚀、战乱兵燹，使这座十三陵中仅次于长陵的巨大陵园残破不堪。高大宽厚的朱红色外罗城[②]早已荡然无存，陵墙两处倒塌，那辉煌地象征皇帝权力与威严的黄色琉璃瓦大殿，只残存几排柱础石，似乎在向世间诉说着所经历的劫难。

据史料记载，定陵曾遭受过三次大火的焚烧，以致造成毁灭性的破坏。清军入关后，对明陵进行了大规模破坏，并放火焚烧了万历帝的定陵和天启帝的德陵。

发掘前考古人员拍摄的定陵全景

此前不久，李自成率大军逼近京城，从柳沟入德胜口，因居庸关守将投降，十三陵被起义军攻下。李自成下令焚烧十三陵大殿，捣毁定陵、庆陵、德陵宫墙与宫门，整个十三陵"砖石遍地，大火三日不绝"。

顺治四年（1647年）以后，清朝出于政治上的考虑，为缓和民族矛盾，安抚明朝遗老，说江山并非得自朱明王朝，而是取自李自成之手，还对明陵进行了一定的保护。设陵户、给赡田、禁樵采，并对崇祯的思陵进行了修葺。乾隆五十年（1785年），清高宗在明成祖朱棣的"神功圣德碑"碑阴镌刻"哀明陵三十韵"，略示对明代帝王哀悼之意，并对曾经遭到破坏的定陵、德陵进行较大规模的修缮。

经工作队考察，所谓乾隆帝对十三陵的修缮，只是利用旧料，拆大改小而已，这在定陵的祾恩门、祾恩殿遗迹中反映最为明显。而天启皇帝的德陵，史料虽记有修缮事宜，但实际并未动工。民国初年，陵区附近一个姓郭名五的人接替陵户，负责十三陵的看管和保护。政府除免其租税外，每年尚略有补助。当地一闲汉王某感到护陵的差使有油水可捞，便找到郭五要当陵户，遭到郭五拒绝后，王某恼羞成怒，趁

民国时代的十三陵神道，一片残败景象

夜深人静，提一桶煤油悄悄来到定陵，把油泼在祾恩大殿上，放火焚烧。顿时，烈焰冲天，映红了整个陵区，方圆四十里可见烟火升腾。

三天后，祾恩殿就变成了一堆灰炭。王某嫁祸郭五未成，自己反吃了官司，暴死狱中……

赵其昌手提探铲，站在宝城门外，眼望残垣断壁，不禁感慨系之。他蹲下身，卷支旱烟点上，面对东方初升的朝阳，想起了《文物参考资料》月刊中一段令人难忘的记载——

1948年岁尾，清华、燕京两所大学已先于北平解放了。一日，解放军某兵团政治部主任来清华作形势报告。有学生问：

"大军为什么还不对北平发起攻击？一旦攻打，对保护古都有什么打算？"

主任回答："我们随时都可以打下北平。但是为了保护古都，尽可能减少损失，我们敦促傅作义将军和平谈判。万一非打不可，我党中央已严令部队保护文物古迹。"不几日，设在城外的北平军事接管委员会文物部，特地派人来清华园访问营建系主任、著名的建筑大师梁思成教授，请他把北平的重要古建筑在地图上——标出，以备万一和谈不成，在攻打中宁可多流血也不能损毁古都。

没过多久，北平和平解放，京城安然无恙，大军挥师南下和西进前，党中央又派人来找梁思成指点全国文物古建之处。梁思成教授立即组织建筑系教师夜以继日编出一本长达百页的《全国重要文物建筑简目》，供大军沿途参考……

第二章　穿过历史的迷雾

李自成的农民起义与共产党的革命，时隔三百余年，单从这一点上透视，即可见其天壤之别，而各自隐含的命运结局，已是注定的了。

赵其昌掐灭烟火，来到宝城外侧，铲开一堆杂草和尘土，仔细辨析外罗城城墙的残迹。在十三陵全部陵宫建筑中，唯有嘉靖皇帝的永陵与万历皇帝的定陵建有外罗城，其他陵宫则没有。史料记载：永陵建成后，嘉靖皇帝前去巡视，他登上阳翠岭，往下一望，见只有明楼、宝城一座，便问督工大臣："陵寝这算完工了吗？"言下之意自然是不满。大臣见皇上不甚满意，赶忙说："还有外罗城一座未建。"自此之后，遂日夜赶工加筑外罗城，定陵的建筑全仿永陵，因之也筑有一道庞大的外罗城。

外罗城原有朱门三孔，门楼重檐，上覆黄瓦，上面镶琢山水、花卉、龙凤、麒麟、海马、龙蛇图像。定陵外罗城约在康熙四十三年（1704年）之后渐被毁坏。时至今日，这外罗城墙遗址也埋在黄土之下，只有一道朱红色的内罗城墙，历经沧桑劫难，一直忠心耿耿地守护着它的主人。

赵其昌扛起考古探铲[3]，来到宝城墙下，自东向西仔细察看。7米多高的城墙，虽经三百余年风雨剥蚀而变得残破，但仍不失它的壮丽与威严。

自古以来，建筑都包含着强烈的政治色彩。古罗马巴勒登山丘上的凯旋门，无疑是奥古斯都伟业的象征。尼罗河畔那古老硕大的金字塔，则是法老权势和力量永恒与不朽的辉煌杰作。而奥斯曼大刀阔斧改造的巴黎宏伟的协和广场与放射形道路，则更是为了炫耀法兰西第二帝国的盖世雄风。面对这道古貌尚在、雄风犹存的朱红色城墙，似有一股巨大的震慑力直射而来，它同雄伟的故宫一样，显示着自己坚不可摧的力量和永恒的权威，人类在它面前顷刻变得渺小。

赵其昌一步步向前走去，他感到脖子发木，腰酸腿痛，精疲力竭，在身边找块石头坐下，点燃一支烟，阵阵烟雾从

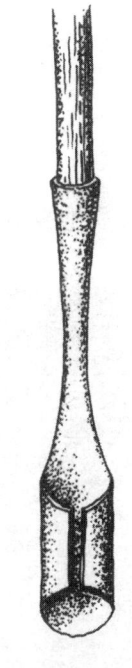

考古人员使用的考古探铲，又称洛阳铲

嘴里喷出，在眼前弥漫开来。

顺着缥缈的烟雾，望望远处的山峦和蓝蓝的天空，又把眼睛转向前方不远处的红色高墙。就在这一刹那间，奇迹出现了——在离地面3米多高的城墙上方，几块城砖塌陷下去，露出一个直径0.5米的圆洞。

"这是怎么回事？"赵其昌自问着，揉揉被太阳刺花的眼睛，紧紧盯住黑乎乎的洞口，心脏加剧了跳动。

他突然想起前几天一个老乡对自己讲过的话："长陵西面说不准是哪座陵墓，城墙外面塌了一个大洞。村里百姓遇到土匪绑票、日本鬼子抢烧，就把人捆牢后藏在里面……"眼前的洞穴难道就是老乡所说的那个藏人的地方？假若是真的，此处必有文章可做。正可谓踏破铁鞋无觅处，得来全不费功夫！

他再也无法抑制自己激动的心情，撒腿向后跑去。

"发现了，发现了！"

"快来看，快来看！"

洪亮的声音沿着宝城回荡，又从宝城传向旷野。

两个伙伴闻声跑来。三个人六只眼睛死死地盯着那个洞口。

考古人员拍摄的城墙洞口

没有梯子，附近又找不到大块石头和木料，怎么办？两个伙伴望着赵其昌激动的面孔，立即蹲下身："来吧，蹬着我们的肩膀上去看看，这个葫芦里到底装的什么药！"赵其昌踩上他们的肩头，三人组成一个"蠱"字形，沿城墙慢慢地升长起来。正午的阳光照射在洞口，里面的景物若隐若现，像是一个门券[④]的上端，光照处可辨别出砖砌的痕迹，但一时难以证实门券存在的真伪。三个人轮流看

第二章 穿过历史的迷雾

过一遍，仍未得出一致的结论。

"你们在这里守着，我去长陵村打电话请夏鼐老师来看看。"赵其昌嘱咐着同伴，转身向长陵村跑去。

夏鼐接到电话，立即驱车赶到定陵，同时还带来了几位年轻的考古工作者。

在定陵地下宫殿打开三十年后，我们在《中国大百科全书·考古卷》中，读到了一段关于夏鼐的记载：

夏鼐，字作铭，生于清宣统元年十二月二十七日，中国考古工作主要指导者和组织者之一。

1934年毕业于清华大学历史系。

1935年夏去英国伦敦大学，并获该校埃及考古博士学位。

1936年在英国留学期间，曾参加伦敦大学考古学教授M.惠勒领导的梅登堡山城遗址的发掘。1937年随英国调查团，在埃及的艾尔曼特和巴勒斯坦的杜韦尔参加发掘，并亲自向彼特里先生请教。他结束了在英国五年的留学生活之后，于1940年底回国。

1944年至1945年，他和向达教授负责进行了西北科学考察团甘肃地方的考古调查。通过对宁定县阳洼湾"齐家文化"墓葬的发掘，确认"仰韶文化"的年代比"齐家文化"早。发表了《齐家期墓葬的新发现及其年代的改订》一文，纠正了瑞典考古学者安特生关于甘肃新石器时代文化的分期，为建立黄河流域有关新石器时代文化的正确年代序列打下了基础，同时，标志着中国史前考古学的新起点。

夏鼐在发掘明陵的问题上，虽持有异议，但一经决定，便全力以赴投入发掘的指导工作。目前的当务之急，是要找到当年帝后入葬时，通往地宫的入口。只有沿入口发掘，才能再现三百年前的原貌，从中辨别历史的真伪。

发掘队员按原来的方法搭成人梯，让夏鼐站在肩上沿墙慢慢升起。

夏鼐从腰中掏出手电筒，认真察看洞中的一切，不时地用探铲叮叮当当地敲打着洞中的砖石……一刻钟之后，回到地面上。

队员们纷纷围拢上来，用期待的目光望着考古大师，希望尽快找到正确答案，解开百年之谜。

夏鼐沉思片刻，转身望着大家："据我观察，里面的砌砖不像是原来筑成的，有再砌的痕迹，可能是一个门券的上缘。"

"宝城砌得这么结实，怎么会有门券藏在里头？"不知是谁问了一句。

夏鼐望望大家，似在讲解，又像自言自语："定陵的历史有三百多年了，可能因为原砌的和后砌的两层砖之间衔接不紧，经过风吹雨打，外面的砌砖，也就是后来砌成的砖墙就塌陷了。"讲到这里，他望望赵其昌，不再言语。

赵其昌心中一动，豁然开朗：定陵是皇帝生前营建的，万历十二年（1584年）开工，为时六年完成。这一点《明实录》记载得很清楚。可是，陵墓建成，人并没死，怎样办？地宫就必然再埋好。事实上，又过了三十多年，即万历四十八年（1620年）王皇后才死，紧接着皇帝也死了，才一起入葬，再度挖开入葬，二次砌砖的现象就可以解释了。不过，定陵明楼下面不建通道，棺椁灵柩又从何处进入地宫呢？

"我百思不得其解。"赵其昌说着话，又摇摇头，摆摆手。

考古所的青年考古同行们也议论纷纷。有的说："如果真的是券门上缘，那它很可能就是入葬的通道。"一句话又提醒了赵其昌，史料记载，定陵仿永陵建筑，宝城外面，都有一道外罗城墙。现在外罗城墙虽已毁坏，但从遗址来看可以证实这堵城墙的存在。"是不是可以得出这样一个结论：如果是入葬的通道，它正处于外罗城之内，内宫墙之外，帝后的棺椁进入大门之后，绕到宝城外面，再从这里进入地宫？"赵其昌说完，看看夏鼐。大家顿时骚动起来："夏所长，会不会这样？"

夏鼐不露声色地点点头："说得有道理，我回市里和吴副市长商量一下下步的打算。"说完，驱车同赵其昌向北京奔去。

两人一见面，未等夏鼐讲话，吴晗就急不可待地问："作铭，调查的结果怎样？"

"我看是一条极有希望的线索。"

"有把握吗？"

夏鼐望着老同学焦急的面孔，笑着说："辰伯！我看你对考古倒真是外行，我们只有挖开后才能下结论哟！"

吴晗的脸微微红了一下，在屋内踱了几步，略带埋怨的口气说道：

"你倒是说一句有把握的话呀！"

夏鼐沉着地回答："像是通往地下玄宫的入口。"

吴晗立即站住，面露喜色："那就和大家研究一下，上报试掘，开始行动吧。"

注释：

①祔葬：合葬，后死者之棺从葬于先死者坟内。

②外罗城：陵宫外再筑一道大墙，将祾恩殿、宝城等都包围在内。

③考古探铲：一名"洛阳铲"，因过去由洛阳盗墓人所创。用以钻探地下古物，根据铲头带上的土质及其他物质，判知地下堆积的情况。洛阳铲上端装木柄，木柄顶端可系绳索，探地下浅埋土时，手握木柄用力钻探取土，分辨土质，探深埋土时用铲的重量下钻，可取土至20米。

④门券：门的顶部做成半圆形，常用砖或石材做成。

第三章 万历新时代

风雪定陵

　　隆庆驾崩，太子朱翊钧登上皇帝宝座，改元万历。少年天子，幽闭深宫，在桎梏中成长。铁屋子突围，励精图治,气象更新。残酷的礼教制度形成无影阵仗，万历心灵受挫，性格扭曲，大明王朝"国本之争"的隐患就此埋下——

深宫托孤

皇陵尚未开启，隐秘仍在幽暗的玄宫中静静等待考古人员揭示，而令发掘者与郭沫若、吴晗等辈，乃至普通民众最感兴趣的，无疑是在这座陵墓地宫中长眠的主人。这是一个让世人只见其影不见其形，似曾相识又所知甚少的复杂的神秘体，又是一个令当时的臣僚与后来的研究家费尽心机都难解真相的超级"宅男"。——一切叙事，都来自墨迹干涩的史籍与虚实混杂的民间野史。

大明隆庆六年（1572年）五月初，明朝第十二代君主，刚刚36岁的隆庆皇帝朱载垕，因纵欲过度，加上长期服食春药，头晕眼花，双手打战，卧病不起。尽管数位御医，于慌恐、焦虑中用尽各种方法、药物施以救治，以图挽狂澜于既倒，但奇迹还是没有出现。延至五月二十五日，隆庆于晕眩中自知病入膏肓，不久于人世，急忙召见大学士高拱、张居正、高仪入乾清宫听候遗诏。

三人匆忙赶来，只见幽深阴暗的宫殿内，气氛紧张，景象凄惨。皇帝斜倚在御榻上，面如死灰，气息奄奄，左右静静地站立着皇后、皇贵妃和太子朱翊钧。从那一丝爱恋、渴望、忧虑、无奈的眼神中可以看出，皇帝唯一放心不下的，是侍立在病榻左边年仅10岁的爱子、未来皇位的继承人——朱翊钧。在告别这个世界的最后一刻，隆庆皇帝伸出由于纵欲过度而变得萎缩瘦弱、毫无血色、呈树根状枯干僵硬的手，转动满含期待的泪眼，有气无力地向高拱、张居正、高仪三位内

乾清宫

阁辅臣嘱托后事："以天下累先生……事与冯保商榷而行。"

隆庆皇帝说完，命身边的司礼监太监冯保宣读遗嘱。

遗嘱分为两道，一道给皇太子朱翊钧，一道给顾命大臣。给皇太子的遗嘱写道：

遗诏，与皇太子。朕不豫，皇帝你做，一应礼仪自有该部题请而行。你要依三辅臣，并司礼监辅导，进学修德，用贤使能，无事怠荒，保守帝业。

给顾命大臣的遗嘱写道：

朕嗣祖宗大统，今方六年。偶得此疾，遽不能起，有负先皇付托。东宫幼小，朕今付之卿等三臣，同司礼监协心辅佐，遵守祖制，保固皇图。卿等功在社稷，万世不泯。

遗嘱刚刚读毕，首辅大臣高拱顿时一惊，心中暗想：自古有国以来，未曾有宦官受顾命之事，这"同司礼监协心辅佐"一句，成何体统？此遗诏，分明是张居正勾结冯保所拟，并非皇上本意。正要发作，忽而一想，此时不是计较的时候，一切待日后再作打算。想到这里，高拱借挥袖掩泪的空隙，用余光瞄了一眼周围的众人，复做悲痛状，匍匐在地，恸哭不已……

第二天凌晨，隆庆皇帝驾崩于乾清宫，谥号为"契天隆道渊懿宽仁显文光武纯德弘孝庄皇帝"，庙号穆宗，葬于北京昌平昭陵。

同年六月十日，年方10岁的皇太子朱翊钧登

少年天子万历皇帝像

高拱画像

风雪定陵

张居正画像

基，是为大明第十三位君主，诏告以明年（1573年）为万历元年。自此，大明帝国的隆庆时代成为一个符号，历史进入了长达四十八年的万历新时代。

老皇帝死去，对大臣们而言，可谓又悲又喜。新皇帝朱翊钧上位理政，标志着大明晚期特色的新时代的开启，朝中各色臣僚连同宦官集团，围绕诱人的权力，不可避免地展开一场新的争夺与厮杀。于是，万历初年，三个最引人注目的人物登上了大明王朝的政治舞台，这便是隆庆皇帝在遗诏中钦点的内阁辅臣高拱、张居正和司礼太监冯保。这三个人物对定陵地宫的主人——万历皇帝一生及其政治生涯产生了深刻影响，因此有必要加以介绍。

高拱，字肃卿，河南新郑人。大明嘉靖朝进士，后拜文渊阁大学士，与世称"东野先生""青词宰相"的一代名臣郭朴同时进入内阁。嘉靖皇帝因迷恋丹药、过度服食一命呜呼后，其子朱载垕即位，改元隆庆，是为隆庆皇帝。高拱自以为是先帝旧臣，开始不把他的引荐者、内阁元辅徐阶放在眼里，常与之相抗衡、争宠，暗中施以手腕迫使徐阶"乞归"。自此之后，高拱以精明强干自诩，负气用事，傲视同僚，先后又施展各种阴招，挤走了四位阁臣。至隆庆五年（1571年）十一月，内阁辅臣只剩下高拱、高仪和张居正三人，而以高拱为首席。

张居正，字叔大，号太岳，湖广江陵人，生于嘉靖四年（1525年）。少年时颖敏绝伦，素有"荆州神童"之称。5岁开始读书，10岁通晓六经大义，12岁中秀才，16岁中举人，23岁中进士并选为庶吉士，25岁授翰林院编修。正当张居正志得意满，仕宦之途顺畅，欲在政治上大展宏图之时，却遇到了奸相严嵩权势熏灼,年轻气盛的张居正对严氏父子深恶痛绝又无可奈何,只得选择远离权力中心,静观待变。随着时间推移,张氏对朝堂之上的君臣表现或称之为表演,越来越悲观失望。在痛苦中无法自拔的张居正受高人指点,暂时告病回到江陵老家,栽种几亩竹以排遣胸中郁闷,同时养精蓄锐,暗中思谋,以图东山再起。六年之后,张居正根据形势变化与父亲的愿望再度入京,利用当史官的有利条件,集中精力研究历代盛衰兴亡的原因,留心观察社会现实,受到大学士徐阶赏识、举荐,自此进入内阁参与机务。未久,好运亨通,一跃晋升为礼部尚书,武英殿大学士。不过,这时的张居正虽有政治热情和鸿鹄之志,因有前辈阁臣和得宠的宦官四处掣肘,仍不得施展政治抱负,更无法一鸣惊人,真正的机会还要等到十年之后。

最后一个被皇帝钦点的人物——冯保,号双林,真定府深州人。据传,此人与一般的太监不同,头脑灵活,知书达礼,又喜爱琴棋书画,颇有一点儒者风度。因其学识涵养在宦官中出类拔萃,一路官运亨通,嘉靖年间就当上了司礼监秉笔太监。

明朝开国之初,太祖朱元璋鉴于前朝许多血的教训,制定了严格的制度,太监不允许识字。洪武十七年(1384年),朱元璋下令铸造铁牌,放置宫门中央,铭文为:"内臣不得干涉政事,违犯者斩首。"又敕令各衙门不得与内官监有公文来往。由此可见,明朝建立之初,不仅禁止太监干政,而且极度限制其权力,太监的职位可谓无足轻重。

但自第六位皇帝英宗朱祁镇一朝开始,事情悄悄起了变化,不但太监编制扩张,职责、地位也开始变得重要起来。明英宗即位时仅是个8岁少年,政务只能靠太皇太后张氏处理,而张氏碍于身份又无法和内阁辅臣坐在一起议事,于是便令内阁在奏章中列出处理意见,由皇帝做选择题,即所谓的票拟。如此一来,皇帝只需要选择"照准"或"不准"便可,这就是古代王朝所谓的"批红"。再后来,"批红"一事索性就由司礼监秉笔太监代行。

随着时间推移,大明王朝司礼监已演变成一个秘书和情报机构,以"掌印太监"为首,下设"秉笔太监"数人,首席秉笔主管东厂、诏狱等特务刑讯机构,各秉笔分管各监、各司局。这个机构的形成和介入权力中心,成为明朝中后期太监干政的转捩点。经此转变,后宫二十四监、四司八局的大权,都逐步归集到司礼监中,逐渐形成了以掌印太监为首,秉笔太监为辅的"第二内阁",掌印太监成了事实上的"内相"。

到了明武宗朱厚照时期,司礼监不仅是皇帝本人的机要秘书,也是耳目喉舌,甚至取皇帝本人而代之,即"遂专掌机密,凡进御章奏及降敕批疏,无有不经其出纳者"。由于司礼监主管皇帝文书、印玺、宫内礼仪等事务,一跃成为"十二监"之首,属位高权重的内廷权力最大机构,主管范围虽仅具外朝三品之级别,但无内朝之名却有内朝之实,有时权力可与内阁首辅匹敌。随着太监集团势力不断扩大,朝廷规定,内外廷官僚职位设置皆相对应,司礼监对应内阁与御史,掌印太监位尊可比首辅,且有"权过元辅"之称;秉笔则职同次辅,掌东厂者权重堪比左都御史兼次辅……

这个局面的形成,除历史大势和环境因素使然,也与太监们较之明初整体素质提高,有能力帮助皇帝分担烦琐事务有关。而更重要者,则出于掣肘内阁和御史的政治需要,因为大明王朝到了中后期,世风日下,朝廷动荡不安,一个又一个皇帝,除了弱小登基便是昏庸好色之徒,朝政处理多依赖内阁辅臣,权力随之下移,造成尾大不掉之势。司礼监群体的崛起,成为对抗、制衡内阁的第二股势力,使帝国权力的天平以皇帝为中心,再次达于平衡——这是太监集团和皇帝本人都愿意看到的。

此时的冯保,权势虽已显赫,仍想更进一步,坐上司礼监的头把交椅——掌印太监,并为此费了不少心机和钱财,用来打通关节。到了隆庆四年(1570年),司礼监掌印太监的位子终于有了空缺,按例应由冯保升补。但时任内阁首辅的高拱为了报答照应、举荐他的太监陈洪,违例推荐御用监太监陈氏替补。后来陈洪出缺,高拱又推荐尚膳监太监孟冲作为补充。冯保见自己钱财、心力都付之东流,且论资排辈应推而未被推,好事难成,不觉心生怨恨,自此便与高拱结下了不共戴天之仇。

冯保虽没有当上掌印太监,但由于长期担任司礼监的秉笔太监,权位亦十分重要。因此,他和高拱之间经常发生或明或暗的争斗。在隆庆驾崩到万历皇帝登基这段时期,双方争斗趋于白热化,无不绞尽脑汁利用改朝换代的机会将对方置于死地。

正在这剑拔弩张之时,高拱最先瞅准了一个机会,即在万历皇帝登基的那天,百官齐集金銮殿朝贺。不知是冯保为先帝隆庆的遗诏得以顺利传示而感到高兴过度，还是出于其他考虑，竟直立在御座之侧，怡然自得地看着众臣僚匍匐在地，磕头行礼，山呼万岁。

冯保利用打擦边球的方式，明显具有间接接受百官跪拜的举动，立即惹得满朝哗然，众皆惊愤。更出人意料的是，礼毕之后，冯保即奉旨督领东厂事务。这个变更，使高拱顿时冒出一身冷汗，立觉自己脊背发凉，手脚发麻，胸闷气喘，几乎窒息晕倒。谁都知道，这个号称东厂、专向皇帝一人负责的特务机构，如同一个地上阎王殿，是什么事都干得出来的，无论职位多高，都无法保证自己不会落入他们的魔掌，而一旦站着进去，十有八九是横着出来的。在冯保最想收拾的臣僚中，第一个当然是高拱。处于巨大威胁之中的高拱，自然不能坐以待毙。退朝后，他凭着自己在朝中的巨大威望和资历，立即发动全体言官（给事中、御史），先发制人。言官们依仗人多势众，猛烈参劾冯保矫诏使气等罪行。高拱认为，仅此一条，就可把冯保扳倒。

然而，素来骄傲自大的高拱却错误地估计了形势，也低估了冯保的能量。他万万没料到冯保凭职务之便，将这些奏章全部扣匿的同时，又跑到张居正跟前求计。张居正的性格恰好与高拱相反，他精于谋略，城府极深，对高拱的高傲独断、专横跋扈以及不把别人放在眼里的做法怀恨在心，早有除掉高拱的念头，只是时机尚未成熟，也就心怀玄机未有半点流露，暗中等待给予对方一剑封喉的机会。现在，时机终于来了，作为英雄，首先要善于抓住时机，否则，便不再是英雄。

当冯保怀着惊恐又冷酷的表情前来求计时，张居正深知双方的决战已不可避免，既然战刀已经出鞘，就必须带血而还，且争夺和拼杀的目的都是使自己的权势得到稳固。于是，张居正顺水推舟，以政治家出色的才能和胆识，为冯保献出奇计。他知道，只要此计一出，高拱必败无疑。

冯保按照授意，急忙进宫见两位太后，即万历帝的生母慈圣皇太后和嫡母仁圣皇太后。见面后，冯保磕头不绝，声泪俱下，添油加醋地将高拱在先帝隆庆皇帝驾崩时所说的"十岁太子如何治天下"一句，篡改成"高拱斥太子为十岁孩子，如何做人主"，并谎称高拱要废掉万历，准备拥立周王做皇帝云云。

万历皇帝的母亲虽是太后，年龄只有30多岁，对政治角逐的洞察力自然不够敏锐，况且她早已风闻高拱其人专断独行，在朝廷上下唯我独尊，有时

东厂特务机关旧址

连太后和皇上也不放在眼里。回思往事，瞻顾前程，太后在冯保一番添油加醋、无中生有的泣诉后，终于被激怒，认为夫君驾崩，儿子刚刚登基，不显示点皇家威严和厉害，谁人再肯信服？于是，她决心站出来惩治这位声名显赫又专横跋扈的首辅大人。而在即将展开的这场政治决斗中，小皇帝万历也以少年天子的威严站在了冯保一边。当万历还是皇太子的时候，冯保就日夜伴随着他，提携掖抱，悉心照料，几乎形影不离，小小太子曾亲切地称他为"大伴"或"冯伴伴"，并视为心腹。冯保过往付出的心血，终于等来了今日的回报。

第二天，百官奉召在宫门前集合。冯保手执黄纸文书，诸臣僚跪听宣读。这是两宫太后的懿旨，也是新皇帝的圣旨。只见冯保高声宣读曰："仁圣皇太后、慈圣皇太后、皇帝圣旨：告诉你等内阁、五府、六部诸大臣，大行皇帝殡天前一日，召内阁三大臣于御榻前，与我母子三人，亲授遗嘱：东宫太子年幼，全赖尔等大臣辅导，但大学士高拱，揽政擅权，威福自专，全不把皇上放在眼里，使我母子昼夜不安……"

黄纸文书一经宣读完毕，大臣们一个个呆若木鸡，只有张居正心中有数，暗自窃喜。跪在最前列的高拱更是神色大变，目瞪口呆。未等他反应过来，已被褫去官衔职位，勒令即日出京，遣返原籍。这位声名显赫的内阁首辅，原以为这次召集群臣，是采纳他的计谋驱除冯保，没想到大祸竟落到自己头上。天威凛然，不可侵犯。由于圣旨说"即刻起程，不许停留"，高拱连家都没敢回，便在街上雇了一辆牛车，又羞又愤地回到河南新郑原籍去了。

第三章 万历新时代

正所谓"鹬蚌相争，渔人得利"，高拱倒台，张居正取而代之。十年之后，痛定思痛并明白过来的高拱，终于向这场决斗的幕后主角射出了复仇的利箭，致使张居正全家罹难。此为后话。

却说高拱被赶走不久，另一名阁臣高仪也病故了。这两个顾命大臣的一走一死，使已成为内阁首辅的张居正高兴异常。他推荐了一个对自己构不成威胁的好好先生、原礼部尚书吕调阳入阁作为自己的助手，而实际上朝政大权完全控制在张居正手中——这时，距隆庆皇帝去世才刚刚一个月。

张居正以胜利者的姿态，登上了大明王朝为他铺展的政治舞台，开启了一个变革图强的新时代。然而，已从晕头转向中渐渐清醒过来的朝廷命官，通过或明或暗的渠道，得知了高、冯决斗的大体缘由，以及张居正在幕后所扮演的角色，一时议论纷纷，对高拱的厄运给予同情，对张居正勾结内监极为不满。在这种情绪和同情高拱者的暗中串通鼓动下，朝廷内外谣言四起，舆论喧腾，冯保和张居正双双被掀上了风口浪尖。面对这一危局，张居正知道事泄并由此触犯了同僚，对此颇感不安。作为帝国的大学士和新晋首辅，如果不能树威，便不能服众。如何树威服众，就要沉下心来，细思深谋，暗中寻找出手的机会。

终于，一个天赐良机到来了。

万历元年（1573年）正月的一天，小皇帝朱翊钧依照惯例上早朝，当他出了乾清宫，只见一男子穿着太监衣服，在朦胧的曙色和惨淡的星光照耀下，躲躲藏藏，形迹可疑。这个男子很快被机警的皇帝卫队拿下，经冯保询问，此人自称叫王大臣，原是一名南兵，是从蓟州总兵戚继光那里来的。

明朝的嘉靖、隆庆年间，经过戚继光等将领率部在西南沿海奋战搏杀，海上倭寇基本荡平，而北方鞑靼土蛮、董狐狸两个部族却常到大明疆域骚扰掠夺，造成严重边患。隆庆元年（1567年），已入内阁的张居正把江南名将戚继光调到北方，让他总管蓟州、昌平等北方各镇的兵事并节制各镇总兵。一代名将戚继光一上任，看到边兵久缺训练，毫无战斗力，便决定从头开始操练兵马。他从在南方训练出来的"戚家军"中抽调一部分将士，作为练兵骨干和头领遣到军中以作示范，这个王大臣便是南兵队伍中调往北方的一员军士。意想不到的是，来到北方的王大臣，经受不住环境和生活之苦，加之思念江南家乡，便决定跑回南方故地。当他借着月色溜出军营来到北京

风雪定陵

《帝鉴图说》乃大明万历朝内阁首辅、大学士张居正（1525—1582年）所撰的奏御之书，取尧、舜以来善可为法者八十一事，恶可为戒者三十六事，每事前绘一图，后录传记之文，而为之直解。书成于隆庆六年（1572）年，取唐太宗"以古为鉴"之语名之曰《帝鉴图说》，书中所载，皆史册所有。《帝鉴图说》主要是当时冲龄之年的小皇帝明神宗，即万历皇帝学习阅读的启蒙读物，全书分为上、下两篇，上篇以"圣哲芳规"为题，讲述了历代帝王励精图治之举；下篇以"狂愚覆辙"为题，剖析了古今君主倒行逆施的罪恶行径

《帝鉴图说》书影

城时，忽然萌发一个逛逛紫禁城，回到家乡在父老乡亲面前吹吹牛皮的念头。于是，他左拐右穿，终于来到了巍峨壮丽的紫禁城下。这时天近黎明，城门已开，一些穿太监衣服的人进进出出，很是热闹。出于一时好奇，王大臣干脆一不做二不休，大着胆子偷了一套太监衣服穿在身上，混进宫去想看个究竟。因他不识路径，在紫禁城内东跑西逛，眼看天色微明，想出宫却找不到道路。正在他心惊胆战、焦急万分的时候，只见一大群人簇拥着一个男孩朝自己走来。他躲藏不及，被卫队、宫监当场捉住。

由于王大臣的供词牵扯到戚继光，冯保知道张居正跟戚继光关系非同一般，便把此事告诉了张居正。张居正闻听，先是一惊，沉默半晌后，心生奇计。他对冯保说："戚继光现握军权，绝对不能把他牵扯上。至于王大臣此人的处理嘛——"张居正附在冯保的耳边悄悄说："可以借机除掉高氏。"

冯保心中自然明白对方所说的高氏，就是被赶走的那个首辅高拱。张居正显然是要借刀杀人，以此对高氏家族斩草除根。

冯保心领神会，顿觉张居正手段狠辣，但却乐意干这个差事，因为高拱首先是他的敌人，然后才是张居正的敌人。回去后，冯保立即派一个叫辛儒的太监，给王大臣换上一件蟒裤，带上两把剑柄上饰着宝石的短剑，然后押送到由冯保

第三章 万历新时代

作为主监人的东厂,由辛儒陪着饮酒。辛儒对王大臣说:"你惊了圣驾,一定要追究主使你的人。你要不讲,就得被活活打死。"

王大臣闻听,吓得魂不附体,扑通一下跪倒在地,涕泪纵横地哀求辛儒出面救他。

辛儒故作温厚、怜悯状,压低声音道:"看在你上有老,下有小的分上,我就救你一次。这样吧,你只要说是高相国派你来行刺皇上的就没事了。"

"高相国是谁?我不认识他。"

"你就说是高相国的仆人来找你的就行了,他的仆人叫高旭。你只要这样说,我保你不但可以免罪,而且还可以得到一千两银子,封个一官半职。"

"噢,还有这等好事?"王大臣立即打起了精神,从地上爬起来,瞪大眼睛问。

"这是你祖上烧了高香,祖坟冒了青烟,烟雾多了就生出你这一档子好事,机不可失,时不再来。"辛儒说道。

王大臣很快答应了,并在冯保审问时按辛儒所教重复了一遍。冯保拿到证言,立刻派人去新郑逮捕高拱的仆人高旭。消息传出,满朝震惊,臣僚们怎么也不相信聪明如高拱者会干这种蠢事,必是有人暗中搞鬼,欲致高拱于死地。于是,在高拱亲信们的联合鼓动下,群臣一齐上表,要求皇帝慎重查处。未久,皇帝下诏让冯保和都御史葛守礼、都督朱希孝一同会审此案。

高拱的仆人高旭很快被解到京城,平时与冯保不睦的朱希孝不相信"高旭刺圣"一说,为揭露冯保的阴谋,心生一计,找了一些校尉,把高旭杂在

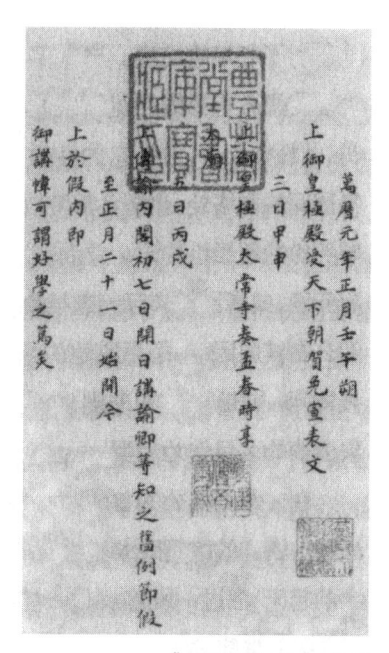

《万历起居注》书影
万历元年(1573年)正月初五日,小皇帝传谕内阁提前举行日讲

传万历书法拓本

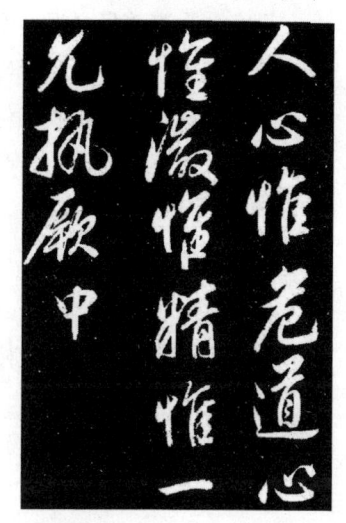

055

当中，要王大臣辨认，王大臣自然认不出来。

会审开始，按照规定，要先对被指控犯罪者打一顿板子，然后过堂。当板子打到身上时，一直蒙在鼓里的王大臣哀号道："不是说好了要给我银子、官职吗，怎么又来打我？"

冯保一听，大怒，厉声问道："是谁指使你干的？"

"不就是跟你一样打扮的人教我的吗？怎么又反来问我？"王大臣死到临头还不知自己掉进了陷阱。审讯官冯保没想到场面会在这时失控，乃厉声斥责道："胡说！那你上次怎说是高相国？"

"是那个太监要我说高相国，我怎么认得什么高相国、矮相国？"

冯保闻听，面如紫茄，慌乱中，竟一时无言以对。朱希孝趁机问道："那你这蟒裤、双剑，又是从哪里来的？"

"也是那个太监给我的。"王大臣指着冯保说。

朱希孝不再追问，吩咐退堂。冯保一见阴谋戳穿，便秘密派人给王大臣饮了哑药。

王大臣无法说话，又不通文字，案子无法审下去了，最后刑部只好以王大臣是个傻子，犯了惊驾罪而将其斩首，草草了结此案。

因此一无中生有的案件，高拱一家险些被灭了九族，高拱吓得赶紧关上大门，谁也不再接见。而高氏的党羽门生，路过中州的时候，怕受牵连，也都绕道避开新郑。至于朝中各色臣僚，从这次事件中，真正认识了张居正的厉害，为避杀身之祸，不得不对其表示臣服。

至此，在万历皇帝当国的初年，朝中形成了两股强大的政治势力，代表人物分别是张居正和冯保，而张、冯的短暂结合，对日后的政治乃至万历皇帝本人的性格与作为，产生了意想不到的深远影响。

在锁链的捆绑中成长

张居正担任内阁首辅以后，除了处理日常政治、经济、军事等事务，所做的另一件要事，就是辅导他的学生——年轻的万历皇帝朱翊钧读书成才。

明万历元年刊《帝鉴图说》插图"遣使赈恤"。唐史记：宪宗四年（809年），南方旱饥，命左司郎中郑敬等为江淮、两浙、荆湖、襄鄂等道宣慰使，赈恤之。将行，上戒之曰："朕官中用帛一匹，皆籍其数，惟周救百姓，则不计费。卿辈宜识此意，勿效潘孟阳饮酒游山而已。"

为把这位新任皇帝引向自己所设想的境地，张居正以高度的热情和责任感，为万历精选了五位经史主讲，两位书法主讲，外加一位侍读，所学内容由张氏自己亲自编订。此时的张居正，已成为塑造年幼皇帝的总设计师和处理军政要务、身兼内外双重职务的国之重臣，亦为整个大明帝国事实上的掌舵人。

明朝开国之初，朱元璋接二连三地砍了几位宰相的脑袋，并且严旨后代不复设立，以免皇帝大权旁落，受制于人。但后来的君主并不像先辈那样勤于政事，到朱元璋的儿子——明成祖朱棣时，随着政务增多，开始让殿阁大学士参理，宰相之权逐渐移回殿阁辅臣手中。

由于张居正成为万历一朝实际上的宰相兼太师，成为大明帝国最为强大坚挺的柱石，或曰帝国航船最强劲的掌舵人。因而，张氏抓住时机，铲除一切羁绊，在政治、经济、军事诸方面，进行了一系列颇有成效的改革，同时将自己的意志强加于对万历的教育之中，企图按照他理想中的模式，塑造出一个全能的完人和圣主。只是，张居正的方法过于刻薄和急躁，致使这位少年天子越来越不堪重负，性格逐渐扭曲，直至偏离航道。其最终结局是，张居正在为行将垂死的大明帝国恢复元气的同时，也为它的彻底毁灭种下了难以治愈的毒菌。

几个世纪之后，明史研究者大都同意这样一个事实：万历皇帝一生的作为和名声，前后大相径庭，前期是一位较为聪明、早熟的君主；后期则成为酒色财气"四毒俱全"的昏君。史载，万历5岁时就能读书识字，这是按中国传统的虚岁算法算的，那时他的实际年龄还不足4岁。就在差不多这个年龄的时候，有一天，他见父皇在宫中驰马，立即跑上前去，说道："陛下是天下之主，如此驰马急奔，倘马蹶失足，后果作何设想？"

隆庆皇帝听罢，立即跳下马来，把他拥在怀中，激动得热泪盈眶，深为有这样的儿子而自豪。隆庆皇帝当场嘉奖了儿子，并在不久后将他立为太子。

如今，作为新皇帝的朱翊钧，在张居正精心辅导下，学业日有进步。到万历二年（1574年）三月，小皇帝将自己书写的十二字条幅"学二帝、三王、治天下大经之法"，悬挂于文华殿中央。接着又书写条幅，准备分赐给众臣僚，每个字足有一尺见方。张居正来到文华殿，见万历"纵笔如飞，顷刻毕就"，且12岁的孩子书写这么大的正楷字，着实不易，张居正看后十分欣慰。为此，他特做《缉熙圣学》诗一首，颂扬其事。诗曰：

冲龄已赋圣人资，典学尤勤恐后时。
努力寸阴常为惜，谈经终日竟忘疲。
闲观翰墨情偏惬，坐对缥缃手自披。
二帝三王心法在，文□高揭即蓍龟。

万历二年（1574年）闰十二月十七日，小皇帝讲读完毕，将亲自书写的"弼予一人，永保天命"八个大字赐给张居正。这八字虽然反映了万历对张的无比信赖，但张居正却突然想到了一个宏大的政治命题，即中国文化里最重要的是立德、立功、立言，所谓"三不朽"。作为一代君主，治国安邦需要的是熟读经史子集，在古书典籍中寻求大道，而书法绘画之类艺术毕竟属于细枝末节，只能作为修身养性的辅助品，不能成就经国之大业，治世之根

第三章 万历新时代

本，若沉湎太深，对治理国家不但无益反而有害。出于政治高度和治国方针上的考虑，张居正板起脸对万历此举进行了劝谏。他说道："赐臣之大书，笔力遒劲，体格庄严，虽前代人主善书者，无以复逾矣。但以臣愚见，帝王之学，当务其大。自尧舜以至唐宋，所称英贤之主，皆以其修德行政，治世安民著称。不闻其有技艺之巧也。梁武帝、陈后主、隋炀帝、宋徽宗，皆能文章善绘画，然皆无救于乱亡。由此可见，君德之大，不在技艺之间也。今皇上圣聪日开，正宜及时讲求治理，留心政务，以古圣帝明主为法。书法一事，不过借以收心而已，即使殚精费神，直通钟王（钟繇、王羲之），亦有何益？"

万历听罢，立即答道："先生说得是，朕知道了。"

自此之后，在万历的功课之中，书法艺术被取消，只留下经史二门供这位小皇帝攻读。

万历三年（1575年）五月二十日，皇帝下令中使捧出他母亲李太后所写的御书一帙，叫张居正看，并说太后不但每天在宫中看史书，还要坚持写字一幅。她不仅自己这样做，还令30岁以下的侍女都要读书写字。张居正听罢，深以为然，并借此开导说："圣母，母也，犹孜孜勤学如此。今皇上当英雄少年，将来有万钧之重，何不锐精学问，讲究治理以副祖宗托付之重乎？伏望皇上仰体圣母爱育之心，及时典学无怠无荒。则睿智益升，聪明愈扩。"

万历当即答道："先生言是也，朕当勉焉。"

同年底，万历对张居正说："朕于宫中默诵所讲书，多能记忆。间亦有遗忘者，温习未尝废也。"

张居正闻之，大喜，认为万历皇帝按照自己设计的道路一步步向前迈进，自己没有白费苦心，日后继续按这个模式栽培下去，万历皇帝一定堪当大器，成为一代明君圣主。然而，只顾沾沾自喜的张居正没有意识到，他一手栽培并渴望成就的这件"大器"，已经悄然变形。这位少年皇帝的幼小心灵，因书法等艺术的爱好与追求被强行阻断而受到刺痛，经史子集的枯燥讲读，使这位童心未泯的少年日趋厌倦。像许多厌学、逃学的少年一样，这位小皇帝先是在讲堂上表现得神气不定，继之开始借故停辍。而自以为聪明过人的张居正，却把自己少年时在江陵读书的那一套方式、方法，强行置于一国之主——万历皇帝的头上，且在小皇帝明显表现出对读书、讲学厌烦、抵触和逃避之时，并未有所警觉。而且，张居正不认为自己设计的模型和教育方法有什么差错，对面前这位满面愁容，且暗含愠怒、怨恨的小皇帝，并未给予感情上的抚慰，反以自己的霸道作风，摆出一副大义凛然状，一如既往地严格劝谏、干涉，毫不退让放松。

万历五年（1577年）闰八月初三，小皇帝借故暑雨太多、太大，口谕令朝讲暂歇。张居正得知后，立即前来谏阻，并趁势讲了一番古今中外的大道理。在张居正严厉、恳切的劝谏下，万历不得不收回口谕，重新进入忙碌的功课中。

早在此前，张居正还仿照唐太宗、明成祖和明仁宗的做法，绘制天下疆域和职官书屏，悬挂在文华殿墙上，让万历朝夕观阅。史载，这幅疆域职官书屏画得十分精详，全屏共分九扇，中间三扇绘天下疆域图，左右各三扇分别列文武职官的姓名、贯址、出身、资历等，而每个职官的情况，均用浮贴，如有升迁改调，可以随时更换。在张居正看来，有了这幅屏风，"四方道里险易、百司职务繁局，某某官员贤否，莫逃于圣鉴之下"。只是令张居正想不到的是，面对这一杰作，万历皇帝并未表现出应有的热情，览阅之后，只轻轻说了句"先生费心，朕知道了"，算是对张居正这番苦心孤诣的回报。

此时的张居正，被权势和由自己掌控的权势带来的使命感冲昏了头脑，对万历于功课上的厌倦、烦闷情绪，仍未体察和醒悟，更未对这位小皇帝精神上表现出来的痛苦，甚而愠怒加以深究，他依然自信满满地按照自己的人生经历和思维方式，以及一个臣僚对皇帝效忠的责任和挚诚，训导这个只有十几岁的孩子，有时表现得十分严厉和刻薄，甚至达到了令成年人都难以忍受的程度。对此，后世史家多有评判或予以指责，若史家黄仁宇在《万历十五年》中讲述了这样一件小事。有一次，万历在朗诵《论语》时，把"色勃如也"，读成了"色bèi（背）如也"。张居正听罢，当即沉下脸来，面带怒气地厉声纠正道："应当读bó（勃）！"这一声严厉得近似指责的叫喊，使万历皇帝极为惊恐和愤慨。尽管皇帝只是个十几岁的孩子，并称张居正为先生，但这位少年天子自小被灌输的信条是，自己乃堂堂大明帝国的当朝皇帝，是神圣不可侵犯的天之骄子，是上天任命的天下共主。《尚书》

曰:"天子作民父母,以为天下王。"《白虎通义》曰:"王者父天母地,为天之子也。"也就是说,天子"受命于天",地上行走的一切人等,无论贵贱尊卑,都是他的臣民,都要服从他的意志。张居正此时严厉而刻薄的责备,万历认为是对自己不尊、不敬,有辱他作为一个至高无上的皇帝的尊严。在日后的岁月里,此类事情不但没有停止,反而不断出现,使少年皇帝感到自尊心受到刺扎,心灵深处渐渐生起了反抗的欲望,对张居正本人由尊敬、畏惧变成了忌恨。按黄仁宇的说法,多少年后,张居正举家获罪,其本人差点被开棺戮尸,与张氏本人在教学方式和对待皇帝的态度方面,有意无意地播下了仇恨种子是分不开的。

从另一个视角看,无论是年龄还是职位均处于鼎盛时期,且颇为自负的张居正,之所以没有顾及或领会小皇帝的感受,是因为他有自己的一套标准和道理,他企图让万历皇帝明白,天子受命于天是不错的,但天意能否长久保持不变则在于是否施行仁义,如《孟子·离娄上》所言:"三代之得天下也以仁,其失天下也以不仁。国之所以废兴存亡者亦然。天子不仁,不保四海;诸侯不仁,不保社稷;卿大夫不仁,不保宗庙;士庶人不仁,不保四体。今恶死亡而乐不仁,是犹恶醉而强酒。"要使国家兴旺发达,百姓安居乐业,首先是皇帝自己修德进业,审慎地选择德才兼备的官吏,这样君臣同心同德,才能保证帝国亿万斯年,长盛不衰。要选择当朝称职的官吏,作为君主,就必须信任忠诚的臣子张居正本人。确切地说,张居正才是引导大明帝国这艘航船一路前行,且能渡过急流险滩的不灭的灯塔。

随着时间的推移,万历皇帝与张居正这对君臣,心理上的抵牾越来越大,仇恨的种子在万历心灵深处悄然发芽生长,而小皇帝那个只有三十多岁、精力充沛又满怀期待的母亲——李太后,亦即慈圣皇太后,也在不知不觉中,扮演了一个令儿子身上雪上加霜的角色。太后的出身和特殊经历,使她的性格和处事理念,形成了一套独特模式。尽管儿子已经当政,但这对母子却一直同住在乾清宫,且太后对这个亲生儿子能否尽心尽职、勤奋学习,表现出特殊的热情和关注。她利用被称为儿子"大伴"的太监冯保,不断向自己报告宫内外、包括皇帝本人的各种情况。由于这个太监兼特务精明能干,使得太后耳目灵通。也由于这个神秘莫测的特务,在不分白天黑夜地监视她儿子的言行,使得万历皇帝渐生畏惧和厌恶。而一旦听到对皇帝不利的密报，年轻的太后盛怒之下，就会对儿子处以长跪的惩罚，有时一跪就是几个时辰。这一做法，不仅使万历小皇帝承受了肉体的折磨，更为重要的是，让这位至高无上的天子，感到极端的难堪和精神的创痛。而这时的慈圣皇太后，并没有因此感到自己的做法有什么不妥，相反却认为自己做了既合乎祖训，又不悖常理的具有责任感的好事。因为她的经历和思维方式无不在告诉自己：我是为你好，我这样做是对的，不这样，才愧对列祖列宗和儿子本人。

明代开国之君朱元璋，怕自己百年之后子孙不肖，出现类似汉、唐那样外戚或母后专权的隐患，明确规定后妃由良家挑选。作为万历皇帝生母的李太后，原出身贫寒之家，被选入宫后，在裕王府侍候当时还是裕王的朱载垕，也就是后来的隆庆皇帝。她之所以没有像绝大多数宫女那样，在紫禁城中空虚寂寞了此一生，仅仅是因为一个偶然的契机，使她与朱载垕于夜深人静时，发生了一段情意缠绵、难以忘怀的情欲之缘。第二年，她便生下了儿子朱翊钧，并以"母以子贵"的宫廷礼制，一跃成为皇贵妃，直至儿子被立为太子，继之成为当朝皇帝，而她自己也成为当朝太后。这位30多岁便守寡的女人，深知到达现在的地位是多么不易。《公羊传》曰"子以母贵，母以子贵"，二者是一个不可分割的整体，但更多的是儿子给予了自己今天的荣耀和权势。然而，这并不妨碍她对儿子进行相当严格的管教，年复一年，这位太后在每逢上朝的五更时分，便推醒酣睡的儿子，带他去临朝听政。如此这般不辞劳苦地栽培儿子，当然是希望眼前这个小皇帝成为一代贤君，自己也一同名垂青史。

万历六年（1578年），年已16岁的万历皇帝到了大婚年龄。为广延子嗣，必须先册立皇后，然后再立妃嫔。对万历来说，这无疑是一种新生活的开始。当然，他暗自庆幸的不是大婚，而是严慈的母亲将不再陪他住在乾清宫而搬回慈宁宫，他将有可能在日后的生活中成为一个自由的君主，一个独立的人。

正是出于这样的考虑，大婚后的万历皇帝从表面上看，似乎和年轻貌美的王皇后结成了天生的一对，事实上万历内心却极不喜欢这位总讨母后欢心的女人，并不时给她冷淡的脸色。这种不近人情的态度和做法，万历一生都没有改变。深感冷落的王皇后愤懑之极，只得拿宫女发泄怨气，一生毙在她

第三章 万历新时代

杖下的宫女就有数十人之多。王皇后为什么一生从未得宠,史料尚无确切记载,世人也无处捉摸。或许,爱与不爱本身就没有什么因由可寻,也无对错是非之定论,它是存于心灵深处只可意会不可言传的一种情感的波动。但无论如何,有一点是明确的,大婚后的万历皇帝认为,他已经从母亲的严格束缚下摆脱出来,得到了一个打破单调和空虚生活的机会,可以钻出阴暗沉闷压抑的深宫,长吁一口气了,直至在成年人的世界里,过一种充满青春张力,吞吐四海八荒,实现春秋大梦的壮丽人生。只是,他高兴得太早,也想得过于简单了,一件看似平常的小事,给了这位少年天子当头一棒。

史载,一个名叫孙海的宦官,引导万历在皇城别墅"西内"[①],举行了一次极尽欢乐的夜宴。这里湖波荡漾,宝塔高耸,风景秀丽,喇嘛寺旁所蓄养的上千只白鹤点缀其间,使得刚从铁狱般深宫大院潜出的皇帝,恍如置身蓬莱仙境。新奇的、自由的生活天地一经打开,万历皇帝对紫禁城的禁锢岁月,产生了恐惧与厌恶,对此处的旖旎风光与新鲜、活泼的气氛,产生了向往甚至迷恋。从此,在"西内"的夜游,成了他生活中不可缺少的一部分。每到夜幕降临,只见年轻的皇帝身穿紧袖衫,腰悬宝刀,在群宦簇拥下,带着似醉还醒的酒意,像话本小说中的侠客一样,高喊着谁也听不懂的口号,在园中横冲直撞。折腾累了,便是一顿宴饮歌舞,直闹到天色微明方休。一次宴会上,万历醉眼蒙眬地叫身边一个小宫女唱自己喜爱的新曲。不料,这个宫女奏称不会,小皇帝借着酒劲龙颜大怒,抽出身上宝刀,学着侠客的样子欲砍向宫女。孙海等急忙上前阻止,万历欲杀不能,便灵机一动,说:"不效当年曹孟德割发代首,何显朕无戏言?"手起刀落,斩断了宫女半截长发。一个随从眼看宫女惊昏倒地,其他侍从太监、宫女惊呼乱窜,怕闹出人命不好交差,急忙上前劝谏,结果被怒气未消的万历下令拖出去打了一顿板子。

小皇帝如此不分白天黑夜恣意妄为地胡闹,引起了监视太监冯保的不满,遂将此事悄悄告诉了太后。太后闻言大为吃惊,觉得自己过于放纵皇帝,没有尽到对皇帝的督导教育之责,愧对祖宗社稷。被悲愤和悔恨所裹胁的太后有些失去理智,只见她除去簪环,准备祭告祖庙,废掉这个失德之君,以皇弟潞王代之。冯保等宦官见大事不妙,立即意识到兹事体大,无论是对皇帝本人还是对身边的宦官,都是一个重大危急。在这千钧一发之际,机警的冯保立即示意万历跪求母后开恩息怒。小皇帝虽然曾因读书被罚长跪，但领略的只是母后严厉逼视的目光，而现在，惊慌失措的他第一次看到母亲悲愤的目光中，含有一种万念俱灰的哀怨——这是一种恨铁不成钢、辜负夫君遗托顾命的绝望神色。望着伏地不起的皇帝，怒气正盛的慈圣太后手脚抖动，厉声训斥道："先帝弥留之际，尝内嘱你两母教育，外托张先生等辅导，可谓用心良苦。孰知你如此不肖，到处游荡，将来必玷辱祖宗功名。我顾社稷要紧，难道非要你做皇帝不成？"言毕，昏厥过去。

万历意识到自己这次惹祸非同小可，伏地哀泣，不敢仰视。冯保急忙号令宫女服侍太后，又令人火速请张居正前来劝慰。经张居正和冯保极力劝说，万历皇帝痛哭流涕，表示悔改，并在张居正示意下写了一份"罪己诏"，醒来的太后怒气渐消，最终答应给皇帝一个改过自新的机会。

这次事件，令万历胆战心惊、汗湿脊背的同时，也给张居正敲了一个警钟，他再也不敢马虎大意了。为避免再度出现类似麻烦，张居正以铁腕手段，大批斥退皇帝的近侍，特别是那些年轻的活跃分子，同时自告奋勇，承担起照料皇帝私生活的重任，每天派遣四名翰林，在皇帝燕居时以经史文墨愉悦圣情。

也正是由于本次事件的发生，万历皇帝才明白自己虽然名义上是天下君主，但仍是一个既不独立，更不自由的孤独少年。他冥冥中感到有一条无形的锁链套在自己身上，无法按照自己的意志去行动，去生活，去探索外部世界，甚至呼吸一口新鲜空气，都感到有无数双忽隐忽现的眼睛紧盯不放，使自己身心俱不自在，如芒在背。留给他的空间，或他能够做的，只有在这条无形锁链的捆绑下，在这冰冷的深宫大院里，沿着一条古老得生锈的轨道走下去，纵使前方是一片迷茫的征途，甚至是峭壁悬崖。

当然，李太后的斥责，张居正及身边的臣僚严密的监视兼精神上的捆绑，并未立即使少年万历屈服，他那青春躁动的身心和满腔的热血，以及对自由的渴望，仍促使他设法予以反抗，只是方式比此前更加小心谨慎罢了。以后的岁月，万历要干每一件"出轨"之事，总提前编造出几条理由，以应付太后的盘问。与此同时，这件事也给他的心灵留下了抹不去的阴影，伴随这个阴影而生的，是恨上了告密的冯保和为自己代草"罪己诏"的张居正。因为"罪己诏"中的言辞，竟到了使他这位皇帝无地自容的程度。每当回忆起那不堪的一幕,万历心中便隐隐作痛,一股复仇的火焰在胸中燃烧起来,且越烧越旺,不能止息。

有一天,万历听课完毕,一时兴起,便开始书写大字赐予辅臣。冯保立在一旁,吹捧逢迎,不住喝彩。望着冯保的谄媚之态,万历停了下来,心中蓦然涌起一股厌恶的情绪,仇恨的火苗升腾而起。刹那间,他手中饱蘸浓墨的大笔,唰地掷在冯保穿的大红袍上,淋漓尽染。冯保打了个激灵,惊恐异常,在旁的张居正和几位辅臣也是大惊失色,不知如何是好。慌乱中,众人脑海中迸出一个相似的念头——皇帝变了。

帝国夕阳

皇帝变了,张居正也变了。万历皇帝变得厌学、烦躁、爱发脾气、撒谎、自闭、抑郁等等,俨然成为一个叛逆少年。而张居正则从一个神童、青年秀士、翰林学士,步入国师兼内阁首辅,即一人之下万人之上的朝廷第一重臣。生于华夏水陆要冲,自小浸染儒家学说的张居正,是有他的理想抱负的。孟子"居天下之广居,立天下之正位,行天下之大道。得志,与民由之,不得志,独行其道。富贵不能淫,贫贱不能移,威武不能屈,此之谓大丈夫",以及"为天地立心,为生民立命,为往圣继绝学,为万世开太平","修身齐家治国平天下"等儒家经典,在张居正脑海中占据重要位置。既然他通过自己一路苦斗爬上了帝国的首辅高位,如今权倾朝野,威震八方,就要抓住时机,按照自己的构想来改革,或改造这个日渐沉落的帝国,立万世之功绩,与青史共不朽。

于是,时值盛年的张居正,不再是当年那个官场中战战兢兢,如履薄冰,谦虚谨慎,缩手缩脚,满口仁义道德、之乎者也的年轻翰林了,而是抬头挺胸,气宇轩昂,周身散发着虎虎生气,走路随风带雨的帝国设计师和强悍的舵手。极为难得的是,身居高位的张居正,头脑一直保持清醒状态,他对黄老学说,特别是对《易》的钻研,使自己认识到上苍不会长久地眷顾他,也不会给他太多的时间和空间,让他慢条斯理地实现自己的抱负和理想。他必须只争朝夕，破釜沉舟，摆脱旧有官僚体制的桎梏，放开胆子，不计毁誉，甚至不计同僚、仇家、敌人掷来的明枪暗箭，以一个伟大政治家和改革家的气度、胸襟和舍生忘死的精神，从帝国的政治、经济、军事等诸方面推行改革，厘剔宿弊，实现帝国复兴之梦。——张居正确实是这样做了，且大有斩获，仅仅几年时间，便使嘉靖之后危机四伏的大明王朝，在万历初年又焕发了生机。而这辉煌业绩的取得，与李太后的强力支持，以及万历皇帝短暂的、真诚的配合是分不开的。

早在隆庆二年（1568年），因内阁辅臣徐阶和高拱不和，徐阶被迫告老退位，回到松江华亭之时，年轻气盛的张居正鼓起勇气，借机出头试一试自己的分量和运气，他不失时机地给皇帝上了《陈六事疏》，提出了大明王朝亟须变革的六件大事：

一、省议论。凡事不要无用的虚词，而讲求实际的功效。做一件事，开初要审慎，既行之后便要决断，用一个人，用前要慎察，既用之后便要信任。

二、振纲纪。近年来纲纪不肃，错误地以模棱两可谓之"调停"，以委曲求全谓之"善处"。应该公道地进行刑赏予夺，而不曲徇私情。

三、重诏令。近来朝廷诏旨，多格废不行，有的竟十余年犹未完成。文件积压，年月既久，失去时效，致使漏网的终于逃脱，而国法不得伸张，这样是非怎能明断？赏罚如何得当？因此应敕下各司，办事应严立限期，违者查参。

四、核名实。器械必须试用之后才知道利钝，马匹必须乘驾之后才知道驽良。现在用人却不然，官不久任，事不责成，更调太繁，迁转太骤，资格太拘，毁誉失实。因此希望皇上慎重名器，爱惜爵赏，令吏部认真考课官员，使其名实相符。

五、固邦本。眼下风俗侈靡，豪强兼并，赋役不均，官吏们耍弄诡奇花招，吃亏的还是百姓。因此要敕令有司，尽心清理。

六、饬武备。精选将领边吏，加强军队训练，举行大阅之礼，严申军纪，注重武备，整饬戎事，亦足以伐外寇之谋，销未萌之患。

第三章 万历新时代

此时的张居正处在高拱等老臣压制，甚至按在地下摩擦之中，羽翼未丰，话语权不足，但他仍以一个青年战略家和政治家的眼光，勇敢而坦诚地提出了自己独到而非凡的见解，为走向沉沦的大明帝国变革事业吹响了奋起的号角。

遗憾的是，由于朝中局势复杂多变，张居正初露锋芒，就被老臣们联合沉溺于女色之中的皇帝打压下去，他的理想与计划成为泡影。事隔多年后的今天，张居正清晰地感到这个时机已经来临。身处内阁首辅兼皇帝老师双重地位的他，借助李太后和万历的声名，使出的第一道撒手锏，便是贯彻他给先皇帝提出的《陈六事疏》，并一步一个脚印地向前推进。

张居正下的第一盘大棋就是整顿吏治。当时朝廷奢贿成风，上层卖官鬻爵，收受贿赂；下层生灵涂炭，民不聊生，其根源自然是"吏治不清"。于是，张居正规定了严格的考察制度，实行综核名实，提出"考成法"②，考核各级官吏，"虽万里外，朝下而夕奉行"，一时间，政体为之肃然。继之，裁汰贪官污吏，采取"立贤无方，唯才是用"原则，作为官员晋升的标准。戚继光等一批将领，即依这个标准制度得到拔擢。也正是得益于戚继光等将领的尽职尽责，使多年扰攘不宁的海域和北部边疆得以安定下来。

在隆庆驾崩、万历皇帝登基之初，官僚地主趁机进行土地兼并，严重扰乱了全国应当纳税的田亩数目。许多豪强大户掠夺农民的土地，赋税却仍要失地的农民负担，造成大批农民逃亡后成为流民，而流民的集中又造成规模大小不一的造反起义事件，对朝廷统治乃至国体稳定造成隐患。处于维稳和赋税的需要，张居正下令在全国重新丈量土地，清查漏税的田产。到万历八年（1580年），统计全国查实征粮土地达7,013,976顷，比六十年前大明第九位皇帝孝宗朱佑樘统治时期，增加了近300万顷，朝廷的赋税收入也自然得到了增加，达到了"自正德嘉靖虚耗之后，至万历十年间，最称富庶"的效果。

张居正越战越勇，胆子越练越大，推行的改革势如破竹，战果辉煌。万历七年（1579年），张居正以俺答汗为中介，代表明朝与西藏黄教首领达赖三世（索南嘉措），建立了通好和封贡关系，使西部边疆得以稳定。万历九年（1581年），张居正下令在全国推行"一条鞭法"，即把原来的田赋、徭役和杂税合起来，折合成银两，分摊在田亩上，按田亩数量交税，实行赋税制度大改革，使地方官员难于作弊，进而增加财政收入。同时，在水利、边防等方面革疾除弊，加强建设武备，既巩固国防，又尽可能地方便水利命脉畅通。更令时人和后人称道的是，面对南北两大边患，张居正启用凌云翼、殷正茂等平定西南叛乱。为防御蒙古鞑靼入寇边关，张居正派戚继光守卫蓟门，李成梁镇守辽东，又在东起山海关，西至居庸关的长城上加修筑镇边堡三千余座。同时，适当开放国门，与鞑靼俺答汗之间进行茶马互市贸易，采取和平政策，使族群矛盾缓和，边防更加巩固。在较长的一段时间内，明朝和鞑靼没有发生过大的战争，农业和畜牧业得以发展。一时之间，本已暮气沉沉、大厦将倾的大明王朝，重新焕发生机，出现了"万历中兴"的气象。

按照史家黄仁宇《万历十五年》提示，万历皇帝即位后的第一个十年（1573—1582年），实为即将沉沦的大明王朝百事转苏、欣欣向荣的十年。北方的"虏患"不再发生，东南的倭寇也已绝迹，国家的府库日渐充实，这些超出预计的成就，凝聚了张居正无数的心血。此点，年轻的万历皇帝尽管处于青春叛逆期，对张氏的严厉管束很是反感甚至怨恨，但毕竟是一国之君，青春的热血与伟大的理想，以及祖宗的传奇和荣光，都促使他欲干一番惊天动地的大事业，而张居正用铁腕手段和辛勤汗水浇灌出的丰硕果实，正是成就伟大理想和事业的基础。因而，从这个角度思考与观察，万历皇帝对他的师傅又是感恩戴德的，如张居正偶感腹痛，年轻的皇帝便亲手调制椒汤面给他食用，就连名位显赫的李太后对张居正也倍加感激，言听计从。

万历与王皇后大婚之时，张居正因父丧在内阁"青衣角带"守制丧事，按照明朝祖制，大臣在守制期间，不准参与皇帝的一切吉礼。但李太后，即当朝的慈圣皇太后却不避忌讳，顶住朝中臣僚的巨大压力，抛开祖制，一定要让张居正暂易吉服，堂而皇之地主持万历婚礼。这一在朝臣看来大逆不道的做法，对一个笃信佛教的女人来说，没有对张居正的无比信任和一定胆识是万万做不到的。据说，有好几次，慈圣太后想在秋决前举行大赦，但张居正认为国有国法，朝有朝规，帝国的法规制度不可因掌权者一时喜好而随意改变，坚持认为不可，太后只好被迫放弃原来的意图……

万历五年（1577年）秋天，张居正的父亲在湖广江陵老家去世。按照当时盛行的"父母三年之丧"习俗，张居正应当立即停职，回家按照四书所说"守孝三年"（又叫作"丁忧"，不过时间可缩短到二十七个月）。倘军政要务紧急，无法离开，皇上也可采取"强迫"的办法，将其留在位上，这个做法叫作"夺情"，但此种做法只有在极其特殊的情况下才偶一为之。此时的张居正权倾天下，怕一旦离开朝廷，被他的政敌借机暗算，而且由他主持的全国性改革也到了关键时刻，如果撒手归家，可能前功尽弃，遂萌发了恋栈之心。怀着这样一种目的，张居正暗示吏部尚书张瀚，让他利用手中权力强留自己在朝。张瀚窥破了张居正的心思并产生恶感，不但佯作不知，反而上疏请求万历皇帝准允张居正"丁忧"。冯保见此，怕张居正归家，自己在朝中失去联盟，遭到政敌打击，便主动出面为张运作、求情。在冯保的鼎力协助下，万历和皇太后权衡利弊，决定慰留张居正，并以半恳请、半命令的语气，要求张居正在职居丧。这个诏令自然正合张居正心意，为掩人耳目和顾及皇家的颜面，张居正象征性地再三奏请回乡。万历深知张居正的苦衷，为了留住张居正在朝，将老师的奏章一次次驳回，并命令送午门的六科廊房发抄，使大小官员得以阅读原文，了解事情真相。

尽管如此，朝廷官员也并不好糊弄，不但不相信张居正请求离职回乡守丧的诚意，进而怀疑"夺情"一事乃张居正故意耍的花招，以此遮掩众人之口。翰林院有一帮编修，专门记述本朝按照规章制度办事的史实，以为历史留下参照标本。他们认为，任何臣僚都要按圣贤规定的礼制行事，一个人只要懂得忠孝大节，就自然正直而守法，维护朝廷和国家的权威。如今张居正居然不遵守原则，把自己的官位看得比父母之丧还重，试图挟天子而骗朝臣，无法令朝野上下信服。

于是，这一帮深受儒家学说熏陶的秀士们，立感自身有守道护法的重大责任，遂纠集在一起，在万历全然不知的情况下，联合请求吏部尚书张瀚和他们一起去张居正私邸当面提出劝告，让张氏放弃伪装，迅速回老家守丧。面对气势汹汹的一帮官员，张居正似早有准备，并未放在眼里。他满含怒气与怨愤地推托说，此为皇帝不要他回家守丧，并非自己恋栈，不要在自家门前起哄闹事云云。

张居正的强硬姿态，令翰林学士与众官员极为愤怒又无可奈何，情急之下，决定一不做二不休，直接向皇帝参奏张居正。按照当朝制度，翰林编修直接上疏皇帝是一种超越职权的行为，尤其面对张居正这个重权在握、声威显赫的大人物，更是如此，倘若以此引起万历不快，甚至恼怒，后果不堪设想。但既然弓已满弦，利箭必须发出——尽管可能有射不倒老虎反被虎伤的可怕后果。

果不出所料，官员们上疏之后，万历与慈圣太后和冯保密商，决定仍竭力挽留张居正，并对四名为首者给予处罚，以免有人再度效尤。同时，皇帝诏谕群臣，严厉指出："奸臣小人，藐朕冲年，忌惮元辅。乃借纲常之说，肆为诬论。欲使朕孤立于上，得以任意自恣。兹已薄处，如或党奸怀邪，必罪不宥。"最终的结果是，上书的两名官员艾穆和沈思孝各挨八十大板，发戍边疆充军。——所谓秀才造反，十年不成，因了这一顿板子的起落，众人纷纷退缩，"夺情"事件随之平息。

第二年，张居正父亲丧葬一周年的日子即将到来，他不能不顾及各方面的习俗和礼制，当然还有政敌眼睛向他喷射的怒火，遂再向皇帝请假回原籍安葬老父。万历考虑再三，诏准。

张居正向皇帝辞行的那天，万历在平台接见了他，面露苦楚，安慰道："朕舍不得让先生走，但又怕先生过分伤感，只好忍痛准了先生的请求。虽然如此，但国事至重，先生走了朕实在为难。"

张居正很是感动，慌忙跪在地上，说："皇上大婚之后，要注意爱惜身体，免得臣子挂怀。"说完，竟伏地大哭起来。

万历见自己的老师如此真情流露，也不禁流下了热泪，劝勉道："先生虽然走了，但国家大事还要留心。"于是特许张居正在家期间，如有大事，可以密封上奏。又亲赐一枚银印，上镌"帝赍忠良"四字，以示嘉勉。

万历六年（1578年）三月，张居正踏上了回乡之路，一行人从京师出发，经过河南直达江陵。综合《明史》与黄仁宇《万历十五年》等记述：张居正乘坐的是三十二名轿夫抬的特制大轿，轿内隔成两间，后一间用来坐卧，前一间可以会客，沿途如有地方大员来见，便请到轿上，边走边谈。作为当朝第一阁臣、皇帝的老师，护卫人员自不可缺，跟随他的是一支全副武装的卫队。卫士个个衣甲鲜明，精神抖擞，除腰佩弯刀，背上还有一支木柄铁制鸟铳，这是蓟州总兵戚继光特别委派的部属，而鸟铳在当时尚属时髦火器，军队还很少使用，如此先进的火器配制，令沿途围观者视若神物（号称"神仙难躲一溜烟"）。当浩大的队列行抵河南新郑境内时，张居正突发奇想，要见一下被废乡居的前内阁首辅高拱。

第三章 万历新时代

　　大队人马来到高府门前，两人相见，恍如梦中。只见高拱穿一件旧衣，须发如银，老态龙钟。再看张居正，虽鬓边已有霜丝，但满面春风，意气飞扬。两相对比，相去不可以道里计，各有一番感慨在心头。

　　张居正端坐在高府陈旧简陋的厅堂中，嘻嘻哈哈，侃侃而谈。一向高傲自负的高拱并不糊涂，如今自己沦落到这般田地，张居正前来"探望"，分明夹杂着讽刺、示威的味道，当然也有窥探究竟之意。此时张居正在朝中的权势正炙手可热，堪称一手遮天，而高拱作为一个失去权势的退休官员，且重疾缠身，显然无法再像当年一样，跟对方拉开架式大战三百回合了，如今唯一能做的，就是虚与委蛇，打掉牙和血吞——把怨愤深深埋在心底，表面上圆润亲热，像当年在朝中内阁一样毫无隔阂，并让对方与外人感到二人亲热无间。如此这般，高拱与张居正拉拉扯扯，嘘寒问暖，述说相思挂怀之情后，双方才恋恋不舍，含泪分别。

　　所谓当局者迷，旁观者清。历史向世人展示的一个事实是，张居正新郑停留，可谓多此一举，或称无事找事。巨大的反差，强烈的刺激，心怀叵测的举动，使垂死的老朽高拱，身心各个部件受到强烈刺激而重现了活力，蛰伏胸中多年即将熄灭的残火再次起而升腾。高拱毕竟是见过大世面，经历过大风浪的一代首辅阁臣，早年以精于权术闻名于朝，如今虽是虎落平阳，岂能容忍这种如同武林豪强踢馆，或打上家门的冤家对头污辱性拜访？因而，张居正走后，高拱便强撑身体，打起精神，思谋绝地反击之道。

图为戚继光部队装备的鸟铳火枪及线形射击队列示意图，其精良的装备和采取的战术原理与同时代的西方军队基本一致。但随着明朝灭亡，清朝重新回到"骑马射箭"的作战思想上

经过日夜苦想，高拱在弥留人世的几个月内，终于精心策划出一个置对方于死地的计谋——《病榻遗言》就此出笼。

高拱在这篇颇见风骨和思辨色彩的长文中，主要揭露了两件事：一件是冯保的不法与专横跋扈，另一件就是当年在宫中发生的"王大臣事件"。文中列出了两件陈年旧事的来龙去脉和不为人知的内幕，不但为自己遭受的不白之冤进行了申辩，还把冯保跟张居正如何勾结、蒙蔽皇上的事实一一揭穿。

文章写成后，最大的问题是要被皇帝和世人知晓。面对这一难题，高拱再次显示了他的精明老到和过人的权术之道，他既不托人呈给皇上，也不给那些交好的朝臣、门生过目，而是印成一本小册子，通过几条内线悄悄传递出去，然后任其在社会上散布流传。因《病榻遗言》的作者是当朝倒台被贬的阁臣，所记之事乃朝中重大秘密和内幕，自然引起世人极大好奇。于是，它很快被打上"秘笈""秘闻""内宫秘籍"等标签而风传于朝野上下，并造成了广泛的社会影响。正当这本"秘籍"在通往朝廷内宫及皇帝本人案前的途中，天不假年，高拱和张居正先后逝去。高拱生前没能亲眼看到他绝地反击的血色场面，张居正本人也未能食到其果，倒是张居正的家人为此迎来了灭顶之灾。此为后话。

且说与高拱分别后的张居正，日夜兼程向江陵进发。当三十二抬大轿行走在距家乡很远的旅途时，当地要员已在张家的府第，用蓝、白两色布匹

清康熙朝重刻的高拱著《病榻遗言》书影

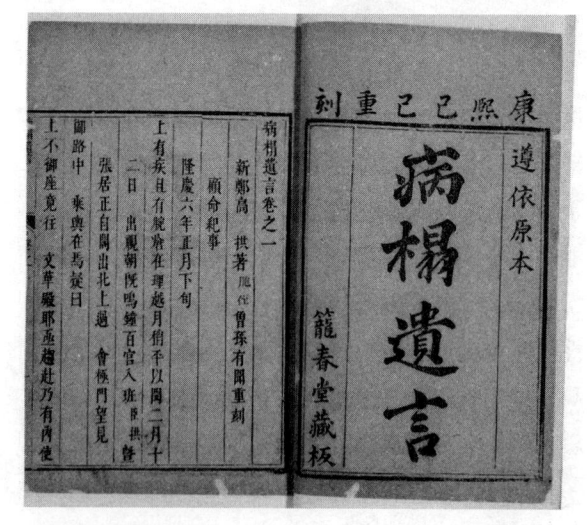

搭起了高大的席棚，整个张府显得庄严肃穆。需要特别指出的是，张府原是皇帝本家辽王朱宪㸅的府第。隆庆二年（1568年），有人告辽王谋反，张居正趁辽王被废的时机，将这座豪华王府弄到自己手中。那时的张居正没有想到，他这个举措又为自己埋下了祸根，此为后话。

据《明史》载，张府出殡那天，本省、府县的主官，邻近州郡的文臣武将，以及其他省份的官僚代表纷纷前来参加。出殡行列的最前面，是张居正从京城里带回的戚继光所赠的卫队，卫队后面又是同真人真马一样大小的纸扎的兵马卫队，共一百骑，由一个百户装束的纸人率领。真假卫队队伍浩浩荡荡，十分壮观。卫队后面是高高举起的一面面宽大的功名牌，上面分别刻着张居正出仕以来的各级官衔。一连串的"举人""进士及第""翰林院学士""礼部尚书""东阁大学士""武英殿大学士""文渊阁大学士""太子太保""少保""少傅""太傅"等象征着荣光与权势的官衔，让人无不赞叹这位死去的老太爷，造就了一个多么卓绝超群的天才儿子，而这个儿子从一介书生到位极人臣的高官显爵，又为这位老太爷以及整个张氏家族的列祖列宗，带来了何等的荣光与欣慰。

更令人惊骇的是，在"肃静""回避"牌后，由各方官员致送的密密麻麻的挽幛、挽联，令人眼花缭乱。而迎头一幅最为高大的挽幛上，大书"风范长存"四个斗字——这是万历皇帝的御笔，也是张府的最大荣耀。

一座座亭台后面，先是笙箫铙钹，吹吹打打的和尚、尼姑、道士在诵经念咒，接着是身穿绯色袍子的四品以上的文官排列两侧。身穿青袍的五品至七品的各地要员，以及顶盔掼甲、穿着戎装的武官，身穿绿袍的八品以下各等官吏列队恭候致祭……多少年后，江陵的遗老遗少还会带着无比的荣光和自豪告诉他们的子孙，自己年轻时曾有幸目睹过多么盛大浩荡的一场殡葬——那是江陵空前绝后的葬礼啊！

当年六月，张居正回朝。北京城外，司礼监太监何进代表皇帝，偕同百官郊迎。两宫太后也各派大太监宣谕慰劳。此时，年轻的皇帝和两宫太后对张居正的信任和敬仰达到了高峰。这年秋天，张居正的母亲赵氏来到北京，被宣召进宫与两位太后相见。太后特许加恩免行国礼而行家人之礼，并赠给张居正母亲各项珍贵礼品以示礼遇……

至此，张居正以及江陵整个张氏家族的荣耀达到了辉煌顶点，但也埋下了家破人亡的杀机。许多年后，有史学家如黄仁宇先生指出：在接受这些信任和荣宠之际，张居正母子不明白也不可能明白这样一个事实，即皇室的情谊不同于世俗，它不具有世俗友谊的那种由于互相关怀而产生的永久性。当张居正去世之后，这种情谊反而变成一种灾难而落到他们全家的头上。

注释：

①西内：明代在所谓大内以外兴建的宫苑、衙署。据明史专家研究，"西内"的指向并不是一定的，《明史》及有关明代的史料提到"西内"有多处。

其一为燕王府的地址。朱棣分封燕王，需要一座府邸。据杨宽先生研究，燕王府选址在刚刚被拆毁的元故宫之上，具体即元代"西内"——原隆福、兴圣诸宫的位置，地处太液池以西。洪武三年（1370年）朱棣受封燕王，洪武十三年（1380年）方进驻北平，在洪武十二年（1379年）燕王府建成之后。后来的北京故宫又是在燕王府的基础上改扩而成的。

其二为宣宗朱瞻基扩建宫殿之地，在皇城的边缘地带修建的皇宫。

其三为景帝朱祁钰的终结地。景泰八年（1457年）夺门之变，朱祁镇复位为皇帝，朱祁钰被废为郕王，迁往西内，并在十余天后亡于此。

其四为宪宗朱见深的废后吴皇后的居处，即冷宫。

其五为嘉靖皇帝朱厚熜的居所。嘉靖二十年（1541年）后，朱厚熜迷恋吃丹修炼，西内正是他修仙之地。《明史》载，帝"移居西内，日求长生，郊庙不亲，朝讲尽废，君臣不相接"。修仙所需的药饵、青词、秘法等，通过宦官直达西内，称为后朝本。

其六为万历皇帝所游玩的"西内"，不知所指，从史书记载的环境与建筑物等分析，或是嘉靖皇帝当年的修炼之所。

②考成法：由张居正在万历元年（1573年）提出，并逐渐推广到全国。新法规定：六部和都察院把所属官员应办的事情订立期限，分别登记在三本账簿上，由六部和都察院按账簿登记，逐月进行检查，形成一套完善的官员考评机制，有效实现考评与纠偏相结合，改变了以往仅仅主要靠吏部来运作的官员考评制度。

考成法通过内阁控制六科，以六科控制六部，最终使内阁成了改革的中枢，控制了从朝廷到地方的各级行政机构，为之后的改革扫清了障碍。张居正死后，万历十二年（1584年），考成法被废除。

第四章 追踪玄宫隧道

风雪定陵

发掘帷幕在定陵拉开。夜空中突然一声巨响，引起了意想不到的骚动。探沟深处，一块小石碑指出了地宫隧道的方向。玄宫隧道里，终于找到了通往地下官殿的钥匙——

地宫入口与隧道门

在原始社会时期，自从人类的心中产生了灵魂的概念之后，死后的墓葬就被看得越来越重了，但还没有永远祭祀的意图。由于有了"灵魂不死"的观念，人们便认为，死者虽然离开了人世，但灵魂尚存，只不过随着躯壳去到另一个世界而已。这些不死的灵魂，还能回到人间降临祸福，因此，人们对死去的祖先除了存有感情上的怀念之外，还盼望他们能够在另一个世界过美好生活，并对家族的后人加以保佑和庇护，这就自然地形成了一套隆重复杂的埋葬制度和祭祀崇拜礼仪。

这一发展过程经历了漫长的岁月，其事实与结论不仅从历史文献上可以看出，在中外考古发掘中也可以得到验证。中国几十年考古发掘的墓葬遗址，证实原始社会的母系、父系墓葬都没有发现过封土或标志。只是在甘肃临洮的马家窑文化氏族墓葬中，曾经在人骨附近发现有一块小石板，似是这位死者墓内的标记，但却不能作为墓上的标志。在夏、商的大规模墓葬中，也尚未发现过巨大的封土和标志。河南安阳的殷墟，自盘庚迁都于殷之后，作为殷都近三百年之久，而奴隶主殷朝帝王生前虽然穷奢极欲，但他们的王陵到现在在地面上也很难看出迹象，即便是后代有所破坏，也不至于不留一点痕迹，可知这时还处于不封不树的阶段。正如《礼记·檀弓》所载："古也，

明代陶瓷上的地狱图

墓而不坟。""凡墓而无坟，不封不树者，谓之墓。"

从周代起，在墓上开始出现封土坟头。《周礼·春官》上曾载："以爵为封丘之度。"这也就是说，按照官爵的等级来定坟头封土的大小。春秋战国之后，坟头封土逐渐高大，形状好似山丘，因此有人把墓称为丘。如赵武灵王的灵丘、楚昭王的昭丘即是实例。

从考古中得知，在墓顶之上要垒土成坟、植树做标，这与奴隶制度的完善和经常需要向祖先的鬼魂祈祷、祭祀有关。殷人尚鬼，凡事先要祈告。除向天神祷告之外，向祖宗先王祷告也是一项重要的制度。

为怀念祖先而在墓前拜奠，也需封土、植树作为标志。《礼记》上有一段孔子寻找他父母之墓的故事，说明了封土坟头和植树作标的重要性。孔子3岁时，父亲就撒手归天了。孔子长大成人后，要想祭拜一下他的父亲，却找不到墓地所在。后来经过许多老人的回忆，辗转数月方找到。以重"礼"著称的孔子，认为子孙祭祀祖宗是必要的礼节，于是便在父亲的墓上培土垒坟，作为标志，以便经常前来祭祀悼念。墓土垒坟可能在孔子之前就已出现，但人们常以孔子的故事作为封土坟头的起源。

帝王陵墓发展到明清时代，布局、建筑形式趋向定式，封土都采取宝城宝顶的形式。两朝二十多个皇帝和上百个后妃的坟头，都为宝城、宝顶。其建筑方法是在地宫之上砌筑高大的砖城，在砖城内填土，使之高出城墙成一圆顶。城墙上设垛口和女墙，宛如一座小城。城墙称之为"宝城"，高出的圆顶称之为"宝顶"。这种宝城宝顶和前方的明楼构成一个整体，不仅突出地显示了陵寝的庄严肃穆，也增强了建筑艺术效果和神秘气氛。明十三陵中的宝城形制，共有四类形体组成：景、裕、茂、泰、康、昭、庆、德八陵，明楼下面既设券洞[①]，券洞后边又设月牙城[②]，月牙城的后壁，即是琉璃屏[③]。长、献二陵明楼下面虽然设有券洞，但其后面没有月牙城，因而看不到琉璃屏。尽管这十陵在形制上不尽相同，但有一点是可以肯定的，那就是如果宝城不是伪装的话，宝顶之前、明楼之后就是通往地下宫殿的隧道口，其准确位置当是在琉璃屏之前。

除思陵属于特殊情况外，永、定二陵明楼之下，既无券洞，其后更无月牙城和琉璃屏。它的形制明显地告诉研究者，其地宫隧道不在明楼之后而在别处。因为明楼高大沉重，为了牢固起见，所以在明楼底下未设券洞。既然

风雪定陵

1950年冬，白万玉与中国科学院考古研究所同人在辉县发掘时留影。左起：魏善臣、白万玉、郭宝钧、苏秉琦、赵铨、石兴邦

发掘前围观的人群

没有券洞相通，后面的月牙城和琉璃屏便无存在的必要，但无论如何变化，定陵地宫的入口一定直冲明楼，只是隧道口要设在别处。而宝城的墙皮脱落之处，作为通向地下宫殿的隧道口已成定局。

1956年5月18日，一辆大卡车载着行李、床板、桌椅、锅碗瓢盆和炉灶煤炭等生活用品，还有铁锹、镐头、竹筐、扁担、绳子等发掘工具，来到定陵南边不远的昭陵村，在一个姓陈的社员家里安营扎寨了。随车来的除赵其昌之外，还有位两鬓布满银丝的老人，这就是在考古研究所专门负责带工发掘、整理修复出土器物工作的白万玉。在此之前，白万玉的姓名虽已列入发掘队之中并任副队长之职，但因忙于日常事务，未能参加陵墓的勘察。在决定试掘定陵之后，赵其昌便找到夏鼐说："夏先生，你看这样一座大墓，我一个人领导……"言外之意，是想让白万玉尽快入队。夏鼐心领神会，对赵其昌下保证："白老现在河南下田野，定陵一开工，即刻调回来，前去定陵工作。"

今天，这位在年轻时就跟随安特生和斯文·赫定等考古前辈到西域探险的老人终于来

080

第四章 追踪玄宫隧道

了。无论是赵其昌还是其他队员,对新中国进行的第一次皇陵考古发掘充满信心。当天下午,发掘队在定陵的宝城内侧,即与城砖脱陷处相对应的地方,做出了先开一条探沟④的计划。在伸向明楼背后的方向,测好位置,钉上木桩,拉上绳子,立上木牌,墨书大字"T1",表示第一探沟。一切准备就绪,只等第二天破土动工。

这个计划的产生,主要是从保护陵园的安全来考虑,陵园之外是一片荒野,因此才越过城墙在园内开沟。然而,正是出于这个看似重要的考虑,才使埋藏在城墙券门里边的一块对发掘工作具有重要指示意义的小石碣,未被发现,使挖掘工作走了弯路。

第二天清晨,赵其昌、白万玉率队来到现场,同时,来了三十八名民工。民工是从附近村中抽调来的。白万玉向他们简单地说明了发掘定陵的目的和操作规定,并要求在未打开地下宫殿之前,保守秘密。这番话,使本来就对皇陵十分敬畏的农民,心中又蒙上了一层神秘的阴影,以致后来终于出现了意想不到的骚动。

上午七时整,三十八名民工和发掘队员到齐,分成三队,昭陵村刘怀珠、裕陵村许崇仪、黄泉寺村郝喜文分任队长,三队民工手拿铁锹、镐头列队而立,献陵村32岁的社员王启发自告奋勇担当起民工队大队长,分管三队的挖土、担土、运输、散土等等。赵其昌拿起相机,拍下了动工前的第一张照片。白万玉一声令下:"开始——"王启发一马当先弯腰扬臂,挖下了第一锹土。于是,这在中国历史上破天荒的以研究为目的,有组织、主动的用考

第一探沟发掘时情景

古学的方法，对皇陵的科学发掘正式动工。这是一个注定要写进新中国考古史的日子——公元1956年5月19日。

按照绳子做出的标志，民工们一锹锹地挖下去，再把翻起的土小心地装入筐中运往远处。虽然是第一次动工，但民工们却记住了白万玉老人的嘱咐："我们不是搞建筑工程，也不是挖水库大坝，不要求速度，而是需要细致地观察和小心地操作……"民工们尽管对考古学一窍不通，更没听说过用科学考古的方法来发掘皇陵，在他们心中只有孙殿英那样的军阀和程老六那样的土匪夜间盗墓的模糊形象，但面前的景况却让他们感到这项工程与众不同。每装进一筐土，都要经过仔细的检查，而且时常把地面挖开，用小铲一点点地刮、寻找可疑痕迹，干这种活，闻所未闻。

赵其昌和白万玉在工地四周密切注视着民工们的操作，几乎每挖出一筐土，白万玉都要仔细观察辨别土质的变化。两个小时之后，探沟已挖了3米多宽、1米多深。宝城内侧1.5米深处露出了一块砌在宝城城墙上不大的石条，这时，有个民工突然大喊一声："石条上有字！"

大家顿时闻声而来，围住石条，赵其昌、白万玉也急忙奔过去。果然，在一块横砌的小石条上，显出模糊不清的字迹。赵其昌找来毛刷，蹲下身，轻轻地刷掉上面覆盖的一层积土，奇迹出现了：石条上露出三个雕刻粗浅的字迹。经过

宝城内侧"隧道门"刻石

第四章　追踪玄宫隧道

仔细辨认，两人几乎同时喊出："隧道门！"

赵其昌几乎要把脸贴在石条上，他像是对大家说也像在自言自语："没错、没错，是'隧道门'三个字！"白万玉按捺不住激动的心情，随声附和："对，对，是'隧道门'！"民工们望着他俩大喊大叫的兴奋神态，弄不清"隧道门"三字的真正含义，但从两张涨红的笑脸中，却预感到这是一个成功的起点。

一阵兴奋过后，两位工作队长却又对着石条呆愣起来，心中都在琢磨这个石条的来历和用意。营建帝王陵墓，有着非常严格的要求，必须按照规定的制度施工。而隧道是什么样？地宫大门是什么样？在什么地方应当设置装饰和标志？用考古学方法发掘帝王陵墓，在新中国这是首次，陵墓内到底是什么样，文献上缺乏记载，只能根据出土的实物进行分析和研究。

赵其昌仔细地端详着三个刻字，白万玉不声不响地蹲在一旁抽烟。石碑字体刻痕较浅，也不大工整，不像是营建墓葬所特有的定制。那为什么在这里出现三个字呢？会不会是当初故意制造的假象，以迷惑盗墓的后人？民间曾流传皇帝墓中有"迷路石"之说，这块刻石是否就是证据？赵其昌想

吴晗（左二）在十三陵区视察

083

着，似乎觉得这种推断不可能。因为陵墓建成后要派重兵把守，那时的皇帝和大臣，是断然不相信会有人盗墓的，更不可能预见几百年之后，将被当作研究对象来发掘。"迷路石"一说不能成立。

那么，这三个粗糙的字到底意味着什么？回顾史料，他们做着这样的推断，自万历十八年（1590年）定陵建成，到万历四十八年（1620年）皇帝死去，前后经过了三十年的漫长岁月。地下宫殿建成之后，就必然要用土封存起来，等待皇帝死去入葬时再开启墓道门。但是，皇帝的死期是无法预测的，一旦死去，就需要立即打开，等待皇帝的棺椁入葬。这一工作是由工部主管的，如果找不到入口，延误葬期，营陵工匠必遭杀身之祸。经过长年累月的尘封土埋，入口定难寻找，这就要在入口的某个部位做一标记，以备急需。赵其昌想着，转过身看着白万玉，轻轻地说："我看这石条砌在宝城这不正不中的地方，会不会是当年建陵工匠偷偷留下的？"

白万玉吐出一口浓浓的烟雾，点点头："我也在想，这石上的字很可能是工部指使人，或者工匠偷偷留下的。因为皇帝死后，入葬的日期要礼部决定，一旦日期定下，而工部打不开地宫，从工部尚书、郎司到工匠都要问罪，所以才在这里留下记号。看来这里是通往地宫的隧道已不成问题了。"

第一探沟中砖隧道平面图

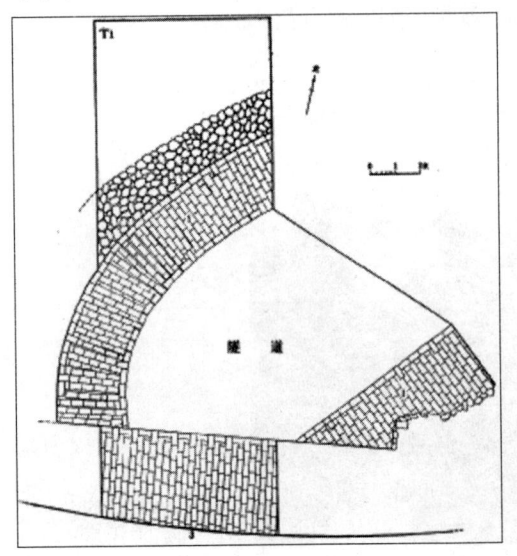

英雄所见略同。二人相视，会心地笑了起来。

白万玉留在工地，指挥民工继续发掘。赵其昌立即回京，向夏鼐汇报发现"隧道门"的经过和他们的推断。夏鼐静静地听着，最后点点头："我看这种推想是成立的，看来你们两位完全能够胜任这项工作了。"夏鼐和吴晗先后来到工地，详细地看过"隧道门"三个刻字之后，也一致认为这里就是地下玄宫隧道入口。果然未出所料，十几天后，在探沟挖到离地面4.2米的深处，发现了两侧用城砖整齐平铺的砖墙。两墙之间距离8米，如同一条弧形的胡同由南向北弯曲伸张。这条隧道的出现，证实了当年皇帝的棺椁从这里入葬的推断。"隧道门"三个字正对着这条隧道的中心部位，后来发掘人员称这条隧道为"砖隧道"。

电光闪过之后

进入7月，天空开始不断地下起雨来，发掘工作只得根据天气状况时进时停。

自宝城内挖开第一道探沟以后，工作进展极为顺利，民工们将填土砖石一筐筐运出，一个多月的清理便告完成。在"隧道门"刻石下面，果然露出了一个用大城砖垒起的大门，事实证明了最早被发现的那个塌陷的缺口，就是大门外侧上面的边缘，也是通向地宫隧道的第一座大门。帝后棺椁入葬之后，大门就用城砖巧妙地堵死，磨砖对缝和城墙别无两样。当年的君臣工匠怎么也不会料到，三百多年之后，这精心的伪装终未迷住考古工作者的眼睛而被识破。

遗憾的是，门外是荒郊野地，如果挖开这墙门通道将无法保证陵内的安全。发掘人员

陵园宝城拆除后定陵地下隧道的入口

没有将此门拆通，竟使埋藏在城墙券门之内的那块对发掘具有指路意义的小石碣，从工作队的眼皮底下逃脱了。石碣清清楚楚地刻着：

宝城券门内石碣一座城土衬往里一丈就是隧道棕绳绳长三十四丈二尺是金刚墙前皮

这段文字可谓打开地宫的第一把钥匙。它至少告诉人们两个主题，一是从石碣本身所处的位置，往城墙里侧再掘进一丈的距离就是通入地下玄宫的隧道；再就是说明此处至玄宫前面金刚墙⑤前皮的准确距离。这块石碣，直到一年多地宫打开之后，做彻底清理现场和修复陵园时，才从墙中拆出。

既然这个天赐的良机没有被及时抓住，发掘人员在以后的探索中陷入困惑与迷途似乎已是无法避免。随之发生的一连串近似荒唐的闹剧，似乎也不是意外之事了。

大门之内的砖隧道，尽管明显地伸向明楼之后，但离明楼还有很长一段距离。为减少出土量和保护园内的古松，考古队决定隔开一段距离，再开第二条探沟。这个决定向夏鼐汇报后，得到了赞同。于是在第一道探沟的延长线上即明楼之后开第二道探沟，将写有"T2"的木牌立起来。

7月6日，第二道探沟开始破土动工。

为加快探沟的发掘速度，由人工挑土改为滑车吊土，即在探沟两侧上方支起两个木架，安装上滑轮，把土筐由沟底吊到地面，倒入手推车后运走。按照这样的程序，民工们每天把土一筐筐吊上去，再一车车运走。一

宝城券门内石碣

考古人员发掘的第二道探沟

个多月过去，没有发现任何新的迹象和线索，甚至连砖隧道的痕迹也丢失了。眼前只是一条6米宽、7米深、20多米长的深沟。

望着面前的景况，发掘人员都在心中打起了小鼓，并渐渐对这个做法的正确性产生了怀疑，工作热情急剧下降。身为工作队队长的赵其昌，除在探沟边来回勘察外，就是扎在宿舍里翻阅史料，大家再也见不到他那平时大喊大叫、谈笑风生的样子了。只有白万玉老人，每天蹲在探沟边和往常一样不声不响地抽着旱烟，似对在此处发掘胸有成竹。然而，在打开地宫之后，这位白发苍苍的老人回忆当时的情景，才道出了他的真情："眼望大军受挫，如果我这个老将再稳不住脚，必定溃败无疑。其实，我的心里也和大家一样在犯嘀咕……"真不愧是久经沙场的老将，老马识途，在不久之后出现的骚乱中，更加显示了他的谋略与才华。

在发掘队陷入困境之时，有几位关心发掘工作的老前辈来到现场，在探沟边转悠一番后，找到赵其昌和白万玉，有一位"专家"指着自己的头顶说："你们挖得太浅了，才挖到脑瓜皮就想找到地下宫殿，简直是妄想。"赵其昌望着他那自以为是的样子，没做任何表示。他心里清楚，"专家"越出"专业"半步，就不见得再是"专家"了。他们的话，不过表示一种愿望、心情或关怀罢了。

早在寻找地宫隧道入口的时候，记得也有些关心发掘的人曾力主要从明楼前面的石五供处开始下挖，穿过明楼底层，直通

定陵陵园内的明楼

宝顶下方。有些是领导、学者、长辈，一片热诚，但考古学自有其一套完整的方法论，任何没有根据的想象，都是臆测。即使不查资料、文献，也可清楚地看到定陵明楼的建造结构和其他陵墓的不同。这是一座近似封闭的石结构建筑，其自身的重量和坚固程度超过了十三陵中任何一座明楼。据史料记载，建造定陵明楼时，为了达到坚固的目的，在地基中浇铸了铁汁，整个明楼和地下原有的岩石融为不可分割的整体。也正因为如此，定陵在遭到李自成的大顺军、多尔衮的大清军和土匪无赖的毁灭性灾难后，唯独这座明楼岿然不动。当时考古队就坚决反对这个意见，曾直言不讳地指出："帝后的棺椁绝不可能从这里进入地宫，因为在明楼下面修一条隧道，无疑是非常艰巨和困难的工程，再说从这里修隧道实无必要，营建地宫的官员和工匠决不会如此愚蠢……"面对这种种好心的关照，这些"专家"的谆谆教导，赵其昌只有无可奈何地苦笑，而夏鼐则缄口不语。

　　夜漆黑。劳累了一天的人们进入了梦乡，整个陵区一片沉寂。空寥、幽静的夜色中，偶尔传来几声鸡鸣犬吠。

　　烦躁和闷热使赵其昌无法入睡，他躺在炕上，面对黑洞洞的空间，胸口憋得难受，似有一个沉重的物体压在身上。一个多月了，探沟虽然在不断地加宽、加长、加深，但一直没有任何新的线索，他回想起在大学课堂时，老师曾讲解过如何划分土层，辨别土色和土质，又如何确定定位关系等一系列考古手段。在西安、洛阳、郑州的田野考古实习和北京郊区的大型、小型墓葬、遗址发掘，他都是按照老师的要求去做的。然而现在，自己同样是这样做的，也曾仔细地观察过探沟里的土层，并发现了有夯土[6]的痕迹，已经说明这里曾被掘动过，同时也证明探沟的位置没有选错。既然没错，又为何找不到砖隧道的痕迹？难道真的如那些"专家"们所指出的是"挖得太浅"吗？他反复回忆着探沟现场的情况，觉得他们的话仍然不能成立，隧道在这里不会太深。如果这个探沟有什么不足，那是宽度的问题，目前的探沟只有6米宽，而在券门处发现的隧道却是8米宽……赵其昌思索着，窗外传来"吧嗒、吧嗒"的声音，天又下雨了。

　　淅淅沥沥的雨声，使他本来烦躁不安的心更加紧张和焦灼。他穿上衣服，索性来到屋外，面对深远幽秘的苍穹，让雨水点点滴滴地落到自己的身上和脸上。清凉的雨水击打着他的面额，湿润着干燥的沾满泥土的头发，使

第四章　追踪玄宫隧道

他感到分外惬意。沉闷焦灼的心在大自然的洗礼下，重新振作起来，他伸手抹了一把脸上的雨水，长吁一口气，似乎看到了黑夜中传来一丝亮色。

雨越发大起来，天幕中滚过阵阵响雷，闪烁的电光映照着宽大的雨帘，翻卷起片片金鳞。整个旷野被雷雨拥抱，天地融为一体。尘世的一切景物似乎已不复存在。

突然，一道刺眼的闪电切开迷蒙的苍穹，随之滚过一声惊天动地的霹雳，大雨倾盆而下，整个宇宙似乎摇晃飘荡起来。赵其昌迅即跑回屋内，对刚被惊醒的队员大声喊着："糟了，快起来！我们的探沟……"

第二天清晨，雷雨过去，天地清新。工作队员和民工们围在探沟旁，望着半沟浑浊的泥水，一筹莫展。这时，远处有人急匆匆地跑来，大声喊着："快去看，明楼的坐兽给雷劈掉了！"

惊讶、迷惑、愕然。大家飞奔到明楼前面，仰头眺望，见明楼前檐右角上的石兽果然被击落摔在地上。

此情此景，人群开始骚动起来，民工们一个个神情紧张，面对摔掉脑袋的坐兽，窃窃私语起来："怕是皇帝显灵了呢？这坐兽是给皇陵守陵的，陵没守好，皇帝一怒把它给劈掉了！"一席话提醒了大伙："这是不是皇帝对咱们的警告？"

"这是皇帝的鬼魂杀鸡给猴看，说不定还有什么事呢！"有人趁机煽风点火。"皇家的陵墓怎好随便盗掘，这差事咱得重新掂量掂量。"科学的考古发掘，一变成"盗掘"，自然要重新掂量一番了。

一个年长的民工，扑通跪在明楼前，磕头作揖，痛说自己的"罪过"。

不到半日，一个更为可怕的消息又传到工地：看守定陵的谷水中被雷火劈死，张利被劈成重伤，已送到县卫生院抢救……

众人大哗，窃窃私语已变成公开的吵嚷、议论，甚至诅咒。工作无法进展下去，赵其昌、白万玉也像被抛进迷魂阵，不知如何面对眼前的一切。

更加滑稽和热闹的事还在不断涌现。裕陵村一个中年妇女，去草垛拿草时，突然倒地，口吐白沫，人事不省。家人立即请来一位神婆，对其进行医治。神婆见状，并未惊慌，从腰中取出一根半寸多长的银针，在口中沾些唾液，照准中年妇女的"人中"猛力扎去。银光闪过，中年妇女怪叫一声蹦将起来，然后拨开人群，向大街奔去，边跑边喊："不是我的错，定陵里来了一伙人，要掘我的老窝，我待不下去了，哎呀，救救我……"老乡们见状，说这是中了"撞克"（当地一种迷信说法，意同中邪或鬼魂缠身），叫皇帝的鬼魂缠住了。

没过两天，工地上来了一个疯老婆子，白发披肩，蓬头垢面，上身穿一件破烂不堪的桃红色大褂，形同妖怪。她疯疯癫癫地在工地上来回游串，见人就躬身作揖："求求你们，饶了我吧，饶了我吧，不敢害人了，再不敢了……"大家一见，不禁毛骨悚然，民工们悄悄地说："这叫狐仙附体了。"赵其昌见被她搅得无法工作，便率四名民工，前来驱赶。老婆子躺在地上，死活不肯离去，怪叫之声令人胆寒。大家见软的无效，干脆将她按倒在地，然后抬出陵园，扔入野地里，并派两人把守大门，以阻止她再次向工地"进攻"。

紧接着，定陵周围的村庄，也不时传来女人们中"撞克"和"狐仙鬼魂附体"的可怕消息。一时间沸沸扬扬，老乡们议论纷纷，民工们情绪低落。昭陵村一个发掘定陵的民工，找到赵其昌，近乎哀求地说："赵先生，我老婆在家中邪了，锅碗瓢盆全砸了，你快去帮忙镇镇吧。"

赵其昌一听，热血在胸中奔涌，心中腾地升起一股烈火。这些天来发生的一幕幕闹剧，使他越来越感到心烦意乱，他觉得必须站出来真的去镇"邪"。除此，别无选择。想到此处，他把手中的铁锨一扔，冲这位民工说："好，我去。"

那女人仍在家中怪叫着摔砸东西。赵其昌捡起一块砖头拿在手中，扒

民国时期走在十三陵神道上的当地妇女（耶娃·萧摄）

开围观的人群，来到女人面前大吼一声："姓赵的来啦！你到底想干什么?！"声音传出，如同炸雷，众人大惊，那女人也立即停下举着瓦罐的双手，望着面前这位铁塔般魁梧的大汉，呆愣着不再动弹。有人上前将罐子夺下，把女人拉进里屋。女人哼哼几声，坐在炕上，不再声张。一场闹剧平息了。

白万玉组织民工全力排水，可有的民工借口回家拿排水工具，趁此机会不来了，有的则推说家里有事告假，即使在场的一些人，也懒懒散散无精打采地应付着。这情形显然与这几天发生的事有关。有人曾在民工中散布："真龙天子不是咱乡下人能惹得起的，连陵里住的鬼魂都受不了啦，要再挖下去，非得像看陵的老头一样被劈死。这几个城里人命根子硬，咱们山里人可别跟着他们瞎闯祸了……"

面对骚乱和眼前的景况，工作队再也沉不住气了。刘精义找到白万玉，极为恼怒地说："白老，去给民工们讲讲，这雷电是自然界的正常现象，鬼魂之说纯属迷信！"白万玉望着刘精义激动的面庞，轻轻摇摇头："不行。你不了解他们的心理。这些民工祖祖辈辈都住在这片皇陵区内，好多人还是当年护陵人的后代，对皇帝有一种盲目的崇拜心理，必须慢慢地来。等闹过这阵之后，我们再做说服工作，自然就会成功。"白万玉笑了笑接着说："我有办法，看我的吧！"大家望着白老充满自信的面容，心里似乎踏实多了。

"火神爷"的传说

探沟的积水终于一桶桶排完了，下一步怎么办？

8月11日，吴晗副市长召集有关人员在北京西郊公园开了个气氛沉闷的会议。赵其昌向各位领导做了汇报，夏鼐和吴晗的意见又发生了分歧。一个主张把所有资料记录、整理好，存封起来，改变计划，发掘献陵；一个坚持不改变原定计划。两人似乎都有充足的理由。夏鼐提出改掘献陵，其根据是献陵规模小，明楼下面有自然通道可直达宝城前的地宫入口；而且对献陵详细地勘察过，借鉴两个月来的发掘经验，在献陵找到地宫将不会有太大的困难。

吴晗的意见却恰恰相反，他坚持认为既然定陵发现了砖隧道，肯定了入葬时的入口，那就应该按这条线索继续找下去，这比到献陵重新寻找入口要容易得多。各有其理，又各不相让。夏鼐了解吴晗的犟脾气，望着他那张坚定的面孔，最后做了让步。会议再次决定，按已有的线索，继续发掘定陵。时光过去多少年之后，与会者回首前尘才真正领悟到夏鼐的苦心，也许那时他就已经预感到在以后的岁月中发生的种种悲剧了。正是出于一个学者对文明的爱恋及为避免更大的悲剧，他才提出如此方案。要不，作为一个国际级考古大师，是不会弃定陵而改掘献陵的。

如果说发掘工作遇到了重重困难，那么工作队的生活更是让人感到困苦不堪。定陵发掘完成的三十年后，我们采访当年的发掘人员，他们在纷繁复杂的人生旅程中，印象最深的仍是这段生活。

陵区的8月，天气闷热，山村里蝇蚊成群，寂寞难耐。白天忙着工地的发掘，晚上几个人挤在一盏煤油灯下，看文献、记笔记、写简报，或者相互打趣、逗乐，以排除心中的烦闷与寂寞。在这段日子里，大家时常看到赵其昌挥动一把大斧"咚咚"地劈着木柴，似乎那郁闷的心情只有通过这高强度的劳动和沿着脊背淌的汗水才得以排遣。要不他就和几个人抬陵院内的大石头，三个人在一头，他独自一头，抬着大石无目的地绕院子转。白万玉老人总爱叼一支烟，找个不显眼的屋角蹲下，独自品尝个中滋味，阵阵白雾从他的口鼻喷出，弥散在整个木板小屋，使人越发感到压抑和沉闷。

在他们中，唯独23岁的刘精义生活别具一格。他整天唠唠叨叨地说一些无聊而略带幽默的话："天又下雨了，真讨厌！""苍蝇这么多，真哄（混）蛋。""路这么难走，真讨厌。"这"讨厌"和"哄（混）蛋"构成了他语言的主旋律。或许，从这些无聊而简单的话语中，可以窥视到年轻的刘精义，此时的心境也是怎样的烦闷。

三十多年后，数以万计的游人，每天在北京乘上汽车，沿着水平如镜的柏油马路，可直达定陵门前的广场。此时的游客也许并不知道当年发掘定陵时是怎样的一种景况：没有公路，只有残桥；没有公共汽车，要进一次北京，就得步行十几里到长陵去搭运输公司的卡车。刘精义第一次来定陵，就

第四章　追踪玄宫隧道

是背着自己的行李，从北京西直门坐火车到南口下车，一路打听、询问，翻越了两个山口，经由银泉山，一步步走了四十多里，才找到这里的。他在接受采访时，又说出了这样一段逸事。

进入6月，山水积满河沟，工作队的于树功从北京回来，走到定陵前面的小石桥时，发现大雨后的山洪把桥面淹没了，水深齐胸，水流湍急，无法通过。他只得在对岸大声呼叫，一个小时后才被工地民工发现。民工们解下抬筐的绳子，扔给于树功，让他绑住身子，这边连拉带拽，终于使他越过洪水。爬上岸，他全身的衣服已经湿透了……

西郊公园会议之后，夏鼐来到了工地。他和赵其昌在探沟里仔细观察土层、辨认土质后，确定夯土遗迹。这就是说自然土被掘过之后，再度埋到原有位置，而后夯实。赵其昌说出"宽度不够，才没有发现砖隧道"的看法，并得到夏鼐的赞同。二人决定，加宽探沟。

民工的情绪依然低落，干起活来松松散散，工作队望着大家，急得手足无措。在压抑烦闷的气氛中，赵其昌倒是偶尔来点略带诙谐的小插曲。比如一次在饭桌上，他见又是一大盘野菜拌豆腐，便说："我看这个盘子像古瓷，你们说是哪朝的？"众人不解，他伸出粗大的竹筷子，把菜使劲夹到自己碗里，然后笑道："这是'嘉靖'的，'嘉靖''嘉靖'，一'夹'就'净'。"刘精义会意，立刻端起大汤碗往自己碗里一倒，然后翻过碗底说："这个是'道光'，一'倒'就'光'！"管伙食的庞中威送来一大盆熬倭瓜，也接上话："我光给你们续菜，这个盆准是'光绪'！"曹国鉴见白万玉端着白瓷碗盛饭去了，低声对冼自强说："白瓷、白瓷，白老要改名'白吃'了！"不料被白老听见，分辩道："我怎么白吃……"一阵捧腹大笑之后，方才各自低头吃起饭来。一大盆倭瓜，一会儿就吃光了。

这天夜里，天气闷热，赵其昌检查过大家的工作日志之后，又和大伙聊起了闲话。他说，甲申年三月，李自成大军围了北京，朝野顿时大乱，文武百官四散逃命，崇祯皇帝猛敲景阳钟，百官没一人前来，只有太监王承恩侍奉左右。崇祯慌不择路地出得皇宫，来到街上，见一卦摊，就上前问个凶吉。先生说："我是梅花测字，你说个字，我凭解字定吉凶。"崇祯顺口说了个"友"字，想看看这时刻有没有人来帮一把。不料先生面带难色，说："此字犯忌，是'反'字出头，造反的来了，正应了当前时局。"崇祯立即改口说:"不是那个'友',是有无之'有'。"先生大惊:"此字更是大忌,'有'字拆开是'大'字一半,'明'字一半,这不是大明江山丢了一半吗?"崇祯再也掩饰不住内心的悲痛,有气无力地说:"是时辰上酉时之'酉'。"先生顿时掩面哭泣:"哎呀呀,不好!此乃不祥之兆:'尊'者无首无脚,预示贵人将有杀身之祸,速避速避!"这时京城九门已被攻破,杀声震天。崇祯在王承恩搀扶下,仓皇登上煤山,回首宫中,迷迷茫茫、乱乱纷纷,长叹一声"大明江山气数已尽",解下白绫长带,在一棵歪脖子槐树上上吊,自知是亡国之君羞于见到祖先,遂以长发覆面死去了。听到这里,冼自强赶紧问:"后来呢?""后来嘛,就有许多小说演义编造出来了……"

晚上,白万玉提着一瓶老白干烧酒,约来组长王启发、许崇仪和部分民工,来到明楼的石阶上边喝边聊。他看到民工脸上都泛起红晕,便咧开嘴笑笑:"你们听说过月亮碑的故事吗?""听说过,现在定陵门前那个王八驮着的石碑上,还有一个圆圆的白印呢!"

白万玉乘着酒兴,和民工们亲切攀谈起来。他说,在全部明代历史中,万历皇帝的荒淫昏聩是十分典型的。他10岁登极,21岁就兴师动众为自己修造这个定陵。等到定陵建成,他竟一连二十五年不上朝,成年累月深居后宫,花天酒地寻欢作乐,即使后金兵犯境,他也不闻不问。有一天,万历酒足饭饱,怀里还搂着一个年轻宫女寻欢作乐呢,后来就迷迷糊糊地睡着了。正昏睡间,忽然看见一个红脸、红发、红穿戴的人来到跟前,万历吃了一惊,忙问:"你是何人?"

那人说:"实话实说,我是火神爷。你的昏庸无道,我们早有所闻。我奉玉皇大帝之命,要把你那劳民伤财建成的定陵,烧它个一干二净。"

万历听罢大怒,他仗着自己是天子,便大声喝道:"我们朱家天下,气数正在兴旺,难道真会怕你不成?皇帝陵寝,自有神佑,谅你不敢,恐怕你也没这个能耐!"

火神爷说:"咱们打个赌,怎么样?"

万历气呼呼地说:"要是将来定陵火烧,让我现在就瞎一只眼睛。"话音刚落,火神爷竟哈哈大笑而去。万历吓了一跳,从梦中惊醒,他正想要睁开眼看看周围,左眼睛忽然被眵目糊糊住,不久左眼竟真的瞎了。万历回想

第四章　追踪玄宫隧道

梦里情景，神志迷乱，从此一病不起，没过几天就死了。

万历驾崩后立即入葬，可是他那只右眼始终睁着。等到安葬完毕，有人发现，定陵石碑背面的右上角，现出一个白圆形的东西，每逢月底月初，这个白圆形的东西就发亮，如同一个月亮。"定陵月亮碑"从此被叫开了。

这个"月亮"就是万历右眼睛变成的。因为他怕火神爷真的要来烧他的陵，因此只要一有动静，这只"眼睛"就像探照灯一样照住放火人，陵户便能立即将其拿获。

有天晚上，一阵风起，从定陵后面的山头上飘来一朵乌云把月亮遮住。就在这一刹那，火神爷立显神威，一下子把定陵烧得个片瓦不存，打那以后，定陵屡建屡烧，屡烧屡建，直到最后定陵改为全部石建筑，才算作罢。可是定陵月亮碑上的那只"万历眼睛"从此也被烧瞎了，再也没亮过，变成现在看见的那个不会发光的白圆圈了……

白老讲完，看看大家聚精会神的样子，轻轻一笑："大家知道吗？火神爷不是说过要毁了万历的陵墓吗？现在看来，是地下宫殿的气数尽了。"白万玉捋了把胡子，长叹一声："唉，应了玉皇大帝那句话了，定陵地宫'在劫难逃'啊！"他说得云山雾罩，大伙听得瞠目结舌。第二天上午，民工们的情绪又高涨起来，大家都在纷纷议论着"月亮碑"的故事。这实际上是白老的一次夤夜点兵啊！赵其昌在钦佩之余，又不禁暗自感叹："为什么真理往往都要加入迷信色彩才为人们所接受呢？这究竟是为什么？"

神秘的指路石

探沟在不断地加宽，出土量越来越多。

9月2日上午，刚刚开工不久，来自庆陵村的民工栾世海，一镐刨下去，传出钝器的撞击声。"嗯，这是碰到了什么东西？"他捉摸着，用镐头轻轻刨开积土，一块石头露出了地面。"快来看，这是块什么东西？"他大声喊叫着，沟底的人立即围过去。白万玉见状，急忙喊道："轻点，别弄坏了！"

大家用铁锹沿石头两侧，轻轻地铲着土。十分钟后，一块小石碑出现在眼前。

一个民工突然大喊一声："上面有字！"王启发立即找来一根竹片，小心地刮着字上沉积的泥土，白万玉拿一把刷子走下探沟，边走边喊："快去找赵其昌。"

一刻钟后，赵其昌气喘吁吁地跑来了。他迫不及待地跳下探沟，扒开人群，挤到小石碑前，只见白万玉跪在地上，一点一点地擦着碑上的泥土。赵其昌急忙蹲在一边问："怎么回事？"白万玉拿着刷子的手轻轻地颤抖着，激动地说："这回可憋着它啦！"赵其昌望着这块一尺多长、半尺多宽的小石碑，仔细地辨认着上面的字迹，当白万玉刚把泥土刷去，他就高声念道：

此石至金刚墙前皮十六丈深三丈五尺。

在探沟内发现的指路石碑

话音刚落，人群轰然炸开，欢腾之声在这昏暗、潮湿的探沟中嗡嗡作响，势如波浪，声似洪钟。大家扔掉手中的工具，兴奋地围着石碑来回转悠，一道曙光再度照亮大家的心房。

欢腾过后，就是一场论战，民工们纷纷争相发表自己的最新见解。

"石碑上的丈数，一定是通向地宫的长度。"身为队长的王启发抢先抛出了自己的理论。

"那就是打开地宫的钥匙了？"有人附和。"不对，皇帝怎会那么傻，明明白白地写出来，让人去挖他的老窝？"一个粗壮的汉子对此提出异议，并抓住战机发表自己的高见，"说不定是大臣们捣的鬼，埋下这块迷路石，把人弄迷糊。"

他的高见似乎唤醒了大家的灵感，马上有人说出了极为恐怖的见解："这块石碑指的地方就是地宫的暗道，如果按石碑指的方向走下去，肯定走上绝路被暗道机关中的毒箭射死。"

赵其昌见民工们越说越玄，越议论越可怕，为防止再度出现上次那样的意外，他和白万玉商量，立即决定给民工放假一天。

在定陵的发掘过程中，发掘队始终是伴随着查阅文献资料进行的，按照内部分工，赵其昌总管整个发掘工程，包括查资料、绘图、记录、照相、制订计划等等；白万玉老人则在工地"蹲坑"，具体指导民工的操作；查阅资料、接待、传递情报由刘精义负责。

在浩瀚的明代史料中，对陵墓的建制，只能找到一般历史概况的记录。如陵墓的营建年代、规模、用工用料、建造花费银两等事宜，至于玄宫的形制、结构，史料绝不记载，这是明代一项极为严格的制度。但它既然存在，留下了痕迹，就必然会从帝后的丧葬制度中，分析、辨别出这块小石碑所起的作用。

民工们走后，发掘队人员围在石碑前，仔细地研究起来。大家此时的心情比民工还要激动，近三个月来发生的一幕幕闹剧和一连串故事，在心头再现。"专家"的指点，吴、夏两位大师的论争，雷电的炸响，疯女人的"撞克"，老妇的出现，民工的骚动，白万玉的"讲演"，这次面对小石碑的出现，使他们终于在这沉寂的荒野，看到了再生的希望。面对玄宫中透出的一丝曙光，怎不令人激动万分！正午阳光洒进探沟，使小石碑闪着亮光，字迹越发清晰可辨。白万玉放下毛刷，神情严肃地望着大家，一字一顿地说："我看像是和隧道门一样的道理。"

刘精义惊讶地望望老人，又看了眼赵其昌："那么说，又是工匠留下的标记了？！"

白万玉没有回答，从兜里掏出纸烟，径自抽起来。赵其昌冲刘精义点点头："白老说得有道理。皇帝也好，皇后也好，他们都是人，而人总是要死的。如果没有特殊情况，皇帝皇后不可能同时死去，既然如此，就出现一个问题：是先死先葬，还是先死者要等后者死去，再同时入葬？"他一边吸着烟，一边推理似的慢慢讲下去。"从文献记载看，明朝帝后的入葬程序，习惯上是采用前者做法。以长陵为例，徐皇后早于成祖先死，死在南京，等长陵玄宫建好后，才把她从南京移来入陵。而后成祖皇帝死去，再开地宫，葬入长陵和徐皇后做伴。其他陵墓的主人也都采取这种方式。定陵是万历生前预先营建的，建成后，他并没有死，只好把墓室关闭，再用土封严墓道，等到他死后再重新掘开使用。推理是这样，事实上也非如此不可。这从我们发掘的土质中完全可以得到证实。既然如此，我们还是可以得出和隧道门的石条一样的结论，这块小石碑是工匠为了帝后入葬能顺利地打开地宫而偷偷埋下的标记。石碑上的刻字应该是可信的，这不是迷路石，确实是一把打开地宫的钥匙。"赵其昌说到这里，转身看看白万玉，老人微笑着点点头。

第二天，民工们主动做了一个木套，把这块在关键时刻给予他们希望的小石碑罩上，小心地原地保护起来。三十年后，这块为定陵的发掘立下奇功的"指路石"，仍安然无恙地躺在定陵博物馆的橱窗内。这是定陵自发掘以来出土的第一件珍贵文物。

为庆祝发掘"战绩"，发掘队决定给予老民工每人一条毛巾、新民工每人一块肥皂的奖励。对1956年的中国来说，一条毛巾和一块肥皂无疑已是十分珍贵的奖赏了。

夏鼐听到汇报，立即做出了"这确是一把打开地宫的钥匙"的结论。但有一个问题尚未弄清：为什么在前段的发掘中，却把砖隧道的线索丢失了呢？尽管后来探沟加宽到9米，仍不见砖隧道的踪迹。

经过进一步发掘，才真相大白。原来第二道探沟，正处在砖隧道的尽头，隧道在小石碑的位置，就已经弯向宝城中心了，而这弯曲的地方，又正是通往地下宫殿的石隧道的开始。砖隧道和石隧道，一个是末端，一个是起点，既不衔接，也不相对，发掘队在此处迷失方向已成必然。在这里，就不能不重新提起，在宝城券门中隐藏的那块上刻"宝城券门内石碣一座城土衬往里一丈就是隧道棕绳绳长三十四丈二尺是金刚墙前皮"的石碣，正是因为当初的一念之差，未能清理宝城券门，才造成后来迷失方向和发生了那么多滑稽而热闹的故事。工作队清楚地记得，在那段苦闷的日子里，刘精义一次突然从睡梦中醒来，他望望一直未眠的白老，极为认真地说："刚才我梦见在探沟下面有一块石碑，上面写满了字，因为有泥，看不清内容。"面对他的梦呓，白万玉只是一笑了之，他宁肯相信这是胡言乱语，而不属真实。想不到半个月后，这个梦境真的成为一种活生生的事实。这是一种灵魂的感应，还是一种信息的沟通与传递？或许，正如西方一位哲学家所说的："梦境，不是一种幻想，而是未来的预告。"

看来，万历皇帝是"在劫难逃"了。

注释：

①券洞：建筑物的顶，用砖或石材做成半圆形的顶以承重，不用横梁。

②月牙城：坟丘封土之前，方城之后，建成一座小城，因形似月牙得名。从月牙城两侧可以登宝城。

③琉璃屏：方城之前是石五供，石五供之前、享殿之后建立一座屏门，形似牌楼，有门，门栏上饰斗拱，顶用琉璃瓦，两侧用石柱做成。因结构特殊，故名称不一，有时称牌楼门、石柱门。

④探沟：考古发掘中所开的沟，用以探索遗址的堆积情形、建筑遗存的结构和地层关系等。每一沟可作为工作的基本单位，面积大小视需要而定。

⑤金刚墙：古建筑中凡是隐蔽不可见的墙体均叫金刚墙。陵寝建筑被土掩埋的墙体（系指出土之前），亦属其中一种，一般都特别厚实，故名。

⑥夯土：构筑地基或城墙时，借助人力或其他动力反复将槌状物提起、降落，利用其撞击力把泥土等松散材料砸至密实的程度，形成牢固的地基或墙体。

第五章 大厦崩溃

风雪定陵

张居正溘然长逝，标志着大明帝国最强有力的支柱轰然倒塌。大风起于青蘋之末，朝野骤起反张浪潮。高拱的《病榻遗言》，使这位首辅全家走向了悲剧终点。而一代将星戚继光的陨落，导致帝国大厦崩溃，夜幕降临，改天换日的时刻即将来临。

进退维谷

晚年张居正像

万历十年（1582年）初夏，大明帝国朝廷上发生了一件惊天动地的大事，权倾朝野、叱咤风云的一代首辅张居正溘然长逝。

隆庆六年（1572年），当张居正独自担负起辅弼万历皇帝和内阁首辅的双重重任时，便开始了他悲壮的人生之旅。这位由"神童"获誉，一路高歌猛进，于翰林道上成长、发展、壮大起来的首辅政治家，立志要把自己的一生献给壮丽的事业——为大明帝国的复兴而奋斗。上任后，张居正壮怀激烈，豪情万丈，苦心孤诣地辅导圣学，主持改革，协调官府关系，日理万机，一年四季繁忙至极。如此这般操劳到万历三年（1575年），张居正便感到身心俱疲，有点撑不住了，在给山东巡抚李渐庵写的信中谈到自己的状况："自受事以来，昼作夜思。寝不寐，食不甘，以忧国家之事……每日戴星而入，朝不遑食，夕不遑息，形神俱瘁，心力并竭。"这一年是1575年，张居正生于1525年，时年50周岁，按我国传统的虚岁算法是51岁。如此沉重的负担，对一个年过半百的人而言，必然心力交瘁，难以承继。

果然未出所料，张居正在辅佐万历皇帝整整十载的万历十年（1582年）二月，也就是他58虚岁的时候，终于一病不起了。

从张居正与朋友通信中可知，十年之前，他就患有痔疮，因无暇医治，导致日后成为顽疾，久治不愈。其间，他曾四处求医治疗，但收效甚微。有一个时期，他从家乡江陵请来一位名医，做过手术后虽得到根除，但从此血气亏损，脾胃虚弱，不思饮食，不久便寸步难移，卧床不起。万般无奈中，张居正只得再次要求致仕。两年前，18岁的万历皇帝

第五章 大厦崩溃

相继举行了耕猎礼和谒陵礼，这是皇帝本人已经成年并能独立治理朝政的标志，头脑尚不算糊涂的张居正，适时地以《归政乞休疏》上奏皇帝，以"高位不可以久窃，大权不可以久居"提出"乞休"。尽管这是一篇官样文章，但内里不乏真情实感以及张氏本人对帝国前景的深深忧虑：

> 臣一介草茅，行能浅薄，不自意遭际先皇，拔之侍从之班，畀以论思之任，壬申之事（即隆庆六年穆宗顾命之事），又亲扬末命，以皇上为托。臣受事以来，夙夜兢惧，恒恐付托不效，有累先帝之明。又不自意特荷圣慈眷礼优崇，信任专笃，臣亦遂忘其愚陋，毕智竭力，图报国恩。嫌怨有所弗避，劳瘁有所弗辞，盖九年于兹矣。每自思惟，高位不可以久窃，大权不可久居。然不敢遽尔乞身者，以时未可尔。今赖天地祖宗洪佑，中外安宁……以皇上之明圣，令诸臣得佐下风，以致升平，保鸿业无难也。臣于是乃敢拜手稽首而归政焉……

张居正作为一个深受儒学教化的政治家，毕竟非同常人，虽然几乎每个人对权位都有不同程度的向往和贪恋之心，但他尚知节制。何况他此时位极人臣，功高权重，面对四面八方射来的目光，无论是谄媚，还是诡谲，或是媚中夹带刀枪棍棒，他都极其警觉和小心，同时经常对自己的言行，以及伴君如伴虎的历史教训予以反思。他甚至清醒地认识到，自己实际主持的"万历新政"改革，任重事繁，压力如山。他现已年过半百，多病的身体进入垂垂暮年，在政治旋涡中越来越感到力不从心，难以应付错综复杂的人际关系和新政的重重阻力，尤其是面对高官大吏、豪门巨贾结成的势力集团，只要动了他们的既得利益，无论改革多么迫在眉睫，多么光明正大，多么理由充足，利益集团中人都会想方设法予以阻击，甚至不惜鱼死网破，或铤而走险加以报复。面对这样一个险恶局面，稍有不慎，即导致家破人亡的严重后果。且仕宦升沉无定，朝堂之上多风波险阻，行之于上，如处大海潮中，与其断桅翻船，不如急流勇退。于是，张居正在正确的时间和节点上，向万历皇帝提出"乞休"请求，并希望皇帝"赐臣骸骨生还故乡，庶臣节得以终全"。遗憾的是，他的"乞休"疏没有得到允可，万历皇帝毫不犹豫地降旨挽留："卿受遗先帝，为朕元辅，忠勤匪懈，勋绩日隆。朕垂拱受成，依毗

张居正书法

锦衣卫印。明代锦衣卫原为护卫皇官的亲军，明中叶后与东西厂并列，成为可直接取旨行事，专司监察的特务机构

正切，岂得一日离朕！如何遽以归改乞休为请，使朕恻然不宁。卿宜思先帝叮咛顾托之意，以社稷为重，永图襄赞，用慰朕怀，慎无再辞。"

面对皇帝言辞恳切的挽留，张居正并不罢休。两天后，即万历八年（1580年）三月二十二日，又上《再乞休致疏》，坚请"乞休"，内有"今臣之乞去，亦非敢为决计长往也，但乞数年之间，暂停鞭策，少休足力。倘未即填沟壑，国家或有大事，皇上幸而召臣，朝发命而夕就道，虽执殳荷戈，效死疆场，亦所弗避，是臣之爱身，亦所以爱国也"之言。

从行文语气看，这次好像是动了真的。万历看罢，踌躇起来：难道这老家伙真心实意想退出历史舞台不成？还是继续耍布袋戏以迷惑于朕？在拿捏不准的两难中，万历决定向皇太后请示。意想不到的是，皇太后挽留张居正的态度比万历还要坚决："待辅尔到三十岁，那时再做商量。"

万历眼见太后的态度，自然不便违逆，只好顺杆攀爬，提笔写了一道手谕，把太后的谕旨原原本本告诉张。事情到了这种地步，张居正除了感激涕零，顿首称颂皇恩浩荡外，再无理由提及"乞休"之事了。

张居正不能"乞休"，表面看起来确是皇家的恩宠，但他却清晰地认识到，皇家的恩宠与臣僚之间的感情并不在一条线上。张居正的官职再大，爵位再高，权势再强，也只是皇家的一个奴仆，用四百年之后的话说，就是一个为皇家打理内外事务的打工仔或包工头儿，主仆之间是否有恩情友谊本就值得怀疑，即使有，也是友谊的小

船说翻就翻——关键看双方的利益是否一致。一旦利益产生矛盾或冲突，他这个权臣将被无情地抛弃，成为皇帝本人或曰帝国利益的牺牲品。张居正对自己推动的改革之难，得罪权贵豪门之多，心中是有数的。他每前进一步都伴随着阻力和忧虑，并深知总有一天，那些政敌会反攻倒算。为了新的利益和转嫁矛盾，自己极有可能被皇帝当作挡箭牌，再一脚踢出圈外，以不忠不孝等罪名碾压于历史的垃圾堆中，其结局无疑是悲惨的。因而，张居正在给自己的亲家、刑部尚书王之浩的信中，将这种如临深渊的担忧明确地表露出来："弟德薄享厚，日夕栗栗，惧颠踬之逍及耳。顷者乞归，实揣分虞危，万非得已。且欲因而启主上以新政，期君臣有终。乃不克如愿，而委任愈笃，负戴愈重，孱弱之躯终不知所税驾矣。奈何！奈何！"

位于江陵的张居正墓前石碑

长期苦心焦思、敝精劳神，导致张居正心力交瘁，体质日趋衰弱。而无形的恐惧与忧患，又加快了他生命的衰竭，直至一病不起。

在此情形中，张居正只得再次要求致仕，但这个要求仍然没能得到允许，皇帝只命他在家中安心调理。因张居正把持朝政已久，用他自己的话说，名曰宰辅，实则摄政也，内阁其他辅臣对重要朝政大事不敢裁决，故每天还有十几本，甚至几十本奏章源源不断送上门来。张居正只得强打精神在病榻上批阅。到了六月一日，张居正身体更加虚弱，整个肌体赢弱，仅存皮骨，起卧翻身都需要别人帮扶。万般无奈中，再次上疏"乞休"。

此时的万历皇帝包括慈圣太后，对张的关爱、恩宠还是真实真心的。史载，张居正发病和治病期间，万历对其病情

张居正故居

表现出特别的关心，一度寝食难安。除召名医、赏金银、赐珍食等等一连串慰问安抚，甚至为张的病久治不愈而伤心落泪。这次万历接到张居正最后一本奏章，仍下诏慰留。诏旨极为亲切感人："朕久不见卿，朝夕殊念，方计日待出，如何遽有此奏？朕览之，惕然不宁，仍准给假调理。卿亦安心静摄，痊可即出辅理，用慰朕怀。"

六月十二日，朝廷闻报，辽东镇夷堡明军反击敌军获得大捷，万历谕令论功，晋张居正为太师，并将其任锦衣卫指挥佥事的儿子升为同知。而此时的张居正已经人事不省，对万历的奖赏再也无法上疏谢却了。

六月十八日，张居正处于回光返照阶段，头脑暂时有些清醒。万历闻知，立即派司礼监太监持手敕前去慰问，同时授意让张居正留下遗嘱。张居正将未来内阁、六部人选做了最后一次荐举。延至六月二十日，终于放下手中的权柄，遗下70余岁的老母，以及相守三十余年的妻子、六个儿子、六个孙子，离开了人世。

张居正去世，朝野内外许多人感到突然和遗憾，毕竟他才只有58岁。然而，苍天悠悠，人生苦短，由不得这个不世出的天才、人杰，手握重权、再展宏图了。所幸的是，张居正毕竟在有生之年，基本实现了作为一个伟大政治家的抱负，在苍天赋予天时、地利、人和的交叉点上，张居正推行改革，整顿吏治，反腐倡廉，发展经济，巩固边防，终于使衰落的大明帝国重新焕发了灿然生机，出现了"海内肃清，四夷詟服，太仓粟可支数年，囧寺积金四百余万"的辉煌业绩。

当然，就在他初步完成了这辉煌基业，并使自己跻身于中国历史的名相之列，因而有可能名传千古之时，也必然地受到同时代旧势力的攻击和诽谤。当此之时，朝野议论最盛的是张居正的死因。据张居正本人对外的说法，属于身患痔疮而最终不起，而这些说法多是他致好友信札中所提及，作为朝廷编撰的正史记载却极为简单，《神宗本纪》只用了一个"卒"字。《明史·张居正传》则说："亡何，居正病。帝频颁敕谕问疾，大出金帛为医药资。四阅月不愈，百官并斋醮为祈祷。南都、秦、晋、楚、豫诸大吏，亡不建醮。帝令四维等理阁中细务，大事即家令居正平章。居正始自力，后惫甚，不能遍阅，及病革，乞归。及卒……"至于什么死因，没有提及。然而，随着张居正一瞑不视，各种死因之说充斥朝野，有痔疮致死说，有砒霜中毒说，有纵欲过度说等等，有的说法显然带有抹黑、诽谤之嫌疑。[①]

对有些不怀好意的攻击与诋毁，张居正生前似乎早有感知和思想准备。多少年后，世人从他《答河漕按院林云源言为事任怨》中可以看到："孤数年以来，所结怨于天下者不少矣！憸夫恶党，显排阴嗾，何尝一日忘于孤哉！"

虽然，张居正认为自己的所作所为乃忠君爱国的表现，并无大的过错，因而无所畏惧："念已既已忘家殉国，遑恤其他！虽机阱满前，众镞攒体，孤不畏也！"但时间一久，他对自己的前途命运也未免有所担忧。万历八年（1580年）以后，张居正屡屡上疏坚退。由于慈圣太后和万历皇帝本人坚留，以及由他自己所造成的长期独自当国的政治局面，要想中途隐退是根本办不到的。而越是不能隐退，心中就越发焦虑不安、忧郁，甚至懊悔不止。万历九年（1581年），张居正在给已退休的前首辅徐阶写信时，进一步谈到了这种进退维谷、骑虎难下的局面。他说："正膺重任九年于兹，恒恐不得保首领以辱国家。乞不肖之身，归伏陇亩，以明进退之节。自是羁绁愈坚，忧危愈重矣！"

结局不幸被言中，张居正这座灯塔的悄然寂灭，使帝国真正的舵手——万历皇帝在航行中竟一头雾水，难辨方向。继之而起的"国本之争"和朝廷争斗愈演愈烈，张居正改革的遗产败了个精光，"万历新政"带给大明王朝最后的余晖散尽消亡，最终导致这个庞大老朽的帝国迅速撞向冰山深渊。而赶在这一历史大悲剧之前到来的，则是张居正举家罹难的厄运。

举家罹难

张居正死后，可谓哀荣备至。《明史·张居正传》载："及卒，帝为辍朝，谕祭九坛，视国公兼师傅者……至是，赠上柱国，谥'文忠'，命四品京卿、锦衣堂上官、司礼太监护丧归葬。"如此恩宠有加，在万历一朝无出其右者。

然而，正所谓盛极必衰，月满则亏，荣耀与华丽遮盖的，是即将弹鞘而出的刀剑，刺向尸骨的冷枪。到了万历十年（1582年）十月，也就是张居正死后仅三个多月，那些代表旧势力的"憸夫恶党"，开始集中力量向张居正反攻倒算了。

张居正生前的反对派，山东道监察御史江东之、江西道御史李植，从太监口中得知，张居正病故以后，皇帝特别厌恶冯保，遂决定先从冯保身上下手，撕开一道口子，然后看万历的态度，再决定是否做清算张居正的计划。为慎重起见，首先由言官江东之上疏弹劾冯保的亲信徐爵，结果一试成功，徐爵很快被逮入狱论死——万历痛恶冯保的态度得到了证实。于是，反对派决定一鼓作气，拿下冯保。万历十年（1582年）十二月八日，由李植出面上疏，直接弹劾冯保十二大罪状。早想摆脱冯保控制的万历皇帝览奏，大喜，曰："吾待此疏久矣！"立降冯保到南京闲住。司礼监太监张诚和张鲸见冯保势危，乘机落井下石，在万历面前攻击冯保，说冯家资产富饶胜过皇上云云。这一诱惑，马上激起了万历的贪财好奇之心，立即下令逮捕冯保及其侄子冯邦宁等人，并籍没其家产。结果抄得金银一百余万两，珍珠宝玩无以计数。自此始，万历尝到了抄家籍产、发财致富的甜头，一发而不可收，日后对臣下抄家籍产，成为必列节目和家常便饭。万历十一年（1583年）一月，历侍三朝，大体上还能保持名节的冯保和他的侄子冯邦宁瘐死狱中。

这些"憸夫恶党"，没费多大气力就将冯保扳倒，心中狂喜，决定乘胜追击，直捣黄龙。在箭镞射向张居正这尊死去的大神之前，先除掉左右小鬼。御史雷士帧等七名言官，联合弹劾张居正临终之前所推荐的潘晟、梁梦龙、王篆等人，结果这一批后进之辈，无一例外地被逼致仕。眼看万历皇帝对张居正的态度急转直下，他们的剑锋便直指张居正的死尸。这伙"憸夫恶党"按照攻击冯保的成例，以此对付张居正，即先由吏科给事中陈与郊上疏弹劾张居正的家奴游七（游守礼），结果游七很快被逮入狱。继之陕西道御史杨四知，趁机上疏弹劾张居正欺君蔽主，奢僭佞专、招权树党等"十四大罪"。万历览奏，谕旨："居正不思尽忠报国，顾怙宠行私，殊负恩眷。"此时的万历还没有完全从张居正巨大阴影和功绩笼罩中摆脱出来，心中还有一丝眷念之情，因而"念系皇考付托，侍朕冲龄，有十年辅理之功。……姑贷不究，以全终始"，并谕令廷臣：各省修职业，对张居正，不必再追论往事。

如果此时廷臣能够按照万历谕旨行事，张居正还可能做到"以全终始"。但这些"憸夫恶党"既以得势，对张居正的攻击岂能就此罢休？剑锋已经出鞘，看天下谁与争雄？必须想尽一切办法除掉张居正的阴影，清理其生前的"罪孽"。到了万历十一年（1583年）三月，大理寺把游七等人屈招污指张居正的狱辞呈上朝堂。万历览阅，大怒，谕令追夺张居正赠官，儿子除名，游七等人论死，其余人远戍。同年八月，再追夺张居正谥号。到了此时，以前加封于张居正的"太师""文忠"等等尊称全部没人再提了，就只剩下一个普普通通的张居正，或者隔壁老张、张老头儿。

然而，这并不算最终的了结，到了万历十二年（1584年）四月九日，江陵的辽庄王次妃王氏，又进一步上疏鸣冤，说张居正当年陷害亲王，强占江陵辽府祖业，同时谎报辽府万计金宝，尽入张居正家中。万历一见"万计金宝"四字，好奇嗜利之心顿起，立即产生籍没其家产的欲望。这个欲望尚未实施，令万历更加愤怒的隐情大事又被揭露出来。当年张居正回老家奔丧时，戚继光为拍其马屁，也为了报答张居正的提携护持之恩，委派了一支鸟铳队作为卫士助威。于是，有人便借题发挥，告发张居正有谋反之心，而总兵戚继光就是他谋大逆依恃的后盾。为证实这个推论确信无疑，告发者还举出两件事作为证据。一是有一次应天府乡试，试官出的题目是"舜亦以命禹"。这个题目可解释为：天下者，非一人之天下，唯有德者居之，即皇帝应该像舜那样，禅位于德才兼备的张居正。题目如此居心险恶，是为张氏篡位做舆论准备的铁证。二是张居正曾在有人奉承他有"人主之风"时，竟含笑不语。张居正的狼子野心，在他回家奔丧时，所带的戚继光的鸟铳手大显威风中亦可看出……

正在这刀光剑影、张氏家族性命难保的紧要关头，前首辅高拱的《病榻遗言》几经周折，辗转数十人，终于传到了万历手中。这本小册子的传来，犹如一把利剑深深刺痛了万历皇帝的心，并使他对张太师的回忆，连勉强保留下来的一丝敬爱和怜悯也化为乌有。他似有所悟，自己当初和母后误信张居正的所作所为，是出于保障皇位的稳定和帝国盛旺，而现在看来，张居正不过是出于卑鄙的动机而卖友求荣，纯粹是一个玩弄阴谋与权术的小人。借着这个"顿悟"联想下去，万历忆起了若干年前张居正与母亲、冯保合伙，逼他向群臣下"罪己诏"的尴尬场面；忆起了张居正当着群臣之面，大声呵斥"当读作勃"，让自己无地自容的痛苦的求学历程……一桩桩、一件件，往事涌心头，泪水肚中流。张居正高大伟岸正直的身影，在万历脑海中越来越渺小，直矮到茫远的尘埃中去了。既然张居正已被剥去画皮，成了一个心怀妄念、刻毒无耻的奸佞，就没有什么情谊和怜悯可言，籍没家产自是理所当然。于是，万历皇帝立即谕令司礼监太监张诚、刑部右侍郎邱橓、锦衣卫指挥贾应魁带领一干人马，火速赶赴江陵籍没张居正家产，并查抄其在京寓所。

万历十二年（1584年）四月二十一日，籍没张居正家产的谕旨传至荆州。当年为张居正回家奔丧出尽大力、表过无数次忠心的荆州知府和江陵知县，摇身一变成为倒张急先锋。为了抢得头功，知府与知县各带一批衙役、喽啰，立即打马飞奔张府封门，将张宅内的男女老少全部关进空房，不供食水，不许走动。直到五月五日，张诚等人才到达江陵。待打开房门一看，已饿死十余人。张诚等置死人于不顾，马上命令吏卒抄掠财物。经过搜查拷问和挖地撬石，共搜出黄金一万余两，白银十万余两。五月七日，开始审讯张居正的嫡子张敬修，对其黑巾蒙首，严施酷刑。五月十日，又将张氏全部家人一一隔离，分别拷打审问。审讯当中，慑以非刑，悲惨之状目不忍睹，啼哭哀号之声震天动地。张敬修不堪忍受残酷折磨，悬梁自尽。张居正三子张懋修投井未死，绝食不亡，幸保一命。

第五章 大厦崩溃

张府被抄，家产籍没，张敬修自缢，张宅饿死十余口的消息传至京师，满朝大哗。良知未泯的内阁重臣申时行、左都御史赵锦，认为此事太过，上疏求情，万历皇帝考虑再三，方诏准给张居正家留空宅一所，田地十顷，用以赡养张的老母。

"张居正事件"的发生与发展，标志着万历皇帝那种出于压抑心理的复仇，以及清理旧臣，摆脱羁绊，自己正式执掌朝权的开始，亦为皇帝本人和帝国政治所需。但如此明火执仗、大杀大砍的血腥暴力恶行，明显犯了偏听偏信、用力过猛、处置失当的大错。因了这一事件的爆发，朝野惊恐，人人自危，各色人物怀揣各自的目的，相互怀疑攻击、排挤陷害，朝堂之上出现了"群指为跃冶，合喙以攻之，大臣与小臣水火矣。又有奔走权门，甘心吠尧者，小臣复与小臣水火矣"的混乱局面。

在这一混乱局面中，受各种人事或案件牵连者，不计其数。而浑水摸鱼，得到便宜升官发财者，不胜枚举。如在查抄张府的过程中，刑部尚书潘季驯等人曾在奏疏中提及张府饿死多人。对这一情节，万历皇帝极为不快，下诏命司礼太监张诚查明。作为此次抄家的主管太监，自然不敢如实禀报，便回奏称："只二人"，回避了饿死多少人这一事实。江西道御史李植，以独特的政治敏感与嗅觉，上疏弹劾潘季驯，说潘"无中生有，欺皇上于今日矣"。于是，潘季驯很快被降旨革职为民。而李植以及先前弹劾张居正有功的江东之、羊可立等三人，以"尽忠言事，揭发大奸有功"的名义，分别晋升为太仆寺少卿、光禄寺少卿和尚宝司少卿。这三个以整人发迹的政治暴发户，骤然成了万历皇帝心中的红人。而抄家有功的张诚很快升为司礼监掌印太监，并兼管东厂及内官监，取代并盖过了当年炙手可热的人物——冯保。

坐在朝堂之上的万历皇帝，眼看"张居正事件"引发了如此多的乱象与纷争，心中自是忐忑不安，但事已既成，无法退缩，更不能承认自己犯有过错。但若进一步追杀下去，说张居正谋逆篡位，要当皇帝，一则缺乏证据，二则对皇室与大明王朝也无裨益。谋逆篡位既不成立，其他罪过业已清算，应对满朝文武和天下百姓有个交代，以便尽快结束这个案子，以及由此案引发的恐怖气氛。于是，在抄家四个月之后，万历皇帝正式对张居正宣布了总结性的罪状和处置措施："诬蔑亲藩、侵夺王府坟地、钳制言官、蔽塞朕聪……专政擅政，罔上负恩，谋国不忠！本当斩棺戮尸，念勤劳有年，姑免

李贽画像

戚继光像

尽法。"

张居正患病卧床的时候，北京的部、院及大部分省、府官员，纷纷为他建斋祈祷，保佑他平安无恙，赞扬之声充满朝廷内外，很少有人指责他的缺点。待张居正病故，万历追论其罪过之时，又蜂拥而上，千夫乱指，诽谤、诬陷之词充满朝廷，几乎没有人为其说一句公道话。只有当时拒官隐退的大思想家、学者李贽，以高贵的人格和文化良知，勇敢地站出来替张居正奔走呼号，大鸣不平，公开称颂张是"宰相之杰""胆如天大"云云。

当然，那些"憸夫恶党"以及万历皇帝本人，不会因为李贽的呼号而改变对张居正的看法和判词。与此相反的是，在抽掉张居正这根帝国政治支柱的同时，又在谋划抽掉另一根军事支柱，直到这座帝国大厦彻底崩溃。

将星西陨

张居正去世不久，反对派在倒张的同时，连带着秘密提醒万历皇帝：戚继光是伏在宫门外的一头猛兽，他只听从张居正的调遣，别人无法节制，倘不提防，极有可能使其谋反。而作为手握重兵，捍卫京都门户的"戚家军"一旦谋反作乱，后果不堪设想。

万历闻听，深以为然。为防后患，他当机立断，把驻守华北重镇、京都门户蓟州的总兵官戚继光调往广东任总兵官。因为一时还抓不到戚继光谋反的把柄，又怕过激处置引起兵

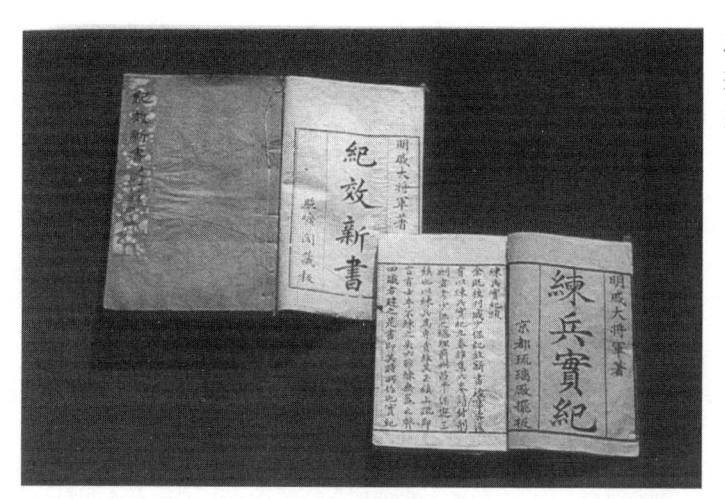

戚继光编著的《纪效新书》与《练兵实纪》书影

变，万历及反张派都认为这样做是最好的权宜之计。戚继光只身赴广东上任，官职依旧，但实际上已经失去了捍卫京都的重要地位，也失去了朝廷的信任。这一点，戚继光与他的同僚好友洞若观火，明白无误。因而，调往广东之后的戚继光，处境尴尬，如同一只猛虎被赶进了松软的沙滩，很难再有大显身手的机会。但这时的戚继光作为一员武将，只是在精神上感到消沉郁闷，并未完全意识到处境的严峻，直到清算张居正达到高潮的第二年，他才猛悟到局势的严重程度已关系到自己的身家性命。受幕府策士指点，为避杀身之祸，戚继光很快向朝廷呈交了离职疏文，实指望早日交出兵权，以绝朝廷及反对派对自己的猜忌。遗憾的是，迅速发展的时局已不允许他做出如此聪明的选择，既然他被视为张居正的同党和朝廷的心腹之患，等待他的自然是一场悲剧。很快，戚继光作为张居正的党羽而受到参劾，万历皇帝见奏，毫不留情地将其革职，并将他的部下将领胡守仁、朱钰、金科等人，或革职或发戍边疆，以此斩草除根，断其后患。

戚继光落得这个结局，当朝官宦没有人感到奇怪。既然这颗将星是由于张居正的庇护和支持得以冉冉升起的，并由此照亮了大明王朝的边陲，那么，在张居正营筑的权力大厦

崩溃之时，他就理所当然地摔落下来，是谓倾巢之下岂有完卵？用四百年后的时髦话说：雪崩时，没有一片雪花是无辜的。

当然，这位"一剑横空星斗寒"的名将突遭革职，也有正直的朝臣表示出内心的不平和同情，尤其对"戚家军"的解体，表示出极大的忧虑：这曾是一支怎样的钢铁部队，它在抗倭和捍卫京师的风风雨雨中，为飘摇的大明王朝立下了何等的战功？赢得了多么显赫的声名？一支帝国最优秀的军事力量，就这样随着戚继光的革职而土崩瓦解，实在令人不舍和寒心。从戚继光留下的军事著作《纪效新书》中，不难看到他是怎样建立起这支铁军的。这位自小生长于山东沿海的武举人，在移驻浙江并经历了一连串同倭寇的作战之后，终于做出了具有历史性的决策——创建"戚家军"。从戚继光宣布招兵办法、规定月饷数字、拟订分配兵员职务原则、明确官兵职责，到设置队、哨、马的各级组织，以及统一武器规格、颁发旗帜金鼓等一系列措施和方略来看，这位年轻的将军具有极高的军事修养和以身示范的献身精神。而他创立的"鸳鸯阵""两才阵""三才阵"以及"连坐法"，又使这种军事天才发挥到极致，并赋予这支军队以钢铁的纪律和战无不胜的气概。

戚继光生逢其时，使他能够在明朝中晚期没有大的战事爆发的情况下，确立了他在中国历史上赫赫名将的地位，并为此留下了不朽的声名。对时势的造就，朝廷以及地方官员的支持，戚继光总是感激不已。"戚家军"成立不久，戚继光对士兵训话，总是以朴实的语言，兄长般对军士们娓娓道来："你们当兵之日，虽刮风下雨，袖手高坐，也少不

戚继光设计的军旗，上面运用了星占学和民间传说中的符号与动物图案，意在激励这支由农民和矿工组成的军队的士气

第五章 大厦崩溃

得你一日三分。这银钱分毫都是官府征派你的地方百姓办纳来的。你们在家哪个不是耕种的百姓？你们思量在家种田时办纳的苦楚艰难，即当思想今日食银之不易。不用你耕种劳作，养你一生，不过望你一二阵杀胜。你不肯杀贼保障他们，养你何用？就是军法漏网，天也假手于人杀死你们！"

道德、义务、职责、军法，点点滴滴的教诲、启迪、渗透，使戚继光得以在所招募的新兵中，很快建立起一支识大体、顾大局、遵纪守法、勇往直前的钢铁队伍。这一点，从直浙总督胡宗宪②检阅新军的场景中可以看出。

史载，当戚继光将招募的新军练好，等待上级胡宗宪检阅的那天上午，天空忽然下起了大雨，胡宗宪乘坐油布盖顶的大轿赶到校场。只见偌大的校场中央，一排排盔甲鲜明的将士笔直地站在瓢泼大雨之中，犹如雕塑般一动不动。前面正中站着一位银盔银甲的将军，正是年方34岁的戚继光。胡宗宪深为感动，下得轿来，步上检阅台开始检阅。在戚继光率领下，队伍一个分队一个分队地从台前走过。雨越下越大，道道水柱从将士的头盔、战袍上淌下，但将士们一个个精神抖擞，步伐整齐，号声响亮，虽然队伍只有三千余人，但整个校场却像卷过千军万马，气贯天地。胡宗宪对这支军队赞叹不已，他为拥有戚继光这位军事天才而庆幸，更为"戚家军"雄壮的军威所折服。待阅兵完毕，胡总督不无感慨地对戚继光说："今戚将军所建新军，颇有虎狼之势，若用之于战，当攻无不克，战无不胜，何愁倭寇之患？"

戚继光编制的骑兵阵形，是一个由鹿砦和偏厢车组成的防御方阵

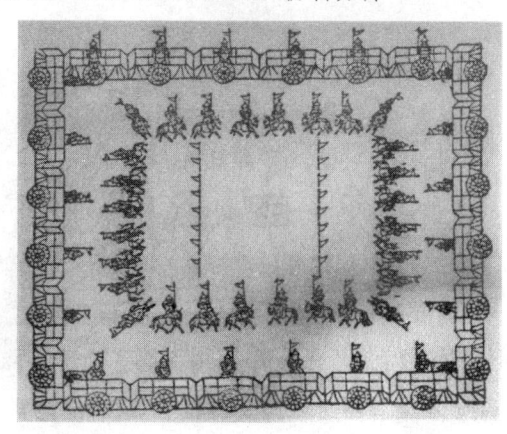

胡宗宪回到衙门，立即下令将原有的军队退回原地驻守，将"戚家军"作为机动主力迎击倭寇。戚继光与"戚家军"不负所望，从嘉靖三十八年（1559年）开始，这支

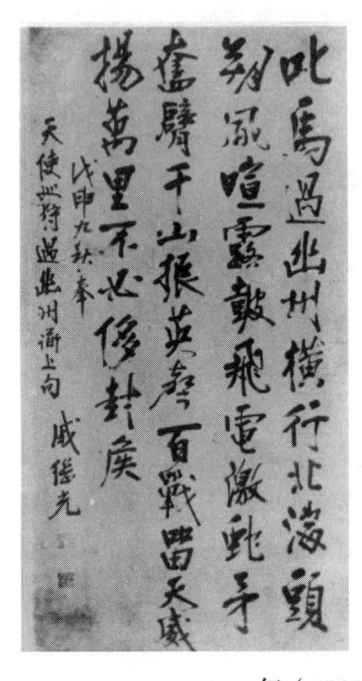

戚继光诗文墨迹

此诗手稿照片，现藏蓬莱档案馆，原是从一堆废旧档籍中发现的，不知来自何处。今传清光绪刊本戚继光诗文集《止止堂集》五卷，内《横槊稿》上、中、下三卷，上卷为诗集，惜该集未收此作。现经摹写放大，悬展于蓬莱水城新修之太平楼厅壁。原稿为："叱马过幽州，横行北海头。朔风喧露鼓，飞电激蛇矛。奋臂千山振，英声是战留。天威扬万里，不必侈封侯。"

部队在倭寇活动最为猖獗的浙江前沿，屡次攻坚、解围、迎战、追击，在战斗中显示了强悍的威力，使倭寇闻风丧胆，望风而逃，不得不先后撤出浙江，转而攻掠福建。而在胡宗宪支持下，已扩编到六千余人的"戚家军"，又奉命进入福建前沿，转战千里，连打胜仗。至嘉靖四十四年（1565年），戚继光率师再下广东，肃清了广东境内的残倭。至此，明代中晚期猖獗了二十余年的沿海倭患，基本得以平定。这个颇令人欣慰的结局，除部队本身的战斗力外，主帅戚继光卓越的军事指挥和组织才能，更是决定战斗胜利不可或缺的因素。因而，戚继光作为东南边陲一颗冉冉升起的将星，很快引起朝堂臣僚的关注。

蓬莱水城戚家军所用铁炮

嘉靖皇帝驾崩后的隆庆二年（1568年），在内阁学士张居正竭力推荐、支持下，戚继光调任蓟州总兵，总管全区部队的指挥调度之权。蓟州为华北重镇，防区为北京昌平至山海关一带，此处情形和南方截然不同，其威胁来自边外的游牧民族。每

第五章 大厦崩溃

传戚继光发明并使用的"一窝蜂"火箭发射车（资料图）

"一窝蜂"火箭发射示意图

当遇到干旱，蒙古（鞑靼）骑兵部队，就会按照他们的成例掠夺中原财产，其军事特点在于流动性和迅猛的冲击力量。骑兵发动攻势后，如同山洪倾泻而下，势不可当。戚继光的到来，正是为迎击这一股股强悍的敌军而充当帝国屏障的。

竭力支持戚家军的张居正，在戚继光北调的前几个月才出任内阁大学士，作为一个具有战略眼光的政治家，早在他入阁之初就有重整军备的雄心，此点，从他给隆庆皇帝《陈六事疏》中即可看到。既然东南沿海的倭寇已除，而蓟州战区就理所当然地成为他所关注的焦点。戚继光上任后，根据北方地域形势与军队现状，下决心要改变军容、军纪与落后的武器装备，以担当得起卫国长城的责任。上疏到达朝廷内阁，大明一朝最能决定帝国安危的两个人物，自然而然地走到了一起，他们之间的友谊就此建立。

有了张居正的支持，蓟州军队按照戚继光的意志开始了新的旅程。戚继光先把他在浙江训练的一部分士兵调至蓟州，最初为三千人，以后扩充为六千人，最后到

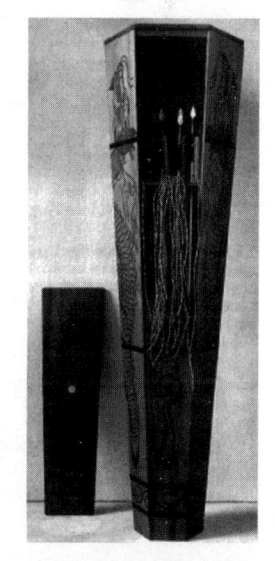

戚继光部队配置使用的"一窝蜂"火箭单体发射器。几十支火箭放在一个大竹筒里，点燃后几十支火箭齐放，好似群蜂出巢，故称"一窝蜂"。这是世界上最早的多弹头火箭。通长171厘米，直径48.5厘米

117

达两万之众。为使戚继光的整军改革顺利进行，张居正设法把蓟州辖境内的其他高级将领调往别处，以免遇事掣肘。在以后的几年中，凡是和戚继光为难的当地文官，都被张居正不露声色地陆续调迁。当蓟州军渐为戚继光所控制后，整训也进入一个崭新的阶段。在张居正全力支持下，万历皇帝也爱屋及乌地对这支军队给予特别关爱。戚继光利用朝廷拨付的优厚财政资本，从塞外买进大量军马，并制造出大批火器及战车等超强装备，不到三年，就使他的军队再度展起江南"戚家军"的雄风。其装备之精良、军纪之严明、战术之精湛、作战之勇猛，为本朝其他军队所未有，成为一支声名显赫、威震华北的名副其实的铁军。正是慑于他的强大军事力量，北方的蒙古部族才主动放弃了骚扰中原的策略，并立誓不再进犯，同时约束所有的北方部落，以作为接受大明王朝津贴和互市的条件。

多少年后，史家黄仁宇认为，与戚继光同时代的将领，没有人能够建立如此辉煌的功业，戚继光得到了他那个时代武官所能得到的一切荣誉。他之所以取得如此伟大的业绩，关键在于他没有把张居正的支持和自己的才华，当成投机取巧和升官发财的本钱，而只是作为建立新军和保卫国家的手段。正是鉴于他的辉煌伟业和高贵人格，在后人眼中，戚将军晚年的遭际就更显得悲壮和令人同情。当然，张居正的做法，在给予戚继光支持的同时，也加剧了其他各镇文武官员的嫉恨和猜忌。因而，张居正死后，反对他的人不但诋毁他死于美色和春药，还更进一步提出蓟州驻军，是张氏培植私人武装的政治资本，并攻击戚继光是伏在宫门之外的一头

戚继光部队配置使用的"神火飞鸦"发射火箭器，长56厘米，器身翅长64厘米。以扎制风筝的形式，结合火箭推动的原理发明的燃烧弹。用竹篾扎成乌鸦形状，内装火药，由4支火箭推动，可飞行300余米，多用于火战

戚继光部队配置使用的"火龙出水"发射器,长153厘米,头部直径20厘米,尾宽32.5厘米。火龙出水是世界上最早的二级火箭。用竹筒做成龙形,龙的两侧各扎火药筒,点燃后,将龙身推动飞行,这是第一级。在龙腹中装有火箭,待龙飞入敌阵时,腹中的火箭被点燃,从龙口中发射出去以命中敌方,为第二级。因多从船上发射,故称"火龙出水"

猛兽。

　　史载,戚继光被革职后,家居三年,他的结发妻子毫不留情地抛弃了他。鼎盛时期的戚继光,曾统率十万大军,素以慷慨直爽著称,对朋友更是热情相助,肝胆相照。可是在家闲居的日子,只有很少几个朋友和他来往。戚继光叱咤风云之时,没有过多的积蓄,以致在革职之后,落得一贫如洗,医药无资。英雄末路,令人扼腕叹息。有一位叫傅光宅的御史,认为戚氏实为忠勇善战的将军,乃大着胆子上疏万历皇帝,请求重新起用。然举荐未成,自己反而遭到剥夺俸禄的处分,戚继光闻知,抑郁而逝。

　　此时的万历皇帝与朝堂之上的群臣尚未意识到,在张居正墓有宿草、将星戚继光西陨之际,西班牙的无敌舰队已经准备出征英国。三十年后,本朝的官兵和努尔哈赤的铁骑不可避免地交锋,因明军缺乏"戚家军"苦心训练的战术和严明的纪律,结果溃不成军,一败涂地。兹后八旗军作为一股新生力量崛起于白山黑水之间,无敌的铁骑越过山海雄关,踏碎了中原大地,一个以清代明的新时代马上就要到来。

注释:

　　①历史学家多倾向于张居正死于痔疮发作。然亦有另外几种说法,如张居正死于砒霜中毒说。据云,中毒原因是长时间

大量使用枯痔散，目的是要根除痔疮。枯痔散主要由砒霜等含有天然毒素的成分组成，因而长期大量使用会导致中毒身亡。后世有论者按现代医学观点分析，砒霜中毒的症状有两大类：一类是急性胃肠炎表现，一类是神经系统损伤表现。小剂量反复摄入者表现类似，但症状较轻且起病较为缓慢。张居正死前"脾胃虚弱，不思饮食，四肢无力，寸步难移"，符合砒霜中毒的症状。

张居正在《答上师相徐存斋三十四》中说："贱恙实痔也，一向不以痔治之，蹉跎至今。近得贵府医官赵裕治之，果拔其根。但衰老之人，痔根虽去，元气大损，脾胃虚弱，不能饮食，几于不起。日来渐次平复，今秋定为乞骸计矣。"后世研究者根据此一说法论断：痔疮不至于致命，但手术却可能致命，依当时的医学外科水平，风险确实很大。亦有人据此怀疑，张居正可能死于直肠癌，但也仅是猜想而已，具体证据缺考。

另，当时最盛行的一种说法是，张居正死于纵欲过度。张居正既得大权，斗志昂扬，生活也越来越奢靡，尤其是"夺情"事件之后，更是恣意妄为。史载："自夺情后，益偏恣。"据朝中臣僚对人云，居正有姬妾四十余位，每日行房事数起，有几姬妾裸身并排床前，同供居正行云雨之事者，而数位胡姬为蓟州总兵官戚继光所献。因居正身体日衰，体力不及，乃大吃春药。与张居正同一时代的文坛领袖王世贞，写过一部《嘉靖以来首辅传》，涉及张居正病因时，认为张死于美色和壮阳药："（张）得之多御内而不给，则日饵房中药，发强阳而燥，则又饮寒剂泄之，其下成痔。而脾胃不能进食。"戚继光为讨好扶持、栽培自己的老上司，"时时购千金姬进之居正"，终致居正阳气泄尽，一命呜呼。另据万历四十六年（1618年）中举的沈德符所著《万历野获编》卷二十一云："宇宙间真何所不有，媚药中又有腽肭脐，俗名海狗肾，其效不减茸恤胶，然百中无一真者,试之,用牝犬牵伏其上,则枯腊皮间阳茎挺举,方为真物,出山东登州海中。昔张江陵相,末年以姬侍多,不能遍及,专取以剂药,盖蓟帅戚继光所岁献,戚即登之文登人也。药虽奇验,终以热发,至严冬不能戴貂帽。百官冬月虽承命赐爱耳,无一人敢御,张竟以此病亡。"据说,张居正死时"皮肤燥裂,如炙鱼然",即为纵欲而亡的症状。此一说法,认同者较多。明朝中叶,朝野上下确是纵欲成风,且引为时髦。弘治之后的几位皇帝,如正德、嘉靖、隆庆,包括万历,把服红丸、淫幼女引为时尚。致使大明帝国礼崩乐坏,淫风浩荡,群臣官吏上行下效,世风日下,一部《金瓶梅》即这一历史大背景的真实写照。

当然,也有史学家认为,王世贞对张居正以挟私仇倾笔端,所述未免太诬。王世贞曾任湖广按察使、广西右布政使、郧阳巡抚,因与张居正不对调儿,被罢官归故里闲居。张居正死后,王世贞起复为应天府尹、南京兵部侍郎,累官至南京刑部尚书,卒赠太子少保。王氏提到张居正患有痔疮,死前脾胃不能进食,应该是可信的。至于其他的数十位美女、胡姬侍奉与吞食海狗肾以壮其阳具之类,想象的成分和文学笔墨似多了一些。

②胡宗宪:1512—1565年,祖籍安徽绩溪龙川,嘉靖十七年(1538年)进士,嘉靖十九年(1540年)被授官为山东青州府益都县县令。累官至兵部左侍郎兼都察院左佥都御史,又加浙直总督(总督浙江、南直隶和福建等处兵务)。因抗倭有功,晋升兵部尚书兼都察院右都御史。死后追谥襄懋。

第六章

皇陵中的爱情

简易的木板房，包容着一条条年轻的躯体，却包不住一个个桃花春梦。相思穿越历史的长廊，寻回许多滋味。在古老的皇家陵园里，两对恋人做出了不同的抉择——

一根骨针

西郊公园会议之后，吴晗和夏鼐先后来到定陵发掘现场，察看了小石碑的形状和位置后，和发掘队一起制订了下一步的行动计划：在第二道探沟的西侧，隔开2米宽的距离，并与第二探沟垂直，对准宝顶的地下中心方位，开掘一条东西走向的探沟。这样可取捷径找到通向地宫的隧道，直达地宫。

由于小石碑的出现，民工们不再像以前那样松散，而且酷暑渐渐退去，秋风在园中吹拂，大家精神大振，干劲倍增。

就在第三道探沟挖到2米深时，有个民工突然发现了一根约5厘米长的细棍。这根比铅笔还细的东西，酷似皇妃头上插戴的玉簪。民工用手擦去上面的泥土和腐质，跑上探沟，高声呼喊："赵先生，我挖出一支皇后的玉簪，你看看。"

赵其昌惊喜地接过来，仔细端详了一会儿，欲说什么，又没有说出，最后鼓励这个民工一番，就去找白万玉。

"白老，你看这是什么？"赵其昌递过去，"我看这是根骨针，新石器时代的产物。"

发现的骨针

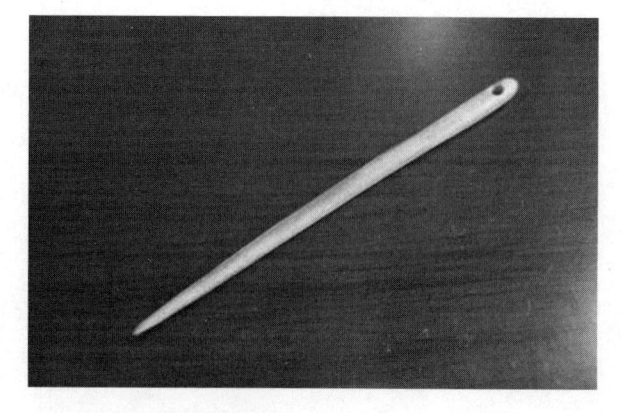

白万玉接过放在手中掂了掂，又擦了擦尘土，点点头："没错，是根骨针，几千年了，怎么在这里出现呢？"

按教科书划分，这骨针应属于原始社会后期的产物，最短时间也应是三四千年以前的，为什么会跑到这

第六章 皇陵中的爱情

三百年前的探沟中？它从哪里来？它的出现与陵墓有什么样的联系？

正当他们思索着这个谜时，夏鼐驱车而来。赵其昌把骨针递上，诙谐地说："夏所长，探沟里发现了一支玉簪，你看看。"

夏鼐接过，瞅了一眼，脸上露出淡淡的微笑："好一支玉簪啊。"他沉思片刻，极其肯定地说："这根骨针是随着隧道的填土，从远处迁移而来的。这就说明在陵区周围，有新石器时代遗址。要想得到证实，你们不妨找找看。"当地传说，各陵宝城内黄土堆成的宝顶，不是就地取土堆成的，而是来自十几里外。皇帝注重风水、龙脉，陵园内不仅不能取土，也不能用车运土，而是军民工匠排成长队，一筐一筐地从远处传递而来。文献记载，金代建立中都城就是用的这一方法，从百里之外的涿州运土。明代文献也屡有记载，陵园附近严禁破山取土损伤龙脉。看来这传说可能是事实。但龙脉的边缘在哪里？小小的骨针把工作队引向十几里外。

在定陵西南十五六里的地方，有一片洁净的黄土，中间是大片坑洼，原有积水，现已干涸，洼地足有20,000平方米。问了问当地老乡，他们说这里叫"黄土塘"。就在塘边土沿上，又采集到一些与骨针属于同一时代的陶片；再取土样与定陵的填土对比，完全一样，这就可以肯定，定陵的填土取自此处。有来龙就有去脉，沧海变桑田，三千多年前的先民遗址，而今又做了皇陵上的一抔黄土。

实际上，这枚小小的骨针还把人引到了另外一个地方。就在陵区大红门东北边的宝山下，发现了一把石斧和一些原始人做饭使用的陶罐碎片、鬲腿等，还不时出现一些时代较晚的瓦片。稍后，赵其昌和白万玉带领考古所和北京大学的老师、同行再到宝山查看时，每个人手里几乎都捡到一些遗物。他的老师，北大考古教研室主任苏秉琦教授当着大家的面问赵其昌："对这个遗址，你怎么看？"白万玉凑过来说："苏先生又要考你呢！这是你野外实习的补考，好好答，争取满分。"赵其昌笑笑，果真一本正经地回答道："这是个先民理想的生活处所。第一，小山北面陡峭，山下是河，下山取水方便；第二，山南平坦，便于农耕，搭个草棚，高坡向阳。至于时代嘛，从遗物看自然属新石器时代晚期，不过从那些布纹瓦片看，可能延续到汉代或再晚些，这里仍有居民在活动。"大家七嘴八舌地嚷嚷："可以及格，满分不够。"阎文儒教授又问："怎么防御野兽啊？"赵其

定陵棂星门、明楼

昌说："北面是大河，自然的围墙，哪来的野兽。"工作队的庞中威立刻接道："真有野兽，山下有狼窝。前不久泰陵那里一个小伙子还在洞里捉住三只狼崽子，老狼连连号叫几夜。要不是先把小狼捉走，肯定连老狼也一网打尽……"苏秉琦笑了："不是说北面的防御，是说南面。"赵其昌看出老师们是在开玩笑，也转了话题："南面的村子叫龙母庄，长陵园，是明朝为祭陵种植瓜果上贡的地方，也是程六的老家，当年程六爷盗掘了万娘娘的坟，把凤冠拿回家，他结婚时新娘子还把它戴在头上臭美呢。文献上还说，姚广孝扮作卜卦先生，帮助永乐选陵就是在龙母庄出现的……"

夏所长半天不语，只是微笑，最后说："看来北京的考古图上还要标上一个点，增加个宝山遗址。你们定陵完工后，就转向宝山。"白万玉笑了："我是赶不上了，赵公可能还有希望吧！"

从三千年前的先民，到三百年的皇陵，谁也没有想到，白云苍狗，变化竟这么大。而今，又过了四十多年，这里却盖起旅游饭店，建起高楼，与古老陵园形成强烈反差，反而不伦不类了。一根骨针引出的两条长线，就这样断头了。

第六章 皇陵中的爱情

木板房突然塌陷

发掘工程在快速进展。为了工作方便,发掘队雇来建筑工人,在陵园内北侧的大墙下,用竹片和木板搭成十几间简易房屋。11月中旬,发掘队员由昭陵村搬入这片古松荒草拥抱的木板房定居。木板房虽然简陋,却也别致,屋内用水泥掺和刨花压成薄板衬里,屋顶用石棉瓦覆盖,在这古老残破的陵园内,分外醒目,增添了不少时代气息。工作队根据人员年龄和各自的工作特点分配房间,每两人一间,剩余的两间作为接待室和仓库。

自搬进简易房后,赵其昌和刘精义就开始精心布置他们共有的窝。在几支木箱垒起来的"柜橱"上,摆满了琉璃瓦片、瓷兽、石斧、骨针……俨然是一个小型博物馆。墙壁上贴满了各种图表和数字,一进门,就能清楚地看到十三座陵墓的布局和建筑形状,以及三道探沟的位置……当这一切完全就绪后,两个小伙子便叫来白万玉老人:"白老,你看这房子咋样?"白万玉一见,立即露出笑容:"这是一间很不错的作战指挥室啊。"白万玉说着,不经心地往床上一坐,"扑哧"一声,整个身子陷了下去,头差点撞到后边的墙板上。两个小伙子哈哈大笑。"哎,这里啥名堂?!"白万玉爬起来,掀开褥子。只见床的四条腿是用四根木桩插进土里,四周用木板挡严,中间用酸枣树枝和枯草填满,上面铺上山草,最后用褥子和白布封顶。白老转身指着赵其昌的鼻子:"肯定是你小子出的鬼点子。"

"怎么样,白老给你也来一个沙发床?既软又暖,美观大方。"刘精义笑着说。

白万玉摇摇头:"我可没这福气,半夜一翻身,酸枣枝扎出来,我这把老骨头也得进万历的地宫了。"两个小伙子再度大笑起来,简朴的木板房内,洋溢着欢乐的气氛。十天后的一个晚上,赵其昌和刘精义正躺在"沙发床"上酣睡,突然"轰隆"一声巨响,天花板哗啦啦落到两人身上,身子被压进床里。白万玉和几个队员听到响动和两人的叫声,赶忙起身跑过来,点燃蜡烛一看,天花板蠕动着,刘精义还在下面嗷嗷乱叫。白万玉急忙叫人掀开天花板,刘精义一骨碌爬起来,长嘘一声:"哎呀我的妈——"等赵其昌爬起来,和刘精义一起活动了几下身体,见未受伤,大家才放下心来。白万玉摸着刘精义冒热汗的额头，调侃地说："看来这沙发床还真叫你们做着了，要不然，就难见你的妈妈了。"第二天一早，民工们围着刘精义问天花板塌陷的原因，刘精义信口说："不是木板房做得不坚固，就是鬼魂作怪！"一句话把民工们逗笑了。他们说："还是鬼魂是假，科学是真哟！要不怎么能找到小石碑？有石碑指引还愁找不到万历？"曾几何时，长期困惑他们的"鬼魂"换上了科学发掘，这也许是发现小石碑后的又一重大收获。木板房的塌陷，倒成了"鬼魂"与"科学"分界的标志。民工们心中的"鬼魂"被送走得这么快，这是工作队万没料到的。

苦难的岁月

严酷的冬天到来了，雪花不停地在陵园飘洒，凛冽的寒风在北国空旷的原野上纵横穿梭。木板房内生起了炉火，探沟内的湿泥被冻成坚硬的土块，大家的衣服都在加厚。

寒冷的天气，给发掘工作和大家的生活带来了困难。每天清晨，民工们要费很大的劲把沟内的冻土层凿开，凛冽的北风像小刀一样扎在脸上，苦痛难耐。由于整天工作在潮湿的泥土中，民工的手脚都开始皲裂，工程进度明显缓慢下来。每到晚上，民工们各自回家，发掘队的六七个人，却在木板房里苦度寒夜。小小的炉火毕竟抵不住强大寒流的侵袭，况且，这炉火给大家带来的温暖也是短暂的，一旦火焰熄灭，旷野的寒风就像报复一样向木板房发起连续的攻击。朔风咆哮，枯树

考古人员的住房

第六章 皇陵中的爱情

摇撼，鸟兽哀鸣，使这古老神秘的皇家陵园更加阴森、恐怖与苍凉。这是一个生者与死者、阳间与阴间交融的世界，这是一个恍惚缥缈于尘世之外的幽秘的生息空间，是对人类生存本能所具有的最大张力与韧力的检验场。在这里，几乎每个发掘队员都在咬紧牙关，使出浑身解数艰难地对抗着。唯独有一个人例外，面对眼前的一切，仍像平时一样谈笑风生，来去自如。他就是白万玉老人。

事实上，目前的十三陵和无垠的西域大漠怎能相提并论。在那更为酷烈的环境中，他以失去两个手指的代价，经受了大自然的考验，展示了人类顽强的生命力，在广袤的大漠深处，用双脚踩出了一个大写的人字。

1914年，瑞典著名的地质学家安特生来到中国西部，进行矿产资源的调查和开发。当他行至察哈尔龙关县（今属河北赤城）时，感到人手短缺，决定在当地招收几个青壮年，协助工作。白万玉自幼家境贫寒，在外国人办的教堂里做杂工的父亲，得知消息，便让年仅15岁的儿子前去报名。聪明老练的安特生，面对一个个身材干瘦的穷家子弟，极不放心地进行了一次别具一格的考试。他让参试者每人拿一杆小旗，插到指定的小山顶上。一切准备就绪，安特生喊了一声"开始——"，孩子们撒开双脚，向山顶奔去。白万玉一马当先，第一个将旗插上山尖。安特生满意地点点头，收下了白万玉和另外两名十六七岁的孩子。

安特生在赴仰韶村考察途中留影

自此，白万玉跟随安特生走进西域戈壁大漠，开始了遥远的探险途程。当他们一行穿过拉瓦克沙漠向古楼兰行进时，闯入了一个光怪陆离的世界，一座座天然的城堡构成了神秘莫测的迷宫。

129

安特生等考察人员骑马经过中国北方的一个村庄。（引自安特生 Children of the Yellow Earth）

安特生率队在西北地区发掘古墓。（引自安特生 Children of the Yellow Earth）

此种地形当地百姓称之为"雅丹"，也就是地理学上的"风蚀土台群"。

白万玉随安特生跋涉在这神奇复杂的雅丹地带上，看到地面上覆盖着一层层很厚的灰白色盐壳，踩上去嘎吱嘎吱地响，有时还会扑哧扑哧地陷脚。骆驼和马匹走在这坚硬如石的盐碱地上，蹄子不时地被磨出血来，从而发生严重的溃疡，无法骑用。安特生不得不下令将骆驼和马匹扔掉，率队在沙漠中用自己的双腿行走。

此时已进入10月，旷古幽深的西部大漠，寒风刺骨，沙石飞扬，进入夜晚，气温降到零下三十多度。队员们咬紧牙关，跋涉半个多月，终于走出雅丹地带。也就在这时，白万玉的手指被冻坏，最后不得不将两个已无法医治的手指割下，以保全其他手指。

近三年的大漠生涯，使白万玉学会了骑射、考察方法、发掘要领和绘画、照相、保护古物等具体的事宜，同时大漠风沙也把他锤炼成了一条坚硬的血性汉子。1927年，白万玉再度跟随瑞典考古学家斯文·赫定去西域考察探险。这时的他已经趋于成熟，并在考察

第六章　皇陵中的爱情

1927年，由中国学者徐炳昶和瑞典学者斯文·赫定分别担任中外方团长，主要以中国、瑞典、德国、丹麦等国人员组成的中瑞西北科学考察团在北京成立并出征考察。此为考察团离开内蒙古包头营地前，考察团中的中国学者在一起留影。左起：丁道衡、黄文弼、詹蕃勋、袁复礼、徐炳昶、白万玉、崔鹤峰、庄永成

发掘中，发挥了巨大作用。正是从这时起，他作为中国第一代考古工作者，注定要在《中国大百科全书·考古卷》中留下他的名字。

正是得益于青少年时代这段非凡的经历和丰富的发掘经验，才使定陵的发掘工作在他的具体安排下，有条不紊地进行下去。他对定陵发掘所起的重要作用，在开始时并没有引起特别的注意，随着时间的推移和工程的进展，才越来越明显地表现出来，并被大家所认识。

在定陵工地开掘的三道探沟中，每一道探沟的两壁都按他的要求，做成70°的斜坡，上下每隔两米做一台阶，每隔五六米长，再留出一道竖立的墙垛，使20多米深的探沟形成一个阶梯式结构。这种做法，完全是来自他青年时代形成的经验。

那是1934年，他跟随苏秉琦教授在陕西宝鸡附近发掘一座王侯墓。由于坡度太小，加上土坡的台阶之间距离过大，"轰隆"一声，土方塌陷下来，把一个民工埋在沟里。当把人从土中扒出来时，他已经停止了呼吸。这一次把当时"中央研究院"拨的发掘经费全部赔偿了，发掘工作没有经费无

法继续进行。这个教训，非常深刻，老人始终不能忘怀，并且经常念叨。赵其昌曾经问过他最后是怎么解决的，他说："后来的事嘛！简直令人意想不到！"说着他吸着烟，又跷起大拇指，"你知道苏先生是哪里人？"赵其昌说："这个我可清楚，苏老师是河北省高阳县人，离我们老家不远，家庭是民族资本家，生产的名牌'双龙珠'棉布，专门抵制外国的'洋布'，远近闻名。"白老得意地笑起来："对啦！他们家西安也有纺织厂，是他的兄长秉璋先生经营。宝鸡工地出了事，发掘费没有了，苏先生叫我去西安。我带了一个民工，连夜奔到西安，见了他大哥，送上信函，他看了信当然明白，我又补了句'二先生叫我来取钱'。大先生非常客气，说：'明白！你们先吃饭吧！'没等我们吃完饭，五百块银圆已经包好，分装在两个麻袋里，我们没敢耽搁，背着它又赶回了宝鸡。"白老真的有点激动了，涨红的脸，手捻着纸烟头："赵公！五百块银圆现在合多少钱？当时也能买几百袋白面！你也许说以后再还账！其实，谁还？还谁呀！这就算舍己奉公，补助了发掘费！我经手我知道，我不说谁知道？这就是考古学家的风格！"白老再次激动起来，跷起拇指又意味深长地晃了两下。

那是一座小墓，工程出土量自然不能和定陵相比。正因为如此，白万玉老人才格外慎重，每天都要对土层进行详细检查，做到万无一失。

年夜篝火

1957年的元旦节到来了。

清晨，工作队员们从屋里出来，惊讶地发现陵园里铺满了一层厚厚的白雪。苍松翠柏，楼阁殿宇，宝城宝顶都穿上了一层素白的银装。太阳悄悄地从东方的虎峪山探出头来，满面羞容地窥视着这个宁静宽广的世界。阳光如丝，穿过茂密的松隙，透射到雪地上，散发出金黄色的光芒，金辉银光映衬着朱红色的宝城，使这座皇家陵园分外旖旎与壮美，置身其中，仿佛进入一个童话的世界。

这是上帝与大自然的双重馈赠，这是千百年来人类探寻和幻想的梦中乐园!

民工们踏着积雪,三三两两地来到陵园,聚集到木板房前。那一张张黧黑憨厚的面庞,荡漾着很少有过的激动与欢笑。工作队决定,元旦放假一天,上午集体会餐,下午自由活动。这样的假日生活,对常年匍匐在土地上的农民来说,也许是第一次享受。

那个曾经在定陵发掘中铲下第一锹土的民工队长王启发,满头冒着热汗,把饮用水从二里多地的九龙池挑进陵园伙房。他穿一件半旧的棉袄,腰扎一根稻草绳,裤管用麻绳系住,显得格外干练和精神。两个水桶一前一后,动中有静,轻松和谐。随着扁担在肩上悠悠起伏,两个用兔子皮制成的棉帽耳也不停地扇动,整个身体的轻松与和谐,恰似一个杂技演员在钢丝绳上表演绝技,逗得民工们和工作队员个个捧腹大笑。正午的阳光照得雪地刺人双眼,每个人的心中都涌荡着一股暖流。伙房前大棚下的一溜长石条上,摆着酒菜,浓郁的香气在这清净的空间弥漫,钻进大家的鼻孔,不喝自有三分醉意和激情。赵其昌举起碗中的白酒,望着一张张粗糙而充满激情的脸,用他那特有的大嗓门说道:"各位前辈和兄弟,大家为发掘定陵聚到一起。半年来,起早贪黑泡在泥水中,克服了技术上和生活中的困难……"赵其昌突然声音发哽,不再说话,接着眼里含满了泪水,大家惊讶、不解地望着赵公这个莫名其妙的举动。现场一片寂静。他们怎么能够想到,此时的赵其昌已沉浸在对往昔的回忆之中……

每天中午,民工们都是自带饭菜,在陵园就餐。柴锅上架着的蒸笼一打开,便露出一包包用地瓜叶、萝卜缨、豆叶掺和着少许的玉米面、地瓜粉做成的菜团。每当他看到民工们拖着疲乏的身子,满脸泥水地走到笼屉前,抓起菜团狼吞虎咽般的情景,心中便一阵阵痛楚。共和国已经建立七八年了,作为新中国的主人,仍然要以吃糠咽菜维持生命,这不能不说是一大悲哀。而更让他心酸和不安的正是这样一群破衣烂履的农民,毫无怨言,耿耿忠心地从事新中国第一座皇陵的发掘工作,尽管他们并不清楚地了解发掘的真正意义和价值。也正是这些名不见经传的小人物,伏卧在这块多灾多难的土地上,用血肉之躯担起共和国的重负,一步一步地艰难前行,尽管他们尚不明白这苦难的渊源和自己付出的代价。但是,面对这行进路上的斑斑血汗,我们的共和国应该知道!白万玉见赵其昌说不出话,便端起碗接着讲下去:

"感谢各位兄弟的支持,我们的发掘工作才终于有了眉目。下一步困难将会更大,甚至要有生命危险,还望兄弟们像从前一样咬咬牙挺过去。来,大家干!"众人起身,端碗在胸,相互对望片刻,一昂头,一饮而尽。

王启发脸上翻起淡淡的红润,刚才的滑稽荡然无存。他端起第二碗酒,缓缓站起身,面容严肃,神情激动:"以前我们队里的民工,包括我自己在内,曾受鬼神之说的迷惑,做了些不该做的事,给发掘队的同志带来麻烦,也耽误了工程进度。事情过后,大家都很难过,想和赵队长、白老在一块说和说和,又觉得不好意思。今天,我代表大家说出来,并保证今后的发掘无论出现啥事,我们豁出命,也要完成⋯⋯""叭!叭!叭!"赵其昌带头鼓掌。怎么也想不到,今天的聚会彼此沟通如此融洽,如此心心相印。大家喝下的已不是高粱与酵母混合而成的液体,而是一种力量,一种信念,一种情感交融的生命的甘泉。

夕阳西下,夜幕悄悄降临。民工们回到了自己家中,陵园里又显得肃静孤寂起来。木板房前的雪地上,架起了干柴,工作队员的篝火晚会随着烈焰的升腾而喧闹起来。

几个年轻人吵吵嚷嚷你推我让地指着对方出节目。还是白老自告奋勇:"我出个对联,大家来对。谁对上了就给谁一大块烤地瓜。"

"好主意!"大家一片喊叫着。

白万玉先是用手搓了把红红的脸膛,沉思片刻,充满自信地吟念道:"冻雨洒窗,东两点,西三点。"

刘精义眨眨眼睛,把手向空中一举,大声喊道:"我来对——喝酒论碗,你四碗,我五碗!"

"轰——"大家一齐笑起来。17岁的冼自强讥讽道:"刘精义,你就想着喝酒,死后非变成一个酒鬼不可。"赵其昌赶忙站起来说:"这不只是对联,是文字游戏,把'冻''洒'二字拆开,'东'有两点,'西'有三点,其实也好对,'切瓜分片,竖七刀,横八刀'。把'切'和'分'也拆一下看!"大家一阵喝彩:"对得好!对得好!"白老不顾大家的喧闹,继续说:"还没完呢,你们听好——天上月圆,人间月半,月月月圆逢月半。"

这次没人举手叫喊了,大家都抬头望着夜空,默默地想着下联。白万玉

第六章　皇陵中的爱情

不无得意地摸着下巴的胡子,用挑逗的眼光扫视着大伙。

"今岁年尾,明朝年头,年年年尾接年头。"

赵其昌一口气对完,站起来围着篝火转了一圈。"好——"大家再度欢呼起来,白万玉望着赵其昌不服气地说:"好小子,没白喝了墨水啊,我再出一个,若再被对上,我就认输了。上联是:上上下下,男男女女、老老少少,都添一岁。"

白万玉甩出最后的撒手锏,盛气未消地注视着大家,像一只红脸公鸡,做出格斗的准备。刘精义捅捅赵其昌:"怎么样,就看你的了,你要不行,我就出马。"

"你出'炮'也不行。"队员李树兴实实在在地将了刘精义一军。赵其昌笑笑,用手轻轻拍拍脑门,胸有成竹地说:"看来我是赢定了。大家把耳朵挖一挖,好好听着——家家户户,说说笑笑、欢欢喜喜,同过新年。""噢——"队员们都跳了起来。队员王杰捅了捅冼自强、曹国鉴,他们捡块石头,偷偷扔进火堆,一股火星腾空而起,扑到大家身上。白老向后一退,"扑通"一声被一块木柴绊倒在雪地上。众人见状,忙止住喧闹,庞中威赶忙上前扶起老人,帮他拍打着身上的雪粒。白老摇摇头,嘴里嘟哝着:"你这孩子,你这孩子……"

喧闹过后,篝火渐渐熄灭,天气越发寒冷,队员们不得不回到屋里,围住火炉取暖。大家都感到意犹未尽,余兴未了。于是,刘精义鼓动白老讲故事——"考古杂谈"。

白万玉没有推辞,借着酒兴,声情并茂地讲起西域探险的奇特经历。也许他这时才感到,只有这段经历才让他不会在这帮小伙子面前"失败"。这是他一生最为辉煌的时期,也是只有他才独有的"传统节目"。

"我跟安特生来到罗布泊,这个世界著名的湖泊早已干枯,湖底翻着白花花的盐碱,找不到一滴水,大家有些绝望了。在这之前,我们穿过塔克拉玛干大沙漠,从英库勒北行,跨过孔雀河,在那里重新备足水后,沿库鲁克干河床来到罗布泊。这时大家的水已用光,每个人都口干舌燥,筋疲力尽。忽然,大家发现有一个人远远地躺在沙滩旁,跑过去一看,这人的两只胳膊深深地插在沙土中,整个身体已变成僵硬的木乃伊了。大家不由地吓出一身冷汗,默默地站了许久,才用沙土把他埋掉。那时,我们都在心中暗想,这个木乃伊会不会就是自己不久的归宿呢？"

"大过年的，别尽讲些死尸吓唬人，还是讲点好听的吧。"没等白老说完，刘精义他们又叫喊起来。白万玉看了刘精义一眼，默默地点点头，狠劲地吸着烟，随着喷出的浓雾说道："今天过节，就依你们了。讲点好听的。"

"大约是二十年代，我跟随安特生来到甘肃，在民勤县发掘新石器时代早期遗址，出土了不少完整的彩陶罐。正在得意之际，不想突然来了几位彪形大汉，二话没说把我按倒在地，拳打脚踢，狠打一顿，还骂骂咧咧。当地的口音我也听不懂，还是雇佣的发掘工人悄悄地告诉我是因为挖了他们的祖坟，不仅打，还要送我去见官，入大狱。"

"你挖人家祖坟可不就入狱呗？"不知是谁说了句。

白老急了："几千年前的遗址哪里是祖坟！是谁的祖坟？何况根本又没有坟头。黄河上游，要说是祖坟该是中华民族的祖坟！……咱们接着讲，我被五花大绑装在牛车上送往县城，在县城街上一过，一下子震惊了全城，男女老少，满街满巷，争看捉来的'盗墓贼'。"白老一兴奋，站起来双手比画着什么叫"五花大绑"，躺在牛车上的姿势……

这么一来，曹国鉴乐了，笑着插嘴说："嘿！白老可风光了！一生中没见过这么大场面吧！"

白老接着说："什么？还风光呢！差一点打死我，就仗着当时年轻。要说场面可真不小，足有上万人！……说来也巧，正巧被人群中的邮政局长看见了，一见是我白蕴山——那是我的字，那时对外我常用这名字，他赶紧出面制止，立刻找到县长，在县大堂前的院子里把我放了……安特生给我寄发掘经费时，几百元现洋可是大数目，取钱邮局要证明。我找到邮政局，说明情况，认识了邮政局长，晚上没事，还一起打过麻将牌。外国人安特生派我考古的事，县长也知道，人是放了，他也怕惹出麻烦，又由县长出面摆了酒席，为我'压惊'，表示歉意。"

从城里赶到工地来过节的高德本，越听越兴奋，赶紧递给白老一支香烟，笑眯眯地说："白老！人家曹国鉴没有说错！县长请客还不风光？"白老接过烟，点燃，还没吸便摆摆手说："德本，打了个半死，我哪里吃得下喝得下呀！再说，你哪知道，县长出面，名义是为我'压惊'，是我掏钱请

第六章 皇陵中的爱情

人家呀！"

大家一听，顿时都大笑起来，情绪越来越高，吵吵嚷嚷："讲下去！接着讲！"不知又是谁说了句："白老！你考古中有花花事吗？"一听"花花事"，白老可真来劲了："有！有哇！听着！那年，在甘肃酒泉附近的一个村庄住下，想不到隔壁邻居是一个年轻的寡妇，她不但人长得漂亮，心地也好。见我大冬天还穿着薄薄的夹袄，就偷偷缝了棉袄、棉裤送给我。出于感激，我就送她些在野外发掘中捡到的稀奇古怪的小东西，有时还给她一些钱，日子长了，就产生了感情。我们两个经常在一块谈天说地，感情越来越深，最后都觉得难舍难离了。但是，最后还是分手了，因为我还要随安特生西行。分别的那天早晨，天下着毛毛雨，她站在门口依依不舍哭成了泪人儿……"说到这里，白老的眼里溢出浑浊的泪水。他无限深情地叹口气："唉，一别几十年，也不知现在那个小寡妇咋样了，兴许早已离开人世了。"

屋里极静，大家都沉浸在故事之中，似乎随同白万玉一同回到了西去大漠的岁月，咀嚼着难忘的痛苦，回忆着那欢乐的时刻——爱情的回忆，永远是一朵玫瑰色的彩云。即便是痛苦的回忆也觉得有一丝甘甜！赵其昌望着白万玉老人的泪眼，极其深情地向大家建议："来，咱们也像电影上那样，唱一支歌，为白老那段美好的爱情祝福吧。"

"对，唱一支歌。"刘精义抬起泪眼，随声附和。"唱什么歌？"冼自强问。

"唱《我的祖国》咋样？"刘精义激动地站起身。

"就唱《我的祖国》。"赵其昌说着，也站起身，领头唱道——

一条大河波浪宽，
风吹稻花香两岸。
…………
姑娘好像花儿一样，
小伙儿心胸多宽广。
为了开辟新天地，
唤醒了沉睡的高山，

让那河流改变了模样。

....

歌声由弱变强，越来越大，穿过木板房，在幽深凄凉的皇家陵园回荡。

"丁零零……"一阵急促的电话铃声响起，歌声戛然而止，大家惊异地望着屋里崭新的电话机，谁也没有去接。这部电话自昨天安好，还没通过一次话。是谁有这么快的信息，得知定陵工地已安装了电话？

惊愕片刻，赵其昌上前抓起话筒。一个高亢洪亮的声音传来：

"是定陵工地吧？我是吴晗。""啊，是吴副市长的电话！"赵其昌一把捂住话筒，转身对大家说着。屋里的人都惊奇地围上来。

"今天刚听电信局的同志讲，电话安好了，这是个盛事啊！这大过年的你们坚守在工地，够辛苦的！你告诉大家，我向他们问好。告诉白老，祝他身体健康。"

"是，我一定转达您的问候。"赵其昌带着轻微的颤音回答。

"你那个当中学教师的姑娘怎么样了？"吴晗的话音再次传来。赵其昌紧攥话筒，没有立即回答。他自北大毕业不久，便结识了一个中学教师。姑娘很美，也很有才华，两人甚是谈得来。自从赵其昌来到定陵后，关系逐渐疏远，终于在一个月前，赵其昌收到了姑娘的绝交信，理由是："你经常从事野外工作，将来对家庭不利。"

赵其昌嘴唇嚅动了几下，脸上掠过一丝痛苦的抽搐，压低嗓门说道："吹啦——！"

那边沉默了片刻，又传来爽朗的声音："以后到定陵帮助工作的单位越来越多，我估计肯定有漂亮的姑娘，你可不要错过时机啊！"

赵其昌脸上泛起玫瑰色的彩云，没有说话，只是淡淡地一笑。之后，白万玉、刘精义和其他队员分别和吴晗通话，相互问候、祝愿和慰勉。

这一夜，小木屋里的炉火一直燃到东方欲晓，雀唱鸡鸣。

匆匆来去的"嘉尔曼"

有一次，夏鼐病了，住在昌平小汤山疗养院，赵其昌去看他。闲谈中赵其昌问："梅里美这家伙是干考古的吗？"夏鼐一愣，接着笑了："怎么，你在看《嘉尔曼》？那你上了大当了！我早年看过原文版。"赵其昌涨红着脸，也不好意思地笑起来。

原来，《嘉尔曼》是法国作家梅里美以考古学家自居，采用第一人称写的一部爱情小说，男主人公唐·育才是一个强盗。女主人公嘉尔曼是一个吉卜赛姑娘，娇美而粗野，冷峻又多情，在赵其昌心里留下了不可磨灭的印象。自从读了这部作品，他便渴望在活生生的现实中，有一个嘉尔曼向自己走过来。

他在默默地等待着这个机遇。元旦过后，定陵发掘工地又加紧了工作进度。为了尽快打开隧道大门进入地宫，发掘委员会决定把人力运土改为机械化搬运，将传统的考古方法和现代化设施相结合，闯出一条考古发掘的新路子。

在材料和设备运来之前，又必须先修道路。发掘委员会和交通部门协商，对定陵前的土路、石桥进行修整和建造，并铺设北京通往昌平县城的柏油马路。这个建议很快得到了交通部的支持，部长章伯钧大笔一挥"速办"，并指定整个工程由交通部公路总局负责施工。

发掘人员在陵内铺设轨道运土

定陵前的漫水桥刚一建成，一车车的机械设备便运往发掘工地。北京市房屋建筑工程公司派出技术人员，来现场安装机械设备，在探沟两侧打下木桩，立起木架后，把

柴油机和卷扬机安装停当，再把两道小型铁轨从宝顶伸向探沟旁，由铁斗把探沟内填土提取出来，倒入矿车，再由翻斗矿车把土运出。这个庞大的安装工程，直到3月底才得以完成。

4月4日，机械化出土正式开始。当柴油机发出隆隆的轰响，卷扬机载着湿漉漉的黄土送出探沟时，工地上立即沸腾起来。以此种方法进行陵墓发掘，是世界考古史上未曾有过的先例。

与此同时，北京市文物调查研究组主任朱欣陶也来到工地，协助发掘队的工作并着手筹建定陵博物馆。队伍在不断壮大，工作量日日加大。在进行定陵发掘的同时，发掘队又买来一台林哈夫牌高级相机，开始系统地拍摄有关十三陵的照片，以备日后博物馆采用。

一天，赵其昌正在宝顶一侧检查运出的土质，突然身后传来一声银铃般的声音："请问您是考古队长赵其昌吗？"

赵其昌站起身，顺声望去，话没说出，脸却腾地涨红起来。

面前站着一位眉清目秀的姑娘，齐耳的短发，遮掩着白皙而略带红润的脸庞，小巧的鼻子、薄薄的红唇恰到好处地镶嵌在面庞上，更显出她的风采与神韵。一件夹克式上衣裹住匀称的身材，朴素中透出大方，文静中显出灵气……赵其昌呆愣着，粗黑的脸上火一般地发烫，心在怦怦地跳动，脉管里的血液在剧烈地流动奔涌……眼前的姑娘不正是他心中向往已久的"嘉尔曼"吗？今天，她正微笑着，神话般地走来了。"你是……"赵其昌按捺住内心

左起：朱欣陶、郑振铎、罗哲文在十三陵合影

第六章 皇陵中的爱情

的激动，尽量不露声色地问。

"我是公路局工程队的技术员，学公路的，负责技术指导。现在我们正在铺修定陵门前的公路，想找你们考古队一块研究一下具体施工方案。"姑娘说完，淡淡地一笑，露出洁白的牙齿，"您看什么时间合适？"

赵其昌想想："晚上吧！我带几个人去找你。"

"不用了，还是我找你们吧。"

姑娘说完，又如一朵彩云，飘然而去……

在考古队，赵其昌不能不算一个怪人，从性格到爱好，有时真叫人难于捉摸。他生就的一副好身体，个子不小，粗黑又健壮，中学时就踢足球，大学里又参加了校篮球队，一高兴就驮上沙袋围着大操场跑上两圈，汗也不擦又走进图书馆，扎在书本里，聚精会神，一坐就是三个钟头。这种矛盾的性格到定陵又有了发展，为了啃完一部厚大的线装书，他能从早到晚足不出户，中午随便抓起一张大饼抹上芝麻酱、辣椒面，边吃边读，通宵达旦，次日一早又去爬山了。他宁肯从山崖上抽几根灌木条来编一个兔子窝，弄几棵小草去戏耍兔子小崽儿，也不去睡上一小觉。他说："劳动是休息，爬山也是休息。"这一切都被姑娘听说了，看到了，使她迷惑不解。城市的姑娘，自然有她的理想，她只想把公路铺得平平的，修得长长的，给千万人带来方便。但是今天，她已远远不满足于这一点了，她想探索一下这匹野马的本性，有时还试着想制服它，或者骑上它在平坦的公路上奔驰，天涯海角地跑下去，有时甚至梦想参加他们的考古队。

一个阴雨天，姑娘突然跑到赵其昌的小木屋，雨衣一甩，把他手中的书本夺过来一扔，就嚷嚷起来："白老的探险我听腻了，今天休息，你得给我讲讲你！你的流亡生涯，讲不好我不走……"有点撒娇，却又一本正经的。

其实，赵其昌的年龄并不大，经历也并不复杂，道路倒是充满了曲折。他出生在河北省号称"药都"的祁州（安国）乡下，祁州的"药王庙"闻名遐迩，又和元曲大家关汉卿有乡曲之谊。日本鬼子来了，学堂上不了，书念不成，受了点封建诗书家教。他经历过"五一大扫荡""三光政策"，见到过日本鬼子用刺刀杀人，一片血淋淋，可把他吓坏了，随着药材商人跑到了国统区的洛阳，去寻找在国民党部队当军官的父亲，在那里考入了河北省立流亡中学。第二年日本进攻洛阳,他又随着流亡学校西迁,开始了流亡生活。

只要一提到他那流亡学生时代的生活,赵其昌还总是那么一往情深。他把讨吃、要吃,有时是抢吃的叫花子式的生活比作诗、比作画,那饥寒劳顿早已忘光了。他认为一生中也许只有这一段生活值得回味,潇洒、惬意,无忧无虑,无拘无束……今天面对这位短发女郎的提问,他像是回到了童年,一派天真,回答问题又严肃得像幼儿园考试。

"你到过洛阳吧?日本鬼子一进攻,我们是一溜烟逃出这九朝故都的,最初还带着书本,背着行李,最后都扔光了。沿着伊水西行,踏上伏牛山羊肠小径,又穿过'蓝关'天险,步行三个多月才到达古城长安,就是现在的西安,没过多久,又沿着左宗棠西征的驿路到达甘肃,穿过天水,在秦安县泰山庙才安定下来,结束流亡生活,补习荒疏将近一年的初中功课。刚逃出洛阳,路过伊川县,我怀着崇敬的心情,瞻仰了宋代大儒'二程夫子'的家庙,又在白杨古镇卦摊算了个卦,卜卦先生说我命运不好,一生坎坷,我不信他的胡诌。向我要卦礼,'卦礼'就是要钱,我没有,把历史课本丢给他了,让他学点历史知识,开开窍。说到坎坷,那山路才真坎坷,不过风景可美极了。美术教师翟先生,沿途不住地写生作画,让国民党大兵给了两耳光,说是特务画地图,同学们围着大兵起哄,大兵急了,要开枪动武,差点

毕业不久的赵其昌(前排右坐者)与北大考古专业部分师生

闯出大祸。在龙门大石佛前，我真想过出家，可是那里只有石窟造像，飞天、力士、佛祖、菩萨，没有庙，也没有和尚。在甘肃天水，我登过麦积山，不过我们的一位好同学登山失足，滚进了深渊，从此我对这佛教圣地失去了敬意。在秦安县城发现了一块刻石，刻着'羲皇故里'，这里是先祖伏羲的老家。我高兴极了，原来我们的祖先在这里发迹！就深深鞠了三躬，仍不尽意，又磕了一个头，算是对华夏祖先赤诚的崇敬。当地还传说《三国演义》中马谡失去的'街亭'就是当地的'街泉镇'……"

姑娘听得不耐烦，忽然站起来，大声说："什么故里、古迹，我没去过，不爱听！你太高兴了，我生气！讲你的痛苦，痛苦！你痛苦，我才高兴！"

赵其昌一怔，半天不语。过了一会儿，低着头念叨："痛苦！痛苦是有的！不过不是那个时候，而是后来，直到现在……"

抗日战争时期的流亡学校是公费，而公费生绝大多数都参加"三青团"，赵其昌也在其内。他功课在全年级排第一，得过奖学金，当过服务生，刻蜡版，打工糊口，参加过夏令营，当过小头目，上高中还当选过一任学生自治会主席。新中国成立后的历次运动，这些都要交代，再联系到家庭、父亲等等历史问题，处在反革命边沿上，就是推一推拉一拉的问题了。所以这一段流亡，并不是诗，也不是画，更没有那么多诗情画意，而是现实，一次一次说不完的痛苦现实。

"课堂上讲不完的旧石器、新石器、陶片瓦片，它距离现实又太远了。有时候我后悔，还不如考个地质系去做一名地质队员，山南海北、大漠沙荒去找矿，找不到金矿银矿石油矿，就登上高山断崖，双眼一闭，身体向前一倾，一了百了！人生的意义是什么？"

今天，赵其昌的情绪很不稳定，有时激动，有时消沉，谈起话来杂乱无章，有时夹杂几句粗俗的比喻。姑娘紧闭双目，无心再听下去，偶尔眼角滚出几滴泪珠。小木屋一片寂静，外面那恼人的雨，淅淅沥沥，却越下越大起来。

三个月后，姑娘不再来木板房了。朱欣陶老人问发生了什么事，赵其昌眼含泪水回答："我把家庭历史问题都告诉了她……"

1957年是个多事之秋，全面彻底地清理资产阶级右派分子的号角已在中华大地吹响。这是一个滋生政治激情的时代。对他们的分手，似乎没有人表示不理解，分手是正常的，不分手才是不可思议的。

有情人终成眷属

1990年秋天的一个晚上，我们来到十三陵特区的裕陵村，寻访一个期待许久的爱情故事。

三间不大宽敞的屋子里，高保发坐在案桌前，就着一袋花生米，自斟自饮。儿媳妇在外屋做饭，小孙子在一边蹦蹦跳跳地玩耍，儿子干活还没有回家。不太明亮的屋子里弥漫着炊烟，使人感到沉闷和窒息。这是一个从苦难中走过来的家庭，也许我们心中装着过去的那段美好时光，才对今天的这个家庭生发更多的悲壮和惋惜之情。要不是当初他遇到这个女人，并发生了激荡人心的爱情故事，或许三十年后不会有那么多人记得住他的音容笑貌，尽管他也曾做出过别人没有做过的事情而轰动发掘工地。

高保发在众多的民工中，并不特别显山露水，那时他才18岁，18岁的人生并未成熟。他像大家一样整日默默无闻地在探沟里劳作。

突然有一天，他的名字在民工中传开，起因是为一把铁锹。

每天早上一开工，民工们就一窝蜂地拥向工棚争抢轻便而顺手的铁锹，不然就只能拿到既沉重又蹩脚的工具。有天早上，高保发抢到一把锋利的铁锹后，心生一计，收工时不再把工具放回工棚，而是偷偷用土埋起来，第二天再不慌不忙地原地取出。一个月后，秘密被发现了。一个民工等他心安理得地走后，又悄悄扒出来，换一个地方埋好。次日一早，高保发像从前一样来到原地，扒了半天却不见铁锹的踪影。民工们哄然大笑，他只好红着脸，去工棚捡了把最差劲的铁锹走下探沟。从此，高保发开始引起大家的注意。

然而，最令人关注的是，他从8米多高的木架上摔下来，竟安然无恙！

第二道探沟的发掘工程一开始，发掘队就找来会做木工活的民工许进友，在探沟两侧搭起一个脚手架，当探沟挖下2米深时，便由人站在脚手架上一筐筐向外提土。一天，探沟继续挖入地下7米，高保发站在脚手架上正一筐筐艰难地把泥土从沟里提出。突然，"轰隆"一声，脚手架木板断裂，架子倒塌，高保发向探沟跌去。一切急救措施在此时都是徒劳，只有瞪着一双双惊恐的眼睛，望着他下沉的躯体，等待命运的判决，刹那间高保发在大家的心中，伤残或死亡已成定局，因为他的身体上面，跟着落下来的是沉重的木板。然而，奇迹发生了：高保发落地后，一个急滚翻，滚到一堆刚挖起的泥土上，沉重的木板砸在离他头部只有几厘米的地方，吓得大家出了一身冷汗。他爬起来，没事一样扑打扑打身上的泥土，傻乎乎地走出探沟。高保发从此名声大振，也有人预言："高保发大难不死，必有后福。"这预言，不久便得到了应验。

工地从机械化发掘后，原来的民工已不能满足需要。于是，发掘队又从附近农村招收了一批民工，其中六名是不足20岁的姑娘。因为有了女性的存在，工地生活便丰富多彩起来。

一天上午，大家正坐在松柏下休息，刘精义突然提议要小伙子和姑娘们轮流唱歌，虽然得到一致响应，但没有人愿意出场。最后高保发自告奋勇，站出来唱了一首《达坂城的姑娘》。

欢笑过后，临到姑娘出场。她们更是羞涩，捂着脸不肯露面。最后还是白万玉老人撺掇，让17岁的刘桂香登场。刘桂香身材矮小精干，好说爱动，俊俏的瓜子脸总是露着微笑，很是惹人喜爱。她只上过小学四年级，便弃学务农，平时大家都叫她"四年级"，只有在很少场合才有人亲切地唤她一声小刘桂香。

小刘桂香不再推辞，红着脸，甜甜地唱了一段《送情郎》：

送情郎送到那大路旁
两眼相望无话讲
太阳升起天已亮
妹妹心中发了慌
伸手抓住郎的武装带
泪水如珠溅到情哥哥的身上

事情如此简单，高保发一首《达坂城的姑娘》，刘桂香一曲《送情郎》，竟成为他们感情的纽带和爱情的催化剂。两个年轻人不知不觉地相爱了。

小刘桂香身体单薄，每遇重活，高保发总是不声不响地前来帮助。小刘桂香见高保发衣服破烂，便悄悄地给他缝补，并送些绣花鞋垫之类的东西给高保发，以示感激和爱恋。1957年9月21日定陵地宫打开后的当天，他们在陵园的小木屋举行了婚礼。这是定陵发掘两年来唯一的一对终成眷属的有情人，他们当初的恋情及友谊，历经三十余年，仍被同期劳作的人们熟记与怀念。

遗憾的是，当我们来到高保发家中，要亲眼看一下这位充满浪漫与传奇色彩的女性时，她已因患病无钱医治，离开人世整整二十年了。所留给我们的，只有一张散发着青春气息、永远面带微笑的照片和这个破碎悲凉的爱情故事。

第七章
定陵地宫的主人

风雪定陵

21岁的青年皇帝，即着手预建自己的陵墓。群臣踏破青山，遍选吉壤。大峪山下，兴师动工。群臣纷争，皇帝怒而反讥。梁子琦争功未成，反遭贬罚之祸。一场场惊险奇特的故事之后，定陵开始了长达六年的营建，一座辉煌的陵园伴着帝国的呻吟，在大峪山下横空出世——

御驾亲临陵区

从万历十年（1582年）冬天到万历十一年（1583年）春天的几个月，万历皇帝的情绪陷入了紊乱。继张居正之后出任内阁首辅的张四维，洞察皇帝心理后，经过一番苦思冥想，终于得到了一条计策，建议万历修建寿宫，以消除张居正事件引起的内心的不快。万历皇帝闻听，欣然同意。

事实上，早在万历八年（1580年）三月，不满18岁的万历皇帝，第一次到天寿山谒陵，就开始考虑建造自己的陵寝了，只是当时担心张居正等人劝阻谏争，才强行压住心中的欲望，未公开表露自己的意图。如今，张四维的建议，正中他的下怀。于是，在张居正病故仅七个月后，万历皇帝就急不可耐地发布谕旨："朕于闰二月躬谒天寿山，行春季礼并择寿宫。"

许多年之后，人们才真正明白，对刚刚步入21岁青春年华的万历皇帝来说，这一看似奇特的抉择，并非他认为自己死期临近，方匆忙准备后事，而是另有所思。有研究者认为，张居正的去世，使万历越来越感到群臣阁僚，并没有把他当作一个有血有肉的人，而是把他当作一个机构或一架不食人间烟火、没有七情六欲的机器来看待。这个时候的万历皇帝，正值青春鼎盛的最佳时期，虽然长年生活在深宫，且有师傅张居正有点过于严苛的要求，使他的性格变得软弱，对帝国人事的处理和长远谋划，缺乏坚强的意志和决心，但并不意味着缺乏清醒和机灵的头脑。如果仔细回忆万历的成长之路，就不会遗漏这件事，以及万历在这件事情中所表示的思想脉络和人生感悟。

就在他听从张四维的计策，决定为自己在昌平建陵的时候，恰值三年一度的会试，按照传统，皇帝要亲自主持殿试。这次策文的题目相当烦琐，竟出人意料地多达五百字。

第七章 定陵地宫的主人

他询问那些参加殿试的贡士，为什么越想励精图治，后果越是大臣更加腐化和法令更加松弛？

答案显然是无法靠几个参试的贡士能准确找到的，而急于救帝国于危局，又深陷迷茫与困惑中的万历，亦没有破解这一矛盾的有效方法，现实境况使他承受着沉重的精神重压。当重压达到极限时，万历感到喘息困难与步履艰难，此时的他，萌生了一个奇特、虚幻的想法，即接受精神上的活埋。

十三陵石牌坊

出乎万历意料的是，这次在昌平陵区预筑寿宫谕旨一下达，不但没有遭到廷臣劝谏和阻止，反而得到了极力迎合："我皇上欲因春礼预择寿宫，宏度卓识，其与三祖（明太祖、明成祖、明世宗）同符。臣等不胜钦仰。"

朝臣们以如此态度加以迎合，使万历吃了一惊，一时间有今夕何夕、恍兮惚兮的错觉感。不知道是群臣集体糊涂了，还是自己奉天承运，得神而助？事实上，直到万历驾崩，他也没弄明白，为什么朝臣在他所做或预想做的其他事务上，屡屡进谏，甚至横加干涉、粗暴阻拦，而对此事却出奇地宽容和谅解？其实，内中隐秘并不复杂，在臣僚们看来，年过20岁的皇帝，掌控帝国已十余年，不折不扣地取得了列祖列宗的地位，足以让天下臣民和后世子孙崇敬、爱戴。而修建陵寝同样是牵涉一国之本的大事，如其大事若早些落实，对巩固大明政权和维系天下人心至关重要。万历皇帝虽正值青春年少，但作为天下共主，具有足够的资格做此选择，并当此殊荣了。

按张四维的建议，此项工程参照明世宗嘉靖皇帝选择山

149

陵的惯例，命文武大臣带领钦天监及通晓地理风水之人，前去天寿山先行选择"吉壤"二三处，以便于皇上在谒陵过程中钦定。

万历十一年（1583年）二月四日，礼部首次派遣祠祭署员外郎陈述岭、工部派出督水司主事闫邦、钦天监监副张邦垣、阴阳术士连世昌等人，赴天寿山先行勘察选择"吉壤"。

陈述岭一行来到陵区以后，开始了紧张而认真的勘察，足迹遍及陵区大小山丘、平原河流。经过一番冥思苦索地选择之后，于二月十四日返回北京。第二天，礼部向皇帝呈奏了他们的选择方案和图示，礼部题："据祠祭员外郎陈述岭会同工部督水司主事闫邦等先诣天寿山，四顾相视，择得永陵东边一地名谭峪岭，昭陵北边一地名祥子岭，东井南边一地名勒草洼，俱为吉壤。"

万历皇帝览阅，急命定国公徐文璧[①]、内阁首辅张四维、司礼太监张宏，以及通晓地理风水的内外大小官员同去校勘。

徐文璧一行来到陵区，按图示登上谭峪岭，俯首观望，整个陵区尽在眼底。虽是二月早春，草木尚未发芽吐青，但置身山中，却分明感到一股春天的气息迎面扑来。每到太阳初升的早晨和日落的黄昏，山下的青松翠柏之中，便升腾起茫茫白雾，春风荡过，白雾缥缈起伏，在殷红的霞光中闪烁着彩绸般的光泽。青松、霞光、白雾，恍如人间仙境，的确是兴建寿宫的好地方。

徐文璧一行看过谭峪岭，又先后来到祥子岭和勒草洼勘察。这两处虽然和谭峪岭不同，却也有独特的风格和不容忽视的地理特点。就总体而言，两处和谭峪岭难分上下。

二月底，徐文璧、张四维等人回京，向皇帝呈奏："三处地址确为吉壤。"

三处俱吉，自然不能俱用，只能从中选择一处，作为

第七章　定陵地宫的主人

寿宫之地。而这个选择，只能由皇帝自己钦定。于是，万历假借恭谒山陵，行春祭礼为名，决定在闰二月十二日，进行第二次"谒陵"。

圣旨一下，朝廷内外一片忙碌。礼、工、兵各部，按照自己的职责，仔细地做着准备。到闰二月九日，突然狂风大作，黄尘蔽日，群臣无不惊慌。内阁首辅张四维认为天时不利，前行无益，并引用明太祖朱元璋的《祖训》"谨出入"条，谏止皇帝放弃这次"谒陵"。然而，万历选择"吉壤"心切，不顾张四维的阻谏，毅然传旨："已将成，不敢中止"，决定继续前行。

《出警图》（明·佚名绘）。万历皇帝戎服乘马赴天寿山拜谒陵寝

闰二月十二日，狂风渐小，红日初露。万历皇帝由定国公徐文璧、彰武伯杨炳护驾，"率妃发京"。御驾前后，由镇远侯顾承光、左都督李文全、勋卫孙承光，统率佩刀五府军卫官三十名，大汉将军三百名，其他武装军校四千余人，向昌平天寿山进发。

按照惯例，御驾未动，京城先要戒严，每座城门都由一位高级文臣和武将共同把守。万历皇帝的胞弟、潞王朱翊镠，当时尚未成年，即参加这次戒严事宜，其任务是搬着铺盖到德胜门的城楼上居住，密切监视御驾必经之路一切可疑人物。浩浩荡荡的卫队伴着皇帝御驾走出德胜门，皇帝及其妃嫔住在沿路修起的佛寺里，其他随从人员，则临时搭盖帐篷以供歇息住宿。由京师去往昌平约百里的路途上，一些地方官、耆老及学校的教官，被引导在御前行礼，不能稍有差错。

史载，万历发京的第二天，在由沙河巩华城[②]赴天寿山

151

的路途之中,皇帝的备用座驾"飞云辇",不知何故突然起火,群臣大惊失色,侍卫们急忙上前扑救,总算保住"飞云辇",未酿成大祸。这次事故,随行的大臣、官员、卫队将士议论纷纷。张四维认为,这是"上天的警告",遂劝万历停止前行,但年轻的皇帝不吃这一套,下诏继续前进。十四日,队伍到达陵区。

万历此行的目的,主要是寻觅及视察他自己的葬身之地。但他是以拜谒先祖的陵寝为名而来的,表面上的谒祭仪式还是要做一做,且尽量周到齐备,以堵群臣口舌,也使自己心安理得。因而,在出发之前,礼部便有所准备,斟酌成例,拟订各种详情细节,如有的陵墓由皇帝亲自祭谒,有的则由驸马等人代为行礼等等。

十四、十五两日,万历皇帝在拜谒长、献、景、裕、茂、泰、康、永、昭诸陵之后,按礼仪还要亲祭长、永、昭三陵后边的主山。张四维认为此举过于劳累,便联合随行大臣,以各种理由予以谏阻,万历方才勉强答应,命驸马等人去代行祭礼,以示诚意。

十六日,万历率队依次到祥子岭、谭峪岭、勒草洼详细察阅后,对三处地址皆不满意。十八日,万历回宫,并立即诏谕礼、工二部及钦天监诸官,再去选择二三处来看。礼部臣僚见皇帝如此挑剔,心中不快,即呈奏道:"臣等既已寡昧,请允许张邦垣多带些通晓地理、风水之人,共同前去踏勘,唯此才能选取更多吉壤,供皇上选择。"

对于这个奏本,万历自然深知其中之意,但他未露声色,当即给予允可,并谕令:"凡在京有谙晓地理风水的内外大小官员,都可到天寿山参与实地踏勘。"

万历的这一谕旨,不但未给礼、工二部带来方便,消除他们的抵牾情绪,反而加深了选择"吉壤"的难度,以致最后矛盾重重,并生出许多钩心斗角、阿谀逢迎、令人捧腹的可笑可叹事件。

第七章 定陵地宫的主人

❀ "吉壤"纷争

就在礼、工二部重新组织人马，紧锣密鼓地赴昌平天寿山再择"吉壤"之际，有个名叫梁子琦的通政司左参议，感到建立奇功的机会到来。于是，向万历陈奏："臣子琦，自幼深晓地理风水，请命臣前去天寿山选择吉壤。"

万历览奏，大喜，想不到本朝还有这么多的奇才，难道这就是世间所言"小隐隐于野，中隐隐于市，大隐隐于朝"乎？！欣喜之中，立即诏令梁子琦随礼、工二部大员，一同前往核视。梁子琦获悉皇帝对自己的才华极为赏识、赞叹，自是惊喜万分，踌躇满志。待随二部臣僚们来到陵区，进入实地踏勘阶段，梁子琦的心态，伴着天空随风而荡的白云飘了起来，以首席专家和天下第一风水大师的架势，处处与礼部郎中李一中、工部郎中刘复礼、钦天监监副张邦垣，以及术士连世昌等意见相反，且不时装腔作势，大吵大闹，借以吓人。然而，李一中等人并不理睬，且干脆抛开梁子琦，自行其道。一行人从东山口至九龙池逐一察看，终于选中形龙山、勒草洼前、大峪山、宝山、平岗地、黄山岭等六处"吉壤"。被踢出圈的梁子琦，一人择得黄山一岭、黄山二岭、团山、珠窝圈、石门沟山、蔡家山、长岭山、景陵左山等八处。

三月二十三日，礼部尚书徐学谟，将本部、工部及钦天监择得的六处和梁子琦个人择得的八处，一并呈给万历皇帝。万历览奏，谕令礼、工二部再行实际踏勘，从十四处中选择最上吉地三四处，并绘图来看。

四月三日，礼部尚书徐学谟、工部尚书杨巍，通过四处遍阅实地比较之后，认为形龙山、大峪山、石门沟山三处"最吉"。梁子琦得知自己选择

申时行画像

申时行《草书诗轴》

申时行，字汝默，号瑶泉。长洲（今属苏州）人。嘉靖四十一年（1562年）进士第一，授修撰。以文字受知张居正。历官礼部右侍郎、吏部右侍郎、左侍郎兼东阁大学士、礼部尚书、吏部尚书、建极殿大学士等职。万历年间为立太子问题，触怒皇帝，遭黜责，后辞官返乡。卒，谥文定。时行所著诗文，有《赐闲堂集》四十卷、《四库总目》传于世。《明史》卷二百十八有传。该诗轴现藏台北"故宫博物院"

的石门沟山被列为"吉壤"，兴奋不已，仿佛看到大明帝国的高官厚禄就在眼前了。然而，令梁子琦遗憾和痛恨的是，有一个叫申时行的人凭空插来一杠，使他失去了这次加官晋爵的机会，且最终落得个贬职闲居的下场。

张四维继任首辅不到一年，父亲不幸病逝。以张的威望与在朝廷的地位，无法像当年的张居正一样，再来一次"夺情"，只能离职守制。在此期间，万历命内阁学士申时行代理首辅。然而，张四维在居丧将要期满之时，突然患病不起。恰在这时，比申时行资深望重的大学士马自强、吕调阳又先后病故，命运之神自然地把这位资历最浅的申大学士，推到了帝国政治舞台的中央。

申时行和张四维不同，他以才干取得张居正的信任，而不是以谄媚奉迎见用。张居正死后，他承认张居正的过错，但并不借此夸大他的过失，作为自己上台的政治资本。他和张四维的差异为同僚所深知，也为皇帝所了解。

七月二十二日，万历皇帝谕令内阁首辅申时行、定国公徐文璧、司礼监太监张宏前去陵区核视。两天后，申时行等人回京。

八月二十四日，定国公徐文璧、大学士申时行联名呈奏："臣等谨于八月二十一日恭诣天寿山，将择过吉地逐一细加详视，尤恐灵区奥壤伏于幽侧，又将前所献地图自东往西遍行复阅，随据监副张邦垣等呈称，原择吉地三处，除石

第七章 定陵地宫的主人

门沟山坐离朝坎，方向不宜，堂局稍隘，似难取用外，看得形龙山吉地一处，主山高耸，叠嶂层峦，金星肥员，木星落脉，取坐乙山辛向，兼卯酉二分，形如出水莲花，案似龙楼凤阁，内外明堂开亮，左右辅弼森严，且龙虎重重包裹，水口曲曲关阑，诸山皆拱，众水来朝，诚为至尊至贵之地。又见大峪山吉地一处，主势尊严，重重起伏，水星行龙，金星结穴，左右四铺，拱顾周旋，云秀朝宗，明堂端正，砂水有情，取坐辛山乙向，兼戌辰一分。以上二处尽善尽美，毫无可议。"

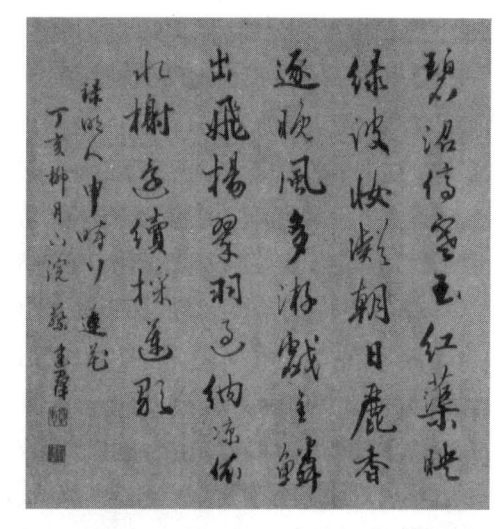

申时行诗《莲花》

整日在朝廷内外上蹿下跳，心中火烧锯拉、四处打探消息的梁子琦，得知此情，恼羞成怒，认为这是首辅申时行与礼部尚书徐学谟，故意和自己这位隐于朝中几十年的首席专家兼风水大师作对。脑袋一热，上疏皇帝，攻击申、徐二人，奏称申时行与徐学谟本是儿女亲家，相互"附势植党"，以权谋私，为图一己之利，故意隐瞒上佳之所，不给皇上选择最上"吉壤"云云。

昭陵明楼及马道

万历见到梁子琦的奏疏，大怒，并不审讯，立即下诏将徐学谟罢职。申时行见此情景，立感形势严峻，大祸欲临，疾速上疏奏辩，并联合礼、工二部及钦天监等亲至一线勘察的臣僚，一起揭露、指控梁子琦在踏勘过程中，好刚使气、固执偏狭、自以为是、不顾吉凶、

155

凭空臆断、挟私泄愤等罪行。由于申时行的特殊地位和在朝廷的威望，他的陈奏使万历皇帝坚信不疑，局面就此翻盘。万历皇帝当即谕旨："子琦挟私渎奏，夺俸三个月。"

梁子琦的陈奏，导致徐学谟被罢职，他自己也遭到了惩罚，是谓双方打了个平手。然而，这个看似平局的背后，潜伏着更加严酷的较量和杀机。既然梁子琦不识好歹，自己跳出来悍然与申、徐等朝廷重臣叫板争雄，就意味着他打破了官场秩序和游戏规则，触犯了一个强大的官僚集团。既然战端已经拉开，双方就没有以平局和好的可能。孤单势薄、狂傲不羁的梁子琦，必须为此付出更大的代价。

九月六日，万历皇帝再次以行秋祭礼为名，率后、妃进行第三次谒陵。

九月九日，万历亲登形龙山、大峪山主峰阅视，经过反复比较之后，谕旨内阁："寿宫吉壤，用大峪山。"这里所指大峪山，原称小峪山，真正的大峪山在昭陵主峰。因万历忌讳"小"字，便不顾与父皇昭陵的大峪山重名，将"小"改"大"，小峪山变成大峪山。

九月十九日，礼部上疏，认为陵址既已选定，就应该钦定日期营建。但万历仍然不允，非要待两宫圣母看后才能确定。为此，御史朱应毂以谒陵耗费太巨，陈请两宫太后不必再去阅视，但仍未得到万历皇帝的允可。

十一月十三日，在首辅申时行的暗中指使下，贵州道试御史周之翰再次上疏，剑指梁子琦，说已奉皇上谕旨，寿宫定在大峪山下，可见徐学谟当初对皇上并未欺罔。徐学谟既已被罢职，梁子琦岂宜独留？

万历皇帝览奏，立降梁子琦为右参议，令其闲住，永远不许起用。

梁子琦接到圣旨，悲愤交集。一场昌平之行和风水堪舆之争，落了今天这个结局，是他始料不及的。也只有在此时，梁子琦才真正明白，面对眼前这个强大的文官集团，他所要做的是什么了。只是，后悔晚矣。

万历十二年（1584年）九月十三日，万历皇帝奉两宫太后并率后、妃进行第四次谒陵。十六日，万历与两宫太后亲登大峪山主峰阅视。两宫太后也一致认为大峪山最"吉"。

至此，近两年的"吉壤"纷争，总算告一段落。

第七章 定陵地宫的主人

一锤定音

万历十二年（1584年）十月初六，卯时，大明万历皇帝朱翊钧的寿宫，正式在大峪山下破土动工。

兴建陵寝是本朝头等大事，有司职责所系，组成了一个专门机构。成员有尚书三人，司礼监太监和高级军官数人，定国公徐文璧、内阁首辅申时行总营建造事宜。军官之所以参加这个机构，是由于大量的土木工程，需要体力相对健壮的军队官兵和成建制的团队参与，方能顺利进行。徐文璧是开国勋臣徐达之后，各种重要的礼仪都少不了由他领衔指点，而全部的筹划经营，无疑还要阁老申时行一人承担。

在这之前，新晋升的礼部尚书陈经邦[③]，曾按照万历皇帝的意图上疏奏请：山陵依永陵规制营建，"规制尽美，福祚无疆"。

所谓依照永陵规制，就是占地面积要宽广。地下玄宫仿九重法宫之制，同时规定，陵寝明楼用预制石件构成，宝城垛口、殿堂、方城、地面等处，均用花斑石铺砌。宝城之外，再筑一道外罗城。大木、砖石等物料，必须按照标准严格选验。

永陵为万历祖父嘉靖皇帝朱厚熜的寿宫。他在位长达四十五年，陵寝在生前预建，即有明一代，继太祖朱元璋、

永陵宝城垛口花斑石

157

永陵全景

成祖朱棣之后,第三个生前建造陵墓的皇帝。永陵规模较大,地面建筑仅次于成祖朱棣的长陵,比其他皇帝陵墓华丽壮观。经后世文物考古学家测量,永陵院内长度为289.2米,宽149米;宝城坟冢面积为51,687.2平方米;陵院面积为41,170.8平方米;不计外罗城内的总面积为92,858平方米。而万历皇帝的定陵,院内长度为317.5米,宽150.3米;宝城坟冢面积为41,526.5平方米;陵院面积为42,935.9平方米;不计外罗城内的总面积为84,462.4平方米。

永陵的总面积虽比定陵大8395.6平方米,但定陵的陵院面积却比永陵大1765.1平方米。因而,后世的观光者假如有心把永、定二陵做一比较,就会发现,定陵比永陵显得更为宽大深邃。这充分反映出万历皇帝对自己寿宫建造要求之精之细,也显示出定陵设计者匠心独具的聪明才智。假如把定陵和仅隔一里之地的万历父亲穆宗的昭陵相比,就更显出定陵的博大宏伟与昭陵的渺小拘谨。这一点,在定陵预建初期就为群臣所察觉,并引起一阵争议。当时的侍读讲官朱赓曾向万历谏奏:"昭陵在望,制过之,非所安。"大意是:你一抬头,就能看到父亲的陵墓。定陵陵园兴建得比你老子的陵园庞大得多,你这个做儿子的,于心能安吗?对这个"自以为忠"的谏阻,万历皇帝依然不予理睬,仍谕令工部按原

第七章 定陵地宫的主人

明祖陵神道（位于江苏省盱眙县境内，石像原沉于洪泽湖底三百余年，二十世纪六十年代因旱灾湖底干涸被重新发现）

计划修建。

所谓九重法宫之制，是指我国古代帝王居住和祭祀的宫殿规制。它以纵横各三，形成一个棋盘型的九宫平面图。在九宫当中，中央一宫称太庙太室，中上称玄堂太庙，中下称明堂太庙，中左称总章太庙，中右称青阳太庙，四角四殿称作个室。定陵建成三百多年后，从考古发掘的地下宫殿看，虽然它的个室已经省略，但其基本规制依然是九重法宫的格局，即由前、中、后、左、右，共五座石结构殿宇组成，其顶部均为条石拱券，断面呈尖顶、两弧相交的"锅底券"形制。

北京昌平十三陵区，除永、定二陵以外，其余诸陵明楼的楼顶部分，全是木质结构，因此经不起风雨剥蚀，损坏速度自然既快又严重。后世人看到的长、景、献三陵明楼，乃二十世纪三十年代修缮而成。而唯独永、定二明楼，虽历经四百余年而安然无恙。究其原因，则是因为整个明楼顶部，包括额枋、斗拱、飞子、檐椽，以及又宽又长的角柱，全是由白石雕琢的预制石件组成，这种由预制石件建造的明楼，在明朝的所有陵墓中，仅此两座而已。

按照嘉靖皇帝的永陵建制，花斑纹石自不可少，宝城垛口、明楼地面全为花斑石辅陈。此石由多种颜色的鹅卵石经过地壳变动，受到高温高压以后，再生而成，当时仅在河南

159

的浚县能够采到。为达到这一目标，朝廷不惜花费巨大人力、财力，派人到浚县采挖，不远千里，运来应用。这种岩石，虽然五颜六色、光彩夺目，但却没有纹理，质地坚硬，雕琢十分困难。开采时，只能按最大尺寸开成毛材，然后用手工反复研磨，其费工耗时，可以想象。据《帝陵图说》载：定陵所用的花斑纹石做工极细，"滑泽如新，微尘不能染"，"光焰灼人"。

明朝诸陵，在永陵之前都没有外罗城而只设宝城。永陵建成后，嘉靖皇帝前去巡察，对陵园建筑不太满意，便问工部尚书："此陵完工否？"工部尚书打了个激灵，顿悟皇帝的用心，随机应变道："尚有外罗城一道未建。"

嘉靖回朝后，工部立即命人在宝城之外，又补加一道外城墙，名曰外罗城。自此，这道外罗城便成为一个标志性建筑，为嘉靖的皇孙万历所效仿。定陵的外罗城和永陵的一样，略呈椭圆形，城墙高厚而坚固。四百年后，世人仍能从城墙的遗址，看到当初的雄姿风采。

定陵自万历十二年（1584年）十月六日开工，每天直接进入现场施工的军民夫役、瓦木石匠，多达两三万人。经过一年的紧张施工，陵园工程已有相当进展。意想不到的是，万历十三年（1585年）八月初，太仆寺少卿李植、光禄寺少卿江东之、尚宝司少卿羊可立三位大臣，又横生枝节，突然上奏万历皇帝：

大峪山非吉壤。时行与故尚书徐学谟昵，故赞其成。憾尚书陈经邦异议，故致其去，以倾阁臣……

三位少卿素与申时行不合，想借此机会，给申时行难堪，并替因反对申时行而被贬职的陈经邦鸣冤。面对此情，老谋深算的申时行自然不会相让，立即向皇帝陈疏自己的观点，使刚要偏向于三位少卿的皇帝，不得不转变风向，矛头对准三少卿：

阁臣职在佐理，岂责以堪舆伎耶！夺三臣俸半年。传谕内阁：大峪佳美毓秀，出朕亲定，又奉两宫圣母阅视，原无与卿事。李植等亦在扈行，初无一言，今吉典方兴，辄敢狂肆诬诉。朕志已定，不必另择，卿其安心辅理。

第七章 定陵地宫的主人

此前，少卿李植、江东之、羊可立三人，曾在参奏张居正和冯保中受到万历皇帝的宠幸，并得到首辅张四维的青睐。正当他们青云直上之时，遇到了以前的劲敌申时行。李、江、羊三人心中都十分清楚，不扳倒申时行，不但前程无望，后果亦不堪设想。正是出于这种考虑，三人才联合起来，冒险进谏，想不到制敌未成，反遭敌击。对这次的失败，上述三人自然不会善罢甘休，既然阵势已公然摆开，就必须杀个鱼死网破。他们蛰伏在衙门之内，机警地关注、打探着朝廷中枢的消息，悄悄等待时机。

时机终于到来了。

八月二十七日，在定陵宝城西北角的地下发现了大石块。这是一种不祥的预兆。如果说上次的疏奏过于直白，那么现在证据在握，正是扳倒申时行的绝好时机。于是，李植、江东之、羊可立三人，会同与申时行发生利益冲突的钦天监张邦垣，立即向皇帝陈奏实情，谓："寿宫有石数十丈如屏风，其下皆石，恐宝座将置于石上"，并提议宝城地址前移，以躲过"青白顽石"，破邪显正。

万历阅奏，大为震惊，急令徐文璧、申时行前去察看。

八月二十九日，徐、申二人察检回京，向万历陈奏："宝城西北地下确有石头，陵址是否前移，请皇上酌定。"

万历心急如火，急于看个究竟。情急之下，再也不以行秋祭礼为借口前往，而是直截了当地传旨说："朕闻九月六日，再阅寿宫。"

闰九月八日，万历皇帝草率拜谒完长、永、昭三陵，即去大峪山阅视自己的寿宫。

此时，定陵兴工已整整一年，除重要的物料堆存在昭陵神马房和西井两庑之外，其他砖石物料，在寿宫现场堆积如山。在这种情况下，假如万历在闪念间谕令更改陵址，将会造成巨大的人力和物力浪费。更为严重的是，山陵选在大峪山，徐文璧和申时行起了关键作用，如果更改陵址，意味着他们严重失职，也进一步给李植等人提供把柄，后果可想而知。徐文璧、申时行不愧是"班首重臣"，政坛老手，在这紧急关头，立即串通礼、工二部尚书，一齐向万历陈请，不必再更改陵址。但万历对此却不予理睬，形势进一步恶化。

第二天，万历皇帝在黄山岭、宝山、平岗地、大峪山之间，亲自往返阅视两次，仍下不了决心。申时行察言观色，心中忐忑不安，眼看事情已熬到沸点，不能再有半点犹豫，遂拿出看家本领，壮起胆子，再次向皇帝陈请，不必再改陵址，并针对三人上疏中的"青白顽石"之事辩驳道："李植等说青白顽石，大不是。大凡石也，麻顽或带黄黑者，方为之顽。若色青白滋润，便有生气，不得谓之顽矣。"万历琢磨再三，终于同意了申时行的说辞，并传谕旨：

朕遍览诸山，惟宝山与大峪山相等。但宝山在二祖（明英宗裕陵、明宪宗茂陵——作者注）之间，朕不敢僭越，还用大峪山。传与所司，兴工事无辄改。

申时行、徐文璧一听"无辄改"，心中的千斤巨石才砰然落地。也正是由于申时行在关键时刻力挽狂澜，才使他和他的官僚集团，在政治风浪中再次站稳了脚跟。

李植等人见皇帝明确表示"无辄改"，垂头丧气又不甘心自己的失败，决定孤注一掷，冒死再向次陈请，以扳回最后一局，疏奏直指核心："玄宫后凿石横阔数十丈如屏风，其下便如石地，今欲用之，则宝座安砌石上，实不吉利。"

而当朝御史柯挺等人，见皇帝表明态度，李植团伙大势已去，遂见风使舵，由先前上疏宝山最吉，立即改为："大峪之山万马奔腾，四势完美。殆天秘真龙以待陛下。"

面对各色人等与政治团伙如此纷繁的角逐，且反复无常，前后不一的表白，万历心烦意乱，十分恼火，诏申时行至行殿问道："兹事朕自主张，而纷纷者何？"

申时行以解释为名，趁机向反对派的背后猛刺了一刀："以陵址选于己，沽名钓誉，以示于后。"

万历一气之下，谕令李植调外地任职，柯挺夺俸三个月，张邦垣因对地下有石块大惊小怪，夺俸四个月。

为避免群臣再度纷争，万历传谕：

今廷臣争言堪舆。彼秦始皇葬骊山，亦求吉地，未几遭祸。由此观之，选择何益？朕志定矣，当不为群言所惑。

自万历十一年（1583年）二月四日，祠祭署员外郎陈述岭等人开始踏勘，至万历十三年（1585年）闰九月九日，万历谕令陵址"无辄改"为止，历经两年半的吵闹纷争，终于得到平息，定陵陵址就此确定下来。

辉煌的陵园

定陵建成四百年后，世人走进这座陵园，得到的第一感觉是它的辉煌壮丽。面对一块块雕刻精美的巨石和华丽壮观的地下宫殿，不免对当初的建造者如此精湛的技艺感到惊诧——它几乎囊括了中国古代陵寝建筑风格与艺术之精髓，无疑地属于中华建筑史上不可多得的杰作。

兴建定陵的建筑物料，主要为城砖、巨石、楠木与琉璃制品。由于陵墓规模宏大，工艺要求十分精细，对建筑物料的选择就显得格外严格。

以当时记载的工程史料观之，定陵用料最多的当属城砖，其产地主要来自山东临清。这里地处黄河下游，又是京杭大运河的必经之路，土质优良丰厚，交通便利，是制砖和运输最为理想的地方。

黄土高原流失下来的黏土，经过千里浪淘淤积到临清后，已经变得质纯无沙、细腻无比，以之制成的砖，也就成为举世无双的优质品。至于为皇家制砖的具体过程，工部有严格规章制度。首先将泥土挖出，经过冬季冷冻，春天化开晾晒，然后过滤，长期浆泡、摔打、制坯等多种工序，最后才入窑高温烧制。以现代度量衡计算，砖长0.49米，宽0.24米，厚0.12米，重24公斤。其特点是光滑度好，结构紧密，抗压系数大，耐酸度高，吸水率低，在常温下不易氧化，不易被介质污染，经得起千百年的风雨剥蚀。由于临清烧制的窑砖色灰稍白，故称"白城砖"。

为便于检验，每块砖上都打有窑户、作头匠人、年月等标记。查验不合格者，一看标记便知出自何窑、何人之手。这一方法与制度，早在万历二年（1574年）四月，即开始施行。那时，虽然朝廷方面没有大的工程项目，但已开始谕令临清各窑，每年为皇家烧造白城砖一百二十万块，用于普通建筑的兴建或修补。

除临清外，河北省武清县（今属天津）也曾烧制白城砖。史载，武清烧制白城砖始于万历二年（1574年）九月，时有一个叫王勇的官吏上奏："今有武清地方，土脉坚胶不异临清。去京仅一百三十余里，较临清近两千余里，一改兴作，不但粮船、民船不苦烦劳，抑且为国节省，生财实效。"经工部校议，令武清每年烧造三十万块以供朝廷使用。定陵动工后，临清与武清两地的烧造数量自然要大幅度增加。

除白城砖以外，另有供殿堂铺地用的铺地方砖，产地为江南苏州，其烧造工艺比之白城砖更为复杂。泥土必须久经浆泡、筛箩，犹如河中淘金，故有"金砖"之称。其质地之细腻，砖面之光滑，为世之罕见。可惜清朝中后期工艺渐趋失传，后人再也无法烧制了。

砖料的运输，多采用狱中囚犯专职从事。此一方法，文献记载最早见于永乐七年（1409年）六月。由于连年出征漠北，俘虏了大量的瓦剌军人，他们被带到关内之后，大多做搬运之类的苦力，城砖的运输便是一项重要内容。除此之外，来往于大运河中的粮船、商船，也义务为工地带运。在当时的京杭大运河内，无论是专职为皇家运粮的漕船，还是商贾民人的私船，只要通过苏州和临清，都要为皇家带运一定数量的砖料。到达京东通州以后，再由车户走旱路运往昌平天寿山陵区。万历十二年（1584年）十二月，工部郎中何起鸣，陈请在夏季水涨季节，将砖料直接运往小汤山以南，或沙河朝宗桥以东。如此一来，船队运输就将京杭大运河的北端，一直伸延到了沙河巩华城下。

定陵的兴建，给京杭大运河中的船工商贾带来沉重的负担，从而引起这些人的不满与怨恨，纷纷要求停止无偿运输城砖。万历十五年（1587年），也就是定陵动工三年之后，工部陈奏万历皇帝，请求船只减免载砖事宜。万历没有允可，只是做了一些补充规定："至于带砖一节，寿宫用砖方急，理应照旧，待落成之日，每船量减四十块，以二百块着为定例。苏州、松江、常州三府各有白银，其免税带砖及减派船价。"

第七章　定陵地宫的主人

事实上，定陵完工后，这种载砖方式仍没有取消，并一直为后来的大清帝国所沿用。

定陵之所以构成如此辉煌的整体，与所采用的巨石有着极其重要的关系，正是由于这些天然巨石的运进，才使定陵陵寝形成了自己独特的建筑风格和磅礴厚重的气派。红墙、黄瓦、青松，三色相互映衬，在群山环抱、流水飞瀑中形成了一道壮丽的风景，给世人以艺术享受的同时，不禁又令人生发出对尘世烦劳与人生终极意义的思索。

至于定陵所用巨石，大部分来自北京南部的房山大石窝，《房山县志》载："大石窝在房山西南六十里黄龙山下，前产青白石，后产白玉石，小者数丈，大者数十丈，宫殿建筑，多采于此。"这里石材开采、雕刻历史可追溯到汉代，自隋末云居寺刻经开始，历经金、元、明、清几个朝代，其石材为皇家修建宫廷、园林、陵墓等工程所采用。从河南、河北、山西、陕西等地，调来大批石匠艺人达上万人在此定居，逐渐形成自然村落。

定陵修建，于大石窝所采石料主要为青石、白石、汉白玉等数种，在几十万块大石中，最重的可达上百吨。如此巨石，给运输带来极大的困难。因大石窝周边并无河流湖泊，只能采取旱路运输。嘉靖以前，其法一为滚木，二为由旱冰船伴以人工拽运。第一种方法因路途较远，效率低下，很少采用。第二种方法成为运输的主体，但需在冬天施行。每当严寒的冬季来临，军役、民夫等便于房山大石窝至京师一段，每隔一里之遥，在地下凿一深井，将水打出，泼在路面，冻成冰被。如此连泼十余日，冰被厚达数寸，且连成一线。巨石以绳牵引，沿冰路滑行，数十日后可到京师。

此一方法说来容易，真正落到实处则大不易。史载，从大石窝往京师运送长三丈、宽一丈、厚五尺的一块巨石，就需要民夫二万人，用时二十八天，耗银十一万两。如果运往北京以北的昌平陵区，其人力、时间、耗资还需增加一倍左右。嘉靖十六年（1537年），工部尚书毛伯温针对旱冰船拽运耗财、费时、费力又受季节和气温限制的弱点，特地令工匠试制出八轮马车。此车不仅可以用骡马代替人力，节省财力和时间，而且相当安全可靠。到万历年间，工部郎中贺盛瑞又在八轮大车的基础上，进一步研制出十六轮大车，运输效率进一步提高。尽管如此，就其开采运输之艰难，仍为世之罕见。

由于定陵屡遭焚烧，大殿荡然无存，清代中后期的研究与观光者，已无法从中领略木料的珍贵与风采。但从长陵祾恩殿仍然矗立的六十根楠木柱中，便可想象定陵初建之时，所用木料该是何等气度。

历史留下的记录是，定陵大殿采用金丝楠木，主要产地在湖广、云贵和四川诸省。此木料质地坚硬，耐腐蚀且有香味，是明代皇家建造宫殿的主要用料。紫禁城皇宫大殿的主要木料，也大多来自这里。楠木的贵重除上述特点外，主要还在于它的稀少和成长的缓慢。在朝廷大量采伐之初，这种树木零星地散见于原始森林，随着采伐量的逐渐增加，能够利用的楠木大都只剩在"穷崖绝壑，人迹罕至之地"了。定陵所用木料，大都在云贵高原与四川山中"穷崖绝壑"中开采。这些"人迹罕至之地"，不仅难于攀登，且有毒蛇猛兽、瘴气蚊虫为害，砍伐极为困难。

万历年间的工科给事中王德完、御史况上进，就曾对四川人民的采木之苦，有过这样一段详细的陈奏："采运之夫，历险而渡泸（水），触瘴死者积尸遍野。""木夫就道，子妇啼哭，畏死贪生如赴汤火。""风岚烟瘴地区，木夫一触，辄僵沟壑。尸流水塞，积骨成山。其偷生而回者，又皆黄胆臃肿之夫。""一县计木夫之死，约近千人，合省不下十万。"

定陵陵寝所用的楠材大木，共计万余根，最粗的直径可达1.4米以上。要采伐一根大木，所付出的代价可想而知。

当木夫将山壑间的楠木砍倒之后，要沿着行进路线先行修路，然后由人工将巨木拖到江河之滨，待水涨季节，将木掀于江河，让其漂流而下。在这漩涡急流、惊涛骇浪之中，又不知有多少人为之丧生。明嘉靖二十年（1541年）五月，当时的礼部尚书严嵩，就曾对大木的运输情况做过如此陈奏："今独材木为难。盖巨木产自湖广、四川穷崖绝壑，人迹罕至之地。斧斤伐之，凡几转历，而后可达水次，又溯江万里而后达京师。水陆运转岁月难计。"

从严嵩的奏疏中，足见采伐之难，运输之险，民夫之不易。正如当时民谣谓：伐木者"入山一千，出山五百"，其凄苦悲惨之状，不忍听闻。

与砖石、木料相比，琉璃品的制作和运输最为省力和方便。定陵所需用的琉璃制品，比其他陵墓的数量为多。出于建筑艺术的需要，城墙与殿宇除常用的琉璃瓦、脊兽等外，陵门、享殿等重要建筑，全部用带有山水、花卉、龙凤、麒麟、海马、龟蛇等图案的琉璃砖进行装饰。此举不仅使各处建筑辉煌壮观，而且比其他陵园又增添了一份瑰丽和华美。

史载，琉璃制品主要产在京师，制作过程相当复杂，先把陶料粉碎，经过筛箩、和泥、制坯、烘干、上釉，最后以高温烧制而成。元代时，北京就建成了专门烧制琉璃品的厂窑。明永乐十八年（1420年）以前，又在此处设厂，专为皇家烧造琉璃制品。这个厂址和名称，一直流传至今。

定陵虽然按照嘉靖皇帝永陵的规制建造，但在总体上却超过了永陵。除整个陵园显得比永陵更为壮观深邃外，花斑石的用量及装饰都大大超过永陵。定陵从外城的第一道陵门，至后边宝城城墙垛口，其神道、墙基、殿台很多为花斑纹石铺砌。而永陵只在后宝城外沿的垛口处，铺砌了少量的花斑纹石。从永陵与定陵两个祾恩殿残存的柱础分析比较，定陵使用的楠木大柱，比永陵使用的要粗大得多。就定陵梁椽之坚固，砌石之重厚，做工之精细，装饰之精美，不仅永陵无法比拟，就是在整个明代的陵墓中也无与之匹敌者。

明定陵建成后的地上建筑，除部分地段的神路以外，其主体建筑，均在大峪山与蟒山两山主峰之间的中轴连线上。这一独特的建筑风格，令后人赞叹不已，堪称中国建筑史上极具特色的杰作。

据梁份《帝陵图说》载：定陵陵寝位于大峪山前，座西北略偏东南。陵寝有朱门三道。外罗城墙门，即为定陵的第一道门。重檐黄瓦，雄伟壮阔。墙上镶琢山水、花卉、龙凤、麒麟、海马等图像，登高观之，山明水净，花艳叶翠，龙飞凤舞，马跃麟腾，构成了一幅天然的风情画廊。

第二道门，即为祾恩门。祾恩门实则是一座大殿，共由五间组成，清初毁于八旗军之手，乾隆时重修，在原来的基座上缩为三间。民国时期遭到大火焚烧，大殿荡然无存。祾恩门两山接于宫墙，左右各置掖门。宫墙以西与第二道门之间，构成陵园的第一个院落。

进入祾恩门之后，为陵园的第二个院落。院落正中为祾恩殿，即为祭祀陵寝的宫殿，这是陵园前部的中心建筑。祾恩殿原为七间，亦毁于清初。乾隆时虽重修，但在原来的基座上，缩小为五间，后再度损毁，仅存殿座及石栏板。

定陵祾恩殿与成祖朱棣的长陵祾恩殿大小相同，座前亦有月台，月台两侧各有石阶一道，台前有石阶三道。阶中丹陛雕龙云纹，刀法凌厉，形象逼真，堪称石刻艺术之精品。

祾恩殿之后为棂星门，其状如牌楼，故有"牌楼门"之称。门两侧高耸长方形汉白玉柱各一根，柱顶雕石兽，两柱之间为门楼，楼上覆盖黄瓦。每当红日初照，棂星门灿烂辉煌，如空中楼阁，引人遐思。

明楼与宝城看似分离，实则是一个完整的整体。明楼建于宝城前的方城之上，方城两侧与宝城城墙相接。方城正中，即为明楼，明楼全部为砖石结构。楼上额枋正中，榜书涂金"定陵"二字。楼四周为平台，内竖石碑一座，碑额刻篆书"大明"，碑身则用楷书雕刻"神宗显皇帝之陵"七字。皇帝死后，有"庙号""谥号"，为嗣皇帝所尊封，"神宗"即庙号，"显"即谥号。碑座上窄下宽，四周雕云龙纹饰。整座明楼在追求艺术效果的同时，也含有宗教色彩。

最显赫的宝城，则是陵园的坟冢部分。由城墙围成圆圈形，城墙外侧置垛口，内置矮墙，顶部铺砖为道。如此建造除追求逼真的艺术效果外，还有在墙上屯兵，对付外敌入侵的考虑。每隔一定距离，于城墙外侧设石螭首伸于墙外。每逢雨季，城墙上的雨水便可通过螭首之口流出，以保城墙的干燥。城墙外侧底部，再置散水道，将水排入下水沟中，宝城之内用黄土填实，其中心点用黄土加白灰夯实隆起，形成坚固的"宝顶"。宝城之内，满植苍松翠柏，在保持古代礼仪的同时，亦有皇帝及朱家江山万年长存之意。

只是，天不遂人愿。定陵的修建，给大明帝国与治下的臣民，带来了巨大的痛苦和灾难，并成为天下大乱、家破国亡的导火索。此点，早在万历十四年（1586年），定陵兴建不足三年时，首辅申时行、工科给事中孙世祯，即在奏疏中提醒过万历皇帝，其大意是说："数年以来，或见征、带征并督于一年；或本色、折色并征于一时。因而造成平民生息休养之无术。而所受的鞭笞棰楚之苦，却日有所闻。平民之生计，真可谓艰难至极……国费有经，民力有限，人之负担，历任百斤者，不能胜任一石。近年以来，赋税渐有所增。如户部草料之加增，工部烧造之加增，金花银内供之加增。反复加增，造成财诎民穷。平民百姓对正常赋税尚不能完纳，而额外之加增又怎么能负担呢？……近来问刑及盘查官吏，多滥受词讼，罗织罪名。有一词而破数家人者，有一事而累数十人者。甚至立毙杖下，瘐死狱中，无辜之民倍受其害。"又言："今岁以来，水灾异常，到处有流离死亡之徒。"又言："山西、陕西、河南，赤地千里，大江南北庐舍漂流。民穷生乱，势所必然。今陕西有四夷流劫之乱，山西有矿徒聚拢之乱，河南有饿民抢麦之乱，直隶有树旗剽掠之乱。有谓'做贼死，不做贼亦死'而号召聚众起来造反者……"

世间乱象和臣僚的提醒，万历不但没有令陵寝工程停止，反而谕令文武百官捐助工银："寿宫工程浩大，未有次第，闻嘉靖年间，朝殿等工，抚按官各进有助工赃罚银两，是否可行，令工部议。"

工部接旨，一向驯服的臣僚，面对全国百姓饥寒交迫的惨状，抗旨不遵："查议助工之旨言，各处民穷，诛求已遍，今一旦以助工之诏传之四方，抚按诸臣不得不责之有司，有司未必皆贤，万一奉行未善，借言明旨，公肆科罚，株连波及，逮系急追，累累道路，窃恐大工未必济而且重遗万姓闲也。"

万历皇帝见此法不通，接着又实行"开纳事例"，不惜以卖官筹金。凡是肯按标准出钱者，不论出身、资历、才学如何，都可买到相应职位的官衔。而这些官衔大都被乡绅、土豪、无赖等买去。待这些人买到官衔之后，便疯狂欺压百姓、掠夺私人和国家财富。其结果，造成明末吏治严重不纯，民众怨声载道，严重干扰了国家的正常运转。但此时的万历皇帝为了兴建自己的陵寝，也就顾不得那么多了。

经过万历皇帝的四处搜刮和群臣东拼西凑，定陵总算于万历十八年（1590年）六月建成。整个工程总耗银八百万两，相当于大明王朝两年国库的全部收入。

无字碑之谜

由定陵外罗城正门向外透视，一道神路起于七孔桥总神路以北一百步处，而后蜿蜒伸向西北，跨过三孔桥，穿越金水桥，直抵陵园前的无字牌。神路全长达3公里，宽7米，中间铺青石板，两侧砌条石为边。如此豪华铺张，也是其他陵寝少有的。惜1912年之后，神路、三孔桥均废，唯桥迹尚存，供人凭吊。

在定陵陵园与神路之间，一座巨型无字碑矗立于金水桥后，螭首龟跌，通碑无字。此碑初建时置于亭内，亭呈方形，每边长11米，后来遭毁，只有一通硕大的石碑，孤独地耸立在蓝天白云之下，目睹世间沧桑。

纵观整个明十三陵区，诸陵前都有碑亭及螭首龟跌碑，但除总神道有成祖朱棣的"神功圣德碑"外，其余各碑，均不着一字。此一奇特景观，成为后世研究者、游览者，以及好事者争论不休的话题。

自汉字产生之后，中国人便有树碑立传的习惯。既然竖碑，总要刻些文字，以表立碑者心迹。然而，也有另类情况，即有碑无字，且这类现象并不鲜见，最著名的当数陕西的乾陵无字碑，据说是女皇武则天所立。对武则天为什么在自己的陵前搞个无字碑，一千多年来，各色人等众说纷纭，莫衷一是。纵观诸说，主要有三种："夸耀功德"说，"罪孽深重"说，"自知之明"说，三说之外，近世有研究者如田亚岐等人，又生发出一个新说，即武则天当年曾亲自撰写过一篇三千余字的碑文，但一生饱受折磨的唐中宗李显重登皇位后，虽然不能立即公开发泄对母亲的憎恨，但也实在不愿为其歌功颂德。还有一点，即李显不知是把这位母亲称为皇帝还是皇后。纠结、郁闷中，遂把武则天撰定的碑文弃之一边，不予理会。于是，待李显驾崩，后世皇帝更不可能为武则天刻碑立传了，于是有了乾陵前"无字碑"传世。据田亚岐说，此一推断，以乾陵前石碑上预留镌刻三千余字

定陵无字碑

的格子为证。而武则天撰写的碑文并没有销毁，或弃之垃圾堆，极有可能同武则天的《垂拱集》《金轮集》及其他珍贵史册、图册，一起埋藏在乾陵的地宫里。田亚岐这一新说，在史学界与社会上引起一阵轩然大波，是耶？非耶？自然没有定论，看来只待打开乾陵地宫的那一天，方能大白于天下了。

北京昌平十三陵，只有明成祖朱棣的石碑有碑文。石碑正面刻有"大明长陵神功圣德碑"字样，下刻有朱棣儿子明仁宗朱高炽，即洪熙皇帝亲自题写、为其父歌功颂德的三千五百余字的碑文。但在朱棣之下，其他葬于陵区的十二个皇帝，陵前皆有碑无文。此一奇特现象，如同武则天的无字碑一样，为后人留下了一串谜团。这个谜团，即使明、清遗老也难以破解。如曾官至工部尚书兼东阁大学士的范景文公，生前试图释解昌平陵区的无字碑之谜，曾创作《无字碑》诗一首：

片石峰头古并垂，
无端玉简使人疑。
何书不被山灵怒，
深宵谁知无字碑。

明末清初大学者顾炎武，于明亡后数谒十三陵，抒发心中忧郁、痛苦、怀思之情。对无字碑之谜，顾氏颇感兴趣，曾访问看护十三陵的老者。传说，嗣皇帝谒陵时，曾问过随从大臣："皇考圣德碑为何无字？"大臣回答："先皇功高德厚，文字无法形容。"这个访问实录，顾炎武写于所著的《昌平山水记》中，但未做更多的解释。倒是清朝入关之后，地理学家兼文学家梁份所著的《帝陵图说》，对无字碑做了部分解释。这个谜团的缘起，要追溯到朱元璋时代。

安徽凤阳县西南明皇陵前的神道口，有一块碑刻有"大明皇陵之碑"，其碑文为开国皇帝朱元璋亲自撰写。本来，洪武二年（1369年）二月，朱元璋命在老家凤阳立皇陵碑，由翰林院学士危素撰文。文成之后，朱元璋不太满意，认为"儒臣粉饰之文，恐不足为后世子孙戒"，故在洪武十一年（1378年）四月，在皇陵新建祭殿之时，朱元璋亲自撰写碑文。

朱元璋幼年，以租赁地主家的田地耕种为业，家境十分贫寒，不幸后来又遇上天灾人祸，父母兄长连续遭难丧命。据《太祖洪武实录》载："岁甲申，上年十七，值四方旱蝗，民饥、疾疠大起。四月六日乙丑仁祖崩。九日，戊辰，皇长兄薨。二十二日辛巳，太后崩。上连遭三丧，又值岁歉。"地主刘继德不仅不给朱家死者埋葬之地，且对朱元璋百般申斥，欲要驱之出村。幸亏刘继德之兄刘继祖相助，才匆匆将三亲埋葬。朱元璋回想少年之磨难，青年之困顿，投军之机缘，战争之残酷，开国之艰辛，前辈之劳苦，岁月之苍凉，悲愤交集，激情奔涌，乃遂奋笔疾书，一气呵成写了长达一千一百余言的碑文：

大明皇陵之碑孝子皇帝元璋谨述

洪武十一年夏四月，命江阴侯吴良督工兴造皇堂，予时秉鉴窥形，但见苍颜皓首，忽思往日之艰辛。况皇陵碑记，皆儒臣粉饰之文，恐不足为后世子孙戒，特述艰难，明昌运，俾世代见之。其辞曰：

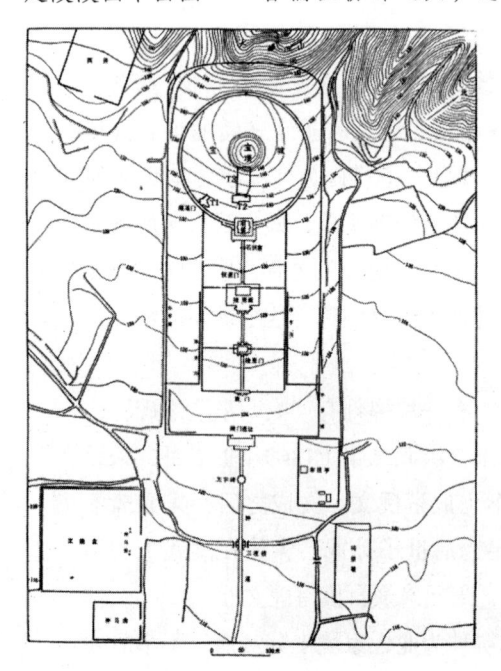

昔我父皇，寓居是方，农业艰辛，朝夕彷徨。俄而天灾流行，眷属罹殃。皇考终于六十有四，皇妣五十有九而亡。孟兄先死，合家守丧。

田主德不我顾，呼叱昂昂。既不与地，邻里惆怅。忽伊兄之慷慨，惠此黄壤。殡无棺椁，破体恶裳。浮掩三尺，奠何肴浆。

既葬之后，家道惶惶。仲兄少弱，生道不张。孟嫂携幼，东归故乡。值天无雨，遗蝗腾翔。里人缺食，草木为粮。予亦何有，心惊若狂……

定陵陵园平面图

泪笔以述难，谕嗣以托昌，稽首再拜，愿时时而来飨。

碑文情真意切，气魄非凡。现代著名文学家、定陵发掘指导者郑振铎，在讲到此文时曾说："《皇陵碑文》确是篇皇皇大著，其气魄直足翻倒了一切夸诞的碑文。它以不文不白、似通非通的韵语，记载着他自己的故事，颇具有浩浩荡荡的气势。"

然而，正是朱元璋"儒臣粉饰之文，恐不足为后世子孙戒"这个"祖训"，兼之太祖亲自为父皇撰写碑文的"示范"，使明朝翰林院的学士们再也不敢，也不能为先皇帝撰写碑文了，书写碑文的任务便由嗣皇帝，也就是先皇帝的合法继承人承担。待到朱元璋驾崩，葬于南京孝陵，其碑文为成祖朱棣，即永乐皇帝亲自撰就。到了朱棣驾崩，葬于北京昌平十三陵之长陵后，其碑文乃由新登基的仁宗朱高炽，于洪熙元年（1425年）四月十七日撰就。

自此，父皇驾崩，后继位的皇帝撰写碑文，似已成为惯例，或一项制度保留下来。朱家子子孙孙，永无穷尽，有多少陵墓，就该有多少对应的"功德碑"竖立。有明一代，昌平十三座陵墓分别为：

长陵（明成祖）、献陵（明仁宗）、景陵（明宣宗）、

定陵陵园第二道门（现定陵博物馆正门）

裕陵（明英宗）、茂陵（明宪宗）、泰陵（明孝宗）、康陵（明武宗）、永陵（明世宗）、昭陵（明穆宗）、定陵（明神宗）、庆陵（明光宗）、德陵（明熹宗）、思陵（明思宗）。

意想不到的是，这个撰写碑文的规矩，在历史进程的中途拐了弯。

仁宗朱高炽当上皇帝仅九个多月，就因纵欲过度，猝死于宫内钦安殿，终年48岁，葬入献陵。他生前为其父成祖皇帝撰就的碑文，因琐事羁绊，酒色迷心，未能镌刻到石碑上。

仁宗驾崩之后，其子朱瞻基继位。宣德十年（1435年）一月三日，朱瞻基驾崩，终年38岁，庙号宣宗，葬于景陵。

宣宗之后，由其长子朱祁镇继位，是谓明英宗，年号正统。

这位明朝第六位皇帝朱祁镇，登基之后，在赴昌平天寿山谒陵的时候，蓦地想到，原本由祖父写就的成祖"功德碑"，隔了一代尚未刻就，这成何体统。于是，与阁臣、礼部尚书等商定，于正统元年（1436年）春，在陵区大红门北侧兴建碑亭，并刻碑纪念。三年后，碑亭建成，继刻碑文，由正统初年著名书法家、太常卿兼翰林侍书程南云书丹。

定陵瓮城

而这个时候，离洪熙元年（1425年）仁宗皇帝撰写碑文已过去十年矣。

在这十年之间，明朝换了三位皇帝，而宣宗皇帝驾崩前，并未给前任，即他的父亲仁宗皇帝撰写碑文。因而，英宗即位后，亦不便打破嗣皇帝为

第七章　定陵地宫的主人

前任皇帝撰写碑文的规矩，以一己之力，承担为祖父、父亲两代皇帝歌功颂德的重担。于是，英宗便把此事搁置起来。

很不幸的是，正统十四年（1449年），为打击日渐崛起的蒙古瓦剌部，有点虚飘的英宗皇帝，在宦官王振的煽惑与挟持下，御驾亲征，结果发生了明代历史上著名的"土木堡之变"，兵败被俘，后被瓦剌部送回，囚禁北京南宫。景泰八年（1457年），英宗发动"夺门之变"，废掉景帝朱祁钰，杀少保于谦、名将范广等人，重新登上帝位，改元天顺，于天顺八年（1464年）崩。庙号英宗，葬于裕陵。

英宗朱祁镇两次登基，在一系列阴谋与刀光剑影中翻着跟头折腾，自然没有精力和兴趣，为先祖撰写什么所谓的功德碑文。既然没有碑文，也就不存在建碑亭的问题。因而，直到明朝第十一位皇帝世宗，即戏曲中那个被忠臣海瑞一顿痛骂的嘉靖皇帝，不知道哪股邪火攻心，于嘉靖十六年（1537年）七月，召大学士夏言等面谕："前在陵工曾谕卿，独长陵有功德碑而六陵未有，无以彰显功德，今宜增立，示所司行。"

嘉靖十五年（1536年），献、景、裕、茂、泰、康等六陵碑亭建成，世宗皇帝阅览奏章，又下令在成祖的长陵陵园内，修建圣绩碑亭及石碑，以显示自己对昌平陵区的开创者、先祖永乐大帝的尊崇和哀思。待一切准备停当，礼部尚书严嵩奏请世宗撰写七碑文。然而，此时的嘉靖皇帝除了贪恋酒色，更是迷信方士，尊尚道教，炼丹求仙，一心修玄，日求长生不老，根本没有心思撰写如此之多且令人挠首呕心的碑文，直到这位世宗皇帝驾崩，未见一字碑文。

世宗之后的几位皇帝，见祖宗陵前石碑上无一文字，自己也就不便，或不想费力劳神撰写什么碑文。事实上，自明朝中期以后，历代皇帝多好嬉戏，沉湎酒色，敢行暴虐，求仙问道，懒于动笔。而最主要的原因，则是感到江河日下，帝国飘摇，其"功德"已经无可叙述，不能直言。因而，一代代皇帝传下来，便出现了十三陵区，有十二座陵有碑无文的景观。

当然，大明帝国的历史进展到万历一朝，皇帝本人对陵前的无字碑为何没有碑文，需不需要撰写、书丹，已无一点思考、探寻的兴趣了。他所要求和能够做到的，就是得过且过，把眼前最符合自己切身利益的事办好，其他的一切都如云烟浮尘。于是，当定陵地下玄宫建成后，万历十六年（1588

175

年)九月二十四日,万历皇帝率文臣武将,借巡视之机,在地宫中设宴饮酒,并给有功之臣加官晋爵。太监手捧诏旨,当场宣读,以助其兴。诏曰:首辅申时行,岁加禄米五十石,赏银币,荫一子尚宝司司丞;次辅王锡爵,赏银币,荫一子入监读书;定国公徐文璧,加禄米三十石,给予应得诰命。临淮侯李言恭以下各升一级;石星加太子少保;曾同亨升尚书;提督大工如旧,荫一子入监读书;李辅、王一鹗、沈鲤、杨俊民、于慎行、徐显卿、萧大亨俱加级赏赉有差;穆来浦、洪声远升五品京堂;常居敬、何起鸣、王友贤、赵焕、朱赓、王弘海、魏时亮、王敬民、田大年、李载阳分别加赏。内原任尚书何起鸣,遇缺推用,荫一子入监读书……

当万历皇帝在寿宫中大摆酒宴,为忠实于他的臣僚加官晋爵之时,他不会想到,也无法想到,世界局势已经发生了翻天覆地的变化,大明帝国二百多年的历史已进入尾声。

山雨欲来风满楼

努尔哈赤像

万历十一年(1583年),正当万历皇帝情绪紊乱,亲到天寿山寻找自己的死后乐园时,在中国北部的皑皑雪原上,一个比他大4岁的青年人,正率领女真族一批骁勇善战之士,吞并周围部落。在不断的扩张征战中,逐渐创立和完善了自己的军事组织——八旗,并创造了自己的文字——满文。这位青年人,就是清太祖努尔哈赤。随后,八旗军作为一股新生力量,走出林海莽原,夺取明朝而代之,渐成一个无法改变的事实。

万历十六年(1588年),也就是定陵正式开工的第四年。当万历皇帝下令实行"开纳事例",以国家的名义向私人售卖官职,筹建陵款项之际,西班牙国王腓力二世,则下令出动拥有一百三十余艘战船的"无敌舰队",驶入英吉利海峡,对大英帝国实施大规模海上进攻。

在此之前,西班牙发动了一系列海上争霸战争,先后占领了美洲的墨西哥、秘鲁、智利、哥伦比亚,以及北非的突尼斯、奥兰等大批土地。到1535年,原来仅为弹丸之地的西班牙,竟成了一个地跨欧亚非三洲的殖民大帝国。

当时欧洲殖民者使用的货船(又称飞船)

尽管"无敌舰队"遇到风暴和英军的袭击,几乎全军覆没,但到第二年,西班牙重整旗鼓,又出兵攻打法国,继续它的扩张战略。

万历十八年(1590年),定陵寿宫建成,万历皇帝大摆酒宴,为臣僚们加官晋爵。此时,日本的新军阀丰臣秀吉,已用武力统一了日本六十六州,制定了占领朝鲜、征服中国,进而向南洋扩张的军事侵略计划,并在中国东北部大量屯兵,以见机行事。对丰臣秀吉的野心,万历和他的主要臣僚竟毫无察觉,只有一个名叫徐成楚的兵科给事中,职责所在,给朝廷上过奏章:"日本今舍中国东南不犯,直趋东北,又屯兵筑舍为持久计,所谓舍股体而攻腹心,以其志足畏也。"可惜,此时的万历皇帝根本没有把这件事放在心上。于是,一年之后,羽翼渐丰的丰臣秀吉,便开始实施他的计划了。

值得玩味的是,就在万历皇帝到天寿山寻找寿宫所在地的1583年，英国女王伊丽莎白一世，派出商人约翰·纽伯莱率船队前往东方，寻找打开中国门户的航线。这段史实除英国史书记载外，尚有一封伊丽莎白女王给中国皇帝的信，被收藏于大不列颠历史博物馆。原文如下：

天命英格兰诸国之女王伊丽莎白
致最伟大及不可战胜之君王陛下：
呈上此信之吾国忠实臣民约翰·纽伯莱，得吾人之允许，而前往贵国各地旅行。彼之能作此难事，在于完全相信陛下之宽宏与仁慈，认为在经历若干危险后，必能获得陛下之宽大接待，何况此行于贵国无任何损害，且有利于贵国人民。彼既于此无任何怀疑，乃更乐于准备此一于吾人有益之旅行。吾人认为：我西方诸国君王从相互贸易中所获得之利益，陛下及所有臣属陛下之人均可获得。此利益在于输出吾人富有之物及输入吾人所需之物。吾人以为：我等天生为相互需要者，吾人必需互相帮助，吾人希望陛下能同意此点，而我臣民亦不能不作此类之尝试。如陛下能促成此事，且给予安全通行之权，并给予吾人在于贵国臣民贸易中所极需之其他特权，则陛下实行至尊贵仁慈国君之能事，而吾人将永不能忘陛下之功业。吾人极愿吾人之请求为陛下之洪恩所允许，而当陛下之仁慈及于吾人及吾邻居时，吾人将力图报答陛下也。愿上天保佑陛下。

耶稣诞生后1583年
我王在位第25年，授于格林尼治宫

当玛丽一世（1553—1558）在位时，英国政治完全服从于西班牙的利益，玛丽自己和西班牙国王腓力二世结了婚。玛丽一世死后，腓力二世又向伊丽莎白求婚，但这位登位不久的女皇毅然拒绝了他，并开始执行反西班牙的外交政策。这时英国的资本主义发展状况，并不比东方的大明帝国更快，新贵族与资产阶级还无力建立一个自己的资产阶级国家。因此，统治者便加快发展工商业和采取积极的外交政策。同时，殖民扩张的思想已在上层统治者中兴行起来。英国的报刊出现了许多关于航海、旅行与地理发现的文章，而如何发现通往中国的新航路，成为当时一个极为重要的话题。1573年，威廉·布尔出版了《论海上霸权》一书，他在书中详尽地介绍了从英国到中国

第七章　定陵地宫的主人

可能通航的五条道路：一、取道好望角，为葡萄牙人所专有的航路；二、取道麦哲伦海峡，为西班牙人所专有的航路；三、西北航路，要通过北美；四、东北航路，通过俄罗斯；五、北极航路，通过北极。

在殖民扩张宣传的同时，英国开始了具体行动。约翰·纽伯莱第三次被派出寻找到中国的航路。在这之前的1576年，著名的探险家马丁·弗罗比舍，沿西北航道寻找中国遭到失败。1578年，弗兰西斯·德罗克率领五艘航船渡过麦哲伦海峡，企图驶往中国，但依然没能成功，只得于1580年返回英国。

约翰·纽伯莱吸取了上两次航海失败的教训，取道好望角向东方行进。然而，当他到达忽鲁谟斯时，被葡萄牙人发现并逮捕，航船再度搁浅。

一次次的失败，并没有阻止英国人打开中国门户的决心，他们除了开始向北美输出殖民统治，仍继续寻找经过北美到中国的西北通道。经过几十次失败，英国东印度公司的船队，终于在1637年到达了中国的澳门。

在英国开辟中国航路的几十年里，特别是在南洋探寻时期，虽然英国没有夺取中国商人在南洋贸易中的领导权，但是这里的中国商人因得不到国家支持，无法击退这些戴着商人或探险者面具，自西方驶来的强盗，大批的商品被他们掠走，中国控制的南洋贸易领导权也摇摇欲坠。遗憾的是，大明帝国一直到覆亡，对这个新出现的欧洲民族还没有丝毫的了解，一直将它和荷兰混为一谈。在中国文献中，唯一提到英国人的记

瑞典东印度公司商船到达中国南海（按照瑞典军官卡尔·古斯塔夫·艾肯伯格在其1770—1771年书中的木刻画制作）

载是1637年威德尔来到广州,在虎门与中国守军交战,而明朝史官竟糊里糊涂地将这次事件记入《明史·荷兰传》中,却不知在这之前,英国人已开始在南洋抢掠中国财富了。当英国东印度公司的"印地号"船队驶近澳门海岸时,大不列颠本土已开始了震惊世界的资产阶级革命,并向工业社会大踏步前进。这时的京师已被清军占领,崇祯皇帝吊死煤山,大明帝国不复存在。资本主义萌芽在八旗军的铁骑下,顷刻化作灰土,民族兴盛的朝晖从东方隐去,再也未能重新升起。

注释:

①徐文璧:南直隶凤阳县(今安徽省凤阳县)人。中山王徐达八世孙、定国公徐增寿七世孙。隆庆二年(1568年),徐文璧袭封定国公。隆庆五年(1571年),在廷议中同意俺答汗封贡。明神宗即位后,改掌后军都督府事。徐文璧为人小心谨畏,受神宗亲信,久为"班首重臣",屡代其郊天,又疏请建储、罢矿税及释放被逮官员。累加至太师兼太子太傅,袭爵共三十五年。万历三十年(1602年),徐文璧去世,获赠特进光禄大夫、柱国、太师兼太子太傅,谥号"康惠"。

②巩华城:明代皇帝北征及谒陵巡狩驻跸之所,位于今北京市昌平区沙河镇内。明永乐十九年(1421年),成祖朱棣迁都北京后随即在此建起一座行宫,作为皇帝巡狩和后代子孙谒陵停留之处。正统元年(1436年),行宫被水冲毁。嘉靖十六年(1537年),世宗驻沙河,礼部尚书严嵩奏请建城及修建行宫,驻兵防卫。嘉靖十七年(1538年)动工修建,十九年(1539年)完工,御赐名"巩华城"。城呈方形,南北、东

西各长1000米,城高10米,每隔16.7米建一垛。城以行宫为中心,辟四门,南名"扶京",北名"展思",东名"镇辽",西名"威漠"。

③陈经邦:字公望,号肃庵,福建莆田人。明嘉靖四十四年(1565年)进士,选庶吉士,后授编修,累官至礼部尚书兼学士。万历皇帝为太子时,陈经邦选任东宫讲读官。万历即位,陈氏进讲经义,"明白恳切,音吐洪亮","仪度庄雅,进退雍容"。另,陈氏应制诗赋颇受万历称赞,并亲书"责难陈善"四个大字赐陈。

万历十一年(1583年),陈经邦继徐学谟之后升礼部尚书兼学士。在其任上,部事大治,并参与指导了定陵营建计划和实际兴建工程。万历十三年(1585年),因与权臣申时行等论事不合,疏请罢归。

陈经邦家居三十年,万历时常派人问候,然因申时行等臣僚所阻,终不得召。于万历四十四年(1616年)卒,终年79岁,赠太子少保。

明史载,陈经邦工于诗,人称其诗"质而不浮,丽而有则",有《群玉山房诗集》一卷。文章结集为《陈尚书疏议》二卷,《东宫讲章》《经筵讲章》各十五卷行世。

第八章 金刚墙谜洞

石隧道的尽头,一座巨大的金刚墙突然出现在面前,地下玄宫只有一步之遥。隧道轰然塌陷,金刚墙再度消失。面对神秘的巨墙,是进,是止,发掘人员陷入了深思——

石隧道的神秘文字

　　实现机械化出土运输，出土量较以前几十倍地增加。在挖开第三道探沟后的一个多月，终于在两侧发现了由大石条垒砌的墙壁痕迹，然后逐渐出现两道完整的大墙。考古队及时做出判断：这是帝后入葬的最后一段甬道，或曰"石隧道"。隧道由"砖砌"变成"石砌"，这是明显的升级，虽然隧道有些弯曲，但是他们没有走弯路，地宫就在前面。长期紧张的神经本可以稍稍松弛，然而打开地宫，进入地宫，文物的清理工作将会更复杂更艰巨，工作队又须做出各色各样的设想分析与推断：如果尸体未腐怎么办？器物半朽不朽怎么修整？有些迹象稍显即逝又如何及时记录拍照？……这不仅是对年轻的考古队的考验，也是对我国考古水平的考验，必须在乱麻中理出几条，每个人必须做具体准备，大会小会、人员、工具、药剂……白天宝顶上卷扬机、矿车轰叫，入夜来木板房内烛光通宵达旦……

　　几个月后，石隧道终于全部显露出来，它由南北两道大墙构成，呈东西走向。东端略向南弯曲，距砖隧道虽近，但并不衔接，也不完全相对。大墙除顶部及两端接近金刚墙部

第三条探沟位置与石隧道示意图

第八章 金刚墙谜洞

分，使用少量城砖外，其余为花斑石做成。这些花斑石都经过仔细地研磨和加工，光滑平整，色彩绚丽。整个隧道呈斜坡形，自东向西，由浅入深，隧道两壁花斑石，亦由一层递次增多至十七层。全长为40米，两墙中距8米。发掘前全部由黄土填满，都经过夯打，夯面有极为细薄的石灰一层，夯土在填满隧道后，即高出墙壁而直达地面。在发掘中，隧道两侧发现了部分木柱残迹，这可能是棺椁入葬时的临时设备。

在开始计划使用机械化发掘时，曾引起不少人窃窃私语，即使学术界上层人士也有两种不同的意见。纵观世界以科学考古为内容的发掘古墓或遗址，都是用镐、锨、锹等工具完成的。从中国殷墟的发掘，山顶洞人头盖骨、三角缘神兽镜的出土，到著名的叙利亚巴尔米拉古城遗址、苏联阿尔泰山北侧的巴泽雷克墓群、古巴比伦帝国遗址的伟大发掘，都是靠人力工具完成的。而定陵首次打破这一常规，会不会破坏墓道的遗迹？这是一种创造还是对文化的摧残？经过一阵纷纷扬扬的议论，最后还是夏鼐拍板：使用机械，仅仅用于向外运土，毫不损伤遗迹遗物。工业文明已经崛起，我们当然不能墨守成规。既然人类创造了工业文明，我们就应大胆而科学地利用。

事实证明这个决定是正确的。第三道探沟[①]的出土，在毫不损伤墓道遗迹的同时，为加速打开地宫赢得了时间。若干年后，人们才明白启用机械化发掘的一个潜藏在心底的秘密，如同作战一样，他们是想把打开地宫后清理文物这一最为重要的环节，抢在一个不冷不热又比较湿润的季节完成，这对保存、保护文物最有利。但是有一点却是他们没有料到的，那就是政治形势的急剧变化。如果地宫不能迅速打开，一年之后，就容不得他们这些人在此停留片刻了。无论他们对此多么留恋，甚至痛心疾首，命运注定要将这座地下宫殿交到另一班人的手中。是福是祸，只有凭这后一班人定夺了。

石隧道中也很有收获。在40米长、20米深的隧道里，赵其昌、白万玉仔细地察看着巨石的结构和一切可疑的迹象。在离沟底两米多高的花斑石条上，发现了墨书字迹，擦去上面的尘土，字迹清晰可辨。其内容多是记载月、日、姓名、籍贯、官职以及石质的优劣等。他们详细地记着上面的一切记载：

四月廿六日管队金虎下口
廿六日刘精
山东胡西儿
中都司金离西四月廿五日
五军八营三司二队王宝下
四月有七日
…………

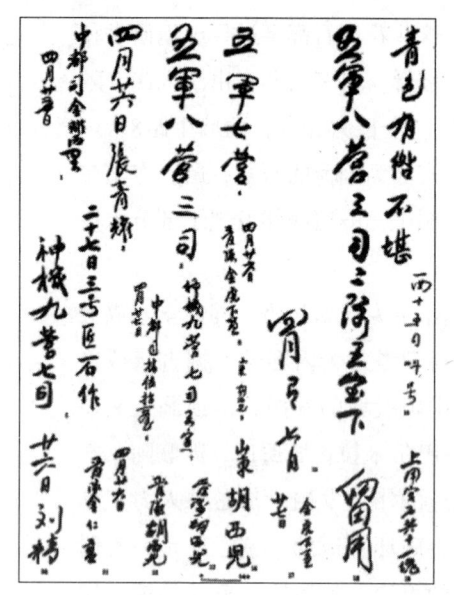

石隧道两侧花斑石上墨书摹本

墨书的位置和结构极不工整，颇似顺手涂抹而成，有的地方还出现"画押"字样。经分析认为，这些墨迹当是石料的验收人员所书，从墨迹所示官职看，大部分属于军职人员。文献记载："万历十八年正月癸丑，巡视京科道官洪有复等奏言，寿宫做工班军，人多工少……"可见当时的陵工大都用班军，隧道石上所留墨书字迹，证明了这一点，文献与遗迹吻合。

发现圭字墙

作为一个考古工作者，其研究能力是一方面，最值得珍视的是在调查发掘上的丰富经验与对工作的责任感。田野调查发掘有一套系统的、严密的方法论，只有严格地按照科学的方法调查发掘，才能算是真正的考古工作。"考古工作者的水平和成绩如何，主要不是看他发掘出什么东西，而是要看他用什么方法发掘出这些东西而定。"这是夏鼐大师的名言，也是他从事考古学事业所遵循的一贯准则。1944年他在甘肃宁定（后改名广河）阳洼湾发掘"齐家文化"墓葬时，整天像土拨鼠一样蹲在掘开的墓坑里，用一把小铲子轻轻地

第八章 金刚墙谜洞

拨开墓坑里的填土，细心寻找着陶器碎片，仔细观察土层色泽的细微变化，终于发现和辨认出"仰韶文化"的彩陶片，从地层学上确认了仰韶文化的年代比"齐家文化"为早，从而纠正了瑞典考古学家安特生关于甘肃新石器时代文化分期的错误说法，同时打破了英国的东方学者拉克伯里关于中国文明来自美索布达米亚的迦勒底和古埃及、古巴比伦的错误论断。夏鼐的论文《齐家期墓葬的新发现及其年代的改订》在英国皇家人类学会会志上一发表，顿时轰动了英国和欧洲学术界。阳洼湾出现的第一缕曙光，不仅标志着外国学者主宰中国考古学的时代从此结束，同样也标志着中国史前考古学新的起点。

1950年冬，夏鼐在河南省辉县琉璃阁主持战国时代车马坑的发掘，每天手执小铲，在风雪中操作，终于成功地剔掘出十九辆大型木车的遗存。琉璃阁的发掘，第一次显示了新中国田野考古工作的高超技术与水平。这种拼搏和求实精神，使夏鼐成就了与斯文·赫定、安特生、格林·丹尼尔、亨利·弗克福特、波提埃、李希霍芬等一代宗师齐名的辉煌

1950年10月，中科院考古研究所派遣首次发掘团一行十二人，在辉县琉璃阁考古工地合影。立排左起：魏善臣、徐智铭、郭宝钧（左四），苏秉琦、夏鼐、安志敏、马得志（右三）、王伯洪、石兴邦。坐排左起：王仲殊（右三），赵铨（右一），白万玉（左三）

伟业。正如日本著名考古学家樋口隆康在他后来所著的《夏鼐先生与中国考古学》中所指出的：

夏鼐氏担任中国考古研究所所长历二十年。其间，虽然也经历了"文化大革命"的考验时期，而他之所以保持了中国考古学界顶峰的地位，是由于他高尚的人品以及专心一致力求学问上的精进。他不仅对国内考古学，而且对国际考古学方面的知识之渊博，涉猎范围之广泛，作为一个考古学者来讲，也是无人可与之匹敌的。他研究的范围，重点之一是西域考古学。考古工作者要研究西域，仅仅具备中国考古学的知识是不够的，而必须是通晓西方的学问。例如对新疆所产丝织品以及中国国内出土的东罗马金币和萨珊朝银币的研究。我想，大约除他之外没有人可以胜任的吧。他不仅是中国考古学界中最有威望的人，在国际方面也是享有很高声望的、少有的考古学家。

正是有了拥有如此渊博学识和成熟经验的指导者，使这支年轻的考古队在新中国首次主动发掘帝王陵墓的重大工程中几乎没走什么弯路。不久，赵其昌就在石隧道西部的宝顶下，探到了金刚墙的上部。

金刚墙埋在距地面1.3米深处，高出石隧道有1.2米的距离。它们虽然还埋在地下，但从探铲下土质不同的变化已经弄清了它们的准确位置与石隧道的相互关系，并做出了图示。这一段无法使用机械化出土，只有靠人工一锹一锹地向外抛运。通过近一年的发掘，民工们不仅懂得了如何按照考古的要求进行发掘和分辨各种可疑迹象，而且发掘技术日益成熟。把金刚墙位置与石隧道的联结关系告诉他们后，他们认为这是未卜先知，都想尽快一睹这道埋藏已久的大墙的风采。于是干劲大增，加班加点，出土量成倍增加。经过一周的发掘，终于穿透土层，到达了金刚墙。

金刚墙通高8.8米，厚1.6米，确像是一个魁梧剽悍的金刚大力士把守着地下玄宫的大门。厚厚的墙基由四层石条铺成，石基上方用五十六层城砖和灰浆砌成。顶部由黄色琉璃瓦做成坚固的飞檐，像是一幅黄金铸就的头盔。斜阳西照，整座墙壁放射出灿烂的光辉，扑朔迷离，夺人二目。华美的工料和独特的艺术造型，无疑是在向世人显示一种威武和坚不可摧的力量。

经过仔细勘查，新的奇迹出现了。金刚墙有一个隐约可见的开口，开口上窄下宽，呈"圭"字形，由墙的顶部延伸下来，原用二十三层城砖加灰浆砌封，封口不露任何痕迹。但是，由于隧道内填土的长期挤压，致使封砖略向内倾，封口渐渐显露出来。可以断定，这封口里面就是埋葬帝后的玄宫大门了。这一天是1957年5月19日。"找到了，终于找到了！"赵其昌激动地大声叫喊起来。民工们也呼啦围上来，观看这神秘的封口，20米深处，顿时回响起嗡嗡的欢腾之音。刘精义望着封口，突然回转身，"噌"地扑到白万玉老人背上，大喊一声："我们——胜利了！"话音未落，白老"扑腾"一声被压倒在地。刘精义一见，撒腿便跑，白老爬起来坐在地上，哭笑不得："看你这孩子，这孩子……"探沟里又轰地爆发出一阵笑声。

玄宫金刚墙近景

望着金刚墙的封口，赵其昌突然想起在第二道探沟中挖出的那块小石碑所镌刻的文字："此石至金刚墙前皮十六丈深三丈五尺。"他急忙找来绳尺从小石碑出土的地点进行测量，果如石碑所指，把现在的米数换算成明朝的数量单位，正好是十六丈。赵其昌点点头，望着坚固的大墙，轻轻说道："天助我也！"

从1956年5月19日，发掘队在定陵挖下第一锹土，到1957年5月19日找到金刚墙的封口，正好一年。这是历史的巧合，还是上帝的安排？定陵发掘三十年后，我们在一份简报中查到了工作人员当年发掘的线路图。

金刚墙的发现及简报的介绍，立即在文化界引起轰动。大批的历史学家、考古学家、学者及政界要人，纷纷赶到定陵一睹金刚墙的雄姿风采。敏感的新闻界立即做出反应，手持采访本，照相机也随之涌来。针对这种情况，长陵发掘委员会做出决定："除中央新闻纪录电影制片厂在定陵现场拍摄外，其他新闻单位的采访一律谢绝。尤其禁止外国人入定陵现场……做好一切保密工作，防止阶级敌人搞破坏活动。"由于这个决定和当时中国的政治状况，定陵发掘的消息直到1958年9月6日，才由新华社首次向国内公布。

受到特别关照的中央新闻纪录电影制片厂，不失时机地快速运来了三辆发电车、摄影机及两大车拍摄设备，并抽调张庆鸿、沈杰、牟森等几位导演、摄影师前来定陵拍摄。这个摄制组从此定居发掘工地，拍完了地下玄宫洞开前后的全部过程。三十年后的今天，人们在长陵大殿看到的影片《定陵地下宫殿发掘记》，就是这个摄制组拍摄的实况。

5月21日下午，在定陵明楼前的松柏树下，召开了发掘工作一周年庆祝大会，长陵发掘委员会的郭沫若、沈雁冰、吴晗、邓拓、范文澜、张苏、郑振铎、夏鼐、王昆仑等文化界名流出席了会议。会上，由吴晗给民工颁发了奖品：

头奖10名，每人发一双蓝帮解放鞋。

中奖20名，每人发一条白毛巾。

末奖36名，每人发一条北京牌肥皂。

民工们望着手中的奖品，每个人的脸上都泛起淡淡的红晕。一年的艰苦，一年的辛劳，一年的风风雨雨、严寒酷暑、欢笑悲歌……都融进这奖品之中。对他们来说，这是一种荣誉，一种奖赏，更是一种承认。对长年伏卧在土地上，背负着共和国一步步艰难前行的中国农民来说，只要祖国母亲承认他们为社会主义建设事业"参加工作"，那么，他们心里也就满足了。

然而，要想得到这个承认并非易事。且不说共和国正处在童年时期，即使在它已到不惑之年的九十年代，作为一个农民，无论他在土地上劳作多少岁月，要想在履历表上填写为祖国建设"参加工作"四个字，也必须从他走出土地加入"非农业"这个无形而又无处不在的行列之后开始。

第八章 金刚墙谜洞

封口消失何处

就在金刚墙刚刚出现的同时，发掘队便派出专人做搭棚的工作了。

北京市东单区（今属东城区）席棚科的技术人员来到定陵发掘现场，研究搭棚的设计方案。接着，十一辆满载竹竿、竹席、木料、油毡、麻绳、铁丝的汽车开赴定陵，二十名工匠开始了搭棚工程。大棚先用杉篙为架，再以麻绳配合铁丝扎绑，顶部铺一层苇箔，上面覆盖两层竹席，竹席中间夹一层油毡。工匠多是新中国成立前私营棚铺的老师傅，专以搭盖红白喜事用的棚帐为业，有着极为丰富的经验和娴熟的技能。很快，一座长60米、跨度直径26米的大型席棚得以完工，席棚的出现，为这古老的定陵陵园注进了强烈的现代气息。远远望去，如同一座巨型桥梁横跨江河深川，气势磅礴，巍峨壮观。有这样一座坚实的大棚做屏障，对保护石隧道和金刚墙，以及地下宫殿的大门，应是万无一失的，但事实并非如此。8月3日深夜，狂风刮过之后，大雨伴着隆隆的雷声倾盆而下，密集的雨点敲打着木板房砰砰作响。发掘队人员被雷声惊醒，一个个趴在小窗上向外窥视。漆黑的夜幕裹住了一切，只有雷电闪过的刹那间，才见雨帘已把天地连为一体，形成一片混浊的世界。"怕是探沟要出事。"白万玉老人望着夜空的雨柱轻声说。"怕什么，有那么牢靠的席棚，再大的风雨也能抵挡。"

考古队员刘精义（前右一）陪同前往定陵参观发掘的乌兰夫（前右二）等人在发掘现场，身后可见搭起的防雨棚。（刘精义提供）

刘精义伸出白嫩的手，调皮地拍拍白老肩膀满不在乎地说。

"你这孩子，真混账……"白万玉刚要对刘精义耍威风，"轰隆"一声巨响，众人立即警觉起来。白老大叫一声："不好，工地出事了！"根据多年的田野考古经验，他第一个分辨出响声来自工地的土层塌方。几乎每个人都是赤条条地冲向工地。几道手电光在雨帘中闪耀，他们沿工棚两侧自东向西寻找塌方的位置。赵其昌在石隧道尽头停住，他大喊一声："白老，在这里！"众人闻声而来，只见金刚墙顶部的宝顶上大片土方已经塌陷。正在这时，席棚内传出人的呼喊声，由于风雨阻隔，喊声显得细小无力。

"坏了，探沟内有人！"眼尖耳聪的刘精义第一个说道。

没有人再说话，大家不约而同地沿着探沟的台阶下到隧道底部。这时大家听清了，确实有人在金刚墙下呼喊："塌方了，你们快来呀……"

队员们迅疾跑到金刚墙下，只见是两名公安人员被埋在土中。为保证地下宫殿的安全和防止文物被盗，公安部队十五名战士已于5月30日进驻定陵，日夜看守。

非常幸运，塌下的土方只把两名战士的腿部埋住，没有伤害其他部位。队员们爬上塌下的土层顶部，将两名战士腿部的泥土扒开，搀扶着他们走了下来。

"伤着了没有？"白万玉老人问着，两名战士活动了一下腿部，没有发现大的伤痛。众人的心才稍微放了下来。

"你们是怎么下来的？"赵其昌问。"我们俩怕雨天有事，就来这里察看。想不到刚到这里，土层就呼隆一声塌下来，我们也就跟着下来了。"一个战士摸着腿，惊魂未定地回答。"看来你们命够大的，差一点你们就完了。"白老说着，把手电光射向塌下的土层。这时大家才发现，金刚墙已被土层掩没，刚才两个战士差不多是站在金刚墙的上方。如果再向外延伸半米，那就不再是现在的情景了。几只手电光对准大棚察看，终于发现是大棚一角漏雨所致。赵其昌急忙带人拖来油毡和竹席，把漏水的地方盖好。当他们回到木板房时，身上都沾满了泥水，大家相互望着，不禁大笑起来。

第二天清晨，风雨停息，陵园格外清新。赵其昌带人来到塌方的工棚前仔细检查漏水原因，终于从油毡上找到答案。原来工棚所用油毡质地粗糙，有的已出现破裂痕迹，在暴雨的击打和水流的压力下，开始出现一道道裂痕，雨水顺缝而下，终于酿成塌方事故。若干天后，赵其昌才知道是工作队一个后勤人员，在昌平私下收买了一个厂家的处理品，油毡价格便宜，但质量低劣。正因为他图了便宜，才差点害了两条人命，并使民工又费了十二天时间，才把塌陷的土方清出探沟。

金字塔与中国皇陵

埃及人把古代皇帝称为法老。

金字塔是古代埃及的一种王陵建筑。相传古埃及人称这种建筑为"穆尔"或"梅尔"，意即升起的地方。今天西方对金字塔的通称"庇拉米得"一词似乎起源于古希腊语"庇拉米斯"。这是古希腊一种三角形面包，由于这种王陵建筑同这种面包形状颇相类似，所以古希腊人就给它起了这样一个名字。中国人称它为"金字塔"，是由于它的外形很像汉字"金"字的缘故。

埃及已发现了83座金字塔，绝大多数已经倒塌。而位于开罗西南部的吉萨大金字塔，是埃及第四王朝的胡夫法老下令修建的陵墓群，距今已4600多年，被誉为世界奇迹中的奇迹。其中最大的一座高约147米，周长近1000米，共用230万块巨石，20万奴隶苦役30年建成。前面一座巨石雕凿的狮身人面的斯芬克司巨像，阴沉、威严地直视东方。法老为了自己的陵墓不被盗墓者进入，精心设计了一系列的陷阱和机关。著

埃及金字塔与狮身人面像

名的吉萨大金字塔，为使墓室通道的入口处不被人发现，把入口放在北面大约13.5米高的地方，站在外面是很难发现和看到的。如若把那里的石头一推，就能骨碌碌转一圈。即使某个有运气的盗墓者，找到了这个入口，也难以进到法老墓室。从入口往地下走去，有一条长长的走廊，实则是条迷径。走廊顶部的一块石头，也能骨碌碌转一圈。如果盗墓者闯过了这条迷径，那么他将碰到更难的第三关，这就是墓石前面的一条落石大走廊。法老的葬礼一完，就把四块巨石扔进去，把整个走廊堵得严严实实，连一丝缝儿都不露。而最后的一道关卡，就是用传统的咒语，来恐吓盗墓者。咒语，在古代埃及是神显灵的一种方式。传说其方法是把被咒者的名字刻在一个土罐上，然后把罐打碎，表示被咒者将遭到灭顶之灾。

卡特等在发掘图坦卡蒙法老的陵墓

在埃及金字塔附近发现的一座陵墓，墓室前厅有一块匾额，上面刻着这样的咒语：

"死者之灵将会把盗墓者的颈部像一只鹅似的扭断。"

陵墓打开后，发现墓中躺着两具尸体。一具是法老木乃伊，另一具是盗墓者。据考古学家分析，这是盗墓者伸出手去拿木乃伊身上的珠宝时，顶上的一块石头突然掉了下来，把他砸死在墓室中。

1922年秋天，英国著名考古学家霍华德·卡特抵达埃及罗克索，在许多民工的帮助下，开始发掘埋在地下的图坦卡蒙陵墓。

11月4日，卡特骑着一头小毛驴，来到发掘现场后，只见工地上一片静谧。他感到很惊讶。这时工头匆匆跑来报

第八章 金刚墙谜洞

告：“先生，我们挖到了一段阶梯。”卡特大喜，开始鼓励民工加紧干下去，如发现宝藏，定有重赏。

第二天傍晚，民工们就挖出十二级阶梯。这时，一扇密封着的石门出现了。石门上刻有封印，封印上是一只孤狼和镶嵌九名囚犯的图案。这是帝王谷死者之城的封印，它同时表明这座地下陵墓未被盗过。卡特意识到这可能成为一次世界上最伟大的考古发现。不久，卡特的好友卡那封伯爵从英国赶来了。纽约大都会博物馆最佳摄影师波顿、图画师赫尔和哈赛、象形文字学家威葛第纳、美国考古学家梅西等，都集中到了发掘工地。11月26日，打开了第一扇门，清除了堆在走廊里2米厚的石块和沙砾，再向里挖进7米左右，又发现了一道石门。

若干年后，卡特回忆当时的情景时说：“以颤抖的双手，我在左上首的角落，挖了一条裂缝。铁杆所及之处，都是一片黑暗和空洞。我们用蜡烛探测一番，看看是否有恶气，然后把洞挖大一点。我把蜡烛插进去，把头探进去看，里面散发着热气，使得烛光摇曳不定。但未过多久，当我们的眼睛对光线适应之后，里面的东西在朦胧中出现了，这是奇怪的动物雕像，还有黄金——每一处都金光闪闪，在这一时刻，我惊讶得哑口无言。”

卡特组织民工，用锤子和撬棍把门打开，里面涌出一股憋了几千年的热气。两个黑色的和真人一样高的塑像，束着一条黄金的腰带，穿着黄色凉鞋，前额上装饰着一条金蛇，面对面地站着。还有金椅子、白石做的透明脸盆，闪光的金床，和许多饰着金银珠宝的衣服……此时，只听见响起一阵噼噼啪啪的声音，原来是许多木头做的器具，几千年来放在这个密不透气的墓室里，突然遇到新鲜空气，就迅速膨胀开裂，发出这种古怪吓人的声音。许多珍珠散落在地，用手轻轻一捏，就立刻化成粉末。这是因为时间太长，珍珠早已老化了。

他们又在四周墙壁仔细搜索，东摸摸，西敲敲，发现北面的墙壁声音不同，仔细检查，又发现了一个大洞。往里一看，只见里边有一间屋子，好像发生了一场大地震，椅子、箱子、小壶、人像等许多东西，杂乱无章地堆放着。大家进入后，只见到处是珍贵的随葬品。有116个箩筐，都是用金和银镶嵌细工装饰着，中间放满了果子、肉类和各种粮食，这些都是给死后的法老用的。41个水瓶过去曾装满葡萄酒，这也是为法老准备的。还有一条用雪花膏做的小船，长高各约7厘米，精致无比，据说这是法老死后游尼罗河的工具。除此之外，还有法老喜欢的武器、铠甲、家具等，都金光闪闪，珍贵无比。

后来，又在站着的两个黑人之间找到了一扇门。这是1923年2月16日。卡特选了20名身强力壮的青年开启了这扇门。门打开后，用手电筒往里一照，就有一股刺目的光射了出来。大家走向前去，才弄明白这是用黄金做的箱子，箱面上镶嵌着世界最大的黄金板，高2.75米，长5.2米，宽3米。箱侧面镶满上等深蓝色的陶器和金子装饰品，辉煌灿烂，光彩夺目。"这是棺龛！"卡特高兴地喊了起来。

大家小心翼翼地打开棺龛，里面又出现一个大箱子。这是第二层棺龛，上面也罩着黄金板，比第一层更鲜艳夺目。这样的套箱直到第四层才变成石头棺椁。这些黄金铸成的巨箱，虽然一个比一个小，却一个比一个精细，上面都有各种精致的花纹图案。这四个黄金巨箱可称得上世界上最古老、最珍贵的艺术品。

第五层显露的石头棺椁，长2.75米，宽和高各1.5米，用黄色石英岩做成，光滑如镜，闪耀着美丽的光泽。四个边角镶有美丽的女神浮雕，周围雕满各种鸡、鸟、虫、花、月、日的象形文字。这堪称世界上最令人炫目夺魂的棺材。在这狭窄的墓室里，要打开这座仅盖板就重达1250公斤的巨石棺材谈何容易？卡特组织人力，费了好大的劲，才把棺盖挪开了50厘米。

大家往里面一看，只见一个黑乎乎的东西躺在里面，他们认为这可能是法老的木乃伊。但经过清理才知道，原来是白色的亚麻布，经过几千年的岁月变成了黑色。卡特把六层裹布慢慢揭开，里边出现了一具金棺材，棺材盖上雕塑着一个辉煌灿烂的黄金人像，这就是图坦卡蒙法老的黄金人。

黄金人额头上刻有秃鹫和蛇的符号，象征着主人不可侵犯的尊严。交叉在胸前的双手，拿着皇家标志的神鞭和笏。眼珠由黑石做成，巧妙地镶进黄金雕刻的洞内，深蓝色玻璃制成的眼眉和眼珠融为一体，炯炯有神。额头上端端正正地摆着一束花。经过几千年漫长的岁月，花虽早已干枯，但颜色鲜艳依旧，这实在是一大奇迹。

而真正的奇迹还在这黄金人被拿走之后。一层画满荷花的布料，包着一个厚3厘米的纯金制成的棺材，上面刻着奥西里斯神像，镶嵌着宝石和有色玻璃。打开这个棺材，里面是一具黑色的木乃伊，这就是图坦卡蒙法老。他安详地睡着。在整个发掘过程中，卡特等人在现场成立了一个实验研究所，利用现代科技，对每件物品进行照相，并绘制成图，以便做长期研究。

正当发掘者兴奋地在第二个大厅工作时，卡特在前厅中发现了一个用黏土做成的匾额。几天之后，象形文字学家威葛第纳就把这个匾额上的文字翻译了出来：

谁触犯法老
灾难就降临

处于某种心理上的考虑，卡特、卡那封等学者把这块匾额偷偷地处理了，后来在陵墓的收藏物中，再也见不到它的踪影。但是，它的阴影却永远铭刻在读过这则咒语的人们心中，而且由此引起了一系列令人难以置信的灾难。

一位妇女参观完墓室从金字塔中间的一条斜道上一步步退出时，忽然大叫起来："我要出去，快救命！"说完就倒在斜道上，当场死去。不久，一位西班牙妇女也在斜道顶端墓室入口处尖声大叫起来，倒在地上，全身痉挛。等众人把她抬出斜道，她才渐渐恢复知觉。事后她说："我好像突然被什么东西打了一样，之后就什么也不知道了。"

第二天，开罗的报纸登载了这个消息，于是世人纷纷传说："这是法老显灵了！"

随着后来参加陵墓考察、发掘的历史学家、考古学家以及医学家的相继死去，"法老显灵"的传说又蒙上了一层更为恐怖和神秘的色彩。有科学家认为，图坦卡蒙法老墓中放入了一种难以测知的毒菌和一种带有辐射线的稀有元素，这种毒菌和元素侵入人的身体后，重者可当场昏迷死亡，轻者半年之后根据自身的抗菌能力而逐渐出现各种病症，直至最

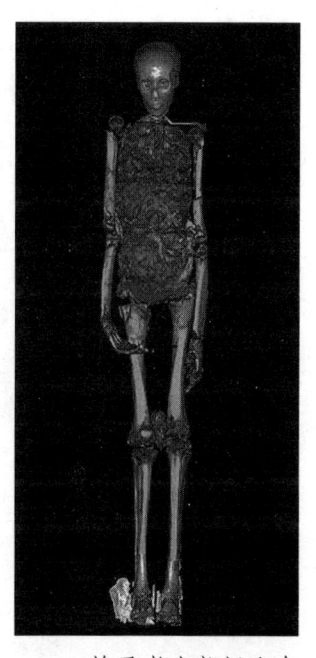

埃及考古部门公布的对埃及法老图坦卡蒙木乃伊进行CT扫描得到的照片，全身呈金黄色

与埃及法老陵墓咒语相似的是，山东济宁汉墓石刻防盗咒语"诸敢发我丘者令绝毋户后"

后死亡。

古埃及法老的陵墓金字塔，以其难解之谜困惑着人类，并让后人产生了无限的遐想、推测和追寻。有关定陵地下玄宫的传闻，也像西方对金字塔一样，笼罩在极为恐怖和神秘的气氛之中。早在到达金刚墙之前，各种传言就在当地百姓和发掘民工中洪水般泛滥开来。有人预言在金刚墙后面，就有暗道机关，只要挪动一块砖石，就会有毒箭射出，无论身体哪个部位中箭，必死无疑。金刚墙出现后，有人对着封口仔细观察一番之后，见无可疑迹象，便又开始推测，金刚墙后面没有暗道机关，但地宫中可能布下了暗箭和飞刀。只要一打开地宫大门，就会万箭齐发，飞刀同落，休想逃命……各种传说神乎其神，令人不寒而栗。仅凭传说似乎不足为信，在金刚墙被发现的十天之后，一个身穿破衣、头戴苇笠的老头，悄悄地出现在工地一角，见有民工过来就打招呼，极为神秘地说道："我家藏有祖传陵谱，上面清楚地写着这定陵地宫里有一条小河，上面飘着一只小船，要想见到万历皇帝的棺椁，必须踏舟而过。过河后，有一万丈深沟，沟底铺满铁刺，上面铺一道翻板，要想渡船过河，踏板越沟，必须是生辰八字相符者才能成功，不然必得丧命……"

民工见这老头颇有点仙风道骨的气派，便一个个让他掐算生辰八字。老头也不客气，有求必应，看完之后每人收钱两角。一圈下来，便捞了几块钱。当赵其昌、白万玉等人闻讯而来时，老头早已溜之大吉。

民间的传闻、神秘的老者，构成了一个个谜团，在人们心中滚动，蔓延，升腾，恐怖神秘的传闻终于传进文化上层人物耳中，并由此引起了极大的震动。长陵发掘委员会的郭沫若、吴晗、邓拓、郑振铎，先后来到发掘现场并做出指示："宁肯信其有，不可信其无，要做好妥善准备，以保证人身与文物的绝对安全。"学医出身的郭老，还有具体说法："古墓有尸毒，你们必须注意。"

原本对传闻只当作笑料的发掘人员，面对文化大师们的指示，心中再也不能保持平静了。既然传闻已在人们心中引起如此大的波澜，就不能不认真地分析对待。

金字塔内的咒语，与古埃及人对神的崇拜和信仰有关。但在墓室中所发生的种种奇闻，也不全是假的，只是科学未对此做出满意的解释。据日本考察队对埃及胡夫金字塔的电磁探测，证实金字塔至少有一条未打开的秘密通道，通道外侧还埋着一条完整的船。这条通道是为谁设计的？船干什么用？会不会就是人们传说的暗道机关？这一切仍为千古之谜而没有被解开。

赵其昌曾带着这些疑问同夏鼐仔细商量，并取得一致认识：从西方的金字塔以及其他的大墓来看，有的确实埋有盗墓者的尸体。但这些盗墓者的死因是墓中内在的力量冲击，还是外力所加害，尚没有弄清。这种现象，在中国的一些墓葬群中也不少见，有的墓葬一打开，里边有三四具盗墓者的尸体。但从多数尸体的形状、神态和墓葬的环境可

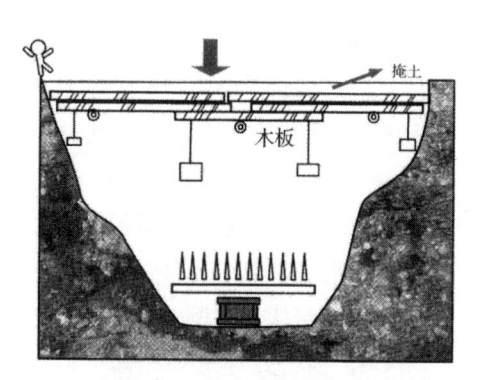

古墓中设置的连环翻板想象图一
（蔡博制作）

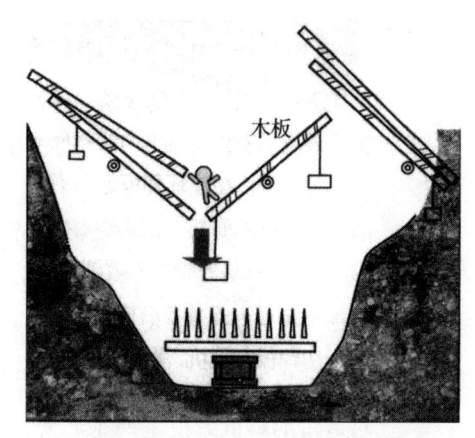

古墓中设置的连环翻板想象图二
（蔡博制作）

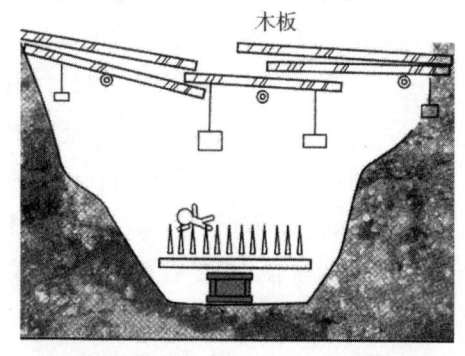

古墓中设置的连环翻板想象图三
（蔡博制作）

断定，大都是外来力量的侵袭所致。盗墓者摸到棺椁后，从一头爬到尸体之上，然后把早已准备好的绳子分别套在自己和死尸的脖子上，挺一挺身子，被套住脖子的尸体也就翘起身子，这样，盗墓者就可随意地搜索棺椁中的宝物，甚至脱掉死尸的衣服。宝物从开启的洞中递出后，不等下边的人爬出来，外边的盗墓者就用石头或土块把洞口堵死，以便将宝物独占，而里边的盗墓者只有活活地憋死。所以无论是西方或是中国，盗墓者大多是父子或兄弟组成帮伙，而很少由朋友组成。中国的皇帝陵是首次科学发掘，到底里边是什么状态，有没有暗器机关，需要慎重对待，尤其应该注意的是里边的气体。为了防止尸体腐烂变质，可能要放些保护性的药剂，这些药剂和地宫的腐烂气体相混合，很可能变成伤害人的毒气，为防止发生意外，应再研究些史料，做好开宫前的一切准备工作，不打无把握之仗……

于是，赵其昌一边紧张地做打开地宫的准备工作，一边和刘精义研究史料，以便取得绝对的把握。西汉史学家司马迁在他所著的《史记·五帝本纪》中说："黄帝崩，葬桥山。"《史记·封禅书》中又引述了轩辕黄帝的死因和入葬情况："黄帝采首山铜，铸鼎于荆山下。鼎既成，有龙垂胡髯下迎黄帝。黄帝上骑，群臣后宫从上者七十余人，龙乃上去。"后来，汉武帝"北巡朔方，勒兵十余万，还，祭黄帝冢桥山"后曾说："吾闻黄帝不死，今有冢何也？"或对曰："黄帝已仙上天，群臣葬其衣冠。"在当时，司马迁对黄帝的离世或说是乘龙上天，或说崩葬桥山，或说是衣冠纪念冢未有定论。黄帝是否真有陵墓存之于世，历史上众说纷纭，史学界一直争论不休。如《路史》对黄帝升仙之说提出不同意见，认为这是秦汉时期方士之言，不足为凭。《剑经》上说的则是黄帝铸鼎以疾崩葬桥山，意指为铸鼎时生病而死。但后面又说，五百年以后，山崩，墓内空室无尸，只存有黄帝的宝剑和赤靴。其实，这些记载并未能说出黄帝陵的真实情况。根据中国墓葬发展过程推测，那时还不会有现在这样的高坟大冢，更不会有陵园祭殿等建筑物。那么，现在陕西、河南、河北、甘肃，甚至北京附近，现存的轩辕黄帝陵或纪念性标志，都是后人为纪念这位祖先和心目中的英雄而修建的，里边根本不会有他的尸骨。但司马迁所记，汉武帝北巡朔方回长安时，曾在黄陵县城北面的桥山祭祀过黄帝陵，这一点应是事实。由此也可以断定，桥山黄帝陵至今已有两千多年的传说历史。在中国历史上，关于帝王陵墓最早的

第八章 金刚墙谜洞

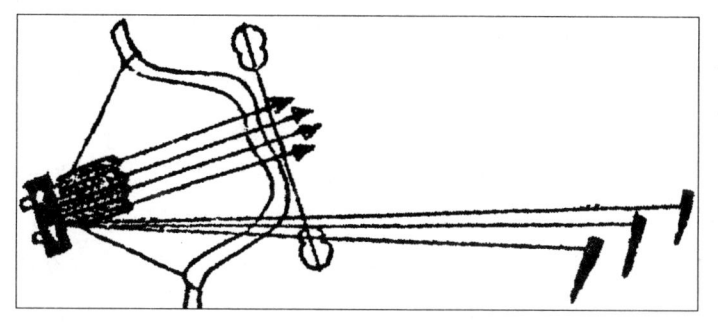

秦始陵地宫设置的伏箭想象图（林猹绘制）

可靠的记载，当是陕西省骊山的秦始皇陵。据《史记》载："始皇即位，穿治骊山，及并天下，天下徒送诣七十万人，穿三泉……"秦始皇13岁即秦王位，不久就在骊山开始营建陵墓。统一天下后，又从全国征发来七十多万人参加修筑，直至他50岁死时还未竣工，秦二世又修二年，前后共费时近四十年方完成这一浩大工程。

《史记》中，对陵的地下宫殿及陈设也有记述：地宫极其深邃而坚固，它不但砌筑"纹石"，堵绝了地下泉流，而且还涂有"丹漆"，起到了防潮作用。墓中建有宫殿及百官位次，放满珠玉珍宝，燃烧着用人鱼（我国古代神话形象，为一种四脚鱼，似人形，生活在东海中）膏熬的蜡烛，永久不灭。地宫中设有防备盗墓而自动发射的弩机暗箭，并在棺椁四周灌注水银，如同江河湖海围绕，机械转动，川流不息。上面象形日月天体，下面象形山川地理……作者还告诉后人："二世葬始皇，令宫内宫女，凡无子女者，具殉葬；凡参修墓室之工匠，具另坑活埋之。"秦始皇入葬两千多年后，发掘人员在陵西南约1400米的姚池头和赵背后村发现有刑徒墓葬。这个占地1020平方米的"衣葬坟场"里，杂乱的骨殖竟然铺了1米多厚。这或许正是司马迁在《史记》中所记载的那些修陵工匠的归宿。秦末战火中，秦始皇奢华的宫殿和陵墓遭受了一场浩劫。项羽入关以后洗掠咸阳城和阿房宫，宝器一月未能运完，最后付之一炬，大火一连三个月而不灭。后来，一个牧羊人因羊群跑进项羽部下所挖的始皇陵

201

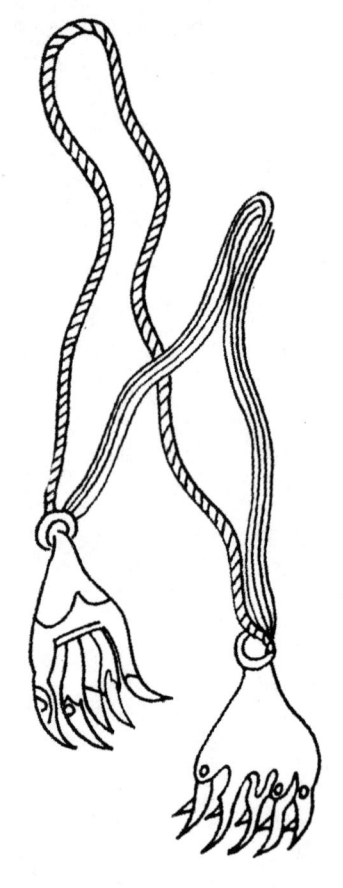

洞穴，便手执火把进洞搜寻，从而又引起洞内一场大火。五代时军阀温韬以筹饷为名，复又进行大规模盗掘，陵园中珠玉宝物被洗劫一空。

据《汉书》载，建元二年（前139年），也就是汉武帝即位第二年，也开始为自己营建"寿宫"，一直修了五十三年才竣工，等到武帝死后，陵上栽的树木已长得可以合抱了。陵墓高十二丈，深十三丈，墓室高一丈七尺，四门埋设暗箭、伏弩等机关，以防被盗，在开始营建的同时，迁各地富豪二十七万人到陵区居住。著名的历史学家司马迁，就是这时由夏阳搬到这里的。西汉末年，赤眉军占领长安时，曾"破茂陵取物犹不尽"，其实在这之前，陵墓早已被当地匪兵盗掘过了。

为省人力物力，同时也防被盗，唐代帝王陵一开始就采用了以山为陵的形式，利用山的丘峰作为陵墓的坟头。安葬李世民的昭陵，就选择了长安西北海拔1188米的山为坟，凿山建造而成。史料记载，这一葬法是由李世民的结发之妻长孙皇后提出的。她先李世民而死，临终前对李世民

明代发明的双飞挝。用净铁照式打造，若鹰爪状，五指攒中，钉活，穿长绳系之。始系人马，用大力丢去，着身收合，回头不能脱走。后被应用于反盗墓中

说，为了节俭，尚需薄葬，"请因山而葬，不须起坟"。实际上这是李世民自己的主张，不过借皇后之口提出而已。在他为长孙皇后所撰碑文上就曾说："王者以天下为家，何必物在陵中，乃为己有。今因九嵕山为陵，不藏金玉，人马、器皿皆用土木形具而已。庶几奸盗息心，存没无累。"

我们今天看唐太宗李世民的昭陵和高宗武后合葬的乾陵这两处以山为坟的陵寝，其气势之雄伟，连秦始皇陵的硕大封土也难以与之匹敌。至于防止盗掘，昭陵却未能逃脱，唐亡时军阀温韬率兵挖掘，曾运出金珠宝器无以数计。看来李世民并非真的"薄葬"。唯独高宗和武则天的乾陵至今没被盗掘，大概与山石坚固、巨石铅水封门有很大关系。

第八章 金刚墙谜洞

唐以后的诸家皇陵，大都有暗箭、弓弩、毒气之说，但多数还是遭到了后人的洗劫。至于盗掘中这些暗箭、弓弩、毒气到底是否发挥作用，发挥了多大作用，官方史料并无记载。只有一些野史叙说了盗墓者的详细盗掘经过和暗器的厉害，但这些实不足为凭。即使近代军阀孙殿英盗掘清东陵的乾隆、慈禧陵墓的详细经过，也是众说不一。何况假设陵墓地宫中果有暗器，也早被孙殿英的炸药包轰毁，起不到任何作用了。

但有一点不容忽视，即当初万历皇帝修建定陵时，不会不知道历代帝王陵墓大多数被盗的事实，陵墓的具体负责者也一定读过《史记》和《汉书》之类的文献史料，对诸陵中所设暗道机关，自然明白无误。既如此，他们就不可能不在地宫中做些防盗的器械设备。而中国历史走到明代，资本主义工业文明已经亮起曙光，这一点，从明朝初期的郑和下西洋所率的庞大船队可以得到证实。这时要在地宫中设置防盗器具，秦汉的弓弩利箭被更加科学的先进武器所替代，大概已是理所当然的了。那么，定陵的地下宫殿到底有什么样的先进暗器？这个谜团久久地困扰着每一个发掘队员的心。

注释：

①第三道探沟：用机械出土，在中国考古学史上是首次。探沟中时常出现用砖垒成的方垛。这是当时造陵时用夯夯平填土的水平标志，发掘时部分被保存着。砖垛用城砖两横两竖，上下排列不用灰浆，砖垛有至三四层不等。第三探沟展宽时两侧显露出石砌大墙，即石隧道，石隧道的两端接近砖隧道的尽头（两隧道不紧密相接），东端斜坡走向深处，到尽头便是横向的金刚墙。

第九章 风流皇帝苦命妃

少年皇帝偶遇翩翩少女，如干柴投入烈火。暗中结成的一段风流韵事，令万历抱憾终生。另一个女人悄然出现，万历痴迷如醉，不能自拔，最终酿成长达十几年的"国本之争"。情天恨海，哀怨缠绵，危机四伏的大明帝国古船，在君臣纷争、相互叫板使气中，疾速沉沦——

两个女人

万历六年（1578年）早春，礼部奉慈圣皇太后旨意，选得锦衣卫指挥使王伟的长女王氏为皇后，在一个黄道吉日——二月十九日，由张居正主持，完成了皇帝大婚典礼。

这次大婚，16岁的万历皇帝并未感到是一件了不起，或具有标志性的大事，无论是对他本人还是明帝国，都是如此。因为他与当朝声威显赫的王氏家族年仅13岁的少女成婚，并非出自个人意愿，乃母后慈圣的杰作。太后年事渐高，盼望儿子成年成婚，自己抱孙子的愿望越来越强烈，便有此一系列看起来顺理成章的操作。在这位经历过世事沧桑的女人心中，孙子越早出生越好，且越多越好，如此才显得人丁兴旺，国祚也才能万世不休。然不知何故，万历大婚后，王皇后一直未有生育。按照祖制，皇后一经册立，皇帝再册立其他妃嫔即为合理合法，这是历朝的规章制度，也是增加皇室后代的必经之道。新册立的妃嫔，在未来的岁月里，将是八仙过海，各显神通，为当朝皇帝的传宗接代，穷尽自己的智慧和力气。

明代钦安殿祈求圣嗣相

第九章 风流皇帝苦命妃

三年后的万历九年（1581年）八月，已是19岁的青年皇帝派文书官传达太后意见："命专选淑女，以备侍御。"正当选妃计划紧锣密鼓地筹谋，万历躺在御榻上偷笑之时，当年十二月，皇后王氏如得天助产下一女，成为万历皇帝人生中第一个孩子，号称长公主。

有些遗憾的是，女孩毕竟不能传宗接代，要延续朱明王朝的血脉和国祚，必须是男子才有资格担当。因而，急迫等待中的慈圣皇太后召令时任首辅大臣的张居正，把选妃之事纳入朝廷的快速运作轨道，并赋予悠悠万事唯此为大的重任。心领神会且办事老到的张居正，深知内中况味且自有主张，乃启奏道：今皇上仰承宗庙社稷之重，远为身世长久之图，而内职未备，储嗣未蕃，这也是臣等日夜悬切之事。但选用宫女事体太轻，恐怕名门淑女不乐意应选，不如参照嘉靖九年（1530年）选九嫔事例，上请太后恩准。慈圣太后是信赖张居正的，阅罢，立即照准。

史载，明代应选妃嫔的条件包括：相貌端正，眉目清秀，耳鼻周正，牙齿整齐，鬓发明润，身无疤痕，性资绝美，言动中礼。在众多条件中，候选人的容貌美丽固然重要，但不是最重要的，更不是唯一标准，是否入选，由多个方面叠加在一起进行权衡，有幸者方可入宫。既有成例在前，几天后，万历根据太后意旨，命礼部查照嘉靖九年世宗皇帝选册九嫔事例，先于京城内外出榜晓谕，然后会同巡城御史专访民间女子，凡年在14岁以上、16岁以下，容仪端淑，礼教素娴，以及父母身家无过者，慎加选择，陆续送诸王馆。北直隶、河南、山东等处，另差司官前往选取。

诏令颁下，朝野上下掀起了选妃热潮，这股热潮如同秋后的野火，随着绰绰人影以及相伴的鸡飞狗跳，在京畿四周大街小巷流窜，惊喜交加

孝端皇后像

207

者、悲欣交集者、以头触地者、仰天大笑者，各色人物在野火中激烈碰撞。如此这般一顿操作，通衢大道腾起的烟尘，终于随着积雪的融化四散飘落，路边沟壑的枯草吐出了尖尖绿角，一个阳光明媚、暖风浩荡、万紫千红的春天到来了。

此刻，春风骀荡，草长莺飞，正是成就好事的时候。万历十年（1582年）三月，年轻的皇帝在皇极殿宣布册封以下九嫔：周氏为端嫔，郑氏为淑嫔，王氏为安嫔，邵氏为敬嫔，李氏为德嫔，梁氏为和嫔，素氏为荣嫔，张氏为顺嫔，魏氏为慎嫔。

就在朝廷内外大张旗鼓册选九嫔之时，一个平常又隐晦的契机悄然来到万历的眼前。这天早上，他精心打扮一番，兴致勃勃地来到慈宁宫拜见母亲慈圣太后，而太后恰巧不在宫中。在等待还是退却的犹豫间，一个献茶的宫女挪着小步婷婷袅袅走了进来。万历一见，怔愣了一下。一问，对方姓王，年方十七，正是含苞待放的好时候。青年皇帝怀揣一颗怦怦跳动的心，在殿内转了一圈，眼睛不断瞟向这位体态丰腴、情窦初开的妙龄女子，欲火烧灼中，最终决定不再顾及面子，一举拿下。于是，万历皇帝把这位王姓宫女拉入偏房，翻云覆雨一番。未几，跟随的内宦开始善意提醒，他才蓦地意识到，此处不是自己放纵撒野的地方，慌忙整衣束带、气喘未定地出门开溜。

明代宫女的入选标准有别于妃嫔。宫女大都来自北京和周围省份的平民家庭，凡年在十三四岁，或者再小一点的女孩都可作为候选人，但其父母必须是素有家教、善良有德之人。宫女入选的标准比妃嫔略低，特别是政治与门第方面的标准，更是不能同妃嫔同日而语。而恰恰因不太注重政治与门第等方面，

万历皇帝之父、明穆宗皇帝朱载垕像

第九章　风流皇帝苦命妃

入选的范围更广、人数更多，选出的宫女在容貌、身材、脾气、待人接物及语言表达等方面，较之一般妃嫔更胜一筹，也更讨人喜欢。在经过各级官员多次挑选后，入选者便被女轿夫抬进宫中，从此再难跨出宫门一步。这些可怜的宫女，唯有在骚人墨客笔下，其容貌、生活才显得美丽而极富浪漫色彩。实际上，阴沉幽闭的皇宫储藏的几千名宫女，都归皇帝一人所有，绝大多数只能在奴婢生活中度过一生，个别"幸运者"，也只在无限期等待中消磨时光。明末一首宫体诗对宫女生活曾有这样的描述：

六宫深锁万娇娆，
多半韶华怨里消。
灯影狮龙娱永夜，
君王何暇伴纤腰。

宫女们的最后结局也不尽相同，有的可能到中年时被皇帝恩赐给某个宦官，与之结为"夫妻"，即所谓"答应"或"对食"。有的则被送到罪臣之妇干活的浣衣局去洗衣打杂。倘皇帝一时兴致所至，也会把一些人放出宫去，这些大多是皇帝不能"临幸"的前朝老年宫女。留在宫中的，倘若在繁重的劳动、森严的礼节、不时的凌辱中支持不住而得病，不能找御医医治。明太祖朱元璋在洪武五年（1372年）六月制定宫廷礼仪时，要求"宫嫔以下有疾，医者不得入宫，以症取药"。所谓"以症取药"，就是嫔妃生病求医时，医者只能根据近侍转述的病情开药。转述者若出现描述不准、语焉不详，甚至刻意隐瞒等状况，则极易导致医者误判。宫嫔尚且如此，宫女自不待言。宫女死后的待遇

王恭妃像

明代皇储诞生内殿
挂彩簪花相

更是悲惨至极，她们要和内监的死葬一样，送到北京西直门外进行火葬，骨灰则被放在枯井中，即所谓"宫人斜"，其待遇之低下，连一块平民入葬的棺材板都得不到，更无须说家人在灵前凭棺一恸了。

既然现实制度无法改变，被投入宫内的女人，就要想方设法、竭尽全力得到皇帝的青睐和亲近，唯此，才有可能得到机会予以翻盘，悲惨的命运才能有所改变，并可能因此逆袭而带来意想不到的崇高地位和荣耀。这一点并非蓬莱仙阁，可望而不可即，在万历母亲慈圣太后身上，就曾得到鲜活的印证。史载，慈圣太后李氏，父亲李伟是通州永乐店人。李氏初入宫，属被称作"都人"，即一般宫女，后被分到裕王府侍奉嘉靖皇帝的第三子朱载坖。李氏聪明伶俐，善察言观色又善解人意，被裕王看中，于是暗房私幸，李氏有了身孕。嘉靖四十二年（1563年），生下一个男孩朱翊钧，即明神宗万历皇帝。如此，李宫女才平步青云，最终登上了梦寐以求的太后宝座。

有其父必有其子，其父当年血液中流淌的基因，一不留神就传承给他的后代。对这个至关重要的传承入口需要加以说明的是，按大明朝的内庭规矩，万历皇帝临幸宫女之后，应当场赏赐一物件予对方，作为临幸的凭证，跟随在一侧的文书房内宦，要把这一切完完全全地记入《内起居注》，以备查考——皇帝的子孙是要严格记录、不允许有赝品的。然而，万历在欲火难耐中临幸的这位王氏，毕竟是母亲宫中的宫女。这一点，万历是颇有些忌讳的，虽然这个忌讳隐于当朝规章制度之中，没人会因此事公开站出来指责年轻皇帝行为不轨，但在年轻的万历心中，还是感到此事不大光彩。在万历心中，既然神不知鬼不觉，那么一切终将隐入尘烟，再也无痕可查了。

然而，事情并不如此简单。几个月后，宫女王氏因体型变化，被慈圣太后猜破并盘问出来。太后吃惊之余，想起自己作为宫女时的苦难与辛酸，对王氏的隐情表示理解，同时也为自己有抱孙子的可能而大为高兴。几年前，这位号称慈圣的太后为保朱家香火不断，精挑细选给儿子立了皇后，然只生出一位公主。复又一日而娶九嫔，想以广种多收之法达到目的。遗憾的是，有心栽花花不开，这一群妃嫔丝毫没有生育的征兆。宫女王氏暗结珠（朱）胎，恰似久旱逢甘霖，太后自然暗自为之庆幸。为表达心中的欢喜，当天，她摆下酒宴，派人把万历找来侍酒庆贺。

席间，太后悄悄向儿子问及此事。年轻皇帝一听，顿时面红耳赤，惊恐万状，支支吾吾一阵后，予以否认。她一看儿子这副敢做不敢为的做派，不禁怒火中烧，立即命左右太监取来《内起居注》，令万历自己翻看。平时游手好闲、穿梭于众多宫女妃嫔之中随意行事的万历皇帝，哪里会料到这一出？白纸黑字，不容狡辩。铁证面前，万历只得如实承认发生的一切。慈圣太后望着儿子失魂落魄的窘迫样子，心一软，收敛怒气，转而好言相劝："吾老矣，犹未有孙。果男者，宗社福也。母以子贵，宁分差等耶?！"

万历十年（1582年）六月，在慈圣太后力主下，宫女王氏被册封为恭妃。同年八月，王恭妃不负太后所望，果然生下一个男孩，这便是一生遭万历冷遇和歧视的短命皇帝——朱常洛。

皇帝首次有子，无论是大明王朝、朱氏家族，还是普天之下的臣民，都认为是一件顺天应民的大喜事。皇帝下诏全国减税免刑，派使节通知和本朝关系友好的域外邦国，以示朱明江山相传有人，国祚久远……然而，这个时候，无论是朱氏家族的慈圣太后，还是大明王朝的臣僚阁辅，甚至包括万历皇帝本人，都没有预料到，这看似是一场喜剧，实际却是一场悲剧，而导致这场以喜剧开始、以悲剧结束的根源，是万历遇到了另一个女人，即在此前被册封的九嫔之一、排名第二的淑嫔郑氏。这位长得乖巧玲珑的小家碧玉，虽姿色出众，但15岁进宫时并未引起皇帝的特别关注，一年之后，才鹤立鸡群，受到皇帝的殊宠。这位淑嫔郑氏一经进入万历的生活，就使年轻的皇帝把新立不久的恭妃王氏视如敝屣。紫禁城内，郑淑嫔不但一鸣惊人，且惊得所有臣僚都冷汗涟涟。于是，一场围绕皇帝与郑淑嫔，即后来的郑贵妃相守相爱、密谋立储的阻击战，在大明帝国晚钟敲响的前夜正式打响。

闭月羞花郑贵妃

万历十一年（1583年）七月二十六日，皇帝诏谕内阁，淑嫔郑氏因孕，晋封德妃，是为九嫔中第一位封妃之人。八月七日，行德妃册封礼，遣定国公徐文璧、成国公朱应桢为正使，大学士申时行、余有丁为副使，持捧节册，册封淑嫔郑氏为德妃。万历在德妃册文中，对郑氏礼赞道：

柔嘉玉质、婉嬺兰仪。九御升华，恪守衾裯之度。双环授龙，弥遵图史之规。宜陟崇班，用彰异渥。

同年十一月二十七日，郑德妃生下皇次女云和公主。万历闻知，大喜，要求取太仓银十万两、光禄寺银五万两庆祝小公主降生。不久，他又为女儿取名为轩姝，取朱家爱女之意，足见喜爱之深。至此，郑氏开始在万历一朝崭露头角，对未来的万历皇帝及大明王朝，产生了极其严重的影响。许多年后，史家黄仁宇在他的《万历十五年》中认为：郑氏一生，之所以能赢得万岁的欢心，并不只是因为她的美貌，更多的是由于她的聪明机警、通晓诗文等他人少有的才华，如果专恃色相，则宠爱绝不可能如此历久不衰。

黄氏之言，自有其理。随着内阁首辅张居正的去世，万历摆脱了翰林学士的羁绊，尤其在他晋封王氏为恭妃并成为父亲之后，慈圣太后不再干预他的生活。经过了养儿育女的人生一关，同大多数青年男子一样，万历皇帝这时才在真正意义上成年了。他已经没有时间和兴趣再跟小宦们胡闹，严酷的

第九章 风流皇帝苦命妃

政治现实迫使他励精图治，挽帝国于危难，扶大厦之将倾。他命令大学士把本朝祖宗的宝训抄出副本供自己参考，又命令宦官在北京城内收买新出版的各种书籍，包括诗歌、论议、医学、杂剧、话本等供自己阅读，加深对中国文化的进一步了解。而当他读罢极富传奇色彩的小说，以及富有悲剧意味的杂剧后，不免心中涌起淡淡的哀愁，自己贵为天子，有时却不比一个黎民百姓更为幸福和自由。他在崇拜那些英雄豪杰丈剑走天涯的同时，更渴望张生与崔莺莺那般浪漫的爱情，希望得到一个自由幽会的乐园。

一天夜里，万历住在郑妃宫中，无意间哼了一段《西厢记》唱词："青山隔送行，疏林不做美，淡烟暮霭相遮蔽。夕阳古道无人语，禾黍秋风听马嘶。我为甚么懒上车儿内，来时甚急，去后何迟？"

万历刚一唱完，身边的郑妃立即唱出了下段："四围山色中，一鞭残照里。遍人间烦恼填胸臆，量这些大小车儿如何载得起？"

这里需特别提及一点，许多史料曾流传郑妃生于北直隶顺天府大兴一个贫寒之家，本名郑梦境。当朝廷选妃的消息传来时，全县一片惊恐哗然，许多少女为躲避册选连夜出嫁。郑梦境的父亲郑承宪也匆匆把她许给某孝廉为妾，并火速举行成婚之礼。但在迎娶之时，父女相对，悲恸不已，谁知哭声被过路的太监听到。太监们进门察看，只见郑氏生得

明宣宗行乐图。由此图可推知万历皇帝的官廷娱乐生活亦不过投壶等单调的技艺

十分俊俏，立即禀报主事官，郑家乃被强行中断婚礼，郑梦境被带进宫墙之内遴选。凭借如花似玉之身，郑梦境进入九嫔之列，位居第二名，得以侍奉万历。有研究者认为，从郑氏入宫后表现的聪明才智和对《西厢记》了如指掌来看，郑氏并非出自一个贫寒之家，至少属小康人家。若家境极度贫穷困顿，要准确无误地背诵出《西厢记》唱词，几乎是不可能的。

郑妃唱完，脸颊绯红，两眼含满泪水，果有崔莺莺和张生十里长亭诀别之态。万历皇帝大为震惊，想不到在自己身边竟有这样通达诗文、多愁善感的女才子。他激动地上前抓住郑妃的玉手道："爱妃怎晓得这唱词？"

"这崔莺莺和张生的故事谁不晓得？我很小的时候就听过乡里人传唱，听了多少遍呢。"郑妃从容不迫地答道。

年轻的万历皇帝由惊转喜。多少个岁月的求索挣扎，今日终于找到了一个知音。有道是人生得一知己足矣。自此以后，万历经常来郑妃宫中，向这个女人倾诉自己的惆怅和政治抱负。郑妃凭着机智和聪敏，觉察到身边这位皇帝虽然贵为天子，权倾四海，但实质上既柔且弱，精神空虚孤独，没有人给予同情和理解。即使他的亲生母亲慈圣皇太后，也常

皇都积胜图（局部，明·佚名绘）描绘了明代中期北京城以及郊外情景。此为瓮城至大明门一段画面：瓮城内外，棋盘街上，商贾云集，货品齐全，人来人往，气氛热烈。图后有万历三十七年翁正春长跋一则

第九章 风流皇帝苦命妃

常把他看成一部传宗接代、光宗耀祖的机器，而忽视了他毕竟是一个有血有肉、既能冲动又会伤感思怀的人。基于这种了解和理解，此时的郑妃已透彻地看清了作为一个异性伴侣所能起到的作用，可以说，郑妃是在最适当的时机走进了万历的生活之中。既然机会已经到来，就应紧紧抓住，发挥最大的能动性，以自己的青春热情，去填补皇帝精神上的寂寞，从而达到自己预期的目的。

郑妃很快理解了命运为她所做的安排，在一入宫门深似海的紫禁城，几乎所有的妃嫔都对皇帝俯首帖耳，百依百顺，心灵深处却保持着距离和警惕，郑妃却反其道而行之，在皇帝面前表现得天真烂漫、无所顾忌。她敢于以伴侣的身份挑逗和讽刺皇帝，跟皇帝说话时不再低首弯腰，一副奴才相，反而把皇帝当作玩伴，尽情玩闹，兴起时甚至抱住皇帝，摸他的脑袋等部位……这种"大不敬"的行为，除她之外，无人敢如此。当然，装傻充愣的憨闹是有限度的，更多的时候，郑妃则安静地站着或坐着，深情地望着对方的眼睛，默默聆听皇帝的倾诉，并替他排忧解愁。在名分上，她属于姬妾，但在精神上，他们却是一对相互关爱、心心相通的伴侣，而万历也从她的眼神和话语中，感到了精神交流的力量。正是郑妃这一不同寻常的表现，万历才把她引为知己而倍加宠爱，并在晋升的通道上一路攀升。

万历十二年（1584年），集三千宠爱于一身的郑妃第二次怀孕。八月七日，万历皇帝遣定国公徐文璧、大学士申时行为正使，恭顺侯吴继爵、彰武伯杨炳、大学士许国为副使，各持捧节册，进封郑氏为贵妃。同年十二月二十九日，郑贵妃生下皇次子朱常溆，可惜不幸当日夭折。万历十三年（1585年）正月十九日，皇帝追封次子朱常溆为邠哀王，遣成国公朱应桢、大学士申时行持捧节册行礼，后安葬金山。

据万历朝户科给事中姜应麟的后人于《先太常公传略》载，郑贵妃身怀皇帝次子时，宠冠后宫已三年矣，万历皇帝与之戏逐，而伤身，致皇次子早夭。郑贵妃因而怨怼于皇帝，万历怜惜贵妃，便与其私下盟誓，"若再有生子，必立为东宫"。后皇三子出生，皇帝果然特加优待。

万历十四年（1586年）正月初五，毫不气馁的郑贵妃再接再厉，生下皇三子朱常洵，大喜过望的万历皇帝命取太仓银十五万两，用以庆祝皇三子出生。

按照史家黄仁宇先生的说法：多少年后，首辅申时行辞职家居，回忆起他在担任首辅的八年中，曾经看到万历皇帝有过精神焕发、励精图治的雄心壮志。尤其是在万历十三年（1585年）张居正一案落实后，郑贵妃生下儿子朱常洵之前的几个月，皇帝对首辅申时行提出的治国要求，总是大加支持，并热心参与各种典礼。在形式化的帝国制度中，表面的支持即实质的参与，它足以策励群臣百姓勤俭笃实，挽帝国于危难。皇帝的这番作为与他和郑贵妃邂逅相爱有无关联，申时行没有提及，但从明代史料中，可以见到这样一个特殊的事例。

万历十二年（1584年）入冬以后，京都出现干旱，尤其是到了春夏之交的季节，干旱越发严重，以致河流干涸、麦禾枯焦。在各地官员向天求雨而无结果之后，皇帝决定亲自到天坛向"天父"求援，以向普天之下宣示他关心子民苦难的诚意。

按先朝规定，万历三天前便开始斋戒，并在宫中奉先殿默告祖宗，给上天写一封十分虔诚的求援信，署上"臣朱翊钧"，先一日送到南郊坛庙。

五月十六日，旭日东升，光华万里。万历皇帝穿戴整齐，由皇极门开始步行，百官则在大明门列队以待。京城百姓多年来第一次看到这样庄严而朴素的仪式。皇帝一个人健步走在前边，后边跟随的是首辅申时行和六部大臣等，而文武官员各两千人则列成单行，两两相对，浩浩荡荡，伴随皇帝一起向天坛进发。皇帝、文武百官和宦官一律身着蓝色布装，只是领部和下缘以黑布镶边，平日的金银玉带全被牛角带所代替。以前

天坛圜丘坛

第九章　风流皇帝苦命妃

"肃静""回避"等仪仗、警示牌，由于皇帝的圣谕而被取消，子民们聚集到街旁，为能一睹天颜而感到幸运。相貌端正、脸圆短须、身材略胖的年轻天子，以虔诚的姿态，迈着稳健的步伐向前行进，目睹者无不为之动容。

而此时，最激动的恐怕要数皇帝本人了。遥想当年，首辅张居正阻止了他的书法练习，令其感到不快；母亲不让他出游嬉玩，令他感到委屈；宦官冯保的监督与挟持，令他愤怒……今天，他已从张居正死后的怅惘和茫然中解脱出来，爱他所爱，恨他所恨，放开胆子，由着性子，去干一个皇帝应该干的事业了。他感到惬意、骄傲与自豪，同时生发出一种"临泰山而小天下"的博大情怀。从前的胡闹与冲动，与今天伟大的壮举比起来，显得多么可笑和幼稚，而昔日的惆怅与悲凉，又是多么微不足道。天地如此广阔，世界如此博大，面对这广天阔地，作为一个帝国的最高统治者，应该干一番辉煌而壮烈的事业！

天坛的圜丘是万历的祖父世宗，即嘉靖皇帝于嘉靖九年（1530年）修建的。在这座与天地沟通的建筑物的同心圆最下二层石阶上，万历皇帝跪下来，点燃香火，朝天叩头四次。文武百官则列队站在西墙之外，随着赞礼官在昭亨门的传赞，百官也跪拜如仪。

这一天，万历皇帝的情绪异常高涨。当仪式结束，宦官们把御轿抬到他面前时，他却坚持同百官步行回宫。而这时恰好烈日当空，光焰似火，致使那些第一次受此劳苦的大臣感到困苦不堪。到大明门后，队伍刚解散，就有一位兵部主事迫不及待地从袖子里抽出折扇，使劲挥动。虽然此时礼仪已经结束，但如此不能忍耐仍属失仪，值班御史报告上去，其结果是这位倒霉的主事被罚俸半年。

申时行侍奉皇帝到皇极门，然后叩头退下。临行时他向万历致以慰问，万历答称："先生劳苦。"这时候首辅固然既饥且渴，极度疲惫，相形之下，常年居于宫中的皇帝则更为劳累，他还要到奉先殿去向列祖列宗祭拜，而后还要参见慈圣太后。

万历步行祈雨，是迷信的驱使，还是出于维系人心，恐怕连皇帝本人也难以解释清楚。但有一点是可以肯定的，当一个人处于困境之时，就不会放弃任何足以取得突围的可能性，哪怕这个可能性极为渺茫，也要把它当作精神上的支柱与寄托。年轻的万历皇帝躬亲求雨，不论是出于何种动机，这种虔诚的态度和奋进精神,向世人昭示了天命所在。他对一切尚未绝望,治国安邦的理想尚在,而且充满希望。就天下苍生的角度观之,年轻的皇帝亲赴天坛祈雨,是作为天子克尽厥职的最高表现,也是他对臣僚所做的爱民训示,这个合而为一的行动,即可安慰人心,稳住大局。

在万历祈雨不到一个月的六月二十五日,一场甘霖突降人间。最初是雨中带雹,旋即转为骤雨,雨势一直延续到第二天方才停歇。万历当仁不让地接受了百官朝贺。他由衷地感到骄傲与自豪,天下苍生也为之庆幸和欣慰。只是,好景不长,随着郑贵妃儿子朱常洵的出生,"国本之争"拉开了序幕,皇帝的这种作为再也见不到了。

国本之争

万历一朝及后来的几百年,世人对郑贵妃做过许多种评价,但有一点却是共同的,即郑氏的聪明机灵、善解人意是出类拔萃、难有匹敌的。这样一位才貌双全的女人,既然已被推上帝国王朝封闭凄壮的祭坛,那么,这个祭坛上的一草一木、一砖一瓦,都会教她倾尽生命的本能与才华,去做殊死一搏,以便尽可能地获取上苍恩宠,从众多祭坛之花中脱颖而出,反过来成为祭坛的掌控人——要想不被别人烹煮,就必须有能力烹煮别人,这就是帝国王朝祭坛的运作规律。

万历十四年(1586年)二月三日,郑贵妃生下的皇三子常洵即将满月,内阁首辅申时行上奏明万历皇帝,请尽快册立皇长子,也就是王恭妃生的长子朱常洛为太子。这个不识时务的奏章,万历以"元子婴弱"为借口,明确批示推迟两三年再行册立。

二月五日,似乎是不明就里,或装作糊涂的大学士兼首辅申时行等再次上奏,重申早日册立国本,于社稷有益,又针对皇帝"元子婴弱"的借口,提出了解决方法,即可先行册立之事,至于太子出阁讲学,则可以推迟两三年再举行。万历对此只冷冷地批示"遵前旨行",并针锋相对地于当日谕礼部:"贵妃郑氏,进封皇贵妃。"这一反常举动,使王恭妃和郑贵妃的

第九章 风流皇帝苦命妃

待遇，立即出现巨大逆转，臣僚们在惊骇之余，心中不服，密谋一番，决定不再充愣装傻，索性与皇帝撕破脸皮，实施反制。于是，万历一朝长达十几年的"国本之争"正式公开化。

对郑贵妃而言，生下常洵后被册封为"皇贵妃"，没有感到丝毫意外，她认为以她和皇上的亲密关系，获得这一荣誉并不过分。册封之前，万历要预先公布礼仪，以便有关衙门做必要准备。消息传出，就有一位老臣提出异议：按照伦理和习惯，这种尊荣应该首先授予皇长子的母亲恭妃王氏，郑贵妃仅为皇三子（皇次子朱常溆已夭折）的母亲，后来居上，实在是本末颠倒，不成体统。这一异议自然引起万历的不快，青年皇帝采取了置之不理的态度，册封典礼仍按原计划进行。

由贵妃到皇贵妃，尽管只一字之差，但这个"皇"字却成为不可逾越的标志。明代六宫在皇后之下设皇贵妃一人，这个位置属皇帝侧室中最高的等级，地位相当于侧皇后或副皇后。如此规格和荣耀，册封仪式必须格外隆重。首辅申时行和定国公徐文璧，在身穿龙袍正襟危坐的万历皇帝面前，接受了象征权力的"节"，然后在礼官乐师簇拥下，来到左顺门，两人以庄严郑重的态度把"节"和"册"，交给早就恭候在门口的太监，最后再由太监送到郑贵妃手中。在这隆重的册封仪式上，郑贵妃从太监手中接过上书"朕孜孜图治，每未明而求衣，辄宣劳于视夜，厥有鸡鸣之功"的"册"和金印时，惊喜中夹杂着感奋，再也无法抑制内心的感情，玉手微微颤抖，喜极而泣。眼望周围的红墙黄瓦、松树飞鸟，想起当年进入紫禁城的青葱岁月，在人数众多的宫女和妃嫔中，是她以自己的努力和心

万历皇帝盛年像

计，夺得了皇帝的宠爱，直到有了今天的崇高地位。这份荣耀使她在回想自己为之付出的辛劳时，得到了极大的心理满足。如果自己与皇帝的情爱得以持续，儿子常洵当太子以至当皇帝，而她自己成为皇后及至皇太后，并不是不可企及的遥远的梦想。

手捧册印的郑皇贵妃，就这样如痴如醉地沉浸在自己的大梦之中。与之相反的是，在关乎大明帝国前途险要的钢丝上，玩了一次霸王硬上弓的万历皇帝，对这次册封不免有些心虚，料定事过之后必定有人跳出来加以反对，因而心中忐忑不安。事实上，在郑贵妃儿子朱常洵出生以前，首辅申时行就曾建议万历早立太子，但皇帝不愿把自己不喜欢的女人生的儿子，立为帝位的合法继承人，遂以皇长子年龄尚小为借口推托过去。待朱常洛长到5岁时，王恭妃还未受封，而朱常洵刚刚出生不足两个月，郑贵妃即获得如此殊宠的地位，这不能不令那些早就疑心重重的大臣们，怀疑万历要废长立幼，从而动摇"国之根本"。臣僚们不愿因在这件事上的退缩而被记入史册，让后世子孙觉得朝中无忠君爱国之士。与此同时，万历猜测那一帮自认为"忠君爱国"的臣僚，必定在暗中蓄势待发，在恰当的时候给予自己一记重击。

事实证明了万历皇帝的预见和担心，就在册封郑贵妃的当天，户科给事中姜应麟即上疏，给皇帝忐忑不安的一颗心，连同那颗热血沸腾的头颅，泼了一瓢冷水。疏中，姜氏言辞尖锐且直中要害地指斥道："礼贵别嫌，事当慎始。贵妃所生陛下第三子犹亚位。中宫恭妃诞育元嗣，反令居下，揆之伦理则不顺，质之人心则不安，传之天下万世则不正，请收回成命，先封王恭妃为'皇贵妃'，而后及于郑妃，则理即不违，情即不废。"

意思很明显，姜应麟名义上说先封王恭妃，而实际则是要万历立皇长子朱常洛为太子，并要万历收回成命，以正视听。在接到姜氏上疏后，万历再次显现了他懦弱又刚愎自用的双重性格：既想保住既得成果，又想叫群臣承认他的所作所为公平合理，没掺杂半点个人私情。他先是煞有介事地做勃然大怒状，气冲冲地召集身边的宦官，似发火又似解释般地恨恨说道："册封贵妃，初非为东宫起见，科臣奈何讪朕？"边说边用手不断地敲击书案。宦官们出于对皇上身体的考虑和表达自己的忠诚，不便在此等事上插嘴饶舌，只是例行公务般不断地叩头，求其息怒。万历觉得他的苦心表演得到了宦官的理解，但还是以不服输的姿态降下旨意说：郑贵妃之所以特加殊封，只是

第九章　风流皇帝苦命妃

由于她敬奉勤劳，此事与立皇储毫无关系。立储自有长幼之分，姜应麟疑朕有私心，应降处极边。

中国封建帝国绵延二千余年，历朝历代的臣僚无不钩心斗角，尽显排挤打击之能事，尤其在"立储"的政治决战中，更是拉帮结派，互相攻伐，直至拼个你死我活。但发生在大明万历一朝的"立储"事件，却显得有些另类，大多数臣僚竟观点相同，步调一致，齐心协力反对册立郑贵妃所生的朱常洵为太子。按照当时朝臣的思维方式，太子的储立，关系到国家的根本利益，这个"国本"是值得以身家性命去争取、维护的，如果因为谏阻而被皇帝下令拖到殿前当众在屁股上施以板子，直至鲜血淋漓，甚至死去（杖毙），应视作"诤臣"的光荣而不是耻辱，因了这份光荣，就有可能永载史册，或博得个永垂不朽的声名。姜应麟此次上疏阻挠，虽然没有被拖到殿前挨板子，却也拂了龙须受到贬谪的处分，若无人出头替他鸣冤叫屈，对饱读史书、深知礼教、食国家俸禄的大臣来说，是极不光彩的，无论是出于礼教还是道义，都需要有人站出来据理力争。于是，吏部员外郎沈璟、刑部主事孙如法等一干臣僚，联合上疏为姜应麟开脱，替王恭妃鸣冤叫屈，指责皇帝对此事不公，其结果是一并获罪。接着，又有南北两京数十人上疏申救，大有不改变立储人选誓不罢休之意。

面对野火一样四散燃烧的舆论，与一批批直而上疏的勇士猛臣，躲在深宫的万历尽管心中极其恼火，却不再以火攻火，而是采取了置之不理、我行我素的态度，以示对抗。对

故宫午门广场旧影，明代实施"廷杖"之处。明代廷杖的规矩，是由太监监刑，"令锦衣卫行之"。彼时午门前两侧设有锦衣卫值房，凡朝臣中有违背皇帝意愿者，即令锦衣卫当场逮捕，并在午门中央甬道的东侧行刑拷打，然后下"诏狱"等候处决。一般受廷杖者十之八九会被当场打死。有关廷杖的具体细节和方法，《明史·刑法志》所记颇详

于这个战略战术，时人颇不理解，而四百年后的明史研究学者黄仁宇却做了这样的破译：作为万历皇帝，他对自己的"私生活"被人干预感到难以忍受，觉得这如同把金银首饰、玉器古玩，赏赐给一个自己喜欢的人，别人无权干涉。而此时的臣僚对万历皇帝的作为越来越"出格"同样感到困惑：贵为天子的当朝皇帝，怎好如常人那样感情用事，为所欲为呢？像历朝大臣一样，他们总是把希望寄托在一个好皇帝身上，而最要紧的就是，这个"好皇帝"是他们辅佐之人。这样，他们获得赏赐时，不论是官阶或者财物，都会随着皇帝的声望而提高价值。张居正改革社会的试验和培养皇帝的努力，虽然以身败名裂而告终，但大臣中仍不乏继续奋斗者，他们尤其不愿看到万历被一个女人"勾引"，而掉进误国误民的阴沟里不能自拔。

而在万历这边，自从他大着胆子敢冒群臣谏阻，甚至天下之大不韪，一意孤行册封郑贵妃为皇贵妃，从而引起群臣特别是文官集团几乎一致的反对与阻击后，开始变得不耐烦起来。无论是面对一帮整天跪拜磕头、山呼万岁的庸臣，或自称为清官循吏、照本宣科的糊涂蛋，还是临朝听政，看臣僚们表演般啰唆不停，皆感到十分厌恶。因而，年轻的皇帝索性一头扎进郑贵妃的怀抱，在昏睡的迷离与梦境的高山大海间来回游动，以此换取短暂的快感。至于现实的大明江山是否洪水滔滔，他就管不了那么多了。之后，万历皇帝开始以头晕目眩、行动不便等理由，不再举行早朝，亦不接见臣僚阁老，对朝政任性地撒手不再听闻。

既然当朝的各色臣僚敢在人前背后，悍然放胆抨击万历的日常生活，乃至个人隐私，具有欺上罔下、内奸外诈传统的大内宦官，也按捺不住心中莫名其妙的兴奋和欲望，开始通过各种渠道，或明或暗地向外廷传递万历皇帝日常生活放纵，特别是与郑贵妃的闺闱秘事。臣僚们认为皇帝不时以"头眩"为由，躲在后院深宫不举行早朝，亦不召见阁臣面陈议事，整日浑浑噩噩，混天熬日头，甚至破罐子破摔，以此种战术与群臣对抗，这成何体统？必须拖将出来，在光天化日之下予以群殴，以重锤敲击即将蛀蠹、糟烂的破鼓，才能使这个走向邪路、昏庸无为的皇帝起死回生，达到化腐朽为神奇之效。于是，礼部祠祭司主事卢洪春以职责在身，不敢不谏为由，大义凛然，于万历十四年（1586年）十月，首先起而上疏，慷慨陈词："陛下自九月望后，连日免朝，前日又诏头眩体虚，暂罢朝讲。时享太庙，遣官恭代，且云

第九章 风流皇帝苦命妃

'非敢偷逸,恐弗成礼'。臣愚捧读,惊惶欲涕。夫礼莫重于祭,而疾莫甚于虚。陛下春秋鼎盛,诸症皆非所宜有。不宜有而有之,上伤圣母之心,下骇臣民之听,而又因以废祖宗大典,臣不知陛下何以自安也。"

大帽子与大道理——扣下之后,卢洪春接着点明了具体细节与要害:臣前些时候就听到传言,说陛下由于骑马被摔下来伤了额头,从而托词"头眩",不举行早朝。若果真如此,以一时的快乐,而忽视了对天子安全的考虑,为患尚浅。但如果是陛下所说的"头晕目眩",危险可就大了。最后,卢洪春板起面孔,严厉指责道:"倘如圣谕,则以目前衽席之娱,而忘保身之术,其为患更深。若乃为圣德之累,则均焉而已。且陛下毋谓身居九重,外廷莫知。天子起居,岂有寂然无闻于人者?然莫敢直言以导陛下,则将顺之意多,而爱敬之心薄也。陛下平日遇颂谀必多喜,遇谏诤必多怒,一涉宫闱,严谴立至,孰肯触讳,以蹈不测之祸哉?群臣如是,非主上福也。"

这番话,卢洪春俨然已经不像是一个臣僚在劝谏皇帝,倒像是一个德高望重的长辈,在训斥一个不肖子孙。在卢洪春或者与卢氏同道的官僚集团看来,作为一个忠臣的极致,便是"文死谏",作为一个良将的极致,便是"武死战",此亦为中国数千年封建礼教奉行的"忠义守节",如此方称得上是真正的"忠臣良将"。而在此时的万历皇帝看来,这些个所谓的"忠臣良将",都是沽名钓誉、小夫蛇鼠之辈,并不知真正的大义和家国情怀为何物。如果说死战之将乃"疏谋少略"之辈,死谏之臣更是"浊气一涌"之流。这些狐鼠之辈,沆瀣一气,打着"我为你好"而不惜赴死的旗号,行不仁不义之事。更令万历怒发冲冠的是,卢洪春居然敢把自己不举行早朝一事的原因,归结到贪恋女色上,如此张扬,自己如何为人君父?如不采取断然措施,谁能保证不会有第二个"马嵬坡之变"?谁又能禁止臣僚或子民,明目张胆地骂自己是贪色误国的唐玄宗呢?

想到此处,万历急火攻心,差点晕倒。少顷,诏令把卢洪春拖出午门外重杖六十,然后革职为民,永废不用。不管阁臣还是御史们如何劝说呼救,都无济于事。卢洪春成为万历皇帝真正独立执政后,第一个因为干涉皇帝"私生活"而遭廷杖的大臣。自此之后,廷杖几乎成了万历对付那些敢于置喙他和郑贵妃之间的关系,甚至想要组织集团力量对自己加以群殴的大臣们,最主要、最凌厉的回击手段。

历史的诡吊处在于，尽管万历回击的手段残忍而决绝，但并没有扼制住文官集团继续反攻的狂潮巨浪，其因正在于"杀君马者道旁儿"的社会价值观。大臣们被廷杖、贬谪，甚至被打死之后，其人立即以敢于廷争面折名动天下，并且由此名垂"竹帛"。为此，甘为自己日后永垂不朽而冒险放手一搏的"忠义之士"与投机者，大有人在。大臣们如此飞蛾赴火般前赴后继，冲进冲出，没有丝毫退避服软的气息，使忙于回击的万历皇帝，先是感到精疲力竭，继之是无可奈何，甚至产生了几分恐惧，头脑中存在着的那点幻想也随之破灭。既如此，万历决定不再费尽气力，与臣僚们硬碰硬或虚与委蛇，干脆学鸵鸟的办法，面对紧追不舍的巨禽猛兽，把脑袋插入沙坑不理不闻，好好享受眼前的每一秒钟，管他下一秒是死是活，乃至死后洪水滔天。

皇帝如此，作为在这场"国本之争"中，实际处于主角位置的郑贵妃，又是如何念想的呢？当朝留给后人的史料显示，郑贵妃处于一种备受皇上宠爱的地位，想让自己的儿子当太子这是肯定的。既然有希望，聪明过人的郑贵妃，就不会放弃任何努力，且她坚信在自己二子不幸夭折时，皇帝向自己所做的"若再有生子，必立为东宫"的盟誓，任何时候都是管用的。对那些意志坚定，非要一条路走到黑的大臣们来说，挫败郑贵妃的"阴谋"，如同阻止一个败坏朝纲、危害千秋帝业的"魔鬼"。在他们看来，郑贵妃要立自己的儿子为太子对本朝的危害，要比日渐严峻的边患和强敌入侵更为严重，他们认为这个道理是不会错的，如果有错，就是郑贵妃以及力挺郑贵妃儿子做太子的当朝皇帝的错。

需要提及的一点是，就在万历十五年（1587年），即郑贵妃生下儿子朱常洵一年之后，辽东巡抚注意到东北边疆一个年轻的部落首领正在开拓疆土，并不断吞并附近部落，认为此人必成明朝的心腹大患，遂以戡乱之名派兵围剿。想不到明军中途发生内讧，边患未除，几乎全军覆没。此事上奏朝廷，并未引起万历皇帝及臣僚的重视，随着"国本之争"的加剧，君臣之间的关系势如水火，更没有人理睬边患之事，这给了那位部落首领一个难得的机会，使他继续大胆放肆地吞并其他部落，并萌生了建国立号，与大明一决雌雄的野心。因此，这位年轻的部落首领开始创立文字，完善军队制度，研究攻防战略。这个人，就是日后的清太祖努尔哈赤。

太子母亲之死

自万历十四年（1586年）二月掀起"国本之争"以来，万历皇帝先是以"元子婴弱"为由，后来又以"群臣聒激"为借口，兼施高压和敷衍之计，久拖不立。当君臣双方各不相让又难分胜负，争斗得成胶着状态时，万历采取了两手抓，两手都不硬的软办法，以应付"国本之争"造成的朝廷危机。一是拖延之术。既然君臣双方意见不一，那就把册立太子之事推迟，皇帝给出的理由是：王皇后还算年轻，说不定哪一天会感动天地，倏忽间生出一个大胖小子，太子自然就属皇后之子。另一个招数，便是对王恭妃母子进行残酷虐待。万历自己5岁开始读书练字，但皇长子朱常洛长到12岁，还没有给他指派老师，几乎让这位未来的皇帝成了文盲。而王恭妃本人也被打入冷宫，无人胆敢问津。

此一境况，令臣僚们对王恭妃母子更加同情，对皇帝的做法不依不饶，甚至不惜豁出身家性命为此打抱不平，强烈要求立常洛为太子。面对纷乱如麻的奏折，万历无力应付，更找不到借口拖延，在激愤怨恨中，他与贴身宦官绞尽脑汁，终于在万历二十一年（1593年）一月，搞出一个"三王并封"的"待嫡"之计。

所谓"三王并封"，就是将皇长子朱常洛、皇三子朱常洵、皇五子朱常浩①同时封王，将太子之位暂时空缺下来。所谓"待嫡"，即"立嫡不立庶"，皇长子常洛是庶出，不宜册立为太子，只好虚位以待。待正宫皇后（孝端王皇后）生育嫡嗣之后，再册封为皇太子。如果数年之后，皇后还没有生育，再行"无嫡立长"之制。

万历搞出的这个自以为聪明的"三王并封"之策，又引起一场轩然大波。外廷大臣原本在等候册封之旨，不料等来了"三王并封"，不仅大失所望，而且感到遭受戏弄之辱。在他们看来，这是国本攸关的大事，怎能如同儿戏一样对待？于是，廷臣们掀起了更为激烈的反对声浪。

群臣反对"三王并封"和"待嫡"之策的奏章，接二连三送到皇帝御榻之侧，总数不下百本。归纳起来，皆是围绕以下三点进行辩解和抵抗：其一是所谓"待嫡"之说，自祖宗以来，从无此例。其二是"三王并封"，缺空太子位，是"有根无本"。其三是责怪万历言而无信，如王如坚等人

风雪定陵

大学士王锡爵像

抓住万历在十四年（1586年）一月、十八年（1590年）一月和十九年（1591年）八月，三次所下的册立谕旨都没有兑现的事实，大肆攻击说："陛下尚不能自坚，今日犹豫之旨，群臣将何所取信耶？！"言官朱维京也上疏说："悖前旨而更新令，臣民仰望之心谓何？人主大信之道谓何？天下后世以皇上为何如主耶？！"万历览奏，怒不可遏，当即下诏，把王如坚、朱维京贬谪戍边，上疏的其余人俱遭革职。

万历想出这个"三王并封"的主意，原是期望颇孚众望的王锡爵代他受过。万历二十一年（1593年）一月，大学士王锡爵省亲归朝，继任内阁首辅。当他得知内阁的申时行、许国、王家屏等人，为了"国本之争"先后离职，思想沉重，感慨万分。他曾密疏万历皇帝，想以赤诚之心劝说皇帝早下决心，尽快举行册立典礼。一则是国本社稷的需要，二则也是想从此平息天下舆论。他的良苦用心是毋庸置疑的，但是，他对万历"三王并封"的"待嫡"之旨，却深为抵牾。当王锡爵看了皇上的手谕后，大出意料，顿时惶恐不安。一方面，他感到嫡子尚未出生而要"待嫡"，庶长子已经20岁却又不册立，实在难以奉命。另一方面，申时行、王家屏都在这件事上栽了跟头，为了不失去皇上的信任，只有附会帝意，方为上策。一向刚直敢言的王锡爵，这时却显得畏首畏尾，做出了一个错误的抉择，卷入了难以自拔的是非旋涡。

万历把责任推给了王锡爵，群臣不知就里，认为"三王并封"的"待嫡"之说，是出自王锡爵之谋，因此，王首辅立即遭到了群臣围攻。在众门生的再三规劝下，王锡爵幡然悔悟，毅然决定倒戈且破釜沉舟，迫使皇帝收回"三王并封"的决定。万历经过两天的思索，又在群臣冒死苦诤下，终于宣布收回"三王并封"成命。所谓"三王并封"之议，出笼不过十天，便寿终正寝。

万历放弃"三王并封"圣旨以后，王锡爵在九个月中，先后十一次上疏，争请册立和预教。其中在万历二十一年（1593年）十一月十九日的奏疏中，特别尖锐地指出郑贵妃阻挠册立的不妥。这一奏章，把万历搞得既被动又气恼，他亲笔写了一道手谕，明显为郑贵妃开脱。王锡爵显然有点用力过猛，不但引起皇帝不快，甚至几次大怒，朝廷臣僚也并不谅解他的反复无常，各种复杂的人事纷争，以及言官们的接连弹劾，终于导致王锡爵被免职下台。

王锡爵的忠靖冠服。1966年江苏省苏州市虎丘王锡爵墓出土。衣长128厘米、袖长116厘米、宽44厘米。胸前缀有补子

万历皇帝如此绝情又失国体的做法，引起越来越多的臣僚反对和进谏，但万历不但不答应常洛举行成人典礼，并阻止这位长子走出深宫，跟随翰林院官员学习读书。这一举动，令内阁及多数大臣强烈不满，呼声越来越高，言辞越来越激烈，在强大压力下，万历再次向群臣屈服，答应常洛出阁就读。

就在万历皇帝屡战屡败，将要一败涂地之时，他身边的宦官深知主子内心的不甘与挣扎，适时地献上一条锦囊妙计。万历一看，眼前是一张令人瞠目结舌的账单，总计不下十万两银子——此乃太子出阁礼所费。急红了眼的皇帝心领神会，立即把账单当作救命稻草，传谕内阁，谓皇长子出阁礼所需费用浩大，"出讲少俟二三年，册立一并举行，庶可省费"。

这一盘大棋当众一摆，所有的对手被打了个措手不及，一时无力反击，只好暂时认赌服输，以图将来。万历皇帝在几次退却中取得小胜，躲在后宫与郑贵妃长吐一口恶气之后，偷着乐了好几天。可惜这种令他舒心的光景并不长久，一年之后，在群臣重新组织的集团式冲锋、进攻下，万历的政治防线再度崩溃，不得不宣布："二十二年（1594年）二月四日，皇长子出阁讲学，但以尚未册立为皇太子，侍卫、仪仗一切仪注，从简从略。"尽管如此，皇长子朱常洛，总算是向太子的目标迈出了艰难的一步，此时他已13岁了。

"国本之争"仍在继续，万历与臣僚之间仍是水火不容。转眼六年过去，朱常洛已长到19岁，成为那个时代的大龄剩男。但万历既不为之成婚，又不立为太子，一直用拖延之术糊弄群臣。群臣终于忍无可忍，公开结盟，构想反制之术。通过数月的追逼探究，结合大内宦官传出的消息，群臣们在综合研判后，终于发现了一个秘密，即王皇后经常生病，身体每况愈下，已向黄泉路走去。坐等消息的万历皇帝，通过眼线已心知肚明，打算一旦王皇后病逝，则由副皇后——郑皇贵妃继之。一旦郑皇贵妃晋升皇后，她的儿子常洵，也就顺理成章地成为太子。而万历自和郑贵妃相爱后，就与王皇后不再有床笫之欢。既如此，王皇后的儿子又从何而来？显然，万历是在以时间换空间，不声不响地等待着他的一箭双雕之计获得成功。

这一毫无人道且违背礼教的阴谋，被皇长子朱常洛的讲官黄辉窥破，尚以"正义之士"自称的黄辉不能自制，遂以"读圣贤书，所学何事，而今而后，庶几无愧"的大丈夫气概，立即禀报给事中王德完，并说："此国家大事，旦夕不测，书之史册，谓朝廷无人。"意谓万历和郑贵妃遂愿，写在史册上，后人就会嘲笑朝中无忠臣。王德完听罢，同样认为兹事体大，遂叫黄辉写了奏章草稿，再由自己修改誊写后呈给皇帝。然，万历仍是不吃这一套，结果是"疏入，帝震怒，立下诏狱拷讯。尚书李戴、御史周盘等连疏论救。忤旨，切责，御史夺俸有差。大学士沈一贯力疾草奏，为德完解，帝亦不释。旋廷杖百，除其名。复传谕廷臣：'诸臣为皇长子耶？抑为德完耶？如为皇长子，慎无扰渎。必欲为德完，则再迟册立一岁。'"

面对这些自相矛盾，又令人哭笑不得的诏谕，群臣在惊讶之余，觉得万历似乎真的在期待什么，遂"不复言"。而万历皇帝"自是惧外廷议论，眷礼中宫，始终无间矣"。

就在万历和大臣们为立皇储之事争吵不休、僵持不下之际，一个已经在人们心目中消失了的"幽灵"，于关键时刻冒了出来，这就是万历的生母慈

第九章 风流皇帝苦命妃

圣皇太后。

处于风烛残年的慈圣，虽在深宫中颐养天年，不问朝政，但对立储一事却不敢忽略，密切关注着这一情势的发展变化。在这个足以动摇"国本"的问题上，她站到王恭妃和群臣一边，并认为已经到了需要自己亲自出面干涉的时候了。当万历来到她的深宫请安时，这位老太后面色严肃地问道："为何迟迟不立常洛为太子？"

可能是慈圣太后威风犹在的缘故，也可能是万历事先没有准备而过于慌张，竟脱口说了一句令太后刺耳扎心的错话："彼都人子也。"

明朝宫内称宫女为"都人"，万历居然忘记了他的亲生母亲也是"都人"出身。太后闻言，勃然大怒，当即训斥说："尔亦都人子！"万历听罢，打了个激灵，冷汗冒出，幡然醒悟，继之惊恐万状，"伏地不敢起"。

万历的失误，加剧了慈圣太后竭力维护王恭妃的决心。无奈之下，万历皇帝只得在万历二十九年（1601年）十月，立王恭妃之子朱常洛为"皇太子"。

郑贵妃听到万历要立常洛为太子的消息，虽感大势已去，但并不服输认命，她要做最后一搏。遥想当年，在郑贵妃之子夭折之时，万历皇帝曾有"若再有生子，必立为东宫"的许愿。当常洵降生时，万历皇帝心花怒放，为讨郑贵妃的欢心，再次盟誓将来立常洵为太子。绝顶聪明的郑贵妃抓住时机，施展枕边勾魂之术，让皇帝写下手谕，珍重地装在锦匣里，放在自己宫中的梁上，以为日后凭据。想不到兹事风波迭起，阻碍重重，万历虽用尽招数，费了洪荒之力，梦想仍然化为泡影。在如此危局之下，郑贵妃决定孤注一掷，亮出这张王牌以制其敌。只是，当郑贵妃满怀希望打开锦匣时，不禁大吃一惊：一纸手谕让衣鱼（蠹虫）咬得残破不堪，"常洵"二字也进了衣鱼腹中。心力交瘁的万历皇帝看罢，顺水推舟，长叹一声："此乃天意也。"遂不再顾及郑贵妃的泪眼和怨恨，不情愿又无可奈何地下诏，封朱常洛为"太子"，常洵为"福王"，封地洛阳。

至此，前后争吵达十五年，无数大臣被斥、被贬、被杖打，而且使得万历皇帝身心憔悴、郑贵妃郁悒不乐，整个帝国不得安宁的"国本之争"，才算告一段落。

朱常洵没有成为太子，不仅使郑贵妃大为气恼，也使万历皇帝感到内疚与不安。无奈之下，只得以倾国之富重加赏赉进行补偿。此时的王恭妃正盼望能像慈圣皇太后一样，过上众星捧月般的好日子。遗憾的是，死神已向她悄悄逼近。这位可怜的女人，替朱家生了儿子，没得到恩典，反而被打入冷宫，好不容易熬到常洛被封为太子，其凄惨的处境仍没有丝毫改变。她慨叹命运的不公，皇帝的薄情寡恩，又思念儿子，整日在愁苦中消磨，于泪水中度日。花开花落，秋去冬来，总盼不到出头之日。正所谓："泪湿罗中梦不成，夜深前殿按歌声，红颜未老恩先断，斜倚熏笼到天明。"

岁月的磨洗与心中的愁苦郁闷，加之夫君的冷落、宠妃迫害、奴才欺凌，长期幽禁深宫，导致王恭妃泪尽泣血，双目失明，卧床不起，最后是无翻身之力，只有半趴在床上等待死神的召唤。消息通过宦官传出，待朱常洛在万历特许下，前往母亲居住的景阳宫探望时，宫门竟深锁不开。焦急悲愤的常洛命人砸开铁锁抉门而入，看到母亲半卧榻上，面色憔悴，只剩一口气尚未咽下，不禁悲从中来，跪抱母亲放声大哭，随行太监宫女无不潸然泪下。尤令朱常洛痛心的是，母亲再也无法睁开眼睛看一下儿子了。王恭妃在昏迷中听到儿子的哭声，将枯瘦如柴的胳膊伸出，颤颤巍巍地摸着儿子的头，泣不成声地说道："我儿长大如此，我死也无恨了。"当日酉时，在深宫中苦熬了近三十年的王氏气绝身亡，年仅47岁。

王恭妃在不堪虐待的凄苦生活中死去，举朝为之震惊。《先拨志始》根据外戚王升的叙述载：临终前，母子见面本欲有话说，但王氏凭着感觉，察觉到屋外有人，低声提醒道："郑家有人在此。"于是直到咽气而死，母子俩默默相对痛哭，不敢说话。郑贵妃派的人一直等到王氏气绝，才肯离去。然而，万历皇帝并不把王氏的丧事放在心上，对她择地安葬之仪，更是极为刻薄，草草埋葬了事。大学士叶向高实在看不下去，上言万历皇帝："太子之母病逝，礼应厚葬。"万历对此极为冷淡，未予答应，指示按明世宗嘉靖皇帝的皇贵妃沈氏（未生育子女）的规格办理，且一再拖延。当时正值六月，天气炎热，棺椁又经十个月的停放，尸体早已腐烂不堪。又过一个月，礼部左侍郎翁正春上疏，请示王恭妃的安葬事宜。过了两天，在群臣强烈请求下，万历才给王恭妃谥"温肃端靖纯懿皇贵妃"，并同意在昌平天寿山卜地，选得了东井左侧的平岗地，在那里正式营建了坟园。

万历四十年（1612年）七月十七日，王恭妃被葬于明十三陵陵区内东井左侧的平岗地，其随葬金制品极少，棺内除了为数不多的丝织品外，仅有银锭数枚和一些银制器物，金锭一枚也没有放。直到王恭妃死后近十年，即泰昌元年（1620年），在万历皇帝和其子常洛都已与她相会于九泉之下时，才由王恭妃的孙子、继承皇位的朱由校（天启皇帝），把她和丈夫万历皇帝撮合在一起，迁葬昌平大峪山下的定陵寿宫。尽管如此，王恭妃仍然不过是点缀这个凄壮祭坛的贡品而已。

至于那位最早上位且生下长公主的王皇后，性情端谨，颇有孝心，只是她同样是一位不幸的女性。尽管当了皇后的王氏，享有宫内一切至高无上的尊荣，却缺乏一个普通女人可以得到的欢乐。按照传统习惯，她必须侍候皇帝的嫡母仁圣太后；皇帝另娶妃嫔，她必须率领这些女人拜告祖庙等等。这种种礼节，王皇后都能按部就班地完成无误，很得仁圣太后的欢心和群臣的称赞。万历十年（1582年）以后，郑贵妃虽然倍受宠幸，但王氏能够忍耐且不加计较，由此保住了她在中宫四十二年之久的最高荣耀地位，以至死后被谥为"孝端"，与万历皇帝同葬于昌平大峪山下定陵地下玄宫。

父子诀别

万历四十二年（1614年）二月，慈圣皇太后终于走到了生命的尽头，告别她为之费尽心血，却仍牵肠挂肚的朱家江山和不争气的儿子，溘然长逝。临死之前，她又办了一件足以令群臣热血沸腾，让万历十分尴尬，令郑贵妃恨之入骨的大事。

按照大明祖制，皇帝所封藩王，必须住在自己的封国里，即住外不住内，非奉旨不得进入京师。但郑贵妃的儿子朱常洵却恃父母之宠，竟在皇宫中十多年不赴封国洛阳。贤臣良吏们为了保住在道统上已经取得的成果，也为向朝廷示忠，多次劝谏万历皇帝督促福王常洵往赴封国。但万历并不买账，以各种理由予以搪塞。

万历先是以福王府第尚未建成要挟群臣，致使工部加紧给予修建。待王府建成后，又称寒冬腊月，行动多有不便，等来年春天再赴封国。第二年春

风雪定陵

洛阳明福王府旧址。王府已毁，仅存石狮一对，位于今青年宫广场南。原为明福王府门左右之石狮，由汉白玉雕刻而成。整体由蹲坐狮和狮座两部分组成

天，万历又推托说若要去封国，福王非四万亩田庄而不应等等。早已等得不耐烦的臣僚，见皇上如此出尔反尔，言而无信，立即群起而攻之。内阁大学士叶向高首先抗疏，曰：《大明会典》规定亲王禄米为一万石，不能随意增加。帝国田地之数有限，而圣子神孙不断，如此以往，不只百姓无田，连朝廷都会无田。此前皇室的景王、潞王各要田四万顷，大家认为是败坏祖制。前车之覆，后车之鉴，希望皇上不可效尤云云。

正当皇帝和群臣缠斗撕扯之时，行将就木的"幽灵"慈圣皇太后再次现身，她先是召见郑贵妃，板起面孔单刀直入地问道："福王为何未赴封国？"

郑贵妃一听，吃了一惊，但她没有像上次万历皇帝在母亲面前那样慌乱和愚笨，她凭着天生的聪明伶俐和几十年在宫中练就的应对之道，沉着回答："太后明年七十寿诞，福王留下为您祝寿。"

哪知慈圣太后更不是吃素的，她是见过大场面的非凡人物，几朝的历练，使她深怀城府，直接使出撒手锏，道："我二儿子潞王就藩卫辉，试问他可以回来祝寿否？"郑贵妃无言以对，只得答应督促福王速去封国就藩。

势之所迫，局之所困，堂堂的大明王朝最高领导人，贵为九五之尊、拥有八荒四海的万历皇帝，竟在太后和大臣们联手轮番攻击下，溃败不堪，在慈圣太后去世一个月后，福王被迫离京赴洛阳就藩。

临行那天早晨，天空阴沉，时有零星雪粒落下，北国的冷风从塞外吹来，使人瑟瑟发抖。宫门前，郑贵妃和儿子相

顾无言，泪如泉涌。万历皇帝在午门前和儿子话别，反复叮咛："路途遥远，儿当珍重……"当福王进轿起程的刹那间，已是两鬓斑白的万历皇帝，再也控制不住自己的感情，抬起龙袖，想遮掩自己发烫的眼睛，但浑浊的泪水还是流了下来。

　　回到宫中，万历仰卧龙榻，悲痛欲绝。他感到深深的内疚，因为自己到底还是辜负了郑贵妃一片痴情，也抛弃了自己当初的誓言，没能像父辈那样建立起具有压倒一切的崇高威望，没能在波诡云谲的"国本之争"大战中，把谏阻的群臣拉到午门外一顿板子摆平，挽狂澜于既倒，顺理成章地把常洵立为太子。不仅如此，自己虽号为天子，却无力躲避来自四面八方的响矢，终被群臣所制，亲自诏令爱子离京而去。今天的分别，意味着从前的一切疾速失去，权威、荣耀、毅力、挣扎的意志、父子深情……而唯一幸存的，则是对郑贵妃的刻骨迷恋，以及郑贵妃对自己的爱与慰藉。或许，只要爱情的火焰还在，一切还有改变的可能。——万历这样想着，于悲痛愤懑兼无可奈何的哀叹中，昏昏沉沉地睡了过去。

万历母子与佛家恩怨

　　万历生父隆庆皇帝的原配陈氏，北直隶人，隆庆元年（1567年）册为皇后，但身体孱弱，多病无子。万历对待这位嫡母倒也孝敬如常，即位后上尊号为"仁圣皇太后"，与生母"慈圣皇太后"两后并尊。

　　万历的生母"慈圣皇太后"李氏，北直隶顺天府漷县人。漷县地处今北京东南八十里，地临通惠河，金代为县，元代为州，明代又降为县，后属通县，又降为乡镇，称漷县镇。李氏家境清贫，父亲是泥瓦匠，为了生计，幼年被卖到通州陈家做使女，与陈家姑娘相处很好，情同姊妹，这位陈姑娘即后来的"仁圣皇太后"。正因为有这一层交往和关系，李氏被招入宫，并有机会被穆宗朱载垕看中，先是暗结珠胎，继之选为宫嫔，生下了儿子万历皇帝。根据母以子贵的成例，李氏被尊为"慈圣皇太后"，与"仁圣皇太后"一直友善如初。

成为慈圣皇太后的李氏，深知自己出身寒微，在母仪天下后，仍不忘本心，对娘家人等管束甚严。史载，父亲李伟通过关系，捞到一个为军中织造布匹的肥差，但依恃权势大耍其奸，布料以次充好，从中渔利，引起军中不满。万历得知，取布检验，果然如此，遂报告皇太后。慈圣闻言大怒，传谕严办。当时的辅臣阁老张居正为照顾皇亲的面子，下令处罚了几个协助其偷奸耍滑的人员，未动李伟一根毫毛。慈圣皇太后得知，认为处罚不当，召李伟父子入宫，令其跪在仁德门前。慈圣太后亲升隆道阁，历数其罪，李伟父子慌恐不敢辩，当众认罪。此一举动，在朝野引起极大震动。

入宫后的李氏，不知何时，竟信奉起佛教来。退居二线成为慈圣皇太后，对佛教更是笃信不已。宫中人为讨她喜欢，说她是九莲菩萨化身，这位皇太后也就以菩萨自居起来。上有所好，下必迎之，有善于拍马溜须的官员，为讨这位圣母欢心，索性在北京长椿寺悬挂起慈圣的九莲菩萨影像，慈圣皇太后本人顺势而为，直接把佛祖舍利迎到宫中供奉，之后又送往房山云居寺雷音洞安葬。为表示自己信仰的虔诚，慈圣通过皇帝儿子诏谕，在京城内外建筑佛寺，如京西八里庄经她施舍修建的慈寿寺，规模庞大，是为京西巨寺。历四百多年风雨剥蚀，佛寺虽已坍塌不存，然十三级砖塔至今仍高耸入云，成为京西一大风景名胜。

万历皇帝生母出资兴建的北京西八里庄慈寿寺塔仍存

既然信仰如来佛法，只修几座庙宇自然不足以显示诚心，必须要有相对应的礼佛行动。于是，慈圣皇太后开始提倡并亲自在庙堂、民间广行

第九章　风流皇帝苦命妃

善事，如作法祈寿、祈福、祈雨、修桥补路等等。流风所及，遍及全国各个角落，如京南数百里的祁州伍仁村大石桥，即以慈圣太后的名义出资兴建。石桥与铭刻，直到四百年后的今天仍完好如初。万历一朝中后期，佛教盛极一时。慈圣以太后之尊，又反过来推波助澜，形成更大的崇佛、尊佛、迎佛浪潮。面对国库渐趋空虚的局面，慈圣仍动用国家储备的"帑银"，建寺事佛，甚至不惜动用宫中"金花银""脂粉银"，来填补缺口。京师北部的名山古寺、佛事道场，很多都得到慈圣的支持与资助。因打着祈天赐福，驱妖降魔，以图大明江山永固，社稷长存等等旗号，朝臣们虽心中反对但不敢劝谏，只能眼巴巴望着一堆堆白花花的银子变成庙宇殿舍、佛像雕刻。而佛国的兴起，又映射着帝国的衰落，一个精神与现实的死循环就此开启。

　　前文已述，10岁登基的万历皇帝，16岁大婚，但这位已尝过洞房花烛的少年天子，却久久不能生下"龙子"，太后也就久久抱不上"龙孙"，这让慈圣太后心急如焚。一个普通百姓人家香火失传，即被看成一个家庭的大不幸，而堂堂的大明皇祚无人继承，乃为天下第一等大事。于是，宫中的九莲菩萨慈圣太后，再也不能等待下去，她觉得这个生育皇储的大事，由自己在宫中日夜祈祷已经远远不够，必须扩而大之，推而广之，传而远之。慈圣以极大的热情和虔城之心，号召天下名山大刹佛门僧众，广建道场，大作佛事，共同祈祷，以求佛祖俯允保佑皇孙早日降临人间大地。

北京灵光寺供奉的德清和尚像

　　佛教自汉代传入中土，伴随着皇权的喜好厌恶，起起废废，历尽波折，至明代已呈颓废之态，佛门各宗后继乏人，社会各界对佛教也不再像前代那样

235

极力支持。但随着慈圣太后掀起的崇佛、信佛、拜佛的狂潮，晚明出现了佛教回升之势，为近代佛教复兴打下了基础。在这个历史转捩点上，产生了四位对朝野影响深广的和尚，被誉为晚明"佛教中兴"的四大高僧，分别是莲池袾宏、紫柏真可、憨山德清、蕅益智旭。四位中，憨山德清与紫柏真可，对万历一朝帝后宫廷，有着扯不断、理还乱的关系，最终导致了二人一充军、一下狱的后果。

与朝廷关系最为密切的德清和尚，字澄印，别号憨山。嘉靖二十五年（1546年）生于安徽全椒县，俗姓蔡，母亲是个虔诚的佛教徒。怀孕之初，她曾梦见观音菩萨带着小孩来家，因而一直认为生下来的儿子是菩萨所送，将来也必有作为。史载，德清很聪慧，儿时在寺中读书，听到僧人念观音经就能读诵。母亲烧香拜佛，他也跟着叩头，从小受到佛教熏陶和影响，对后来遁入空门起到了一定作用。不过，年轻的母亲此时并未想到儿子日后要当和尚，她依循的仍是世俗的礼教和生活方式，对德清"督课甚严"，希望儿子通过读书求仕，在官场中步步升迁，世代保持荣华富贵。在流传的德清和尚自撰《年谱》中，有他10岁时和母亲的一段对话。

儿子："读书有什么用呢？"

母亲："做官。"

儿子："做官一生辛苦，有什么意思。"

母亲也许是无心，也许是有意，又许是和他开个玩笑开开心，便说："像你这样只能出家做个僧人了，佛门弟子行遍天下，随处有供，你哪有这份福气？"

德清听罢，表情庄严、态度坚定地回答："我有此福！"

12岁那年，德清迈入了南京报恩寺。

明代的南京是江南的佛教中心，佛刹林立，高僧云集，报恩寺规模宏大，历史悠久，尤其儒学、佛学书籍颇为丰富。德清进得寺院，学习经文，兼修儒学。以他的聪慧与勤奋，17岁便能读"四书"，为文赋诗小有成就。然而，佛教与佛学以及周围散之不尽的香火气，对他产生了巨大吸引力，19岁的时候，德清在南京栖霞寺正式剃度出家。

出家后的德清和尚来往于南京各大寺间，尽谒名僧，聆听经讲，广泛接触佛门各宗派。因慕唐代华严宗巨匠澄观的为人为学，乃取号澄印，后又专意学禅，发奋参究，未得其要。又醉心于净土宗，专事念佛，日夜不断。因德清有儒学根底，以之入释，视界更高，学理更明，几年时间，便成为南京佛学界小有名气的青年僧人。26岁以后，德清开始竹杖芒鞋，云游南北，出入燕晋，若盘山、五台山等名山大川、佛教圣地，皆留其足迹。有一日，德清行至五台山之北台，只见憨山奇秀，苍茫峻厚，元气淋漓，不觉如痴如醉，遂给自己取别号憨山，以志这段尘佛两缘。

万历元年，即1573年，德清云游至京师。时，万历正式即位，皇帝下诏大赦天下，朝臣上疏称贺，僧众诵经祝禧，京城里外一片热闹。佛门一向标榜超然世外，与政治无干，与权势无涉。然而，德清虽入佛门，但儒家根底未净，在遍游京城诸寺的同时，热衷于奔走豪门贵戚，广泛结交重臣大吏，最终和皇宫里笃信佛祖的慈圣太后有了直接联系。朝廷或宫内举行各种为国祈福仪式，选僧诵经，德清和尚皆被列名参加。鉴于这种缘分的存在与权力撑持，27岁的德清和尚身价倍增，一跃成为统领北方佛教界的大师。有了如此身份，德清与皇宫大内的关系也越来越深。

万历七年，即1579年，首辅张居正推行的改革如火如荼地进行。忽一日，朝廷颁诏，全国清丈土地，寸土不遗，各地必须严格执行，寺庙及所属香火田地，同在清查之列，违者重处。彼时五台山在北方寺庙中规模最大，占地最多，田粮向来不登版籍，寺庙失去土地，意味着财源短缺，开支紧缩，主事者中饱私囊亦受到极大限制。时，公文又屡次催办，和尚们恐慌不已，吵吵嚷嚷乱作一团，但都拿不出两全之策。无奈中，有和尚献计，请与朝廷交好的德清大师出面

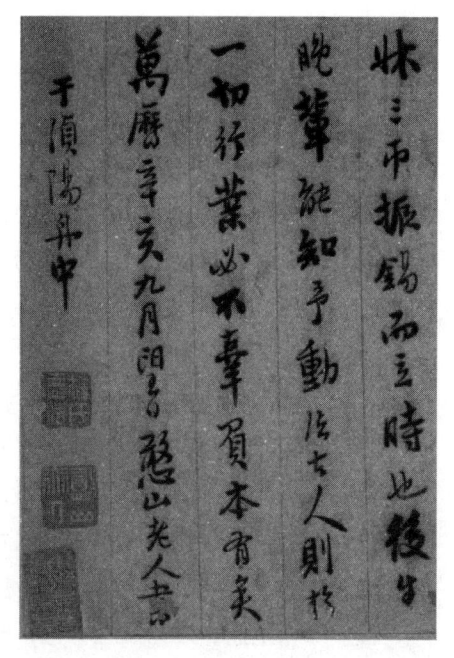

德清和尚书法

斡旋，或可挽狂澜于既倒。一干僧众哭丧着脸拜倒在德清面前，只见大师镇定自若，问明缘由，微微一笑道："诸师弟无忧，缓图之"，意思是叫大家先别发愁，我有主意，慢慢来。看到如此场面，来者悬着的心落下一半。

德清既已答应，为了不致五台山和尚方面受到损失，也为了借此机会显示自己的神通广大，在众位高僧大德以及师兄师弟面前露一手，遂迅速展开求援行动。凭借自己与宫中权贵非同寻常的关系，德清婉转上请，多方奔走，配以宗教精神、世俗物质等疏通关节。结果是，五台山庙宇香火田地免于清丈，一切权利仍归原主。

如此一着，德清名声大震。在他看来，自己多年在京中的"奔走"，总算结出了善果。第二年，德清在五台山主持了"无遮"法会，威望进一步提升。不久，皇上颁旨，祈降皇嗣，慈圣太后派专官来到五台山请德清效力。面对专使，德清审时度势，意识到一个千载难逢的机会来临了。他的面目透着一股神圣庄严，虔诚地对来使说："一切佛事，无非为国祝禧，阴翊皇度。今祈皇储，乃为国之本也，莫大于此者。愿将所营道场事宜，一切归并于求储一事。"他的意思很明确，佛教与佛事要为政治服务，而且，一切佛事都要转向为皇帝生子祈祷这件大事上来。自此之后，他竭力推动祈皇嗣的佛事活动。

万历十年（1582年）八月，京城传来消息，万历皇帝喜得一子，这便是王恭妃生的朱常洛。皇子的出生，使德清在佛界的威望与世俗名利达到了顶点，但他自此也陷入纷繁错综的皇室争斗不能自拔，最终酿成一曲悲剧。

万历十一年（1583年）春，德清云游至山东莱州府牢山（崂山），在山下搭了几间草房住下。未久，有朝廷钦差专使找上门来。原来，慈圣太后为诞下皇长孙一事，大力奖赏祈嗣的有功人员，而德清自是列为头等人物。当专使携带赐品来到五台山时，得知德清已去往牢山，于是回朝禀报。太后听说德清在牢山居处简陋，"即发三千金"，以为建庙居住所用。德清认为出家人慈悲为怀，不必奢侈排场，茅屋数椽足可安足，遂同钦差使者商量，用三千两黄金赈济了灾民。使者回报宫廷，慈圣太后很是高兴，对德清大加奖赏。

万历十四年（1586年），朝廷敕颁十五部藏经施于天下名山，特颁一部于牢山，可惜德清简陋的茅屋无法供奉，只好趁进朝廷谢恩的机会，又请建

第九章　风流皇帝苦命妃

了一座海印寺。万历十八年（1590年），牢山海印寺建成，殿宇堂皇宽敞，气派非凡，德清有了弘扬佛法和居住之地，四方僧众远近来归。万历二十年（1592年），德清再次赴京，并到皇室御用的慈寿寺讲解佛教戒律，一时之间，他的佛门生涯达到了顶峰。自此之后，德清自恃有朝廷宫闱的支持与庇护，逐渐骄横霸道起来。据《万历野获编》载：德清每到大雄宝殿说法，都要南面正坐，把三尊用大被遮蔽起来，俨然是地方官游寺院的样子。拜会中所用名片之大，也与阁部重臣相同。如此一番盛气凌人的高调招摇，很快引起部分阁臣及佛界同门的嫉恨，厄运登门也只是迟早之事了。

前文已述，王恭妃生下长子朱常洛，皇孙从天而降，皇祚有继，慈圣太后自是大为欢喜。当年为祈嗣出力甚多的德清，受到太后的青睐，甚至庇护，本是恩恩相报的世俗应付之事，但德清却认为皇帝能生儿子，乃自己祈嗣求法的结果，至少在这一活动中，自己立了头功，属于当之无愧的第一功臣。一些诌媚投机之辈，为了不同的目的而阿谀奉迎，直把他弄得晕晕乎乎、得意扬扬起来。然而，德清究竟是一寺庙中的僧人，并不是神仙。万历意中的皇嗣或者说皇位继承人，并不是偶有一幸的王恭妃所生的朱常洛，而是那位恩爱始终的郑贵妃所生的朱常洵，如此的反差，才有了"国本之争"，且这一争就是十几年。最后，在朝臣、太后的双重压力下，朱常洛总算勉强被立为太子。这个结果对万历来说，乃一百个不情愿，是一口吐不出的窝囊气，他必然伺机报复。而太后却因祈嗣之验，不断给德清以恩宠，德清又不断以各种方式取悦于太后，年轻的天子慑于慈圣之威，还能忍气吞声，但随着皇帝逐渐长大，以及在"国本之争"中连连受挫，心中的怨恨总有一天要爆发出来，其清算的对象，除了那些直接谏阻的臣僚，自然也不能少了在太后周围敲边鼓的"帮闲者"。不幸的是，德清和尚被划入了"帮闲者"圈内。

牢山古来为道家圣地之一，佛教界僧人德清所建的海印寺，原是一片废墟，有关产权归属问题，佛道两家素有争议。因了慈圣太后支持，德清建起了佛家寺院，成为佛门重地。道家自然不服，于是状告德清侵占地产，官司闹到莱州府，因德清有宫闱支持，莱州府自然不敢来个葫芦僧乱判葫芦案，遂以和稀泥的方法予以拖延。道士们并不买账，官司又闹到京城，京官们意识到这是个烫手的山芋，动不得。受高人指点，自认为真理在握的道士首

239

领，以大量钱财暗中与宦官勾结，直达天听。万历皇帝闻讯，立即意识到抓住了德清的把柄，欲治其死罪，以解其"国本之争"的"帮闲"之气，乃下诏对其严办，并追回建庙的银两。很快，德清被逮捕，锒铛入狱。

在万历皇帝示意下，狱吏严刑逼供，德清交代黄金千两都赈济了灾民。狱吏并不罢休，再施酷刑，棍打火烧，德清用瑜伽功相护，进入了禅定状态，全无感觉。再动大刑，德清道："太后给的银两要诬我定案不难，叫皇上又怎么对太后交代？皇上可是孝子啊！"此言一出，提醒了审判官，很快传报到万历耳中。德清毕竟在京城出入经年，于朝堂内外结交了一大批权势要角，一些大臣闻讯，出于各种考虑，在朝廷内外从中斡旋。最后，万历皇帝做出让步，德清以私造寺院之名定罪，遣戍雷州。万历二十四年（1596年），德清和尚被押解雷州，开始了长达二十年的充军发配生涯。

万历四十二年（1614年），慈圣皇太后撒手归天，万历下诏大赦天下。德清接到赦免诏书，痛哭流涕，面对太后灵牌，重新穿上袈裟，以大德高僧面目出现，此时他已年近古稀。

万历皇帝驾崩之后的天启三年（1623年），德清和尚无疾而终，享年78岁。晚年的德清一直弘扬佛法，并有《憨山梦游集》等著述传世，《明史·艺文志》有载。

遍数中华史乘，和尚充军者极少，德清和尚成为明代近三百年仅有的一位。他在晚年的著述中，记述了这段经过并有所反思，谓："年五十矣，偶因弘法罹难，诏下狱，滨九死"，又说"僧之从戍者，古今不多见"。

充军发配的和尚史上并不多见，并不意味着与皇权或与政治接近的和尚都平安无事。事实上，万历一朝因"国本之争"波及的和尚不只德清一人，德清的好友、高僧紫柏真可，即达观和尚，亦下狱罹难。

真可和尚生于嘉靖二十二年（1543年），比德清大3岁，南直隶苏州人，俗姓沈，法名达观，中年后改名为真可，号紫柏老人，后世尊称他为紫柏尊者，为明末四大高僧之一，与德清同时传法，关系密切。万历三十一年（1603年），北京流传的"妖书"《续忧危竑议》影射到郑贵妃、朱常洵和"国本之争"案，流言说该书作者是真可和尚。一时风声鹤唳，弟子们劝他入山隐避，真可和尚认为自己没做亏心事，不怕鬼叫门，置之不理。万历皇帝下令追查，真可和尚被捕下狱。据《东厂缉访妖书底簿》载，真可被锦衣卫和东厂太监跟踪、缉拿、审讯，在狱中受尽酷刑。同年十二月，愤死狱中，享年61岁。死后暴尸六日，后葬于慈慧寺旁。有《紫柏老人集》等传世，《明史·艺文志》有载。

真可和尚蒙冤死难三百五十四年后，随着万历帝后的定陵地下玄宫被打开，人们前往参观，议论纷纷，谓考古发掘队最初要发掘明十三陵中的长陵、献陵，辗转反复，最后无意中在定陵找到了线索，导致定陵地下玄宫被掘，万历开棺暴尸，直至后来被锉骨扬灰。按因果报应说，这当是德清和尚、真可和尚的冤魂，对万历皇帝惩治僧人的报复，是冥冥中的劫数。此说当然不是科学的解释，也不是佛教的本义，却恰反映出万历一朝"国本之争"波及之广，涉及面之大，宫廷争斗之酷烈。

注释：

①朱常浩：万历皇帝第五子，万历十八年（1590年）生，其母为当年被选入宫的九嫔之首——周端嫔，因生下朱常浩被封为端妃。万历二十九年（1601年），朱常浩被封为瑞王，封地汉中。尽管常浩已封王，因有了郑贵妃与儿子的存在，万历皇帝对周氏母子并不喜爱，导致朱常浩25岁尚未选婚，群臣上疏请皇帝为其选婚，但万历不予理睬。朱常浩见事已至此，便破罐子破摔，索性撕破颜面，自己向户部缠要结婚费。几年下来，共索取了十八万两白银藏在宫中，对外声称这点钱，连置备冠服都不够，仍无休止地到户部纠缠，继续索要银两以中饱私囊。万历得知，对其深恶痛绝又无可奈何。天启七年（1627年），朱常浩终于到了封地汉中，因其人爱财如命，到封地后，四处盘剥，八方搜刮，除上缴朝廷税外，再加课盐税等各种名目的税捐，汉中人民处于水深火热之中。崇祯十六年（1643年）年，李自成率农民军打败孙传庭，占领西安，开始分兵攻占陕西各州

府。盘踞汉中的朱常浩大为惊恐，为躲避大顺军兵锋，南逃四川避难，在汉中总兵赵光远护卫下，一路流窜到了重庆。崇祯十七年（1644年），张献忠率部陷重庆，走投无路的朱常浩及随行人员被擒。张献忠先斩四川巡抚陈士奇，欲斩朱常浩时，天无云却轰然雷鸣，张献忠犹豫一阵，最终还是下令斩朱常浩全家及下属官吏，继之把三万多被俘明军将士右臂斩断后释放。同年三月，李自成陷北京，周端妃趁乱潜回娘家隐居，直至大清入关后的顺治年间尚在，寿已80余岁。其卒年月不祥，死后葬于十三陵区万历四妃墓。

第十章 玄宫轰然洞开

门前，两只活鸡头落血喷，以祭定陵；玄宫甬道，突然传来砖木断裂的响动和微弱的呼喊声。在幽深漆黑的墓道里，随着隆隆的金石之声，地下玄宫轰然洞开——

风雪定陵

大墙之下话传闻

8月的夏夜,闷热难熬。沉寂的定陵园内,由于各种传说和金刚墙券门的出现,而蒙上了一层恐怖、神秘的色彩。晚风掠过,夜幕中的松柏发出嗡嗡的声响,听来那么遥远和古老,似从地宫深处传出的鼓乐,阴森可怖,神秘莫测。

灯下,发掘人员仍在分析地宫的情况。随着讨论和研究的进一步深入,那一层层神秘的面纱渐渐揭开——明朝的建立,结束了元朝蒙古贵族的统治,帝王的葬制也由元代"其墓无冢,以马践踩,使之如平地。以千骑守之,来岁草既生,则移帐散去,弥望平衍,人莫知也",重新恢复为山陵墓葬形式。明朝的开国皇帝朱元璋毕竟是农民的儿子,他和他的子孙都希望后代永远成为帝国之主,从远古流传的"风水"之说,再次在本朝兴盛起来。明十三陵的修建,其"风水"依据主要来自东晋文人郭璞的《葬书》。"所谓风者,取其山势之藏纳,土色之坚厚;所谓水者,取其地势之高燥,流水之远离。"该书虽然充满了迷信附会之说,但它的整个理论都建立在自然景观基础之上。其中许多专门术语如"四势""来山""蝉翼"等,虽为自然景观但也被蒙上了一层神秘色彩,实质上只是地形、地貌的代名词。定陵卜选过程中,御史柯挺曾疏称:"夫大峪之山,万马奔腾,四势完美,殆天秘真龙以待陛下。"可见定陵以高山为屏障,建于群山之麓,是根据《葬书》四势关系处理的。明儒宋濂在为该书作序注释时曾道:"郭氏《葬书》,真确简严,意非景纯(郭璞字)不能于此,实宜为相地之宗也。世不信地理则已,若信之,舍此将何求之欤!"

既然十三陵符合《葬书》"取其山势之藏纳,土色之坚厚"的条件,那么它的地下玄宫也应地势"高燥"流水"远离"了。因此,玄宫内储满积水,使棺椁有浸泡之危,这绝

第十章　玄宫轰然洞开

非皇帝及群臣的本意。相反，从秦始皇直到清末的入葬习惯，都竭力避免有水浸入墓室。从已发掘的千百座古代墓葬来看，几乎所有的墓室都设置宫床。即用石头做一高台，把棺椁平放台上，以免被水浸泡。如果墓室内真有积水，那也是因为设计或施工不周，日久天长四周土层裂变，水源渗透所致。明孝宗的泰陵就曾发生过类似情况。史料记载，泰陵修完以后，突然发现地宫的"金井"[①]内向外渗水。督工太监和工部群臣都惊慌失措，只好瞒着皇帝不报，并想蒙混过关。不料这事却被人密报皇帝，皇帝惊恐中急命礼部和内阁派人前往察看。这些大臣赶到地宫，却见宫内并无积水渗出。原来一个工匠献计，用小木塞偷偷堵住裂缝，再用三灰土夯实，使水源在短期内无法再渗入宫内……

由此可见，传说地宫内有河并有小船游动，只能是无稽之谈。

从秦汉至清末，历代帝王莫不把保护和看守祖宗山陵，作为皇家特别重大的事情来办。这是由于中国的巫文化使他们相信祖宗灵魂永不灭绝，而墓葬的起源，正是在灵魂观念产生之后。约在一万八千年前，北京房山周口店母系氏族公社早期的山顶洞人埋葬情况，就已反映了原始宗教和巫文化意识的灵魂观念。死者身上撒布赤铁矿粉粒，随葬燧石、石器、石珠和穿孔的兽牙等物，还有简单的生产工具、生活用具和粗糙的装饰品。这一切，恰是活人日常生活的写照。在陕西宝鸡北首岭、西安半坡村、华县元君庙、河南洛阳王湾等五千年前的母系氏族公社后期仰韶文化时期的遗址中，公共墓地鳞次栉比，与原始人的村落布局极为相似。死者的头颅大都朝一个方向，充分反映出氏族制度血缘关系的牢固性，其中，有许多是二次迁葬的公共墓地。在半坡墓地的发掘中，曾发现四个男子合葬、两个女子合葬和母子合葬的墓室。这说明母系氏族公社中，子女"知其母，不知其父"的情状，同时也证明埋葬制度又有了进一步的发展，预示着一直延续至今的夫妻合葬的新时代的到来。

帝王陵墓由于规模宏大，殉葬物品繁多珍贵，必须设置护陵机构，才能防止盗掘和破坏，确保陵墓安全。秦始皇陵已有护陵机构。西汉初年，惠帝把功臣贵戚和各地富豪人家，迁到汉高祖刘邦的长陵，并在陵北设置长陵县。后来几代相传，都依次按陵设置县邑，因而在长安附近形成了一个个繁华的新兴城市。当时以高祖的长陵县、惠帝的安陵县、景帝的阳陵县、武帝的茂陵县和昭帝的平陵县最为著名。因而又把这五个陵墓所在的咸阳称为"五陵原"。这些陵邑中的豪富人家和他们的子弟，斗鸡走马，为非作歹，"富人则商贾为利，豪杰则游侠通奸"。唐代诗人杜甫曾以"同学少年多不贱，五陵裘马自轻肥"的诗句，形容五陵特区的景象。河北遵化的清东陵，除分设陵监以外，还专门修了一座"新城"，作为护陵之用。

而明十三陵在成祖朱棣选陵之初，除具有《葬书》所指"四势"，即"左为青龙，右为白虎，前有朱雀，后有玄武"，"秀丽朝揖而有情，势如万马自天而下"外，同时还具有军事上的重要意义。事实上，十三陵不仅设有大量护陵人员，还驻有大批军队，与居庸关成掎角之势，以对付北方少数民族的侵袭。这一点从陵园宝城及外罗城坚固高大的城墙和墙上的垛口可以得到证实。鉴于众多的护陵人员和庞大的军队驻守陵园，明代的帝王将相、群臣谋僚，是断然不会想到还会有人能掘开陵墓，盗宝取尸的。既然如此，就无须在地下玄宫中设置毒箭、飞刀之类的暗器。即使真有暗器，历经三百余年，它的机关也早该变质失灵了。何况能找到引路的小石碑，这些暗道机关也就同样不难发现。迷信一旦遇到科学的挑战，势必为科学所破而束手投诚。

种种传闻逐渐得到排除，倒是有一点不容忽视。由于帝后的特殊地位和身份，死后为防止尸体腐烂，可能要在棺内洒些防腐剂之类的化学药品。这些药品也许有剧毒成分，而尸骨的腐烂也会产生有毒气体，如果发掘人员一经接触或吸入肺部，将对生命造成危害。因此，发掘前必须做好防毒准备。

事情已经明了，发掘人员不再顾忌种种传闻和恐怖故事，他们竭尽全力要做的是开宫前的一切准备。三十年后，我们在发掘工作队队长赵其昌所存的资料中，找到一张发黄的白纸，上面详细记载了在打开地宫大门之前所购买的各种物品。从这张"清单"上，不难看出中国第一座皇陵的发掘是在什么样的物质和技术条件下进行的。

　　蜡烛10箱　　木箱50个
　　马灯10只　　铁勺子10个
　　矿井安全帽60个　　木丝100斤
　　防毒面具10副　　白丝线2轴

胶皮手套5副　双股麻绳2斤
工作服5套　铁丝4斤
照相暗室1间　2寸木螺丝钉2盒
放大机1台　油布10尺
福尔马林2磅　绵纸5刀
卫生酒精10斤　牛皮纸20张
脱脂棉5斤　粉连纸2刀
纱布20尺　大绘图板1个
卫生球5斤　厚玻璃板3块
滑石粉2袋　玻璃胶带15根
水玻璃1磅　油泥5斤

玄宫初露

发掘工地的出土任务已经结束，大部分民工已回原村，只有王启发、孙献宝、郝喜闻等几位骨干继续留下，协助发掘队员工作。

晚上，大家围坐在木板房的马灯旁，商量第二天的拆墙计划和具体步骤，还对地宫内部的结构和情况也做了科学推理和分析。可是几位民工仍有些坐立不安，他们仍被神秘的传闻所困扰。白万玉看出了他们的心态，提了一瓶老白干，来到民工房里，请大家喝酒。今晚他格外兴奋，饱经沧桑的脸上泛着红光。他坐在人群中间，举杯一饮而尽。王启发沉不住气道："这地下宫殿的大门怎么个开法？"

"你们几个人登梯子到金刚墙门的顶部，我叫动哪块砖，你们就动哪块砖，取下来按位置顺序编号。"白万玉俨然一副指挥千军万马的大将气度。

几个民工咂咂嘴唇，没有言语，面孔却露出为难之色。

白万玉老人看着他们那紧张的神态不由得哈哈大笑："你们是怕墙后边有暗器吧。"他把每个人的脸都望了一遍，调侃地说："那谁先拿第一块砖呢？"

白万玉的话一出口，大家的心更加紧张不安。如果金刚墙背后真有暗道机关，倒霉的自然是最先取砖的人。他们谁也没有敢冒此险的胆量，只好面面相觑，沉默着。

白万玉微微笑道："这样吧，我写几个阄，谁抓到有字的纸条，谁就第一个上去。"

别无选择，既然无人主动地提出冒此风险，只有靠碰运气了。每个人心里都不相信这有字的纸条偏偏落到自己手中。同时，每个人又都担心正好落到自己手中。

白万玉做好阄，两手合拢，摇晃几下，撒在桌上。几个民工瞪大眼睛望着桌上的纸团，如同面对将要爆响的定时炸弹。四周一片寂静，仿佛听得见血液的奔流和心脏急跳的声响。

王启发望望白万玉，老人正手拈短须，眯着双眼，微微含笑地盯着自己。他的头猛地一震，一咬牙，大步向前，抓起了第一个纸团。

众人纷纷上前，将纸团一抢而空。

纸条一个个展开，有人开始高喊："我的没字！"

"我的没字！"

"我的也没字！"

…………

没有人再叫喊，大家把目光一齐集中到王启发身上。刘精义跑过来看看王启发展开的纸条，大声念道："小心暗箭！"

别的民工如释重负，哄堂大笑。王启发却脸色通红，一声不吭。白万玉老人起身走过来，拍拍王启发的肩膀，半玩笑地说道："你小子明天就准备怎样破暗器吧。"

这一夜，王启发几乎没有睡着觉，严峻的形势迫使他必须采取相应的措施。他在反复地思索着明天的行动方案。

为了躲过探沟内极不均匀的阳光，他们接受了电影制片厂摄影师的意见，把打开金刚墙的时间，选在晚间。

9月19日薄暮，民工们伴着刚刚落下的太阳，来到发掘工地。工作队成员早已披挂整齐，下到探沟，将梯子搭上金刚墙，等待这考古历史上伟大时刻的到来。

第十章　玄宫轰然洞开

十来盏汽灯吊在上面，照得人眼花缭乱。

"一切都准备好了吗？"赵其昌爬上梯子，转身看看身后的人群。摄影、拍照、绘图、记录、测量、编号等各项工作的负责同志，都手执工具，精神抖擞地整齐待命，现场一片将士出征前夕的兴奋与肃静。

"等一等！"后边沟里突然传来喊声。大家循声望去，只见王启发挎着一个长方形的篮子，满头大汗地向这边跑来。

他拨开众人，将篮子放在金刚墙下，掀起蒙在上面的一块红布，拎出两只鸡来。不等大家明白，他便从篮子里摸出一把菜刀，将喔喔乱叫的两只公鸡的脖子按在梯子一侧，举起菜刀。一道寒光闪过，两只鸡头滚落梯下。王启发一挥手，两只无头鸡在探沟里扑棱棱地乱窜，一股鲜红的热血顺着脖颈儿喷涌而出。大家纷纷躲避，以防鸡血溅到身上。一阵骚乱之后，两只鸡倒在沟底，气绝而亡……这一切如此突然、迅速，整个过程不足一分钟便告结束。

"王启发，你这是耍的啥把戏？！"一阵慌乱之后，白万玉老人第一个想起要拿这个憨直农民是问。

王启发把刀在梯子上蹭蹭，笑嘻嘻地说："白老，你不是让我小心暗器吗？我回家问了几个老人，他们都说鸡血避邪，只要杀上两只鸡，什么暗器都能躲过去。我是想避避邪。"

"原来是为这个！"众人如梦方醒。白万玉冲他嚷道："昨晚上只不过是开个玩笑，你却把它当真，你小子真是……"

此时此刻：天上与地下、生命与死亡、肉体与灵魂、科学与迷信、文明与愚昧，在发掘人员心中

考古人员在金刚墙下搭梯取砖（刘精义提供）

249

考古人员从金刚墙中取砖

并存，各人有各人的心思，他们都在想些什么……新中国第一座皇陵的发掘，就是在这样的现状中开始的。

白万玉见骚动已经平息，面朝赵其昌问："开始吗？"赵其昌示意再稍等等。

终于，夏鼐从城里赶来了，他刚到现场就问赵其昌："图测好了吗？"冼自强、曹国鉴把图递给他，他连连点头："很好，大比例图，可以。修复工具怎么样？"白万玉指着一旁的大箱子说："全搬来了，一切齐备。"夏鼐想了想，问："要不要试试灯光？"赵其昌马上示意电影摄影师沈杰开灯。摄影助理立刻摇通电话，宝城外面三辆发电车轰隆隆转动起来，照得金刚墙如同白昼一样。光线、角度正合适。夏鼐这才示意说："好吧，开始。"

谁也没有注意，赵其昌已蹲在梯子顶端。见夏鼐点头发话，便挥起特制铁铲，对准"圭"字形顶部的第一块砖砖缝，轻轻地撬起来。王启发噔噔地爬上梯子，一把攥住赵其昌的铁铲："来，咱俩一起撬。"

赵其昌半开玩笑地说："里头有暗箭，你就在下面给我接砖吧。我光棍一个，'了无牵挂'。"王启发脸上一红，蹲在赵其昌一侧等待往下递砖。

一切都按计划进行，摄影机唰唰地不停转动，影片开始记录下这令人难忘的时刻。

因为砖缝之间没有灰浆黏合，赵其昌毫不费力地将四十八斤重的墙砖撬开了一角。他把铁铲挂在梯子侧，两手抓住砖边向外慢慢抽动，王启发和探沟中的人群屏住呼吸静静地等着。赵其昌憋足气力，猛地向外一拉，宽厚的墙砖终

第十章 玄宫轰然洞开

于全部从墙中抽出。夏鼐在沟底大喊一声："当心毒气！"

话音刚落，只听"噗"的一声闷响，如同匕首刺进皮球，一股黑色的浓雾从洞中喷射而出。紧接着又发出"哧哧"的怪叫，就像夜色中野兽的嘶叫，令人不寒而栗。

"快趴下！"白万玉老人喊道。赵其昌抱住城砖，就势趴在梯子上，低下头一动不动。

第一块大砖被取下

黑色的雾气伴着怪叫声仍喷射不息，一股霉烂潮湿的气味在金刚墙前弥漫开来。雾气由黑变白，渐成缕缕轻烟，由沟底向上飘浮。人群被这股刺人的气味呛得阵阵咳嗽，大家赶紧捂住口鼻。

赵其昌把砖递给王启发，咳嗽着跳下木梯，眼里流出泪水。夏鼐指着缥缈的雾气说："这是地宫三百多年积聚的腐烂发霉物质的气体，只要放出来，就可进入地宫了。"

雾气渐渐稀少，王启发和刘精义爬上木梯，继续抽动墙砖，下面的人一块一块地接过排列在一边。夏鼐在沟底为抽下的墙砖编号，同时绘图、拍照、记录都紧张地进行着。中央新闻纪录电影制片厂的摄影师也在选择最佳角度，不停地拍摄实况。

取出第一块砖后俯视现场（刘精义摄并提供）

砖一层层抽掉，洞越来越大。当抽到第十五层时，洞口已经2米多高。夏鼐宣布停拆，他爬上木梯，打开手电筒向洞内照去，里面漆黑一团，手电的光芒如同萤火虫在暗夜里流动，仅仅一个小光点，什么景物也照不分明。他把身子探进

251

洞内，侧耳细听，乌黑的墓道一片沉寂，静得令人头皮发紧。他让人递过一块小石头，轻轻扔下去，洞内立即传出清晰的落地声。赵其昌急切地说道："夏老师，我下去看看吧。"

夏鼐走下木梯，抬起手臂，测了下未拆除的砖墙，沉思片刻，点点头叮嘱："千万要小心。"白万玉拿根绳子跑过来："为了保险，还是在你腰里拴条绳子吧。"

继续取砖

赵其昌戴好防毒面具，衣服袖口全部扎紧，腰系绳索，手拿电筒，登上木梯，来到洞口上。

"要是洞中无事，你就打一道直立的手电光上来，如果发生意外，你就拉动绳子，我们想办法救你。"白老再次叮嘱。

赵其昌点点头，表示记住了，然后转过身，两手扒住洞口的砖沿，跳了下去。

考古队长赵其昌进入地宫

洞外的人只听"哗啦——"一声，悬着的心咚地跳到嗓子眼儿。白万玉大声问："有什么情况？"

洞内没有回音，只有唰啦啦的响动传出来。"完了。"白万玉心中想着，转身问夏鼐："怎么办？"

夏鼐皱了皱眉头，沉着地说："再等等看。"

发掘人员纷纷登上木梯，趴在洞口上观看动静。王启发找来几根绳子，急切地对夏鼐说道："快进去救

第十章 玄宫轰然洞开

人吧，再晚赵其昌就没命了。"夏鼐正要发话，只见洞内唰地射出一道电光，橙红色光柱照在洞口上方，不再动弹。"没事了。"洞口处的人们都松了口气欢呼起来，跳到嗓子眼儿的心又落了下来。

"继续下。"夏鼐话刚一落地，刘精义、冼自强、曹国鉴、王杰等纷纷把绳子绑在腰部，一个个地跳了下去。

"放梯子，放梯子。"白万玉吆喝着，让外边的发掘人员把梯子放进洞内。夏鼐、白万玉也戴好防毒面具，沿梯子下到洞内。

"刚才是怎么回事？"白万玉掀开防毒面具问赵其昌。赵其昌用手电向身旁照照，只见洞内靠北墙的地方，散乱地放着几根腐朽的木柱。后经分析，这是玄宫建成后用于甬道券门的临时木栅栏，入葬后废弃。地宫打开后，这两道木栅栏根据残迹得以复原，每扇高2.1米，宽1.1米，中间有五根木柱，栅栏一端上下有门轴。赵其昌跳下后，恰被栅栏绊倒，所以才发出令洞外人心惊肉跳的响动。

几个人打着手电筒在漆黑死寂的洞穴内摸索着前行，不时踩着木板、绳索之类，发出响声。每个人的心脏都加快了跳动，每个人都百倍地警觉和小心，每个人都在盘算可能遇到的意外情况。里边的空间很大，摸不到边缘，看不到尽头，充斥整个空间的只有黑暗和腐烂霉臭的气味。一道道红黄灯光在黑暗中晃动，光柱里飘浮着尘埃和蒙蒙雾气。不知道过去了多长时间。时间在他们的心中已变得毫无意义。他们在极度紧张和亢奋中向前走去。三十多年后，我们发现赵其昌曾在当时的一篇日记中这样描述自己的心境：

"地宫里面静悄悄、黑乎乎、雾茫茫。太寂静了，静得让人心里发慌、发毛、发蒙、发怵，一股难以名状的恐怖与凄凉之感渗入骨髓。

"黑夜，对人类来说，就是另一个世界。一白一黑，一个代表白昼、代表阳，一个代表黑夜、代表阴，这是《周易》太极图中那旋转的阴阳鱼所赋予人类的启示。这个阴阳鱼周而复始地旋转着、循环着，阴阳盛衰交替着，无穷无尽。黑，还代表死亡，代表阴间的另一个世界；而白，则代表尘世中的生命，代表人类生活的阳间世界。

"我显然是置身于这阴间世界中了。仿佛觉得前方就有阴间的人影，他们的脚步在走动，他们的鼻子在轻轻地呼吸。他们静静地望着外边，望着我们的一举一动。此时，我感到这是一个没有星星也没有月亮的夜晚，天空正飘落着毛毛细雨。我独自走到一块荒无人烟的墓地,野草丛生,碑石林立,猫头鹰依石而卧,黑暗里瞪着圆圆的、绿绿的眼睛冲我发着灿灿光芒,刺进我的心脏、我的肺管、我的血液,使我越发慌乱和沉闷,四顾茫然而不知所措。我想快速离开这阴森可怕的墓地,想尽量不发出一丝响动,免得引起死神的注意和追赶,但腿却在荒草泥泞中不能自拔,阴风凄凄、雾雨迷蒙,似有亡魂用手轻轻挡住我的眼睛,又好像死神在背后用力拽扯我破碎的裤管,我感到死尸的魂灵就在眼前,他那粗犷的鼻息热烘烘地在我脸上喷射,既像人,又像是浑身长毛的怪物,轻轻地、无声无息地引我前行。

"我知道这是幻觉,尽量保持头脑清醒。我在心中默念着这虽是在幽黑的暗夜里穿行,但我仍置身于风尘飘摇的阴间世界。我是生活在阳间的人类来到阴间探索死神的秘密。但这种默念效果,似乎起不了多少作用。因为尘世间的烦恼忧愁、悲欢离合、恩恩怨怨、情情爱爱,统统都在心中消失。我记不起我来自哪里,要向哪里去。没有太阳也没有月亮,路也没有尽头,前方一片苍茫,似是秋后的茅草地,又似一片干裂的沙滩。我甚至都忘记了自己父母的容颜,并连自己的生存也不再记起,整个身心进入一个虚幻缥缈的世界。似入仙境,又似魔窟,天地一片混沌,阴阳融为一体,万事万物都成为似有似无、似明似暗、神秘莫测、变幻无穷的东西。这种东西组成了一个诱人的世界,让人去寻觅,又让人望而却步……"

玄宫前殿石门

突然,刘精义和冼自强几乎同时喊道:"地宫大门!"

石破天惊,死寂中响起一声炸

第十章　玄宫轰然洞开

雷，幽深的墓道里顷刻响起嗡嗡的回声。众人打个寒战，顺着电光的方向望去，只见两扇洁白如玉的巨大石门突兀而现，高高地矗立在面前。雾气缭绕，光亮如豆，看不清巨门的真实面目，大家只好按捺住要跳出胸膛的心，一步步向前移动、移动。

"有暗箭，快趴下！"冼自强大喊一声，扑到赵其昌身上，众人闻声也纷纷扑倒在地。

嗡嗡的回音渐渐消失，仍无暗箭射来。大家慢慢起身，眼前一片漆黑寂静，连每个人的呼吸都能听到。谁也没有说话。他们拿着电筒四处搜寻，几束光柱晃动着，渐渐集中到中央。只见门上镶有两头怪兽的头颅，头颅下悬吊一个圆环。怪兽二目圆睁，正视前方。两头怪兽身旁，布满了圆形暗器，显然只要怪兽发出信号，这圆形的暗器必然纷纷射出，置人于死地……

在六道电光照射下，大家来到门前，终于看清了它的本来面目。原来这是用整块汉白玉做成的两扇石门，历经三百多年仍晶莹如玉，洁白如雪。每扇大门雕刻着纵横九九八十一枚乳状门钉，两门相对处的门面上，雕有口衔着圆环的兽头，称为"铺首"，使石门显得格外庄严和威武。冼自强看到的"暗器"，正是这铺首

考古人员接近地宫石门时的情景

考古人员对大门构造做详细观察

和乳状门钉。小伙赵其昌向前轻轻推了下石门，不见任何响动。夏鼐将手电光沿2厘米宽的门缝照过去，只见有一块石条把大门死死顶住，无论使出多大力气，都无法将门推开。大家伫立门前，心中都在发着同一感慨："好一座神秘的巨门啊！"

石门钥匙与"自来石"

由二十三层城砖叠垒的"圭"字形封砖，一天之内全被拆除，金刚墙后面的秘密全部暴露出来。这是一间六十多平方米的长方形隧道，前面连接着金刚墙，两壁用九层石条叠砌，顶部用灰砖起券②，地面同两券一样，也由光滑的石条铺成。由地面至券顶通高7.3米，隧道后部与地宫大门相连。这位于金刚墙内的地宫隧道，实际上是石隧道的最后部分，也是地宫的引导建筑。考古工作者把这部分建筑称为"隧道券"③。

隧道券的石壁，便是地宫大门的外部，这是一座起券的门洞，全部用平整的石条构成。券门门楼的檐瓦、脊兽、椽头全部用汉白玉雕刻而成。券门下是用大青石雕成的须弥座④，上面极其细腻地雕刻着俯仰莲花的纹饰，具有浓厚的宗教意味和神秘色彩。整个券门除拥有东方建筑的造型艺术之外，还融进了古希腊建筑的艺术风格和神韵，显得古朴典雅、华丽秀美、秘不可测。券门之下，就是两扇辉煌威武的石门。

玄宫甬道券立面图

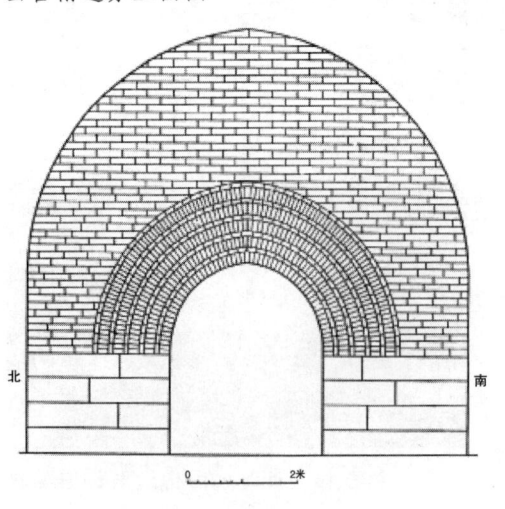

第十章 玄宫轰然洞开

发掘人员聚集在木板房，极度兴奋地探讨着地下玄宫内两扇石门的奥秘。门内有石条把两扇大门死死顶住，使外来的冲击力无法破门而入，这是肯定的。那么，这块石条是谁放进去的？放好后人又是怎样出来的呢？难道是殉葬的妃嫔宫女，在入葬人员撤出玄宫后，她们在里面搬动石块把门顶住？显然，这是不可能的。根据史料记载，殉葬的妃嫔宫女都是先被杀死之后，才和帝后的棺椁一起入葬。这一点，除奴隶社会外都被发掘所证实。况且，按照明代的葬制，只有皇帝皇后才有资格入陵，即使是名位尊贵的皇贵妃，也必须严格遵守这种制度，而绝对不允许入陵。明代虽有妃嫔宫女殉葬的记载，但也只是把这些女人吊死后，另葬别处。是否地下宫殿还有别的秘密通道，在帝后入葬完毕，让工匠用石头把门堵死，然后再从秘密通道出来？尽管在后来的发掘中，又发现两条通往地宫的甬道，但用工匠堵门的假设，还是被排除了。既然要防止后人开门入宫，那么这条通道被堵死，工匠出来的秘道之门又由何人在里面封墙？假如这条秘道先被后人发现，工匠所做的一切不就是前功尽弃吗？

妃嫔宫女和工匠在宫内封门的假设不能成立，就只有一种可能存在，这就是在帝后安葬完毕后，活人全部撤出，把门关闭，里面的石头自动将门堵住封严。那么又是一种什么力量使石头自动把门顶住呢？

木板房内烟雾弥漫，议论纷纷。大家提出一个假设，又一个个在科学的分析中予以否定。谜团连着谜团，在大家的心里滚动翻腾，使发掘者心力交瘁。远处传来一声鸡啼，天就要亮了。

第二天下午，赵其昌带人再次来到玄宫的石门前，研究开门的方法。夏鼐回京前叮嘱："时间紧迫，容不得我们稍有拖延，要尽快研究开门的办法。"当时人们不可能完全理解大师话中的真正含义，长年的发掘工作使他们几乎与世隔绝，很少知晓外面发生的一切。直到地宫发掘完成后，他们才如梦方醒。

赵其昌试图在石门四周找到像"指路石"一样的密码，再度落空。大门的八十一枚乳状门钉，有的虽是后来嵌入雕好的凿槽之内，但仍找不出任何蛛丝马迹，四周的石墙也严丝合缝。研究工作不得不回到查访文献史料上来。

早在地宫打开前，赵其昌就在北京西郊、东郊发掘过几座明清时代贵族

地宫自来石图示
（制图：蔡博）

墓。当时有些墓道的石门，是采用石球滚动的方法将门顶住的。即先在石门内侧做成一个斜坡石面，门槛处凿出沟槽，槽的顶部放好石球，用敞开的门挡住。入葬完毕，人走出门外，两门逐渐关闭，石球便沿着地面斜坡滚动，直到石门完全关闭，石球在两门交合处的一个更深的石槽内停住，门也就被堵死了。

　　石球顶门为打开定陵地下玄宫之门提供了启示。从门缝看进去，石门之后可能是用一根石条顶住的。石球虽不同于石条，原理应是大同小异：在两扇门关闭时，将石条倚于门后槽内；人走出后，石条随着石门的关闭慢慢倾斜；待石门完全关闭，石条也随之滑向两扇门的中央，于是石门得以完全顶死。这个设想极有可能，而且也必须如此，才能顶住石门。

　　原理已经弄清，就要设法挪开石条，开启大门。工作队在浩如烟海的史料中，终于从有关明末崇祯帝入葬的记载中，找到了大门洞开的"钥匙"。

　　崇祯十七年（1644年）三月十七日，李自成率领大顺军队拿下居庸关，直抵北京城下。当天晚上，明朝最后一个皇帝崇祯朱由检，遥望城外到处都火光烛天，沉闷的炮声不断冲入耳鼓，知道大势已去，仰天长叹一声："只是苦我全城百姓！"急惶惶回到乾清宫，端起酒杯一饮而尽。周皇后见崇祯已丧失斗志，明亡在即，垂泪说道："臣妾侍奉皇上

第十章　玄宫轰然洞开

一十八年，您一句话也听不进，致有今日。"不久，自缢殉国。

15岁的长平公主牵着父亲的衣襟，泪如雨下。崇祯咬咬牙，叹口气说："你为何偏生于我家！"然后拔出宝剑，左手以袍掩面，右手举剑砍下。随着一声撕心裂肺的惨叫，公主的左臂落到地下。崇祯还想再砍，但手软无力了，只好作罢。崇祯手执三眼火铳，率领几十名太监冲出乾清宫，骑马直奔安定门，想夺城而走。但此时安定门已经封闭，无法开启。外城也被攻破，大顺军队冲杀而来。崇祯皇帝只得下马，看看身边的太监已经跑掉，只有王承恩一人立于马前。君臣二人只好弃马登上煤山（今景山）。崇祯脱下外服，要过王承恩随身携带的笔来，借着火光月色，在白缎衣里上写下了他的最后一份诏书：

朕自登基以来，十有七年，东人三侵内地，逆贼直通京师。虽朕薄德匪躬，上干天咎，然皆诸臣之误朕也。朕死无面目见祖宗于地下，去朕衣冠，被发覆面，任贼分裂朕尸，勿伤百姓。

崇祯皇帝把衣服挂在树上，将冠摘下，散开头发，披在脸上，在老槐树上自缢而亡。

不久，北京为李自成大顺军所占。昌平的几个乡绅出于对旧时君主的效忠，主动组织起来拿出钱财发丧。崇祯生前未来得及为自己建陵，只是给他的宠妃田贵妃在陵区的锦屏山下，建造了一座豪华陵墓。乡绅们便将崇祯和周皇后的棺木，运往田贵妃的墓中安葬。史料载：工匠用了四个昼夜，挖开了田贵妃墓，见到了地宫大门。用拐钉钥匙将石门打开后，把田贵妃棺移于石床之右，周皇后棺安放石床之左，崇祯棺木放在正中。田贵妃死于无事之时，棺椁俱备，崇祯皇帝有棺无椁。于是工匠们把田贵妃之椁让给了崇祯。安葬完毕，关闭石门，填上了封土……

发掘人员从这段记载中得知当年工匠打开地宫之门，使用的是"拐钉钥匙"。要打开石门，必须先推开顶门石条，但又不能让它完全倾倒摔坏，这就必须使用一种特制的工具。"拐钉"，顾名思义，一定是个带弯的东西……事情进展到这里，赵其昌一拍大腿，大声嚷道："我明白了！"

他找来一根小手指粗的钢筋，把顶端弯成半个口字形，像一个缺了半

拐钉钥匙破解自来石封闭大门图示

- 一扇门的侧面
- 自来石被推开的位置
- 插入两扇石门缝隙中的拐钉钥匙
- 自来石顶住石门的位置
- 门后地面上的槽

拐钉钥匙破解自来石封闭大门图示（制图：蔡博）

考古人员用拐钉钥匙开启地宫大门

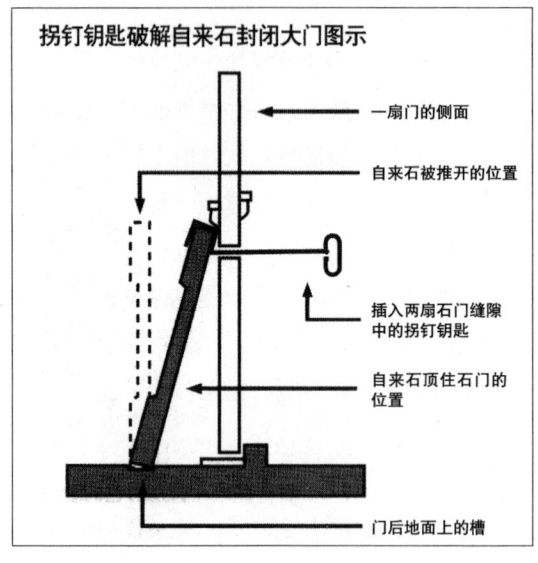

边的无底勺子。他拿到大家面前："你们看，这是不是'拐钉钥匙'？"众人恍然大悟。听来极为神秘的东西，其实并不神秘，一经出现在现实中，却是那么平平无奇。

10月5日上午，发掘队人员进入地宫，准备用自制"钥匙"开启石门。夏鼐因事未来现场，由赵其昌和白万玉指挥行动。

地宫的石门虽深埋地下，但它气势之磅礴、形态之巍峨、艺术之精湛，丝毫不比紫禁城的巨大城门逊色。

隧道券内依然黑暗潮湿，气味熏人。尽管发掘人员已有一些了解，但面对这幽深的地宫和巨大的石门，心还是怦怦直跳。

几支手电筒的光亮穿过浓雾与黑暗，照在两扇石门的开缝处。赵其昌手拿"拐钉钥匙"，将长柄的半个"口"字形钢筋竖起来，慢慢插进门缝。待接触到石条上部后，又将"口"字横过来套住石条的脖颈。一切准备就绪，他屏住呼吸轻轻推动，"钥匙"渐渐向里延伸，石条一点点移动起来，直到完全直立方才停止用力。"石条我拿稳了，你们开门吧。"赵其昌两手攥紧"钥匙"一端，对白万玉说。

原以为这硕大的石门非有千斤之力不能开启，所以

第十章　玄宫轰然洞开

白万玉把人分成两组，列队两扇门前，喊一声："开！"队员们一齐用力，石门轰然而开。粗大的门轴带动着万斤石门发出"嗡嗡"的轰鸣声，金石之声清脆悦耳、动人心魄，伴随着门内腾起的雾气，在深邃幽暗的墓道里隆隆炸响。墙壁的回音穿透迷雾尘埃，在黑暗中回荡缭绕，如狂风摧断枯木、似万马驰过草原，整座地下宫殿仿佛都在颤抖晃动。

地宫大门缓缓洞开

白万玉命人将石条搬到门外一侧放好，这才跨进门内察看。这时刘精义正晃动着手电在四周观望。当一线电光对准门框上方时，只见无数条亮晶晶的锥形物体悬挂头顶，如同出鞘的宝剑，直冲地面。刘精义见状，大声喊道："门上有飞刀！"

白万玉慌忙问："在哪儿？"

刘精义推开众人，拉着白万玉来到门框一侧，把手电光对准上方，惊恐地说："你看。"

"啊！"白万玉也大吃一惊。门框上端，确有一排形同宝剑的东西悬挂着。雾气缭绕，灯光暗淡，看不清真实面目。为了做到万无一失，白万玉和赵其昌商定，先撤出墓道，待点燃汽灯后再行察看。

一盏汽灯照亮了地宫墓道。这是一间长方形大厅，全部用石条砌成，没有横梁和立柱，完全采用中国建筑所特有的起券形式，整座大殿显得格外宽大辉煌。考古者把这段建筑称为"前殿"。

发掘人员站在门框一侧，抬头仰望，只见十几道状如宝剑的物体，原来是一种独特的石头。由于地宫封闭日久，宫中充满水汽，门上的青石在水汽的侵蚀中碳酸钙逐渐溶解，

风雪定陵

随着水滴一点点流淌下来，日积月累，终于形成宝剑状的"钟乳石"，在漆黑的幽暗之夜里，确像是一排倒悬的飞刀，令人生发种种遐想。

又是一场虚惊。

门上方，横担着一块长方形青铜，两头凿有圆筒，使粗重的门轴上部巧妙地穿进筒中。经测量，青铜长3.6米，宽0.84米，厚0.3米。早在一年前，赵其昌就在查阅文献时，发现过这样一段史实：庆陵修建时，工部郎中万燝在宫廷内外搜集碎铜，利用废铜炼制铜管扇，节省工料。万燝为人正直，由于他平时不满太监们胡作非为，太监便告发他借机发青铜财。皇帝得知后，立即召入问罪。一阵痛打之后，万燝感到十分委屈，含泪苦辩，才免于治罪。后来铜管扇制成用于陵中，皇帝和群臣才明白他当初的苦衷。

从城里赶来的郭沫若站在木梯上观察铜管之结构与门轴（刘精义摄并提供）

一年多来，赵其昌常常对这个典故所说的铜管扇进行琢磨，总未得到解答。今天看到这券门上部的青铜，才茅塞顿开。如果券门上部没有这种由青铜炼制的"铜管扇"，其他东西很难承受这万斤石门的摩擦力。可见那位工部大臣是颇费了一番心思的。

石门的制作，不仅工整细致，而且十分精巧。门轴一侧厚达0.4米，铺首一侧仅为0.2米，只相当于门轴一半的厚度。门轴一侧粗厚，是因为能承受更多的重量，开门时不易损坏，铺首一面较薄，无形中减轻了石门的重量，也减轻了门轴的负荷，使通高3.3米、宽1.7米的巨大石门开关极为容易。

石门内侧，与门外铺首对称的地方，有凸起部分，用以承托石条，石门关闭后，石条上端顶住门内凸起部分，下端

第十章 玄宫轰然洞开

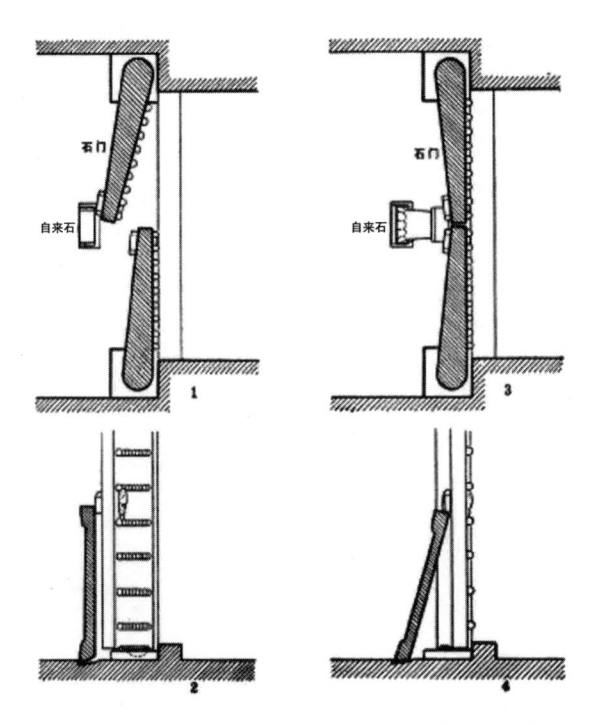

玄宫石门关闭示意图：1.关闭前（平面）2.关闭前（侧面）3.关闭后（平面）4.关闭后（侧面）

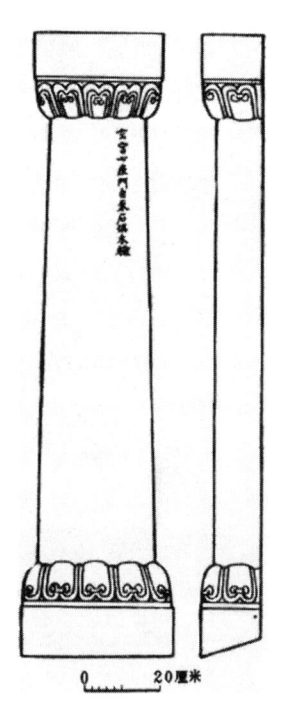

前殿顶门的自来石，上书"玄宫七座门自来石俱未验"

嵌入券门地面上一个凹槽内，以使从门外无法推开石门。面对这座精致辉煌的巨门，无论是发掘者还是来此参观的游客，无不惊叹古代先民非凡的创造力和出色的艺术才能。

这道石门从发掘开始到向游人开放，共打开过两次。这是因为拍摄纪录片《地下宫殿》，再度把石门关闭的。在进入地宫之初，为避免发生不测，电影拍摄者未随发掘人员一起进入。地宫大门全部打开后，才补拍这开门的壮丽场景。此时由于神秘、紧张、恐慌与激动之感已全然消失，加之缺乏烟火、道具之类的辅助效果，三十年后人们在长陵大殿的银幕上，再也看不到发掘者在打开石门一刹那间的神态，也无法领略他们当时的复杂心情和听到"飞刀"之后的可笑动作了。对若干年后的观众来说，这不能不说是一个遗憾。

263

测量、画图、照相……一切都在有条不紊地进行。大家来到石条前，详细勘察，只见上面有模模糊糊的墨笔楷书十一个小字："玄宫七座门自来石俱未验。"字迹的出现，不仅使发掘者知道了顶门石条原名"自来石"——聪明的工匠创造了一个多么形象而韵味无穷的名字！同时也得知这幽深的玄宫内，还有六道石门等待他们去打开。

注释：

①金井：棺床内的风水之穴。棺床做成平面铺砖，放棺处留下一处黄土不铺砖，称为金井。传说是为接地气之用，实际应理解为它是全部建筑之基点。

②起券：建筑屋顶、殿顶或墓室顶的一种方式。券是半圆之意。用砖石等叠砌成半圆形以承受重压。

③隧道券：隧道之后、地宫之前的券室。

④须弥座：须弥，佛教传说山名。须弥座，又称须弥坛，传为须弥灯王的佛座。后来门楼牌坊下用以支撑并雕饰有各种神物、花样之大型基座，亦称须弥座。

第十一章 风雨下定陵

风雪定陵

冲突既开，恢复元气已无可能。帝国古船千疮百孔，飘摇不定。闯王造反，大顺军席卷千里，逼近京师。努尔哈赤复仇，建立八旗制度，亲率铁骑踏破白山黑水，剑指辽东，大明王朝危在旦夕。风雨潇潇，哀歌阵阵，万历皇帝的尸骨连同腐朽的帝国，一起向陵墓走去——

疯狂的报复

群臣不惜被廷杖，甚至被杖毙而苦谏死净，终于使郑贵妃夺嫡的计谋破产，朱常洛既已册立为皇太子，常洵已去洛阳封地。事情到此本应偃旗息鼓，君臣携手，转入力鼎图兴的轨道。然而，事实并非如此。眼睁睁看着爱子远离膝下，宠妃泪洒衣襟，万历怀着难言的悲恸和无比的仇恨，面对他治下的群臣，也面对他治理的帝国，决定实施最严厉的报复。而在"国本"争夺战中败下阵来的郑贵妃，在群臣和后宫各色人等面前羞愤至极，但依恃自己乃当朝皇帝最宠幸的妃子，位同"副皇后"，并不把臣僚放在眼里。同时，欲化悲痛怨恨为力量，等待时机，来一个咸鱼翻身，再展抱负。

站在万历和郑贵妃对立面的大臣，显然看出了二人眼神中暗藏的杀机，他们怕万历，但更怕"副皇后"——郑皇贵妃。皇帝乃一国之主，做事总还要顾及帝国兴亡，给标榜"忠君爱国"之士留一点回旋的空间。而郑贵妃则不同，她有的只是个人私欲和利益，对阻挡者的报复，不会顾及帝国利益和个人颜面，而是痛下杀手，毫不手软。面对如此险象环生的局面，大臣们于惊惧中，不甘束手就擒，于是几经磋商，决定先发制人。于是，一篇词锋锐利的战斗檄文就此出品，并在早朝时禀呈司礼太监。疏文洋洋几千言，通篇充斥着挚爱君王朝廷之心，历数前朝女色误国之例，力谏皇上勤政戒色、为国图谋等等。显然，文中的影射和直白的指责，都是奔着皇帝与郑贵妃私生活而来的。结果已经料到，万历阅罢，自是盛怒，对几位大臣施以廷杖。

这一个回合，朝臣一方败，皇帝胜。宫廷内外出现了短暂的沉默。

当然，沉默与喑哑只是暂时的现象，既然双方已撕破脸皮，摆开了决战的架势，且阵前已经开骂对仗，不分出个胜负，绝无鸣锣收兵的道理。接下来，更加剧烈的交战，以另一种神秘形式爆发。

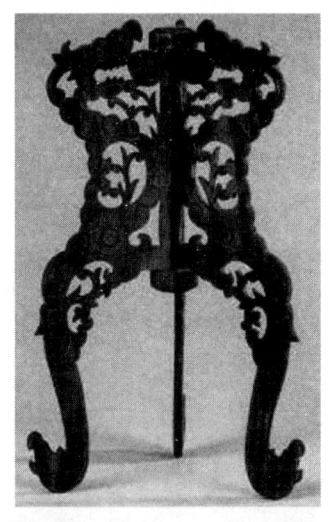

庙堂之外忽有传言，谓有太监在郑贵妃宫中发现一尊木刻，形似太子，上面扎满了铁针之类的东西。这是一种古老的巫术，施术者借助超自然的神秘力量，对木偶念咒施法，木偶的真身——太子朱常洛，很快就会因此丧命。这种巫术和传说，在中国存续了几千年，最著名的案例莫过于汉武帝时期的"巫蛊之祸"，此一兼涉政治和最高权力的重大巫术事件，最终导致了太子兵败自杀的悲剧。

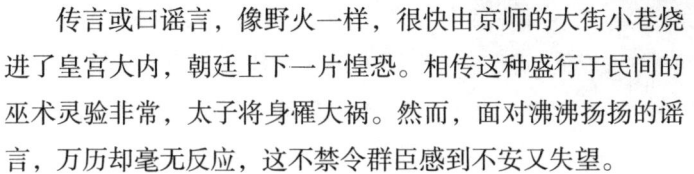

木刻巫人像

传言或曰谣言，像野火一样，很快由京师的大街小巷烧进了皇宫大内，朝廷上下一片惶恐。相传这种盛行于民间的巫术灵验非常，太子将身罹大祸。然而，面对沸沸扬扬的谣言，万历却毫无反应，这不禁令群臣感到不安又失望。

谣言未止，又有太监禀报，文渊阁大学士沈鲤施法念咒，意欲加害郑贵妃和皇帝。万历闻讯，龙颜大怒，当即令人将沈鲤宣到廷前究讯，原来是一个误传。为此，沈鲤差点丢掉头颅。

一波未平，一波又起，有关皇储的"妖书"，继而在京城内外流传开来。

万历三十一年（1603年）十一月十一日清早，内阁大学士朱赓，在家门口发现了一份题为《续忧危竑议》的揭帖，指责郑贵妃意图废太子，册立自己的儿子为太子。不仅朱赓收到了这份类似传单的"妖书"，之前一夜，"妖书"已经在京师广为散布，上至宫门，下至街巷，随处可见。《续忧危竑议》假托"郑福成"为问答，解释主题内容，谓皇上立朱常洛为太子，实在是万不得已之举，日后必将更立云云。而至于署名"郑福成"之"郑"，意指郑贵妃；"福"即福王，"成"乃大统也，即郑贵妃的儿子福王常洵必成下一朝皇帝。此为一个隐语，也是朝臣们极为担心的不祥之兆，更是万历皇帝与郑贵妃的一块心病。此书只有三百来字，但内容却如同春日惊雷，在京城掀起了轩然大波。万历闻报，又是一番勃然大怒，认为"词极诡妄"，遂将《续忧危竑议》钦定为"妖书"，责成刑部即速查办，不得轻饶。

刑部接到谕旨，未敢怠惰，立即着手稽查。但案情错综复杂，要查明却非朝夕之事。躲在深宫的万历焦躁不安，一怒再怒，连续撤处了三名刑部大员，但依然没能使案情水落石出。不耐烦的万历认为刑部可能暗藏阴谋，或与"妖书"制造者暗中勾结，转而交付更加信赖，也更凶狠恶毒的锦衣卫、东厂、五城巡捕衙门联合办理，明确指示"务得造书主名"，第二次"妖书案"由此而起。

位于河南商丘沈鲤故居的沈鲤石雕像

锦衣卫、东厂作为皇帝侍卫的情报军事机构，所有的活动直接向皇帝负责，可以逮捕任何人，包括皇亲国戚，并进行不公开的审讯。凡被锦衣卫或东厂特务盯上，无论有罪无罪，皆难逃其魔掌。因而，朝野上下，凡闻"锦衣卫"三字者，无不谈虎色变，胆战心寒。"妖书案"转入锦衣卫之手，意味着将有一大批无辜之人蒙冤下狱。果不其然，礼部右侍郎郭正域和内阁大学士沈鲤，被指与"妖书案"有关，遂遭逮捕。巡城御史康丕扬在搜查沈鲤住宅时，又牵扯出名僧达观，即著名的紫柏真可大师，另有医生沈令誉和琴士钟澄等人，上述人员悉数下狱。未久，锦衣卫都督王之祯等四人，揭发同僚周嘉庆与"妖书"有关，复有官吏胡化告发给事中钱梦皋女婿阮明卿参与了此案。一时间，案情越办越复杂，牵扯的嫌疑人越来越多，"数日间，银铛旁午，都城人人自危"。

礼部右侍郎郭正域曾经当过太子朱常洛的讲官（老师），朱常洛闻听此事，对近侍说："何为欲杀我好讲官？"此话暗含深意，诸人闻之皆惧。为营救老师，朱常洛特意派人带话给东厂提督陈矩，让他手下留情。陈矩为人精明，尽管太子地位不稳，但也决不会轻易开罪。加上没有任何证据证明郭正域跟"妖书案"有关，显而易见地是场大冤狱，陈矩思虑再三，决定倾力相助，郭正域免遭一死。与之相关者，除僧人真可大师因年高体衰，受重刑后愤死狱中，其他皆陆续放出。

眼看案情进展缓慢，万历复震怒，下诏问责。锦衣卫、东厂、京营巡捕主事者，皆惶恐不安，设法尽快找到一只替罪羊了结此案。五天之后，东厂捕获了一名形迹可疑的男子皦生彩，一顿重刑，皦生彩揭发兄长皦生光与"妖书案"有关。这皦生光原是顺天府一名生员，生性狡诈，专门以"刊刻打诈"为生。锦衣卫闻听如获至宝，立即逮捕皦生光，屈打成招，最终皦生光被凌迟处死，家属发配边疆充军。

皦生光被杀后，京中盛传妖书乃"东嘉赵士桢所作也"。赵士桢时任朝廷武英殿中书舍人，风闻凶讯，大惊失色，继之身心劳瘁，精神错乱，多次梦见皦生光前来索命，惊惧郁愤之下，一病不起，抑郁而死。

"妖书案"以和尚真可大师、皦生光、赵士桢的含冤而死草草了结。此书的作者到底是谁，始终只是个传说，并没有切实证据表明此书与上述死者有关，真正的作者到底是谁，成为明史一大悬案。但"妖书案"在当时波及甚广，已超越宫廷，遍及乡野。

此一事件不了了之，万历深感疲惫与愁烦。臣僚们无休止地指责与劝谏，以及文官集团内部越来越严重的倾轧攻讦，使整个朝堂乱成一锅热粥，焦头烂额的万历皇帝感到既无回天之力，又满腹火气没处发泄，唯一的选择便是消极无为，以静制动。他开始躺在御榻上，以酣然入睡的架势和姿态，冷眼面对现实处境与臣僚"自以为忠"的表演。尽管各种法定的礼仪照常进行，国家机器仍在有序运转，但万历皇帝既不强迫大臣们接受自己的主张，也不对臣僚的奏折表示意见，甚至连一些高级职位长期空缺，也不派人替补。从表面上看，他似乎从紫禁城深宫大院消失了，或者隐遁了，整个朝廷内外安静了许多。往后的日子，万历不但不再上朝理政，还要让帝国机

269

器在看似有序，实则空转中耗尽臣僚的热情，也耗尽自己的生命，直至群臣和他本人，与这个即将沉沦的大明帝国同归于尽。

此前，朝廷内阁有王锡爵、赵志皋和张位三名阁臣，由于各自的原因无法胜任。经过奏请，又补进沈一贯、陈于陛二人。随后王锡爵去职、赵志皋告病，张位因得罪皇帝而罢职闲居。再之后，陈于陛又因病归天。如此一来，堂堂大明朝廷内阁仅剩沈一贯一人。偌大的帝国朝廷中枢，每日须待处理的军政要务，最少亦有数百件之多，沈一贯独木难撑，遂频频上疏，恳请补进阁臣共同理政，但始终不见下文。转眼间，五年过去，沈一贯积劳成疾，病倒在寓所，但仍未见到补替人员，紧急公务无法推脱。此时的沈氏哀愤悲戚，叫苦连连，必须强打精神在病榻上操办。堂堂的内阁衙门，从此再无一人坐班并主持政务，只好关上大门，这是中国皇朝的内阁中枢，第一次挂上了大锁。

史载，沈一贯在阁十二年，而独掌阁务竟达七年之久。令人不可思议的是，在这十二年中，作为一个帝国首辅，相当于一人之下万人之上的百官之长——宰相，只见过皇帝两次面。万历三十年（1602年）七月，经过沈一贯一再苦请，皇帝才点用朱赓和沈鲤入阁，阁臣总算有了三人。但好景不长，内阁内部倾轧越演越烈，四年之后，沈一贯和沈鲤同时去职，阁臣又只剩下朱赓一人。朱赓所上有关军民利病的谏言，却"十不下一"，为此，常常遭到科臣们的讥讽。朱赓上不能劝说皇帝，下不能取信于诸臣，万般无奈，只得在家称病不出，结果是，阁门再次关闭。万历三十五年（1607年）五月，皇帝谕命于慎行、叶向高、李廷机三人入阁，另因王锡爵有声望，于同年被再度召回，并冠以首辅职衔。王锡爵虽名为首辅，但

于慎行像

第十一章 风雨下定陵

并未赴任，后死在家中，时年77岁。于慎行虽加太子少保兼东阁大学士参赞机务，但已身患重病，七个月后，便于家中病逝。同时入阁的李廷机赴任不久，仍然是因内部倾轧，即遭到给事中、御史十数人参劾。迫于形势，李廷机只得离开是非之地，躲在寓所坚卧不出，后来索性跑到郊外一座荒庙中居住，并上疏皇帝辞去阁臣职务，经三次上奏，方恩准致仕。万历三十六年（1608年）十一月，74岁的朱赓忧愤成疾，死于寓所。令人不可思议的是，朱赓作为帝国阁臣六年，首辅两年，竟没见过皇帝一面。如此这般，朱赓之后，虽名义上补充了四名阁臣，实际真正赴任理事者，只有叶向高一人。

位于浙江绍兴的朱赓故居，现为秋瑾故居

叶向高深感孤掌难鸣，为了增补阁臣，先后上疏一百余本，均不被理睬。此时，朝廷中枢机构长期缺员，党势渐丰，国力大渐。叶向高身为阁臣，却大事不敢做主，小事不能措处，欲干不能，欲退不允，孤苦伶仃，只好徒充其位，但一切罪名，全由他承担。叶氏叫苦不迭，抱怨道："大抵格而不用，惟有不行者，尽罪于臣……臣孤身暮年，东撑西持，力竭心枯，泪尽而致以血。"即使如此哀情，仍然打不动万历皇帝的铁石心肠。为尽早摆脱困境，以免不测，叶向高连连上疏，坚决请辞："臣自受事以来，未能荐一贤、行一

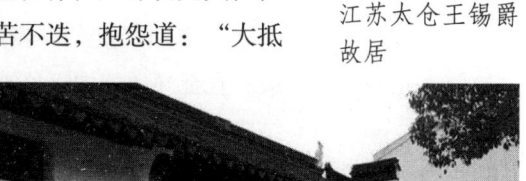

江苏太仓王锡爵故居

271

事、挽回一弊政、消弭一衅端。碌碌浮沉，贻忧宗社已六年矣！"但万历皇帝仍置之不理。如此延耗七年之久，直到叶氏称病不出，内阁闭门，才令其致仕。

在叶向高去任之前，经过他的苦请，终于在万历四十一年（1613年）九月，皇帝令方从哲、吴道南二人入阁。但四年之后，吴道南去职，内阁只剩下方从哲一人独掌，这一局面，直至万历四十八年（1620年）七月，万历皇帝驾崩为止。

此种形同虚设的朝廷内阁衙门，使首辅和阁臣均无实权，徒使帝国中枢空转。由于各部、府等衙门，所上对本部、本府有利的题本迟迟见不到回音，上疏催请，杳无音信，请内阁代催，更无济于事——皇帝压根就不看不批。内阁不能给部、府做主，渐失威信，部、府的程序还要按老套转动。无奈之下，有些衙门便瞒着皇帝和内阁自作主张、擅自办理，即使内阁有所察觉提出意见，甚至劝阻、斥责，亦起不到任何作用，只好任其肆意行动。如此一来，万历皇帝虽然表面至高无上，统揽帝国，但对部、府有利的实际大权，反被各取所需，下移滥用。

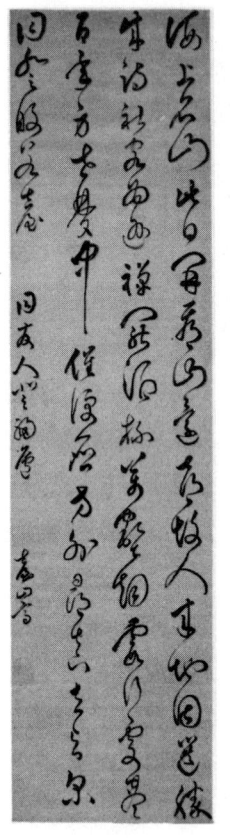

叶向高《草书轴》

更不可思议的是，皇位继承问题本来已经解决，而关于当年延搁立嗣的责任问题又突然沸腾起来，反较问题没有解决之前更加严重。许多臣僚被卷入其中，舌战之后继之笔战，直至导致朝中臣僚被迫站队结盟，各色人等权衡利弊，结成众多派别，各个派别合纵连横，旧恨新仇一起清算。在一片喊打喊杀声中，举朝上下人人自危，被迫加入这场莫名其妙的混战，直至出现了"闻言而杜门，言已而视事。递出递入如登场之傀儡，凭人提算"的混乱局面。此时，大明帝国的航船已经油干力尽，全凭自身的惯性向前漂荡，即使一个稍微知事的人，都能感到这艘航船的沉没已经注定且迫在眉睫了。

🏮 走向沉沦

万历皇帝百年之后，研究者用八个字为之盖棺论定："酒色财气，四病俱全。"此言并非全对，但大体不差。

万历的贪酒，大约起于15岁时，首辅张居正发现之后，曾专门为他讲过《酒诰篇》，诚恳地告诫宴饮过多，会荒废政务、损害身体，身为一国之君，应以宗礼为重，尽力戒酒。处于无聊苦闷之中的万历，虽然当面称是，但背地里却依然放纵不休，直至后来发生了"西内"酗酒杀人之事，受到皇太后严厉斥责，并令其写下"罪己诏"，向天下谢罪。但从后来的情况看，万历的这一恶习不仅没有改掉，反而愈演愈烈。此点，从御史冯从吾的奏章中可以找到佐证："陛下每餐必饮，每饮必醉，每醉必怒。左右一言稍违，辄毙杖下，外庭无不知者。"这就是说，万历不但对女人，对壶中物也情有独钟，无奈酒量有限，每饮必醉，醉后必大发酒疯，打人闹事，甚至有人被他无故击毙。此一恶习，朝野皆知，但无可奈何。普天之下莫非王土，率土之滨莫非王臣。史载，内阁大学士赵志皋，对万历这一行为多次谏止，但万历却以太监、宫女对上不敬、违犯宫规等理由，为自己的行为开脱，并为下一次作恶寻找借口。

酒事如此，色事更甚。史书多载郑贵妃与皇帝的恩爱如胶似漆，难解难分，但主角之外，仍有若干配角被史家以各种形式记载下来。事实上，郑贵妃并未独占皇帝的枕席，万历一朝广选上千淑女，且皇帝整日周旋其间。《明史》明确记载皇帝的八子十女，为八个不同的女人所生。在辅臣屡屡催请节欲、勤于政务时，万历便发出这样的谕旨为自己辩白："朕自夏感受湿毒，足心疼痛。且不时眩晕、步履艰难"或"朕昨感风寒不时动火，头目眩晕，腿足疲软"。如果说"足心疼痛"，确因"感受湿毒"而致，那么"头目眩晕"，则正是酒色过度、精气亏损的症状。

万历十二年（1584年）一月，御史范俊上疏，条陈时政十事，其中谈到"人欲宜防"，以禹不喜酒、汤不近色为例，恳请皇帝以美女、酗酒为戒。万历览后，大怒，谕令重杖。恰巧，是夜雷雨大作，朝阳门外水深三尺，皇帝闻讯，心中惊惧，不得已免去重杖，但仍将范俊革职为民，永远不许起用。万历十四年（1586年）十月，礼部祠祭司主事卢洪春再度上疏，规谏

《帝鉴图说》之"脯林酒池"插图（明·张居正撰，清刻本）

夏史记：桀伐有施氏，得妹喜。喜有宠，所言皆从，为瑶台、象廊。殚百姓之财，为肉山脯林。酒池可运船，糟堤可以望十里，一鼓而牛饮者三千人。妹喜笑，以为乐。

张居正解：夏史上记，夏桀无道，不修德政。桀征伐有施氏之国。有施氏进了个美女，叫作妹喜。桀甚是宠爱她。说的言语，无不听从，造为琼台、象廊，极其华丽，竭尽了百姓的财力。又性嗜酒，放纵，不但自家酗饮，将各样禽兽之肉堆积如山，烹烤为脯者，悬挂如林。凿个大池注酒，池中可以行船，积糟为堤，其长可望十里，击鼓一通，则齐到池边，低头就饮，如牛之饮水者三千人。夫桀之始祖大禹，卑宫室，恶衣服，克勤克俭。因饮酒而甘，遂疏造酒之仪狄，何等忧深虑远，辛勤创业。而桀乃放纵如此，不亡何待！后六百年，又有商纣，亦为肉林酒池，亦亡商国。嗜酒之祸可鉴也哉！

万历酒色。其结果是，万历览后怒极，命重杖六十，革职为民，永废不用。未久，卢洪春愤郁而死。

以上记载谓之"酒色"，至于"财气"，更是数不胜数，而暗中受贿、抄家掠财，是其两大重要财路。万历十年（1582年），冯保失败以后，太监张鲸掌握东厂，因横行无忌，作恶多端，引起满朝公愤。其中御史何出光弹劾张鲸犯有八条死罪，并殃及其党锦衣卫都督刘守有、序班邢尚智。万历览奏，命将邢尚智论死、刘守有除名，而对张鲸却不予究问。为何对首恶者不问？据说，一则因为当初张鲸奉皇帝密旨弹劾冯保有功；二则当群臣参劾张鲸之时，张曾出重金贿赂万历。如此一着，张鲸"有功"，皇帝贪财，因而未加究问。

此事泄露，阁部大臣获知，极为气愤，密嘱御史马象乾

第十一章 风雨下定陵

再劾张鲸。因言辞尖刻猛烈，引起万历不满，谕令将马象乾下镇抚司狱拷问。因马象乾参疏系申时行、许国、王锡爵三位阁臣密嘱所致，三阁臣便死力相救，"愿与象乾同受刑拷"，马象乾才得以免祸。但没过几天，又有吏科给事中李沂再劾张鲸，并索性将张鲸用金宝重贿皇帝的丑闻全盘揭露出来。这一下，触及了万历的痛处，令其十分难堪，遂狂怒，厉声道："李沂置贪吏不言，而独谓朕贪，谤诬君父，罪不可宥！"命将李沂下镇抚司狱，杖责六十，接着又将李沂革职为民，永废不用。

翻阅《明史·神宗本纪》等相关记载，"酒色财"的案例不胜枚举，而史籍在记述万历对人、对事显露的表情时，满纸的"上怒""上大怒""上狂怒""上暴怒""上怒极"等字样，几乎到了每天数"怒"，或十几、几十"怒"的程度，如此多的"怒"，翻遍二十五史，几乎无匹敌者。因而，万历皇帝一生除了酒色财三样，也完全可说是个生气包。他一生气，就要有人倒霉，甚至丢掉性命。

针对皇帝的"四病"（酒色财气），万历十七年（1589年）十二月，大理寺左评事雒于仁，大胆谏言："臣闻嗜酒则腐肠，恋色则伐性，贪财则丧志，尚气则戕生。陛下八珍在御，觞酌是耽，卜昼不足，继以夜长，此其病在嗜酒也；宠'十俊'以启幸门，溺郑妃，靡言不听。忠谋摈斥，储位久虚，此其病在恋色也；传索帑金，刮取币帛，甚且掠问宦官，有献则已，无则遣怒，李沂之疮痍未平，而张鲸之赀贿复入，此其病在贪财也。今日榜宫女，明日挟中官，罪状未明，立毙杖下。又宿怨藏怒于直臣，此其病在尚气也。四者之病，胶绕身心，岂药石所可治？今陛

从洪泽湖复出的明祖陵石像生

下春秋鼎盛，犹经年不朝，过此以往，更当何如？……"

既然药石不能医治，因而雒于仁特进"四箴"，陈请皇帝自行根治。万历览奏，又是怒不可遏，谕令重处。由于雒于仁所上谏言既符合实情，又获得文武百官的支持，经过申时行等阁部大臣奋力论救，未受到重刑，但还是被罢官为民。雒于仁虽为此而丢官，但他所讲的"四病"，不仅紧紧地缠绕了万历一生，且加速了大明帝国的灭亡。

万历二十九年（1601年），大雨成灾，黄河暴涨改道，向南夺淮入海，

明祖陵外罗城墙：
明祖陵位于古泗州境内，即今江苏省盱眙县城西，是明太祖朱元璋的高祖、曾祖、祖父的衣冠冢，同时也是朱元璋祖父的实际葬地。1368年，明太祖朱元璋追封他的高祖朱百六为玄皇帝、曾祖朱四九为恒皇帝、祖父朱初一为裕皇帝，并于1385年派皇太子朱标修建祖陵。当时祖陵建有享殿、配殿、石像生，永乐年间又增建了棂星门与外罗城墙。由于古泗州城地势较低，清康熙十九年（1680年）秋，黄河夺淮，泗州城与明祖陵被淹没于洪泽湖底。1963年，洪泽湖水位下降，明祖陵重现天日，但木制建筑已荡然无存，只有后来发掘、修复的石像群，能反映出昔日明祖陵的雄伟与壮观。"文革"后，国家拨款对明祖陵进行了维修，并增建了水坝以保护陵区。2001年8月，沉睡于洪泽湖水下300年之久的明代第一陵——明祖陵外罗城墙，因洪泽湖大旱，继1963年、1993年之后，再度露出水面。此次露出水面的外罗城墙达1178米，是有史以来最为显著的一次。原明祖陵管理所副所长吴大望介绍说："明祖陵共有三道城墙，这块露出水面的石榫，按历史记载，应当是外罗城墙的东大门。"

第十一章 风雨下定陵

所过之处，积水丈余。漕河被毁，祖陵（泗州）被淹，千里之内尽成汪洋，数十万灾民无家可归。又由于漕运不通，粮船受阻，导致京师、边镇严重缺粮，情况万分火急。为及时排除灾害，大学士沈一贯详细陈明利害，恳请皇帝先发内帑进行救济，尽快点用治河大臣，立即进行治理。虽灾情万分紧急，但万历却对所上奏章视而不见。没有皇帝谕旨，事情又十分重大，没人敢于用"讲旨"的办法去冒险，只得搁而不办，任由洪水滔天，黎民罹难。

万历三十二年（1604年）五月，京郊地区连降大雨，经月不停，致使京师内外商民房屋倒塌数千间，压死民众数百人，昌平皇家陵园内长陵陵碑被雷火击碎。又因四月以来，天气闷热，连日阴霾，昌平天寿山陵区数万株松树枝叶全被害虫吃光，此一灾害被视为上天"惩戒"的不祥之兆，本应引起万历皇帝"惕然惊惧"。但呈报的题本他依然未看，毫无反应。为此，部院大臣联名上疏，强烈陈请，又到文华门外集体跪请，想以此引起皇帝警觉与重视。但万历根本就没有起床，臣僚们白白在门外跪请一个上午，直到中午万历起床，服侍太监才将群臣在门外跪请一事禀告给他。因事先未看奏章，不知跪请缘由，以为是集体闹事，挟君犯上，故意与他为难，盛怒中派司礼太监传出口谕，斥责道："各守心供职，勿要挟沽名。"臣僚们一番苦心，不但未受到褒扬，反而落了个"要挟沽名"的罪名，无不垂头丧气，愤然而去。

遥想万历初年，首辅张居正曾引用古代帝王的实例，多次教诲万历皇帝要崇尚节俭、戒奢侈，天子富于四海，家国一致，国家财富便是皇帝之财富。首辅的谆谆教诲，着实令这位少年天子感动了一番，并立下"以四海为家，贵五谷，贱珠玉，布德修正，团结民心"的宏愿。但自从张居正家中抄出近二十万两金银之后，他猛然顿悟，作为官库的太仓库，储银虽然堆积如山，但自己既看不到又摸不着，不如将金银储在内库，看着亲切，用着方便。于是乎，便以种种理由，向光禄寺、太仆寺和太仓库索银，储入内库私用。之后，又在奸人和太监迎合诱惑下，以开采银矿、滥事征税等方式，在全国范围内，进行长达二十四年之久的敛财搜刮。其结果是财货上流，万民皆怨，国家的经济秩序土崩瓦解，出现了国匮民穷、政纪废弛、人心涣散、腐朽衰落的败亡局面。此举正如刑部郎中贺仲轼所言"惟民穷财尽之败不可救"，只能"速其天下之乱耳"。

因了皇帝的带头作恶，朝廷上下贪污中饱，腐败糜烂。国库耗损巨大，必然牵涉边防和削弱军备。万历一朝中后期，边镇兵卒不仅粮饷不足，冬衣、棉布也屡欠不发，致使大批军卒"衣不盖体，菽不压口，冻馁而戍"。万历二十九年（1601年）六月，巡按御史马永清奉命巡视边关，当他到达紫荆关马永堡时，突然感到恶臭扑鼻，令人作呕。他迎着臭气查找，原来是两个老兵正在沟边烤食死尸身上的烂肉，身边的尸体已爬满了蝇虫。马永清虽是久经沙场的边关大员，但见如此凄惨之景，禁不住潸然泪下。

军卒"衣不盖体，菽不压口"的结果，引发了更严重的问题和隐患，即为了生存，官兵被迫"卖其弓箭，或质其妻子以救旦夕之命"。有的边镇，下级军官和兵卒为求生存，不顾军法偷卖火药，"自辽阳至镇江，其间许多镇堡，官兵将火药暗里偷出，或五六百斤或千余斤……数年以来，辽阳一带火药，尽皆见失。镇堡之官，亦不时点检，徒闭虚库"。万历四十七年（1619年）七月，墩军宋满仓伙同数人，趁夜间风雨大作之机，竟将官府炮台上的大铜炮偷出卖给外夷。

除了偷卖军器外，边关士卒还三五成群逃入敌营，"愿奔外夷为乐土"。仅辽东义州所属的几个边堡，一个月内就有两千三百人出逃。其边备废弛、军心涣散、斗志沦丧到了无法挽回的地步，最后导致戍守的京师三大营①也名存实亡。三大营额军为十余万人，工科给事中王元翰披露，这十余万人"其中能战者，不过数百而已"，其他均是老弱病残或市井无赖，根本没有战斗力，不堪敌之一击。

政治腐败，边备废弛，军心离散，必然招致外敌入侵。崛起于东北边陲的努尔哈赤，抓住这个千古难逢的契机，率训练有素的八旗军队乘虚而入。而这个时候，大明帝国的边军，已丧失了戚继光、李成梁、谭纶、俞大猷、刘显等名将，以及他们呕心沥血所训练的军纪严明，具有顽强斗志的官兵，其结果只能是以清代明，开启历史的新纪元。

第十一章　风雨下定陵

以清代明新纪元

　　万历十一年（1583年），也就是年轻的皇帝清算张居正，并到昌平天寿山寻找自己死后葬所的这一年，位于白山黑水之间的女真族人、25岁的努尔哈赤，率部正式起兵，自此踏上了与大明王朝势不两立的征途。

　　明嘉靖三十八年（1559年）二月二十一日，努尔哈赤出生在赫图阿拉（今辽宁新宾）建州左卫首领家里。祖姓爱新觉罗，六世祖猛哥帖木儿，原是元朝斡朵里万户府的万户，明永乐三年（1405年），应明成祖朱棣招抚，入京朝贡，封授建州卫指挥使，后掌建州左卫，晋升至右都督，以后世代为明朝边官，掌管建州三卫之地守护、防卫。其祖父爱新觉罗·觉昌安，是建州左卫枝部酋长，明都指挥使。觉昌安第四子爱新觉罗·塔克世，娶妻喜塔腊·厄墨气，生三子，长子为爱新觉罗·努尔哈赤，次子为爱新觉罗·舒尔哈齐，幼子为爱新觉罗·雅尔哈齐。

　　尽管努尔哈赤祖上自明永乐初年即为明朝边官，但到了祖父觉昌安时，实力薄弱，只有依附建州"强酋"亲家，也就是努尔哈赤的外祖父王杲部落，以图发展。王杲，喜塔腊氏，本名阿突罕（阿古），女真族人，自幼聪明机智，通晓多种语言文字，尤其精于占卜之术，被誉为建州第一高人。随着王杲部落势力日渐壮大，其为人处世也随之骄横跋扈起来，最终竟不把明朝边将放在眼里，进而悍然挑衅和攻伐、杀戮大明辽东边关将士。嘉靖三十六年（1557年）十月，王杲率部偷袭抚顺，杀死守将彭文洙，大肆进行劫掠。嘉靖四十一年（1562年）五月，大明辽阳副总兵黑春，统军清剿王杲部落，反被王杲设伏生擒，磔死。自此，王杲更是不可一世，率部犯辽阳，劫孤山，掠抚顺、汤站，前后杀死大明指挥王国柱、陈其孚、戴冕、王重爵、杨五美，把总温栾、于栾、王守廉、田耕、刘一鸣等数十人。如此一盘杀戮攻伐大棋，弄得大明朝野震动，四方惊恐。

　　隆庆四年（1570年），蒙古右翼土默特部首领辛爱黄台吉，率部到辽东抢劫，一举击败明军，并把辽东总兵官王治道砍死。王治道壮烈殉国，其手下大将，出生于辽宁铁岭、骁勇善战的李成梁，继之成为辽东总兵。新上任的李成梁，在一顿紧锣密鼓的剿匪、戡乱之后，四周敌对势力稍平。万历元年（1573年），李成梁把眼光和手中的利器，伸向了以王杲为首的建州，同时下令把大明的防线向东推进，在鸭绿江以西，修筑宽甸六堡予以封锁、看护、防御。如此一着，为大明扩展了"八百里新疆"。对这一壮举，建州的首领王杲认为夺了他们的土地，断了他们的贸易之路和财源，公开率部与李成梁叫板挑衅，继之死磕硬扛。李成梁对王杲此前的悍匪行径恨之入骨，早就想收拾他，只是没腾出手来，如今正是教训的时候，让王杲知道这块疆土上的绿草白雪及一切人畜，是属于女真还是大明，是姓喜塔腊还是姓朱，让对方尝尝李氏所属辽东铁骑的滋味。

决心已下，王杲的命运已经注定。万历二年（1574年），李成梁率数万铁骑，攻取王杲部落之寨，杀掠人畜殆尽。王杲快马逃到阿哈纳寨，李成梁部将猛追不舍。努尔哈赤的祖父觉昌安、父亲塔克世，眼看骄横的王杲大势已去，顺势倒向明军并自愿带路，与辽东明军铁骑一起捉拿"反贼"王杲。经过一阵折腾，逃跑的王杲被海西都督王台活捉献给李成梁，李成梁当即下令砍掉王杲的头颅示众，以告慰此前被王杲杀害的大明边关将士。

万历十一年（1583年），王杲之子阿台誓报父仇，率部屡掠边境，李成梁再率大军出击，决定斩草除根。李军铁骑直赴阿台所在的古勒寨，其同党阿海的莽子寨，斩杀阿台及其族。李成梁的计划达到，"杲自是子孙靡子遗"。也就是说，经此一役，王杲断子绝孙了。

就在李成梁率辽东铁骑剿灭阿台及其同党之时，有一个意外插曲，竟成为改写中国版图和历史的要害。与十年前一样，眼见李成梁大军围攻王杲之子阿台部及其同党，努尔哈赤的祖父觉昌安、父亲塔克世，再次与李的部下亲信秘密接触，成为明军的向导。当李氏大军围攻古勒寨时，觉昌安父子悄悄进寨劝阿台投降。这一幕情景，如同楚汉战争时期的郦生食其潜入临淄城，劝齐王献七十余城投降，最后因韩信进兵而遭烹杀一剧的重演。觉昌安父子刚劝降成功，尚未来得及请功受领马匹之类奖赏，李成梁的铁骑就撞开了古勒寨大门，辽东铁骑势如山中滚木礌石，轰然压来，迅间展开了无差别屠城。建州三卫主力在屠杀中损失殆尽，首领阿台被斩杀，而觉昌安父子，因明军进城时无特殊标志，也在惊呼哀叫中，被乱军砍杀——李成梁认为只有如此，才称得上赶尽杀绝、斩草除根。

噩耗传来，年方25岁的努尔哈赤悲愤交加，伏地泣血。性起之下，本想起兵索报父仇，但环视四周，深感势孤力单，根本无法与拥兵百万的大明

第十一章　风雨下定陵

"天皇帝"的铁骑交锋。无可奈何中，努尔哈赤乃诱过于建州左卫图伦城首领尼堪外兰，指责其唆使明兵杀害父、祖，并奏请明朝大臣执送父、祖尸首。不料这一要求，竟被李成梁等边将视为无理取闹，一口拒绝，同时宣称要于甲板筑城，令尼堪外兰为"满洲国主"。尼堪外兰因此威望大升，"于是国人信之，皆归尼堪外兰"，甚至连亲族子弟也"对神立誓"，欲杀努尔哈赤以归之。尼堪外兰则乘机逼努尔哈赤"往附"，俨然以建州国君自居。努尔哈赤见自己被逼到无路可走的死角，一怒之下，用祖父、父亲所遗的十三副甲胄武装部下，起兵与尼堪外兰为敌，开始了统一建州女真各部的战争。未久，努尔哈赤再度派人，通过边廷上书大明朝廷，要求归还祖父、父亲遗体。万历皇帝接到边廷传来的消息，处于多种考虑，下诏边将送还遗体，并封努尔哈赤为建州卫都督，加龙虎将军衔。

万历皇帝的册封，使努尔哈赤如虎添翼，趁机扩大影响，广招部众，不断吞并周围部落，在征战中创立和完善自己的军事组织。与此同时，努尔哈赤下令开采金银铜矿，置办冶炼，鼓励民间养蚕，发展手工业生产。在刀锋锐敌中左拼右杀，不断成长壮大的努尔哈赤，渐渐不满足于做明朝的臣民，他觉得自己应该拥有更多的土地和人民，就像历史上所有的君主那样，与大明分庭抗礼，最终取而代之。如此的理想和由此生出的奋斗精神，是从小居于深宫，于故纸堆和脂粉中长大的万历皇帝无法想到的。

万历十一年（1583年）到万历四十六年（1618年），正是万历皇帝浑浑噩噩，沉溺于酒色，热衷于搜刮珠宝之时，努尔哈赤已经在东北的莽莽雪原上，建立起一支与明王朝争夺天下的精锐之师。同时，乘明军抗倭援朝、辽东空虚之机，继续扩张势力，并针对大明帝国朝臣的狂妄自大，以及辽东总兵李成梁等边将的骄横，努尔哈赤巧妙伪装，对明朝表面恭顺，暗中却称汗，积极发展势力。经过二十五年的准备，努尔哈赤终于在万历四十六年四月十三日，以发布"七大恨"告天为起点，把进攻的锐锋正式指向大明王朝。从此，揭开了中华历史版图以清代明的序幕。

　　战刀出鞘，快如闪电。努尔哈赤亲率二万铁骑，直入边关要地抚顺，迫使守将李永芳投降，并将救援的张承荫等将领一举击毙。然后，乘胜进兵抚顺东南的鸦鹘关，再克清河，一路势如破竹，锐不可当，大军横扫北国朔漠平川，越过高山峻岭，疾速向关内挺进。

边防的军事危机飞报皇帝，万历和他的臣僚方感到事态的严重。但万历自己不能统率兵将，平日又没有整顿军备，自然更谈不上离开京城巡视边关，或进一步御驾亲征。既然他的权力产生于百官的俯伏跪拜之中，那么在这边关危难、大兵压境之际，他只能盲目听从大学士方从哲的请命，慌忙之中任命那位在抗倭战争中讳败为胜的草包将军杨镐，令其率部出战迎敌。结果是，明军在关键的一仗中丧师失地，大败而归。经此一役，疲软无力的大明王朝由战略进攻转为战略防御。

万历闻听明军已无力阻挡努尔哈赤的铁骑，便通过太监找来阴阳术士王老七，施展阴阳八卦之术，以破敌军。王老七进得朝堂，一番占卜之后，跪请皇帝道："女真人之北兴，与其祖坟风水有关。如将房山金人陵寝捣毁，泄其王气，明军可转败为胜矣。"

万历闻听此言，大喜，谕令兵部急速派人赶往房山，捣毁金人陵寝，"以救国难"。

金朝原是由居住在长白山和黑龙江流域的女真族创建的，公元十二世纪初，其部落联盟的首领阿骨打战胜辽国，夺得了东北和华北的统治权，当上了皇帝，是为金太祖。他及其后几位皇帝死后就葬在上京（今黑龙江哈尔滨阿城）附

位于房山的金陵图（局部）

第十一章 风雨下定陵

近陵地。1153年4月，金朝第四位皇帝完颜亮迁都燕京（今北京），同时将始祖以下十帝的"梓宫"，迁葬燕京南部的大房山，下令毁掉上京的旧宫殿，各女真贵族的住宅及储庆寺夷为平地耕种。两年之后，大房山寿宫建成，棺椁便运往新陵地安葬。由此，在今北京房山地域，形成了以金太祖、太宗、十帝，以及其他后妃王墓等数十处金代皇家陵区禁地。

明军奉令赶往房山金人陵区，大肆焚烧盗掘。一时间，整个陵区烈焰升腾，烟尘四起。不到两个月，建筑规模和历史艺术价值比明十三陵毫不逊色的房山金陵地面建筑，被毁坏殆尽。

令人意想不到的是，毁陵掘墓之事刚荡平地面建筑，万历皇帝就一命呜呼了。而他的儿子朱常洛继位不到三十天，随即驾崩。皇位遂传至万历的孙子朱由校，年号天启。这位小皇帝闻听努尔哈赤不但没能被灭，反而锐气俱增，遂按阴阳术士之言，罢金陵祭祀，继之拆毁山陵，割断地脉。又命人在陵区修建数座庙宇，内中供奉关公，复在金太祖完颜阿骨打的睿陵的遗址上，修关帝庙、"皋塔"，内中供奉岳飞、牛皋两位抗金英雄，以压其胜……而最后的结局是，清军的铁骑很快踏破山海雄关，明朝最后一位皇帝崇祯自挂煤山，清军势如破竹，长驱直入。至京北昌平，多尔衮下令捣毁定陵，以报房山金陵被毁之仇。其中，宝城垛口、明楼地面的花斑石、外罗城等，全被焚烧捣毁，辉煌的定陵园林只剩一座明楼。当然，这个报复性的毁灭，要在万历死后二十四年才得以应验，此为后话。

面对这艘千疮百孔、

房山金陵碑亭复原模型图

风雪定陵

被捣毁的金陵石碑

被捣毁的金陵石兽

正遭遇"巨浪"（农民军起义）和"冰山"（努尔哈赤八旗军）两重夹击的大明帝国古船，万历于无奈中，似乎显得疲惫而麻木，对政事的处置更加散漫懒惰。病入骨髓的他，自知必定先于帝国古船湮灭，尽管船上救命的号子喊得翻江倒海，他却再也无力顾及了。

万历四十八年（1620年）四月六日，孝端皇后王氏气绝身亡。按照她生前的地位，应葬于昌平定陵地宫。此时地宫已经封闭，要葬王氏必须打开地宫隧道，为担心雨水进入地下玄宫，礼部左侍郎孙如游上疏说：皇后发葬，惯例要出百日，可玄宫隧道不可久泄，眼下正处大雨季节，臣等非常担忧。此时的万历皇帝连战事都不再顾及，哪还有心思去理睬一个他并不喜欢的女人的丧事，因此王皇后的棺椁一直没有入葬。对此，心灰意冷的群臣，再也没有了当年"国本之争"时代的热情与火气，遂不再过问，只管随着帝国的沉沦苟且偷生。

同年七月二十一日，万历皇帝一病不起。这位"难识君王真面目，二十余载匿深宫"的大明帝国君主，在将要撒手归天的弥留之际，既不接见太子朱常洛，更不允许大臣们去问安。他只要既带给他欢乐又带给他苦恼的郑皇贵妃一人陪伴。二人相对，多少往事涌上心头。他庆幸，在这苦闷苍凉的人生旅途中，能和这位美丽聪明的爱妃相遇。同时，他又感到无限的内疚和忧虑,他辜负了爱妃和爱子的期望,使她和她的儿子落到今日天各一方、茕茕孑立的可怜境地。鉴于历史上无数后宫相互倾轧的血腥教训,万历无法知道自己死后,太子朱常洛会对郑贵妃施以何种残酷的手段。他第一次感到了时间的珍贵与紧迫,在回光返照的最后一刻强打精神,谕令方从哲等几位重臣,火速前来受顾命。

当方从哲等几位大臣快步赶到乾清宫时,见万历皇帝面如灰土,奄奄一息,急忙跪地痛哭流涕。万历微微抬了抬手,示意方从哲上前,两滴浊泪夺眶而出。他颤巍巍地拉了拉方从哲的手,有气无力地说道:"念郑贵妃待朕好,册立为皇后,死后葬入定陵寿宫同朕做伴……"说完,头向后微斜,撒手归天,终年58岁。

万历皇帝驾崩,上庙号神宗,谥号范天合道哲肃敦简光文章武安仁止孝显皇帝。至于"神宗"这个庙号之"神"有何来历,后世有多种解读,但通观万历皇帝一生的所作所为,确是够"神"的了。

父皇驾崩,多灾多难的太子朱常洛在群臣拥戴下,于八月初一日继承了帝位,是为光宗,年号泰昌。朱常洛的一生,大部分时间都是在压抑中度过的,由于长期忧郁苦闷,压抑无聊,遂把全部精力寄托在酒色上。他虽然年龄还不到40岁,但身体的健康状况已到了崩溃边缘,对帝国事务已无法料理,包括最为急迫的父皇梓宫入葬昌平定陵地宫这样的头等大事。

眼看朱常洛继承大宝,万历驾崩前一直放心不下的郑贵妃,深知人情世故的冷暖和立身处世之道。为保住自己岌岌可危的地位,甚至生命,在余威尚未散尽之时,她一反过去的常态,千方百计奉迎讨好新皇帝,除赠送大量珍珠异宝,还投其所好,搜罗数名绝色美女供朱常洛淫乐。结果,由于纵欲,这个一生历经苦难的短命皇帝,登基不到一月就一命呜呼了。

从万历四十八年(1620年)四月六日,到九月一日,大明帝国先后失去一后二帝,这在中国历朝的宫廷史上是极为罕见的。朱常洛的儿子,16岁的小皇帝朱由校(年号天启)一登基,则要大办丧仪。而此时宫廷内部各色人物,钩心斗角,吵闹不休,边关异族不断入侵,内地农民起义风起云涌。此种情形,搅得天启小皇帝头昏脑涨,不知所措,万历皇帝的丧葬礼仪操办得如何,可想而知。

按惯例,老皇帝驾崩,送葬前,杠夫要在北京德胜门外"演杠"十天。

明光宗朱常洛

根据礼部安排,杠夫抬一具木箱,木箱上方中心位置摆放满满一碗清水,按正式送葬的要求,杠夫须抬着箱子在广场上走来走去,一直演练到滴水不洒为止。但万历的丧仪,礼部没有一名官员出面要求演练,直接发棺而走。

这年的九月二十八日,万历皇帝、孝端皇后梓宫同时发引。护丧的是孙如游、黄克缵、李腾芬、王永先等二十四名朝廷大员,雇用军夫八千人抬灵。整个仪仗颇为壮观,走在最前面的是引幡队,举着花花绿绿的万民旗万民伞。后面紧跟上千人的法架卤簿仪仗队,高举数不清的金瓜钺斧、朝天镫,兵器刀枪如林,幡旗蔽日。跟在棺椁后面的是十路纵队的武器兵弁,最后面是由数百辆车子组成的文武百官、皇亲国戚的车队。灵柩启动,整个送葬队伍蜿蜒十几里,所到之处,凡有碍通行的建筑物,无论大小,一律拆除……

由于事前未演练抬棺技巧,又因棺椁太重,路上常有绳索损伤,行走极慢。早上从紫禁城出发,天黑才到德胜门,杠夫不堪重负,只好临时再增加六百名杠夫轮换。

三十一日傍晚,当棺椁运到沙河时遇到风雨。先是狂风大作,黄尘升腾弥漫,接着大雨飘落,势如瓢泼。风雨潇潇,天地苍茫,五步之内难辨人影,送葬队伍乱作一团。恰在这时,拖灵龙木(主杠)轰然断裂,万历皇帝的棺椁一角坠地,跟随的重臣见此不测,认为是神灵作怪,急喊:"停下献酒,停下献酒……"竟无人理睬,棺椁在风雨泥水中拖曳而行。直至十月三日,棺椁才进入定陵地下玄宫。

这位驾御大明帝国四十八年的万历皇帝神宗朱翊钧,确实是愧对祖先于地下。虽然他死后二十四年,明朝才被农民军和大清八旗劲旅推翻,但后来的政治家和历史学家都承认

第十一章 风雨下定陵

这样的评判："明不亡于崇祯之失德，而亡于万历之怠政。"至少在万历年间，这种沦亡便开始了。此一段史实，正如大清王朝入主中原修缮房山金陵时，康熙皇帝所做的评论：

朕惟圣王制祀，昭德报功……所以扢扬曩烈，光表前王。

惟金朝房山二陵，当我师克取辽阳，故明惑形家之说，谓我朝发祥渤海，气脉相关。天启元年，罢金陵祭祀；二年，拆毁山陵，劚断地脉；三年，又建关庙于其地，为厌胜之术。从来国运之兴衰，关乎主德之善否。上天降鉴，惟德是与。有德者昌，无德者亡，于山陵风水原无关涉。有明末造，政乱国危，天命已去。其时之君臣，昏庸迷谬，罔知改图，不思修德勤民，挽回天意，乃轻信虚诞之言，移咎于异代陵寝，肆行摧毁。迨其后，流寇猖獗，人心离叛，国祚以倾。既与风水无与，而前此之厌胜摧毁，又何救于乱亡乎？古之圣王掩骼埋胔，泽及枯骨，而有明君臣乃毁及前代帝王山陵，其舛谬实足贻讥千古矣。②

注释：

①京师三大营：属明代京军编制。洪武初即设，隶大都督府。十三年（1380年）改隶五军都督府。明成祖朱棣迁都北京后，分设京师京营和南京京营，规制渐臻完备。京师京营分为五军营、三千营和神机营，号称三大营。至明正统十四年（1449年）二月，三大营总数约为17万人。五军营分为中军、左右掖和左右哨。军士除来自京师卫军外，又调中都留守司及山东、河南、大宁三都司卫所马步官军，轮番到京师宿卫和操练，称为班军。三千营以三千蒙古骑兵为骨干，实际人数不止三千，全部为骑兵。神机营，因成祖用兵交趾（今越南），得火器法，立营肄习而名。此为明代专门使用火器作战的精锐部队，也是世界上最早成建制装备和使用火器的部队，人数

待考。隶属该营的还有五千营，掌操演火器及随驾护卫马队官军。

三大营各设提督内臣、武臣、掌号头官统领。朱棣长子、洪熙皇帝朱高炽时代，命武臣一人总理三大营营政。平时，五军营练习营阵，三千营练习巡哨，神机营练习火器。当皇帝亲征时，三大营环守于皇帝大营，一般是神机营居外，骑兵居中，步兵居内。

三大营初建时，颇有战斗力。明正统十四年（1449年）九月一日，明英宗朱祁镇率三大营亲征，在土木堡败于瓦剌，史称"土木堡之变"。这一场战役，使三大营主力损耗殆尽。英宗朱祁钰登基后，命兵部尚书于谦对京营编制进行改革，于三大营中挑选精锐十万，分十营团练，以备紧急调用，号称十团营。十团营由总兵官一人统领，监以内臣、兵部尚书，或都御史一人为提督，京营规制至此一变。天顺初，罢十团营。成化初，复十团营旧制，二年又罢，三年复置，且增为十二团营。各团营又分五军、三千、神机三营。时人称为"选锋"。正德皇帝朱厚照登基后，十二团营仅选出六万多锐卒，因数量不足，复调边军数万人入卫京师，名之"外四家"。嘉靖二十九年（1550年），恢复永乐时三大营旧制，三千营改名神枢营，其三营以大将一员统帅，称总督京营戎政，以文臣一员辅佐，称协理京营戎政。其下设副参等官。万历后期，三大营增设监视内臣，营务尽领于中官，军士素质低下，已不堪对外征伐。

②来源于考古人员在房山金陵遗址发现的《清圣祖仁皇帝御制金太祖世宗陵碑文》。

第十二章 错位的棺床

石门洞开,棺床金井之上却不见棺椁的踪影。是被人盗掘,还是故设疑冢?一个个谜团再次困惑了发掘人员的心。直到打开玄宫的最后一道大门,百年迷雾才倏然消散——

希望与绝望

按照自来石的提示,发掘人员穿过20米长的前殿,又看到一座紧闭的石门。纵横九排八十一枚乳状门钉,在朦胧的光亮里闪闪烁烁,如同暗夜里无尽苍穹中散布的群星,令人遐思,使人陶醉。九是自然数字中最高的一位,石门上纵横九排乳状门钉,意在象征吉利与权威,这是帝国皇帝"九五之尊"的具体体现。发掘人员用手电筒向门缝内照去,又是一条自来石从里面顶住了大门。在做好严密的保护措施之后,他们拿出"拐钉钥匙",用开第一道石门的方法,将第二道石门打开。由于有了第一次的经验,开这道石门时只稍微一用力,石门就轰然洞开。由于巨石和青铜的摩擦,清脆悦耳的金石之音伴着沉重的嗡嗡声……

大家简直惊呆了,汽灯的光亮如同一豆油灯,微弱而细小。大殿似乎没有尽头,深邃幽暗,阴森恐怖。霉烂的气味伴着刺鼻刺眼的迷蒙雾气挡住了视线,发掘人员只好手拉手小心翼翼地摸索前行。

奇迹终于出现了。一盏汽灯照亮了三个汉白玉宝座(供案)。宝座并排面东放置,中央一个较大,显然是皇帝的灵座,两边较小,是为皇后之灵位准备的。中央宝座的靠背雕四个龙头,伸向两端。靠背后又雕一条纹龙,做戏珠状,四周俱浮雕云纹,大有腾云驾雾之势。两侧的宝座踏板前放置"五供"①,中央为黄色琉璃香炉。五供前有一口巨大的青花龙缸,缸内贮油质,油面有铜制圆瓢子一

第二道石门打开之后,地官中殿的万年灯和五供、供案等器物展现在面前

个，瓢子中有一根灯芯，芯端有烧过的痕迹，这便是史书上所说的"长明灯"——万年灯。根据痕迹判断，长明灯在安葬时是点燃的，当玄宫封闭后，因氧气缺乏，才渐渐熄灭。油质表面一层已经凝固，后经鉴定，长明灯为芝麻香油制成。这口青花龙缸不但是定陵出土文物中的珍品，同时也是中国青花瓷器中的罕见之作。缸的高度和口径均为0.7米，外部刻有"大明嘉靖年制"的题款，颈和底部有莲瓣纹饰，中部绘有云龙纹，云似飘移流动，龙如初入苍穹，二龙一前一后，腾云驾雾，直冲天宇，有一种栩栩如生的动感，使整个器物充满神韵。

明代瓷器在中国历史长河中最负盛名，其中尤以白地蓝花的瓷器为精，世称"青花瓷"。景德镇是明代烧制瓷器的中心，为供朝廷使用，专门设立了为皇室生产瓷器的"御窑厂"。由朝廷委派专职官员监工督造，并驻有军队看守，设有牢房和刑具，对违反规制的工匠，予以惩治。

据文献载，巨型龙缸的制作过程，技术复杂，烧制困难，每窑每年只能烧制三只以下，且成品率极低。为满足宫廷的需要，在御窑厂内专设龙缸窑三十二座，专门掌握烧造龙缸技术的工匠叫"龙缸匠"，另外还有敲青匠、画匠和各种夫役。倘火候不当就要裂口，青土缺乏同样制不成功。史籍中有这样一段记载：陆定新，因父母早丧，家境贫寒，只得到窑上学艺。他性情刚直勇猛，而待人宽厚仁慈。嘉靖皇帝需要龙缸，派太监潘相到御窑厂督造。因龙缸不易烧制，工匠无人敢接掌管窑火的差事。陆定新毅然承担其责。但经多次烧制，没有一个成品。太监潘相大怒，下令重责窑民，然而龙缸依然烧制不出。潘相又下令对工匠窑民进行断粮和殴打。几天之内便有五人相继死去，眼看同伴受此苦役之累，陆定新遂于夜间面对熊熊烈火，奋身跳入窑中。翌日开窑，龙缸竟成。众人无不泪下，收其遗骸葬于凤凰山下。窑民感其英烈，在窑厂旁建祠一座，以示缅怀和纪念。

这段记载不免带有传奇色彩，但明代为烧制龙缸，确有用女子祭窑的事件。龙缸烧成后，工匠往往逃脱不掉被处死的下场。

嘉靖年间，对青花瓷器的烧造，已达到登峰造极之境地。青花的釉料来自南洋的"苏泥索青"。这是一种十分贵重的原料，用它烧瓷，颜色鲜美，独具神韵，无可与之匹敌。嘉靖四十一年（1562年），一督工大臣令工匠烧出十二口青花瓷缸后，欲返京领赏。临行前，摆下酒宴，请掌管烧制火

风雪定陵

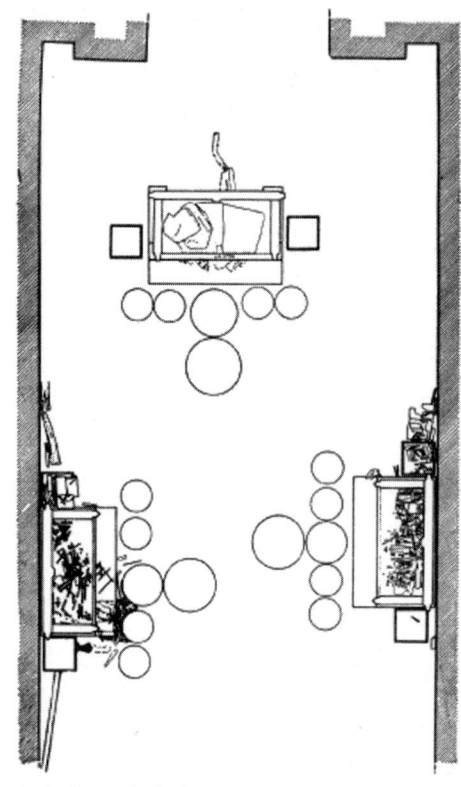

玄宫中殿神座与摆放器物分布图

候的工匠来饮。席间,这位督工大臣问工匠:"匠师烧制青花瓷器,艺高技绝,劳苦功高。我走后,若朝廷另派他人督工,是否还能烧出更好的瓷器?"工匠不解其意,回答道:"艺无止境。"督工大臣听罢,暗派人在工匠杯中施放毒药,将其毒死。自此,景德镇再也烧不出精美的青花龙缸,万历随葬的青花龙缸,也只好用他祖父嘉靖年间制造的了。这个记载同样具有传奇性质,史学家研究得出结论,自嘉靖以后,南洋的"苏泥索青"渐已绝迹,因此,所烧制的瓷器当然无法与前相比了。

发掘人员在发现宝座和长明灯的同时,又在北壁和南壁上,分别发现两道券门。券门不出檐,无任何装饰,里边各有一座石门,青石做成,无铺首和门钉。券门上横以铜管扇,穿以门轴,形式虽同前殿中殿之门,但尺寸却小得多,仅高2.2米,宽0.9米,门内侧同样用自来石顶住。发掘人员用"拐钉钥匙"打开左边石门,沿券道而进,迷茫的雾气中出现了一座巨大的棺床。棺床除中间有一孔穴,里边填满黄土外,四周空空荡荡,一无所有。白万玉突然喊了声:"完了!"

众人大惊,忙凑上来望着老人灰暗的脸问道:"怎么完了?"

"棺椁被盗了。"白老解释道,"这里边一定有密道通向外面。"

众人更加紧张起来,挑着汽灯,打着手电,围绕着左殿的四周寻找起来。

292

第十二章 错位的棺床

果然不出白老所料,在左殿的西部找到了一个小型石券洞和石门。石门呈向内开放型,被自来石顶住。如果真的被盗,盗墓者可能就是沿这条密道进入的。"快把自来石搬开。"白万玉喊着,几个小伙子把自来石取出,石门被轰然拉开。

左配殿内宝床及左道石门

这次没有雾气扑来了,外面是一堵黑压压的大墙。汽灯光下,只见大墙为方砖垒成,中间用灰浆填缝,无半点盗掘的迹象。这时大家才猛然想起,盗掘绝不可能,因为通长近20米的棺床上,没有棺木放置和腐烂的痕迹。并且,从平铺的金砖光亮无损这一点断定,棺椁压根就没在此停放过。

汽灯放到棺床上,照亮了中间的"金井"。大家擦着脸上的汗水,默默地往里望着,希图揭开这有床无棺之谜。

金井位于方砖铺砌成的棺床之内,是为风水之穴,一抔黄土,无底无盖,借以沟通阴阳之气。棺椁入葬后,必须端端正正地压在金井之上,以接地气。人类来自自然,死后亦应回归自然,皇天后土便是人类生死存亡的栖息之处。只有与自然融为一体,死者的灵魂才能久兴不衰、永世长存……正是源于这种似是非是、似通非通的宗教思想,历代皇陵在寿宫初建之时,开工的第一撮土要慎重地保存起来,待地宫建成后,把土郑重地填入金井之中。此种做法,有的研究者认为来自佛教的启示,有人则认为来自伊斯兰教的影响,结论尚需进一步探讨证实,但可以清楚地看出,人类对土地的依赖和爱恋意识是何等根深蒂固。无论是平民百姓还是帝王将相,都深信不疑——土地是人类永恒的母亲。

正是出于对土地的这样一种膜拜心理,所以,在中国几千年历史长河中,曾经不止一次地展示过这样的画面:萧瑟秋风里，荒野古道上，起义军的马蹄正扬起漫天的黄尘。可以看见，在沙风土雾中，每面大旗上都写着"分田地，均贫富"！揭竿而起的义军为了得到土地，纵横沙场，逐鹿中原，多少将士在凄清冷寂的荒原上留下了血肉模糊的尸体。天低云暗，似有无数的幽灵不肯离去，腥风血雨，低吟着热恋土地的挽歌……

金井、土地、灵魂，三点一线，血肉相连，这融宗教与文化于一体的神秘风俗，格外引起帝王将相的关注。清代的慈禧太后到东陵普陀峪巡视为她修建的地下玄宫时，曾把手上佩戴的一件极为珍贵的珠串投入金井之内。回宫后又派大臣前往陵地，在金井中放置了数量惊人的珠宝玉器。在清西陵的崇陵地宫中，光绪皇帝棺椁下的金井内，也发现了金银和其他珠宝，并有用黄缎包裹的半斤黄土和光绪帝生前脱落的一枚臼齿。由此可以看出，帝后对金井的迷信与崇拜，演进到清代，已达到了何种程度。他们自信接了地气，即可王气不衰，江山永固。

从定陵玄宫左配殿的棺床和布设的金井看，这里应放皇后或妃子的棺椁。那么为何没有放置？是否都放在右配殿？发掘人员分析着，提起汽灯，走出小券门，顺利地将右配殿的石门打开，满怀希望地走进去。就在灯光照亮配殿的刹那间，大家的希望彻底变成失望以至绝望了。和左配殿同样大小的棺床上，空空荡荡，只有一个孤零零的金井在棺床中央孑然独处。发掘人员在殿中察看，没有一丝被盗掘的痕迹。在西端，同样发现座石门，将自来石移开，外面也是一堵方砖垒成的大墙，大墙依然如故。

"这玄宫会不会是假的，帝后葬在

右配殿内宝床及右道石门

第十二章 错位的棺床

了别处？"刘精义的声音虽是极小，却在大家心中造成了不小的震动。是啊！这个玄宫会不会是假的？历史上帝王的假墓伪冢并不少见。甘肃的伏羲陵、陕西黄陵县的黄帝陵是真是假；曹操的七十二疑冢至今难辨真伪；还有朱元璋死后从都城十三个城门同时抬出棺材的民间传说；同时，据十三陵区的百姓传言，万历入葬时，有十八口棺材分别葬在陵区的山中……这一切又使大家想起在发掘中遇到的一块"指路石"，难道天下真有这样的好事，在偌大的一座皇帝陵埋下"指路石"，让后人轻而易举地挖掘？如果真是一座空宫，这近两年的辛苦不就付之东流了吗？此时，大家心中已不再恐惧玄宫的毒气和暗箭，重要的是尽快找到帝后的棺椁。所幸的是，按照自来石书写的'玄宫七座门"提示，还应该有一座门尚未打开，这是大家心中的最后一线希望。定陵发掘的成败在此一举。

清理后的右配殿

发掘人员走出右配殿狭窄的券洞，沿宽敞的中殿继续向里探寻。显然，大家的脚步比先前加快了，地面上散落的腐朽木板被踩得嘎嘎响动，微弱的汽灯光犹如暗夜的灯塔，导引着夜航者在迷蒙辽阔的雾海中颠簸前行。

最后一道石门出现了。

发掘人员犹如发现新大陆一样，在绝望中迎来灿灿曙光，一种生命的骚动和灵魂的激情喷涌开来，在这地下27米的玄宫深处升腾爆裂。三十年后，发掘队长赵其昌回忆那个短暂的瞬间，曾做过这样的描述："我们几乎是扑到门前的，可到了门前谁也不愿意去打开它。这座石门和最先开启的两座相同，只要移开自来石就可以打开大门，看到里面的

玄官后殿中三具棺
椁发掘时原状

景物。我的心怦怦地跳动着，格外紧张。以前的紧张是惧怕黑暗的气氛和不良气体之类的侵蚀，这次的紧张则是担心，担心这最后一线希望变成泡影。我拿起拐钉钥匙向门缝插去，可因为手抖得厉害，试了三次都没有成功，最后还是白老接过去将自来石移开。大门轰鸣着向两边移动，金石之声在乌黑的地宫深处回荡，像是在寂静的夜晚，突然刮起飓风、掀起海浪，令人毛骨悚然。这时没有人再去注意暗箭和有害气体，一双双眼睛瞪得溜圆，屏住呼吸，注视着前方，事实上，这座门内涌出的雾气最大最浓，像是有人在前方扬起一把黄尘，使我们无法睁开眼睛，泪水顺腮流淌。灯光在茫茫雾气里越发暗淡昏黄，而且不住地跳动。强大的气流和嗡嗡的回声提示我们，里面的空间一定很大。

"希望产生于失望之中。当我们顶着烟雾霉气进入大门之后，一个令我们目瞪口呆的奇迹出现了。三个硕大无比的朱红色棺椁静静地排列在棺床之上。

"我们激动地拥抱在一起，没有人说话，幽深的地宫一片寂静，迷蒙昏暗的灯光里，只有一行行泪水在各自的脸上流淌、流淌……那是一次世间罕见的辉煌而独特的拥抱。"

遗诏终成空

万历皇帝费尽心血，大明帝国耗费巨资修建的定陵地下

第十二章 错位的棺床

玄宫，三百年后重见天日。它的发掘，无疑给后人提供了一个近距离研究和评价历史的机会。

在万历之前，只有太祖朱元璋（年号洪武）、成祖朱棣（年号永乐）、世宗朱厚熜（年号嘉靖），三位皇帝生前预筑陵寝。万历在刚刚摆脱张居正的"桎梏"之后，便认为自己已经不折不扣地取得了列祖列宗的地位，足以让千秋万代之后的臣民敬仰崇拜，于是不再听信群臣的劝阻，一意孤行，倾尽国力，把自己的陵寝规模修建得超过了列祖列宗。

作为定陵地下玄宫的享有者，几次亲赴陵区视察的万历皇帝，自然知道玄宫里的"床"是为谁铺设的：宽敞的后殿属于自己，左殿属于他并不喜欢，却在礼法制度上又无法阻挡的王皇后。那么右殿是谁的呢？如果常洵立为太子继为皇帝，毫无疑问，郑贵妃就是当然的皇太后，在他闭上眼睛之后，儿子是会为母亲郑贵妃成就这桩"好事"的，右殿也自然属于郑贵妃。可惜天公不作美、群臣不合作，朱常洵终究没能成为太子，万历皇帝的理想，也就成为不可能实现的泡影。人生在世，支配和激励他的动力有许多种：金钱、荣誉、权力、女人等等，这些因素有时也会盘根错节，交替或交叉起作用。但对万历这样一个富甲四海、贵为人君，精神上却孤苦伶仃的天子来说，只有郑贵妃才是他唯一的支柱。

正是出于这种心理，万历才在生命最后一刻，做最后一搏——遗命封郑氏为皇后，死后葬于定陵玄宫与自己为伴。然而，三百多年后，定陵玄宫洞开，考古学家发现棺床上并

定陵发掘示意图

没有郑贵妃的影子。左、右两殿，棺床上空空荡荡，只有尘土，没有棺木。豪华空旷的后殿，并列着三口已散了架的朱红色棺椁。中间是万历皇帝，左边是正宫皇后王氏，她只生了皇长女荣昌公主朱轩嫄，未生皇子，终其一生不得宠，也不争宠，正位中宫长达四十二年，为中国历史上在位时间最长的皇后，死后谥号为孝端皇后；右边是太子朱常洛的母亲王氏——当年由宫女一步步晋升的王恭妃，死后谥号为孝靖皇后。

这一悲剧性的安排，是万历皇帝生前想到，但又无法认可和确信的事实。他的心中，一直存在着一个希望或者说幻想，即后任的皇帝和大臣，将按照他的遗诏去安排后事。然而，他的希望终究还是落空了。既然生前就已对臣僚失去威力，在他咽气之后，这种威力更将不复存在。有史可查的是，万历皇帝的遗诏之所以没能实现，是大臣们认为，大行皇帝（对刚死去的皇帝的称呼）的遗诏"有悖典礼"。既然皇帝已死，再来册立皇后，皇帝如何出席成婚仪式？谁来主持？况且帝国的最高权力已落于朱常洛手中，又有谁不去讨好大权在握的新主，而去实现一个"过去者"且"有悖典礼"的非分的遗梦？可以说，万历皇帝是怀揣最大念想和遗憾进入定陵地宫的。

当然，使万历的念想彻底成为梦幻泡影的，并不是生前被冷落、虐待、折磨以致身死的王恭妃之子——继任皇帝朱常洛，这位新主只当了二十九天皇帝，便命赴黄泉。而是朱常洛的儿子，16岁的朱由校在当上皇帝后，将他的祖母王贵妃追尊为孝靖皇太后，并下诏从昌平陵区东井平岗地迁出，与万历皇帝、孝端太后，一起葬进了定陵玄宫，成就了一桩他的爷爷万历皇帝生前死后，都极不愿看到的"好事"。

至于万历皇帝宠爱的郑贵妃，比他多活了十年。因王恭妃的孙子朱由校成为帝国新的主人——天启皇帝，并由此迎来了大明帝国谢幕前最为紧迫慌乱的时代，郑贵妃自然成为被时代遗弃的、只能坐在宫前闲来说神宗的前朝白头宫娥。尽管她有一个号称藩王的儿子正在洛阳作威作福，但朝臣们清楚地知道，这个坐享在中州之地的纨绔子弟，空有一身臭皮囊，既没有控制当地的实力，更没有操控朝廷，甚至自己起而夺嫡、荣登大位的能力，因此可置之不理。而连绵十几年的"国本之争"，搅得朝廷不安，帝国衰落，无数护法持正的忠勇之臣受害，甚至家破人亡。作为这场争战反派轴心人物的郑贵妃,自然被"自以为忠"的臣僚,视为不折不扣、祸国殃民的妖孽,无法得到谅解与同情,不予以捕杀,一举粉碎,已是当朝皇帝与臣僚的最大宽容。因而,天启之后的十年,郑贵妃在紫禁城一座寂寞的冷宫里,与她的爱子福王天各一方,饱尝母子分离的苦楚与世态炎凉。

崇祯三年(1630年)五月,郑贵妃在凄苦、悲凉中死去,带着无比的绝望与怨恨,走进了十三陵区银泉山下一座孤零零的坟墓。而她的儿子福王朱常洵,就藩洛阳后,由一具臭皮囊很快演变成一个酒鬼与祸患,昏庸无道,鱼肉百姓,继之成为帝国肌体中一个冒着脓头的疖子——这个疖子在郑贵妃死去十一年后,相传为造反起事的李自成农民军所杀,三百斤重的身躯跟鹿肉掺在一起被烹煮,并为此大摆宴席,号称"福禄酒",为闯王军士一啖为快。这个结局,更是地宫中的万历皇帝所无法想象的。

奇特的葬例

我国古代的皇家建筑,讲究雄伟高大、富丽堂皇,这一点,北京的故宫表现得最为明显。一踏进这座宫院的大门,旅游者就会感到冥冥中有一股强大的震慑力迎面扑来,人类突然变得渺小了。随着一步步登高,这种力量随之加强,如同置身浩瀚无涯的苍宇。面对这璀璨辉煌的艺术之海,仿佛人的精神和意志都会崩溃,不得不匍匐在地,顶礼膜拜,以示臣服。故宫的建筑风格及艺术效果正在于此。而地下建筑,除考虑坚固宽敞、抗挤耐压外,同时具有一种令人超尘脱俗之感。定陵玄宫的南北两壁,均用九层条石叠砌,是为九重法宫。这是一种吉利的象征,一种至高无上占有一切的体现。整个看来,玄宫的宗教和迷信色彩极浓。石制座案缀饰帝后的标志龙凤,其下则装饰仰俯莲花瓣,乃是佛家传统,其所隐含的来世超生的观念,实际上也是一种希望、一种幻想。有哲学家说:"死是人生所达到的最高峰,是短暂生命交响诗中的华彩乐段。"不知玄宫的主人们是否有这种体验。

定陵地下玄宫,在力学的应用上极为巧妙并具有非凡的创造性。从金刚墙到玄宫后殿,通长为70米,最大的宽度为9.16米,最小的宽度也为6.03

米,而且都是下挖土方、上盖黄土的人工造型,不仅工程量大,且顶部负载十分沉重。为增加抗压能力,匠师们凭着日常的经验和非凡的创造力,巧妙地采用了双交券结构②的力学原理与美学观念,熔艺术与实用为一炉,完成了这部辉煌的杰作,使定陵玄宫历四百年沧桑而岿然不动。

整座玄宫除后殿放置的三口朱漆棺椁和二十六只零乱的木箱外,显眼的当是中殿的汉白玉宝座和一口青花龙缸,其他均为零星的点缀,使硕大的宫殿不免有些空荡和寂寥,由此也就越发让人感到人生的苍凉与凄清,并对生命的意义到底为何这个永恒主题,再做次全新的探索。

玄宫内很少见到文字的雕刻,只在中殿左侧右门背后,曾发现有八处墨书字迹。经辨认为:

王忠下
陈 洪
刘佐下
曾万叛
良叶下
王 堂
王斌下
正学

这些字迹是用竹签蘸墨写成的。用竹签蘸墨在做好的石件或木件上做文字标记,这是我国石木匠人的传统习惯。因此,从墨迹分析,这些人名当是制作石门的匠师。再从人名的排列顺序和隔人便带"下"推断,可能是两人一组,上下分工,其目的在于责任分明以便查验。

玄宫地面上铺放的木板为其他陵墓所少有,从前殿、中殿,直到安放棺椁的后殿,整个地面铺满了横向排列的木板条,虽经潮气霉蚀,大部分已经腐烂变质,但仔细观察,仍可看见木条上有车轮轧过的痕迹。毫无疑问,这是运载棺椁的车辆留下的印痕,铺设木条当是为了保护地面的金砖免遭车轮碾坏。左右配殿没有铺设木条,是由于棺椁并未放置于此。

一切谜团似乎都已解开,但唯独这帝后的奇特葬例,发掘三十多年后,一直令考古学家争论不休。

既然玄宫的左右配殿都有棺床和金井，为何空空荡荡，无人入葬？这棺床到底应该放置何人？是为皇后还是为妃嫔而设？这不仅成为考古学家和历史学家研究的课题，也是许许多多旅游者关注的热点。

定陵地下玄宫，由前、中、后、左、右五座石结构的殿堂联结而成。这种形制的建筑方式，只是宫殿的格局，汉唐以来的大型坟墓，考古发掘中也并不少见。可以认为明十三陵各陵的地下玄宫，除崇祯思陵外，在形制上基本与定陵地宫相同。按一般规律推断，每座陵墓的地下，尤其是皇陵，其前、中、后三殿是必不可少的；而左右配殿则是根据传统的建筑形制——对称结构设计而成的，主要是出于传统习惯和美学上的考虑。像这样的地下建筑形制，从文献分析，在十三陵中最晚也应从明英宗的裕陵就已形成。

成化四年（1468年）六月，英宗皇后钱氏崩。为葬钱氏，宫廷内曾有过一场不小的论争。从明朝开国皇帝朱元璋创立一帝一后的葬制后，其下的几代帝后均按此制度执行。至英宗朱祁镇，见皇后钱氏无子，为避免死后发生纠纷，临死前留下遗诏："皇后钱氏，名位素定。当尽孝养，以终天年"，并要钱氏死后同他合葬。宪宗皇帝即位，因他是皇贵妃周氏所生，故又封生母为皇太后，在葬钱氏时，周太后想，从大明洪武至仁宗，陵内均是一帝一后，如果钱氏葬于英宗的裕陵，自己寿终后就不能与英宗合葬了，因此主张把钱氏另葬别处。

消息传出，举朝震惊。群臣以英宗遗诏为据进行抗争，但周太后仍不改初衷。群臣见上疏无效，就跪在文华殿前哭诤。宪宗朱见深见群臣伏地不起，便提出将玄宫分成三殿，这样既能葬钱氏，也能照顾母亲周太后。事情既然发展到如此程度，周太后只好答应。但又别出心裁，提出一个条件，要把钱氏入葬的左殿隧道口堵死，只让将来安放自己的右配殿和中殿相通。埋葬钱氏时，朱见深按母亲的要求做了。所以裕陵地宫，左右配殿一塞一通。朱元璋之后的一帝一后的葬制，从此便被打破了。从这段史料分析，地宫的左右配殿是安放皇后的。

万历皇帝也曾想打破此制度，万历二十五年（1597年）皇贵妃李氏崩，他传下口谕："我念皇贵妃李氏，侍候我好，又生有皇子，应安葬在寿宫右穴。"但被大臣以无妃嫔葬寿宫为例阻拦，没有成功。当时万历皇帝何以置祖制于不顾，传此口谕，其用心尚不清楚。最后结果是把李氏葬在定陵以南的银泉山下。既然地宫左右配殿专为皇后设置，为何定陵玄宫的配殿空荡无人，而两个皇后的棺椁却都放在了后殿？

定陵发掘时，考古人员在玄宫后面的宝城内侧，发现了刻有"左道""右道"的字样。从字迹的用意分析，应是通往左右配殿中，也就是这两殿的隧道入口。因为没有发掘，只在里面看到石门和门外的金刚墙，其隧道的具体形状尚不清楚。当时推断，这两条隧道应是皇后棺椁的入口。那么，两位皇后的棺椁进入陵园后，应先绕到玄宫之后，沿两条隧道分别进入左右配殿。但帝后入葬时，正处在大雨季节，"玄宫不可久泄"，整个地宫只挖开前方的一条隧道通往前、中、后三殿，配殿隧道没有打开，这时的皇后棺椁，也只好跟随万历皇帝一起从正门隧道运往玄宫。进到中殿后，由于通向配殿的甬道狭窄，巨大的棺椁无法进入，匆忙中只好将两个皇后的棺椁都运往后殿，跟万历皇帝"同床共寝"了。

既然两条甬道不能通行棺椁，那么如此设计又有何益？

从皇帝生前筑造豪华的寿宫来看，无非是相信灵魂不灭，人死后灵魂依然像在人间一样生活。配殿中设甬道和正殿相接，正是为了帝后的灵魂在宫内相通，彼此恩爱如故。这一点从裕陵地宫配殿的一通一塞，便可窥其一斑。

谜团已经解开，但似乎又不尽人意。新的谜团仍缠绕着后来的研究者和挖根问底的观光人，生出一个个疑问。

孝端皇后四月病故，其棺椁应已俱备。六月玄宫被打开，直到十月三日，她的棺椁才和万历皇帝的一起运进玄宫。玄宫内甬道狭窄，皇后的巨大棺椁不能穿过它进入配殿，在长达三个月的时间内居然无人想到是不可能的。既然已经想到，为何又不开配殿的隧道，以至破坏帝后葬制呢？这就不能不提出一个新的问题：定陵玄宫内的配殿，是不是专为妃嫔设计的？

十三陵区，除十三座帝后陵墓外，尚有七处陪葬墓。它们分别是东井、西井和五处妃嫔墓。史料载"盖无隧道而直下，故谓之井尔"。我们不妨回过头看一看这井与葬制的关系。残酷野蛮的殉葬制度，始于原始社会末期，

第十二章 错位的棺床

随着阶级的出现和奴隶制国家的建立，殉葬制度有所发展。殉葬人的身份由奴隶扩大到近臣近侍，人数也大为增加。这种制度春秋以后即不多见，汉唐以后已不存在。到了明朝，又死灰复燃。从太祖朱元璋始，皇帝死后皆以妃嫔宫女殉葬，至英宗遗诏始罢。

考古发掘证明，殷商时代贵族奴隶主墓葬，殉葬人大多放墓室中，明代情况尚无发掘资料可证，依传统习惯，亦当葬于陵内。《明会典》载："孝陵四十妃嫔，惟二妃葬陵之东西，余俱从葬。长陵十六妃俱从葬。献陵七妃，三葬金山，余俱从葬。景陵八妃，一葬金山，余俱从葬。裕陵以后妃，无从葬者。"由引文可知，殉葬诸妃凡未葬在陵内者，均指出所葬地点，如孝陵"惟二妃葬陵之东西"，献陵"三葬金山"，景陵"一葬金山"。这一推理如果不误，那么东西二井如果埋葬的是长陵殉葬的十六妃，似应作"长陵十六妃，葬东西二井"，或言"葬陵之东西"，不会说"十六妃俱从葬"。再者，长陵十六妃殉葬如不在陵内，献景二陵从葬诸妃又当葬在何处？既不见于史籍，实地调查又无遗迹可寻。

葬于十三陵内的诸妃，多数为皇帝的宠妃，生前备受恩遇，封以皇贵妃、贵妃；有的虽不受宠，但曾生育皇子，地位也非一般。殉葬诸妃中虽有贵妃，但多为一般嫔妃和宫女，丧葬礼仪亦当有别。东西二井规制与其他陪葬墓相同，甚至比万历四妃墓、世宗六妃二太子墓规格还高。宫人殉葬不在陵内，单独建置陵园，视同贵妃，似乎不大可能。

按照我国古代"事死如事生"的礼制，皇帝生前深居九重，把皇宫比作天帝居住的紫微宫，其建筑包括外朝和内廷两大部分。外朝建筑以奉天、华盖、谨身三大殿为中心，象征"前有太乙，后有钩陈"的紫微帝座三辰，两翼则分文华、武英二殿，内以乾清宫、交泰殿、坤宁宫为中心，东西宫分处两翼。事实表明，定陵的陵寝建筑确属皇宫建筑的格局。由此推断，十三陵地宫的整体格局亦应与定陵大致相同。这就否定了宪宗朱见深首创左右配殿的说法，并可得出十三陵各陵均有左右配殿的结论。而按照一帝一后葬制，其左右配殿只能为殉葬妃嫔宫女所用。不如此，一个皇后面对两座配殿，到底居左居右，无法解释。

《明书》记载，明初葬制为一帝一后制，故帝陵皇堂只设金井两位。至营造英宗裕陵时，由于其子朱见深不敢违背父皇遗诏，这就面临要在后殿玄堂设置三位的可能。但祖宗制度不能轻易改变，加上臣子们的坚决反对，所以后殿设双穴。成化四年（1468年），钱后崩，宪宗朱见深在既不得罪母亲周太后，又不违背遗诏的情况下，将钱后葬于玄宫左配殿。有研究者认为，周太后崩后仍和英宗一起葬于后殿玄堂，而钱后葬于侧室。这本是特殊一例，后来又恢复祖制，帝后棺椁均葬于后殿玄堂之上。

为使这一推断得到进一步证实，不妨再回到万历年间。大学士沈一贯在讨论皇贵妃李氏能否安葬玄宫右侧室时说：臣等再三商量，玄堂之旁，制设左右侧穴，推其初意，或者以待诸妃，但从未经祔葬，臣等不敢轻议。从定陵的玄宫制度看，沈一贯等臣僚的推测不无道理。帝王生前有皇后、妃嫔，死后使殉葬的诸妃之灵居于帝后寝居的左右侧室，是符合"事死如事生"的观念的。贵妃李氏死时，万历皇帝的原配孝端皇后王氏无嗣，皇长子朱常洛已15岁，郑贵妃的儿子朱常洵也已12岁。从当时情形看，无论如何这三个女人的地位要比李氏高。如果按万历口谕，将李氏葬入玄宫右穴，这三个女人如何在玄宫内安置？大臣们的上疏没有提到这个明显的问题。如果左右配殿是安葬皇后的，万历也不可能提出这个惹是生非的问题；按当时臣僚们的狡诈聪明和多年上疏谏争的经验更不可能不以祖制做挡箭牌，而仅以"推其初意，或者以待诸妃，但从未经祔葬"作为并不充足的理由进行抗争。

事实上，从定陵玄宫后殿棺床上的三位金井来看，似乎一切争论都可迎刃而解。假若不是葬皇后，这三位金井，除中间是万历的以外，另二位为谁而设？除了皇后，谁又有资格和大行皇帝"同床共寝"？

至于玄宫左右配殿空设的原因，是由于英宗已废除殉葬制度，万历怎好违背祖制，重新拿妃嫔宫女殉葬？除了空设，别无选择。定陵左右配殿葬妃而不是葬后，这便是笔者在研究了大量历史资料后做出的一种新的推论。

当然，定陵历史已三百余年，对种种谜团的破译并非易事。到底孰是孰非，尚需进一步考证。但有一个事实却不容忽视，即既然帝后的棺椁已经安葬完毕，为什么满地的木板没有撤走？甚至连抬木箱的绳子、木杠都没有解开，随意地散落在玄堂之内？从种种迹象看来，当时的情形比较慌乱。那么，其间究竟发生了什么事？

定陵玄宫的历史地位

就在玄宫打开的当天，长陵发掘委员会的吴晗、邓拓、郭沫若、沈雁冰、郑振铎、夏鼐等先后来到定陵。面对这座幽暗、深邃、辉煌的地下宫殿，这些饱览经书、学贯中西的一代文化巨匠，无不为之惊叹不已。像这样一座恢宏的大殿，通体没有一根梁柱，历三百余年无丝毫损伤，不能不说是一个奇迹。

定陵玄宫的这种五室布局形式，在我国尚属首见，因此很不易为人们所认识。有建筑研究者认为，定陵地下玄宫是地面庭院式布局的反映，主室和配室就是正殿和配殿，三个前室代表三进院子。其实，在明代，一座正殿、一座配殿，前有二进或三进院落的格局，不过是大臣所用的建筑规制。而定陵玄宫建筑是按照外朝和内廷两部分建筑规划设计的，以象征人君之居的特点十分明显。

在明代君臣看来，以奉天殿为主体的外朝建筑群，相当于古代天子临朝布政的明堂。以乾清宫为主体的内廷建筑，则相当于天子的常居——路寝（正寝）。明代皇宫的制度参酌了《礼》书中黄帝合宫，即明堂建筑制度。儒家认为："天子庙及路寝皆明堂制。"所以，明代皇宫的外朝和内廷又带有古代明堂、路寝建筑缩影，亦即简化了的明堂、路寝建筑格局。

当然，定陵玄宫各室的长宽比例，根据陵墓的特点，都做了适当的调整。前、中两室呈纵向长方形，后室则接近皇宫正殿的比例。这对表现大行皇帝在阴间

定陵地下玄宫想象图

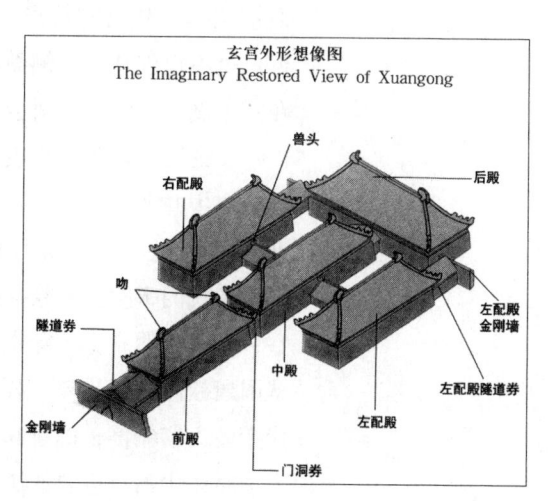

玄宫外形想像图
The Imaginary Restored View of Xuangong

风雪定陵

郭沫若（右二）、于立群（右一）夫妇在夏鼐（左二）陪同下参观地宫后殿棺椁及显露随葬品。抱机器者为摄影师沈杰

的九重深宫无疑具有十分浓重的渲染作用。这种艺术处理的结果，除美学上更加考究外，前、中两室给人以深远之感，而后室为宽敞堂皇之整座大殿室，联结而成便具有一种神秘辽阔、撼人心魄的气势。定陵发掘三十年后，一位来参观的青年，看罢地下玄宫，站在出口处，恋恋不舍地回望这座足以令他热血沸腾的大殿，长吁一口气："大丈夫当如此也！"

他的感慨或许是一种对权势的崇拜，同时也含有对这部辉煌杰作的真诚向往，是定陵玄宫独特的艺术风格和非凡的创造力，撼动了他的心灵。"览长城催人建功立业，观大海使人心胸开阔。"那么，面对这座气势宏伟、幽深博大的地下殿宇，就不能不发出如此之感叹。它的辉煌如此，气度同样如此。

汉天子陵墓实行"黄肠题凑制"[3]。其中分位虽迄今不详，但所设四通羡门[4]，容大车六马，却与六书"天子之宫相通"及历代帝王宫廷建筑四面辟门相合。

明定陵地下玄宫与汉代陵墓相比，虽无四通羡门，但五殿室犹具古代宫室特点。与南唐二陵比较，则形制更为相近。这不仅仅从一个侧面反映了我国汉唐以来，封建统治者在宫室制度方面力图附会《礼》书中记载的周朝古制，而且进一步证明以定陵为代表的明代帝陵玄宫制度，在我国帝陵演变史中并非凭空产生，而是在继承发展前代的基础上，逐渐形成自己独特的建筑风格。

清代的帝陵玄宫除慕陵外，将明代五室玄宫简化了两侧室，形成以明堂券、穿堂券、金券为主体的三室纵列规制。从南唐钦陵到清昌陵，我们不难看出，以明定陵为代表的明代帝陵玄宫制度，确实起着承前启后的作用。它不仅在中国帝王陵寝中占有重要的历史地位，也是中国古代人民留给人类的一份宝贵的文化遗产。

定陵发掘，从1956年5月19日到1957年9月21日打开玄宫，宣告一段落。但整个发掘工程还没有结束，三口脱漆的朱红棺椁中的主人仍在酣睡，玄堂上二十六箱稀世之宝尚待清理。当天发掘者们正要以全部身心去解开死尸之谜的时候，却蓦然发现玄宫之外的政治风云已经发生突变，以至由不得他们的良好心愿和满腔热情了。新中国的第一座皇陵发掘以严肃的正剧开端，却以凄壮的悲剧结束，已势所难免。无论是定陵发掘的发起人，还是为此付出青春和汗水的具体发掘者，同三具尸体一道被推上凄怆的祭坛，也只是晨暮间的事情了。

由此，中国考古史揭开了悲怆而惨淡的一页。

定陵地下玄宫由外向内透视

注释：

①五供：陵墓前供奉之五件器具，中置一香炉，左右各置烛台一座、花瓶一只。

②双交券结构：做券时用双圆心起券法。双圆心起券两弧相交比单圆心起券弧度要大些（如左图所示）。

③黄肠题凑制：黄肠，以柏木黄心制的外棺；题凑，古代贵族死后，椁室用厚木累积而成，木头皆向内，故称之。为汉代皇室特有之棺椁规制。

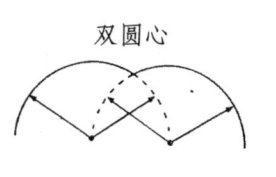

④羡门：墓门通入墓室常有斜坡道路称羡道。羡道的门称羡门，有时也用称墓门。

单圆心

双圆心

第十三章 地宫中的两个女人

风雪定陵

打开两位皇后的棺椁，历史的迷雾倏然消散；华彩丽服，玉器珍宝，遮掩不住宫廷斗争的残酷无情。木俑的出现，引出一段古代丧葬的悲剧。而那两具腐尸朽骨及其生前的相同命运，则令人悲叹不已——

卍字符下的孤魂

对发掘人员来说，这是最辉煌最激动人心的日子。他们以考古的手段和科学的方法，打开了中国第一座皇陵。这是考古界的幸事，也是个人的幸运。作为一个考古工作者，一生能够参与几次像这样具有历史意义的伟大发掘？尽管他们尚不知这是第一次或许也是最后一次的皇陵发掘，却分明体会出这次发掘的分量和地位。可以断言，它在中国考古史上占有重要的一页。

面对三口巨大的棺椁和二十六箱因木质腐朽而四散零乱的随葬品，他们需要做的，就是迅速清理殉葬器物和解开三具尸体之谜。由于我国几千年来盛行的"厚葬"制度，历代统治者都把大量的财富随自己一同埋进坟墓之中。除金银财宝之外，尚有大量的日用器物、工艺美术品、文房四宝、图书绘画以及生产工具、科技成果等等。这些殉葬物品除本身固有的价值外，其珍贵之处还在于它们都是当时盛行的最值得珍惜和有代表性的杰作。许多衣冠服饰、丝麻织品、铜器、玉器、陶瓷、漆木器、金银器等，都是当时特地制作的，比较准确地反映出当时的生产力和科学技术水平，同时包容了当时的生活习俗和艺术风格与追求。

作为历史的物证，出土文物比之世间流传的古董文玩更为可靠。除它们具有绝对的真实性外，还在于它们被埋葬在地下，由于与外界空气阳光隔绝，不受侵蚀，恒温恒湿，虽数百年以至千年仍完好如初，光艳夺目，在质地和色彩上的研究价值远胜于在世间流传的。在诸多殉葬品中，尤以帝王陵墓中的最为丰富贵重，也最具研究价值。因为这些殉葬品都是集中一国一朝，甚至几国几朝的珍贵财富和能工巧匠的智慧才能镕造而成的。

面对定陵玄宫这座地下文物宝库，发掘人员做着各种猜

第十三章 地宫中的两个女人

测和准备。三具尸体保存完好还是早已腐烂？葬式如何？穿什么服装？现在京剧舞台上的服饰是仿照明朝的式样制成的，那么，万历皇帝和两位皇后的穿戴是否和京剧中的帝后相同？

随葬器物有精美瓷瓶等

带着诸多疑问，发掘人员走向女尸。

在三口棺椁中，居右侧的损坏最严重。外层的椁已腐烂、塌陷，棺也出现了诸多裂缝。这是孝靖皇后的梓宫。这位可怜的女人因比万历皇帝早死十年，埋在东井左侧的平岗地，棺椁腐烂较快。加之后来她的孙子朱由校将其棺椁迁出，移放定陵，故损伤尤为严重。

最先清理这口棺椁，是夏鼐做出的决定。因为地宫一旦打开，里面的恒温将不存在，外来气流与宫中的空气融合，对尸体及文物有极大的损害。所以夏鼐断然决定一部分人清理孝靖皇后的棺椁，其余人员迅速抢救木箱中渐已腐烂变质的殉葬品。

为保证尸体及器物的顺利清理，夏鼐索性搬到工地木板房和发掘人员同吃同住，以便进行具体指导。万历皇帝生前曾经不惜一切代价，为自己修建寿宫，定也会千方百计地寻求保存遗体的灵丹妙药，估计棺内尸体有可能尚未腐烂。夏鼐指示用木板钉一个能容纳尸体的大木槽，并做好处理尸蜡的准备。

阴冷、潮湿、漆黑的地宫大殿，只有一台小型发电机供电照明。发掘人员借着昏暗的灯光，围在孝靖皇后的棺椁周围，拍照、绘图、测量、编号……一切工作俱已完备，接着拆除椁板。

311

风雪定陵

箱内孝靖皇后谥册、谥宝放置情况

由于早已塌陷腐烂，不费多大力气，香楠制成的椁板很快就被拆除，一口完好的棺木露了出来。

明代史书中，有许多不合历史事实的记载。有的说孝靖皇后是一个年长的女人，在和万历相遇时就已经消失了青春；此后又一目失明，所以不能继续得到皇帝的宠爱。另一个故事则说万历皇帝病重，自度即将不起，有一天一觉醒来，发现恭妃王氏的胳膊正枕在他的脑袋下，脸上泪痕未干，而贵妃郑氏却已无影无踪，等等。

这些捕风捉影的故事，在当时不仅口耳相传，而且刊诸枣梨，印成书籍。关于王氏和万历相遇时的年龄问题，在定陵发掘中得到了澄清。因为孝靖椁板的西面有一墓志，用铁箍箍住。她死后安葬时仅为皇贵妃，无谥册[①]谥宝[②]，仅有墓志；迁葬时已具册宝，但原有的墓志也一起随棺椁迁来，上面清楚地记载着她的出生年月。据此推算，她和

孝靖皇后木谥宝

孝靖皇后木谥宝铭

312

第十三章 地宫中的两个女人

工作人员在揭去谥册。自右至左分别为庞中威、李树兴、祝福祥(外聘工程师)、刘精义、罗钢

万历相遇那年刚刚16岁,万历18岁。志文"以四十年七月十七日卜葬"句中,"四十""七""十七"五个数字字体与志文并不相同,显然是臣僚做好志文后便刻石,空出日期,入葬时再补刻的。以《明史》和墓志相对证,年月上亦有出入。如墓志上册封恭妃在万历十年(1582年)六月,《明史》却载四月;死在三十九年(1611年),《明史》载四十年(1612年)。墓志的出土,更正了《明史》的错误之处。

打开孝靖皇后的棺木,发掘人员首先看到的是一床平铺的织锦经被,呈鹅黄色,织杂花,锦上有朱红色经文。由于时代久远,经文字迹辨认不清,仅中部残存的"南无阿弥……"还可依稀认出。

掀开锦被,不见尸体,却塞满了织锦、金、银、玉等殉葬品。似乎不是盛放尸体的棺木,倒是一个珍宝仓库,各种美妙绝伦的艺术品和价值连城的宝器,构成了一个色彩纷呈的世界。

帝后陵墓的殉葬,同它的建造一样,

考古人员提取孝靖皇后棺内下层中的提梁大银壶。右起:赵其昌、刘精义、李树兴、冼自强(刘精义提供)

考古人员正在清理孝靖皇后棺内文物。右起:赵其昌、冼自强、李树兴、刘精义(刘精义提供)

孝靖皇后棺内上层原貌（刘精义摄并提供）

自有它的发展演变过程。从已有的发掘资料看，在原始社会早期，生产力较为低下，人们对死者的埋葬并不注意，更不可能有什么珍贵物品为死者殉葬。考古发掘证明，殉葬应是产生于有意识的埋葬行为以后，人们在埋葬先人或同伴的遗体时，往往会想到他们生前所用过的和喜爱的东西，把它们和他（她）同时埋起来。其出发点大约有两点：一是作为纪念性的，不一定受宗教迷信观念的驱使；二是由灵魂观念引起的，认为人死后到另一个世界，仍像在世间一样生活，同样需要生产工具和日用品，以及爱好的玩物，为了使他们在阴间生活得更好，就用殉葬的方式把这些东西送给他们。

中国的殉葬制度大约是从原始氏族制度形成的时候开始的。如距今一万八千年前的山顶洞遗址的下洞里，所埋葬的一个青年妇女、一个中年妇女和一个老年男子，已经有了生产工具和装饰品等殉葬物。其中有取火用的燧石，有石器生产工具和作为装饰品的穿孔兽牙。

随着氏族公社制度的发展，生产力有了一定的提高，殉葬物品也相应增多起来。在当时的墓葬中，殉葬品一般都有一套三五件用于炊煮、储盛、打水和饮食方面的陶器，少量的生产工具和骨簪、骨珠、玉坠、陶环之类的装饰品，还有一些作为防身武器的工具。这时还没有棺材之类的葬具。

从这时期殉葬物品所反映的情形来看，这些东西为数仍有限，都是他们个人日常用的物品，与各氏族成员之间所

第十三章　地宫中的两个女人

有的物品不相上下，数量与质量基本相同。由于一些生产工具制作不易，而且还需使用，如磨制的刀斧石器等，所以殉葬较少。我们从这个时期的殉葬中，可以看出原始氏族公社的社会情况。随着父系氏族公社的发展，生产有了剩余，一些产品被少数人所占有，逐渐形成贫富之间的分化。从殉葬品中，也可以看出这一分化的过程和情况。生产工具的大量占有和精美装饰品之多，均显示出死者生前占有财富的能力。如南京北阴阳营青莲岗文化遗址有随葬品的墓中，约70%的墓随葬有生产工具和其他很多贵重物品。有一座墓殉葬石器十二件，实用陶器四件，玉器、玛瑙等装饰品十一件，个别石器工具达二十多件，其中有精美的石斧、石刀。山东泰安大汶口文化氏族墓葬中，一般富有的殉葬品有三四十件，最多的达一百八十多件。其中有精美的彩陶、黑陶、白陶器，磨制精细的石制、骨制生产工具和精美的装饰品，有的墓葬中还发现了透雕刻花的骨梳和象牙筒。与此同时，在另一些地区的墓葬中殉葬品却极少，甚至全无。殉葬品的多少，反映了贫富的分化，同时说明奴隶社会制度已在萌芽之中。

这种殉葬制度自奴隶社会后，越演越烈，直到清朝之后才逐渐减少。

孝靖皇后棺内出土的银盆纹样，该盆高5.5厘米、口径28.4厘米、底径18.4厘米，重560克。盆沿背面刻铭文一行：大明万历壬午年银作局造

红素罗绣平金龙百子花卉方领女夹衣

在孝靖皇后棺内的织锦经被下，有两套精美鲜艳的服装。上衣是黄缎夹袄，对开襟，织金线连成，袖既宽又长。下衣黄缎裙，所穿夹裤用黄缎做成，裤腰左侧开口，颇具现代意识；腰用黄缎带子裹紧，俨然今天的夹克服装。这是定陵出土的近二百匹成料和服饰中最为辉煌珍贵，也是保存最好的两件瑰宝。

它的珍贵在于整体用刺绣的工艺制成。衣上精致地绣有一百个童子，象征多福多寿多子孙，取其"宜男百子"之意，以示皇室子孙万代永世兴旺。衣服前襟及两袖之上用金线绣出九条姿态各异的蛟龙，并以八宝纹和山石、树林、花卉纹样为背景，巧妙地与百子的各种活动融为一体，形成一种人和动物及自然同呼吸共命运的风情画。这些童子神态各异，身着不同服饰，进行着各种不同的游戏，都栩栩如生，情趣盎然。一共四十组画面构成了一个色彩斑斓的儿童乐园。如"打猫图"，一只小猫在花草中追赶蝴蝶，孩子们则追赶着小猫。整个画面洋溢着春天的气息，万事万物都在复苏、生长，按照自身的规律生长、发展、繁衍，一种生命的骚动和对本体之外的占有意识，在这幅图画中表现得活灵活现。这小小的一个画面，几乎囊括了自然界一切斗争史和生物的主体意识，它赋予人类一个深邃的内涵与哲理：生命的发展壮大，是在不断竞争中形成的。植物如是，动物如是，人类如是。

在"考试图"中，有的假扮教书先生，有的认真书写，有的拿着书本，眼睛盯着外面的大千世界。这幅图既显示出了老师的严肃认真，又表现了考生的紧张心情，同时透视出学生们欲摆脱桎梏，回到大自然中去的美好愿望。各种复杂的心态交相辉映，各种不同的向往、不同的追求、不同的形态，都展现得淋漓尽致。小小的画图，以现实主义的手法，将封建社会的"寒窗"生活，一览无余地呈现出来，具有强烈的震撼力和浓重的审美情趣。

而"沐浴图"更生动活泼，美妙可爱。这是百子图中极为重要的一幅，也最富有生活气息。画面上四个童子正出演一场闹剧：一个全身赤裸小男孩躺在木盆里洗澡，小伙伴手提喷壶为他浇水。洗得正惬意，突然跑来两个孩子，将一根木棍伸进盆下用力上撬，顿时盆水四溢，浴童坐立不稳，急忙招手求饶。

这一画面精巧地摄取了生活中的细节，艺术地再现了孩子们顽皮可爱、

第十三章 地宫中的两个女人

绣百子暗花罗方领女夹衣前襟纹样与图饰（线描图）

绣百子暗花罗方领女夹衣后襟纹样与图饰（线描图）

天真烂漫的性格。在写实的基础上又稍做夸张，使艺术在表现上更有立体感，使观望者情不自禁地置身于他们的嬉闹之中，与他们一起享受童年的欢乐，进行一种生命的再次萌发与升华。

有的画面为小儿身着大人服装，扮演各种戏剧角色。在"官员出行图"中，孩子们身穿长袍，头戴乌纱，腰系玉带，骑着竹马；前后臣僚成群，有的打旗，有的执伞，有的奏乐，有的鸣锣开道。整个画面热闹而滑稽，严肃而可笑，把朝廷臣僚的形象和心态含蓄委婉地勾勒出来，让人开怀一乐的同时，也留下某种思考与回味的余地。"跳绳图""捕鸟图""放爆竹图""捉迷藏图""摘鲜桃图"等等，每一幅图都捕捉故事中最富有表现力、最富情趣的

绣百子暗花罗方领女夹衣前身纹样与图饰（局部·线描图）

317

绣百子暗花罗方领女夹衣前身纹样与图饰（局部·绣观鱼、玩鸟图·线描图)

绣百子暗花罗方领女夹衣后襟纹样与图饰（局部·线描图）

情节，惟妙惟肖地表现出来，儿童的稚气、活泼、纯朴、天真无邪，跃然于锦缎之上。百子衣不仅构图精巧优美，内容丰富多彩，而且刺绣技艺娴熟，针法细密，配色得体，再加上金线的大量应用，使整个服装荡漾着艺术的灵光和天然的神韵，它是来源于自然又缥缈于自然之外的更高层次的艺术结晶。

刺绣在中国源远流长。据《尚书》记载，四千多年前的章服制度，就有"衣绘而裳绣"的规定。周代亦有"绣绘共职"之说。两汉时期，湖南长沙、河北怀安、新疆民丰、甘肃武威等地都有刺绣工艺品出现。其针法以辫绣[3]为主，间有少量的平绣[4]与接针绣[5]，绣品图案充满新鲜、活泼、生动而庄重的感觉，表明中国的刺绣工艺进入了一个新的时期。

唐宋时，刺绣在原有的技艺水平上又有了长足的进步，特别是套针绣[6]、缠针绣[7]、抢针绣[8]等平绣针法的运用，大大增强了刺绣的艺术表现力，图案纹样逐渐向清新、自由、写实的方向过渡，逐渐形成完美的艺术风格。

明代刺绣继承了唐、宋的优良传统，并有新的创造与

第十三章 地宫中的两个女人

绣百子暗花罗方领女夹衣前襟纹样与图饰　柳黄绸方领女衣纹样
（局部·鞭捻陀、放风筝等·线描图）

发展。百子衣是宫廷绣品，可能是皇后大婚或典礼时的礼服。据《明会典》载：洪武十六年（1383年），定轮班匠，一年一班者，有绣匠一百五十名；三年一班者，有织匠一千四十三名。由此可见，明代宫内有轮班、住坐[9]的绣匠，他们可能是来自各地的刺绣能手，到北京后又吸收了京绣的风格特点，所以宫廷绣品在原料、针法、技巧等方面都有明显的京绣特色。

百子衣中孩童们的嬉戏内容和所用道具的形式造型，具有浓重的北方民间风情，但图案中的芭蕉以及童子洗澡等，又以南方景物与习俗为原型，进行艺术加工而成。在针法上，大面积地运用平针、盘绣以及金线、包梗线勾勒轮廓的技法，具有广绣特点；而运用花线的抢针绣，又具有苏绣特点。

由于宫廷绣匠来自全国各地，他们有可能在已有技艺的基础上吸收各家之长，从而形成独特的艺术风格。也正因为如此，他们能兼收并蓄，博览群采，从而使百子衣几乎达到了艺术的顶峰。

百子衣上除山川树木、草原林海、蛟龙、禽兽等图案外，还点缀着一个个神秘的"卍"字，使人在领略大自然诗情画意的同时，感觉到一种强烈的宗教意味。"卍"的来源，大约从唐代开始由印度、波斯等国，以及我国西藏地区引入内地。引进者是不是小说《西游记》中的唐僧师徒，不得而知；但武则天长寿二年（693年）定其音作"万"字，却有明确记载。

"卍"字的含义，在《宗教词典》上标着一个古怪的梵文读音，意思是"胸部的吉祥标志"，古时译为"吉禅海云相"，系释迦牟尼三十二相之一。

"卍"原为古代的一种符咒、护符或宗教标志，被认为是太阳或火的象征。在古印度、波斯、希腊等国有婆罗门教、佛教、耆那教等宗教在使用，一般藏学家的著述里都将"卍"作为由佛教传入藏地的舶来品，时间在公元七世纪以后。

但有研究者却在西藏那曲以西的毫无宗教色彩的日土岩画中，发现了"卍"由太阳演变而来的全过程：

⊙ → ☼ → ⊕ → 卍 → 卍

由此可见，这个神秘的符号可能来源于西藏这块佛教圣地。在世界文明的进程中，不约而同的现象很多，如太阳的象形文字"⊙"就为汉、藏、古埃及等民族或地区所共有。这一点，宗教专家常霞青也有相同的看法。他在《麝香之路上的西藏宗教文化》一书中，对"卍"符号是这样解释的：

"卍"这一符号在本教中称为"雍俑"，其来历同"欧摩隆仁"这一本教圣地有关。欧摩隆仁被描绘成占据天下三分之一的土地，具有八瓣莲花状的地形，上面笼罩着带有八个轮柄的轮形太空，有九叠"卍"山俯临着这块土地。这似乎是人类在原始思维状态下对宇宙、大地的认识。"卍"符号在本教中作为"永生""永恒"的标志，显然是人类充满希望的表现……从西藏早期的历史看，"卍"并不是佛教引进后的产物。因为"卍"这个符号在佛教进入西藏以前已在本教中作为神圣的标志，为西藏广大民众所崇拜。

同"卍"这个符号相应，"九"这个数字在本教中也具有神秘色彩。在本教的经典和传说中，"九"往往同宇宙天体、天界有关。地从里到外有九层，而天也有九重，这便是日常说的九重天、九重地的本意……

从定陵玄宫的九重建制，以及雕刻的莲花瓣等图案来看，同"卍"一

第十三章 地宫中的两个女人

样，显然是受佛教的影响。而"卍"之所以引起发掘人员和后来观光者的注意和重视，其原因是它同第二次世界大战中希特勒军队的标志为同一物，这一巧合，不能不令人为之惊讶。希特勒为什么选取这个符号作为纳粹的标志？直到现在仍众说纷纭。一个曾当过希特勒女仆的人回忆说：早年希特勒在某处发现了这个印度古老的吉祥符，他按照自己的意志理解了"卍"的形象与含义，并选择了这个标志，希图靠上天保佑，称雄世界。可惜他把方向记反了，标志竟成了"卐"形状，这或许就是他必然覆亡的隐喻吧。

这个说法显然并不科学。从定陵出土的大量织锦品来看，在使用"卍"符号时，既有正的，也有反的，可见当时人们并不怎么看重这个符号的方向。万历没有把"卍"符号方向记反，却也使二百七十余年的大明帝国走向覆亡。

前几年，曾有家报纸刊载了希特勒亲笔所画的卐结构四只大皮靴，漫画的标题是——铁蹄踏遍世界。法西斯亵渎了这个神圣的符号。同样，万历皇帝也愧对"卍"于地下了。

发掘人员掀开百子衣和两床锦被，那位一生历尽苦难的女人的尸骨终于出现了。她安详地躺着，头上满插金、玉、宝石、钗簪，面稍向南侧卧；左臂下垂，手放腰部；右臂向上弯曲，手放头部附近；脊椎骨上部稍弯，下肢伸直；肌肉已经腐烂，只有一个残存的骨架。

看来这位悲惨的女人，生前未得到幸福，死后同样未能得到万历的照顾。从她那姿态中，仍让人感到一种不甘于屈辱却又无可奈何的悲怆。

发掘人员想把她的尸骨搬出来，放进木槽。但一经拿动，整个骨骼却四散开来，只有下肢关节处还有

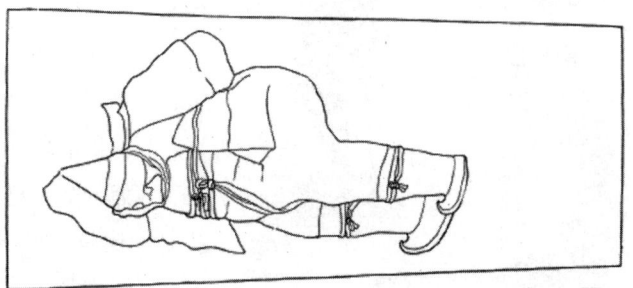

孝靖皇后尸体着衣情况

韧带相连。

大家只好一块一块向外拿。她的头颅由于肌肉早已腐烂，只有一个扁圆的白中带灰的骷髅尚枕在菱形锦织枕面上。眼眶中二目无珠，像一个无底黑洞，阴森可怖，鼻骨俱已烂掉，只有两个呼吸的孔穴镶嵌在骷髅中央。张开的嘴巴，牙齿外露。似在狰狞中露出一丝淡淡的苦笑，沉寂中发出呼喊像是在诉说自身的不幸与凄凉，又像在感叹人生的苦难与沧桑、滑稽与可笑。她的身下铺满了纸钱与铜钱。这是供她在地下的灵魂生活之用。她生前的肉体没能用金钱，没能得到爱情和幸福，不知地下的亡魂，能否得到人世间不能得到的一切？面对这堆纸钱，越发让人感到人生的凄苦与悲哀。但愿这些纸钱铜币能使她的孤苦的亡灵有所慰藉。

蜡炸木俑与殉葬制度

木人俑

在棺床南北两端的八只木箱内，装满了木俑，其中七箱人俑，一箱马俑。因木箱受潮气侵蚀，俱已腐烂霉朽，箱中大部分木俑也已腐烂变质，一触即散，不易拿取。从地面痕迹辨析，地宫内可能几度积水。水的蒸发加速了木俑的坏烂，使之成为现在的状况。

为抢救木俑，工作队决定，就在开棺的同时，由白万玉老人对八箱木俑进行清理，并采取保护措施。

木俑的数量已无法鉴别，估计当在千件以上，比较完整的仅剩三百余件。仔细辨认，还可看得出是用松木、杨木、柳木雕刻而成的。人俑多数为男性，其中少数是留有长须的长者。少数女俑，身材都较矮小，呈宫女形象。但无论老少男女，都衣冠整齐，神采飞扬。马俑则鞍蹬齐备，形态各异。各种木俑稍做艺术排列，便是一幅极为形象的宫廷内府生活画卷。

考古发现和证实，这种以俑殉代替人殉的现象最早出现时间，当在奴隶社会后期。一些奴隶主感到用大量的奴隶和牛马殉葬未免耗费生产力，损失太大，于是便提出了这一替代的办法。

在安阳殷墟的墓葬中，曾发现过用灰青泥质制作的戴着桎梏的男女俑，但数量不多，看来这种方法在当时尚未盛行。事实上，直到孔子的时代还用活人、活兽来殉葬。一生呼吁仁善的孔子对人殉固然痛心疾首，对以俑代人殉的方法也不赞成。他曾说过："始作俑者，其无后乎！为其象人而用之也。"孔子怕这些之乎者也的语言仍不足以引起众人的注意，干脆直言不讳地说："为俑者不仁。"

这位孔老夫子未免有些糊涂，真正创造和推行以俑代人制度者，在今天看来仍是一个十足的大仁大智之士，此举不知使多少生命幸免于难。且不说远古的奴隶社会，就是后期的明朝，其妃嫔宫女之惨死，也足以令人潸然泪下。

历史进展到明代，已出现资本主义萌芽，思想及生活习俗亦有很大发展变化。在这样一个社会急剧变革的时代施行

木马俑

人殉制度,帝王将相自感不甚光彩,为掩盖事实,宫廷文献极少记载,只是从零星的史料中透露出一点信息,让后人窥视其中惨象。

明朝用人殉葬和奴隶社会不同的是,不采用战俘或奴隶,而是以妃嫔宫女殉葬。其方法也不再是活埋或砍头再埋,而大多是先吊死,再埋入陵内或别处。明景泰帝时所载"唐氏等妃俱赐红帛自尽",便是一例。若殉葬的妃嫔人数多(如为朱元璋殉葬的有四十六人),就让她们集体上吊自杀。

临刑前还在宫内摆设宴席,请她们盛装打扮之后赴宴。可想而知,再好的盛宴恐怕也难使这些行将结束青春和生命的女人下咽,只听得哭声响彻大殿,哀泣之音弥漫深宫。宴席结束后,她们便被带到指定的殿堂内,分别站在木床之上,将头伸进预先拴好的绳套中,随后太监撤去木床,一个个年轻生命便告别尘世、芳魂远去了。

明成祖时一个朝鲜妃子韩氏,在成祖死后被指定殉葬。她明知自己将死,却无法抗争。当她站立木床,将要把头伸进帛套的刹那间,却猛地回首呼唤自己的乳母金黑:"娘,吾去!娘,吾去……"其凄惨之状、悲恸之声,连监刑的官员都潸然泪下。太监将其头颅强按进帛套中,抽掉木床,韩氏挣扎了几下,就魂归地府了。金氏是韩氏从朝鲜带来的乳母,后来被放回故国,才把这段详情公之于世,并载入朝鲜文献《李朝实录》中。

为掩人耳目,帝王常采用加封和追谥的办法安慰殉葬者的亲人,显示皇恩浩荡。为宣宗皇帝朱瞻基殉葬的宫女何氏、赵氏等十人,就分别追封为妃嫔并加谥号;对死者的父兄,也施以优恤,授给官职,子孙可以世袭,称为"朝天女户"。

对未被封谥的宫女,朝廷实录中大都不记载她们的名字和生前的只言片语,致使后来研究者无法得知其本来面目。

殉葬制度无疑是封建帝国女性悲惨命运的一个缩影,而历史就是这样残酷无情地重复着一幕幕人间悲剧。龙的传人、中华民族子孙,自诞生那天起,就带着叹息、流着汗水、淌着血泪,在滚滚的历史长河中,艰难地一步步离开蛮荒和愚昧,寻找着文明的曙光。这是一种多么沉重痛苦的脚步?这是一条多么漫长和遥远的人间栈道?

历史正是从这滴血的号子和沉重的脚步探寻中,泛起了文明的光芒。历史创造了人类,人类改变了历史。

第十三章 地宫中的两个女人

中国的历史进入封建社会，以俑代人殉葬的制度与风俗开始盛兴起来。在陕西临潼发现的秦始皇陵兵马俑，就是一个极其重要的实例。在已发掘的三个俑坑中，有人俑、马俑和战车俑等近万件，有的还组成了庞大的作战阵式，其数量之多，气势之雄伟，制作之精美，在中国帝王陵墓史上不仅是空前的，而且可能也是绝后的了。所以被誉为世界第八奇迹。

汉代俑的尺度虽不如秦始皇陵俑这样雄伟庞大，但种类却丰富得多。除人俑之外，尚有各种骑射俑、舞蹈俑、杂技俑和人类各种生产生活用的陶屋、陶楼、井、灶、仓圈，甚至还有猪、牛、羊、狗、鸡、鸭等家畜俑。

从《汉书·百官表》中的"东园匠令丞，主作陵内器物"来看，说明当时制作殉葬俑和器物已成为专门行业。唐朝的三彩俑在造型艺术上又达到一个新的高峰。女俑多丰腴圆润，形象地表现了国富民强的盛唐审美风尚。许多深目高鼻的"胡俑"，再现了中亚、欧洲等外国人的形象。而载运货物的骆驼俑，则展示了唐代东西交通发达、文化交融的盛况。

俑的珍贵和重要，在于它真实地反映了时代的生活形态和文化风格以及社会风尚和习俗。白居易诗中"双眉画作八字低"的描写，在唐代女俑中得到了证实。南北朝时期的艺术审美观点和唐代的"丰腴圆润"相反，出土的女俑大都清癯俊秀。俑的出土，对研究和证实历史，具有重大的作用和意义。

自唐以后，又出现了以纸扎焚烧代替俑的方式。神道上则出现了由文武大臣和各种珍兽所组成的石刻仪仗队，而不再入葬，陵内的木俑也只是象征意义上的殉葬品。这一点从明十三陵中可以得到证实，而定陵玄宫出土的微型木俑、木马就是这种制度下的表现形式。木俑不同于金银器物，极易变质腐烂，在处理和保存上就需格外费心。从国外对出土木俑的处理情况看，大多采取冷冻的方法，即把木俑放在零下200℃的气温中，将水气脱去，然后放在玻璃箱中保存。

这样的条件，在当时的中国并不具备。尽管到了"可上九天揽月，可下五洋捉鳖"的时代，但面对一堆腐朽霉烂的木俑，白万玉老人却失去了揽月捉鳖的气概，只能老老实实地按二十年代跟斯文·赫定和安特生等人西域探险时所学来的土办法进行技术处理。

他在地宫内升起火炉，把白蜡放在平底铜锅内熔化成液体，然后将木俑一个个放入铜锅，进行"腊炸"。小木人描着黑眉，染着朱唇，神姿活泼地在蜡锅中跳动，如同宫廷中的舞者，令人心驰神往，拍案叫绝。但这种欢乐之情不久就被痛惜所代替。用蜡浸泡的木俑，拿出铜锅之后，随着水汽的蒸发，逐渐收缩变形，一个个活泼可爱的少男少女，瞬间变成了面目奇丑可憎的老翁老妪。白老的一番热忱张罗付之东流，不管他多么痛心疾首也已无济于事。这座皇陵发掘的悲剧，刚刚拉开帷幕。这些"少男少女"的瞬间变形衰老，只不过是这场大悲剧中的一个小小序曲罢了。在不久的岁月里，将会有压轴大戏开演。不过那时已容不得他在台下观望和流泪，他将和他的伙伴一同登上舞台和三具骷髅对话，将悲剧推上极致，让历史为之哭泣，让人类为之震撼和铭记。

孝端王氏

　　万历皇帝梓宫的左侧，放置着他的原配孝端皇后王氏的棺椁，其大小形状和右侧孝靖皇后的棺椁相同，保存较好。尽管椁的外侧出现裂缝，但无塌陷。从已脱漆的木质看，亦为香楠木制成。

　　椁的盖部放置着两个形体不同的青花梅瓶，白地青花，周绘龙纹，色彩与质地犹如宫廷中摆置的梅瓶一样光艳夺目。两个梅瓶的底款分别是"大明万历年制"和"大明嘉靖年制"。由此推断，这是孝端皇后生前宫中的陈列品。

　　这种形式的梅瓶，在1951年北京西郊董四墓村明代贵妃墓的发掘中也有出土。明朝的妃嫔，除极少数受皇帝的宠爱被埋在十三陵内，多数都埋在此处。梅瓶作为殉葬品，可能是当时宫廷丧葬的习俗。

　　发掘人员撬开木椁，一口木棺露了出来。棺外有椁，意在以椁护棺，从而更有效地保护尸体。从国内外出土的帝王陵墓来看，棺椁质料不同，层数也有较大差异。在埃及图坦卡蒙法老陵墓的发掘中，就曾发现有石椁和用两层黄金制作的棺。而中国晚期朝代的帝王，则大多采用两层木质棺椁的形式。这从定陵和清东陵帝后的墓葬中可得到证实。

　　在孝端棺木的两侧，放置着四块玉料。这种玉料在帝后三人的棺椁外侧

第十三章 地宫中的两个女人

已发现二十七块，到清理结束发现，唯独孝端的梓宫内又增放四块。玉料大小形态不一，大部分都有文字。有的用墨笔直接写在玉料上，有的贴着有墨笔字的纸，也有的两者兼备。写在纸条上的文字大都工整清晰，写在玉料上的笔锋粗糙，字体粗大，且不清楚，少数还有编号，都是记录玉料的名称、重量：

玉料十三斤

菜玉一块重十三斤

六十八玉料十五斤

六十八

菜玉料一块重十五斤十二两

七十二号

浆水玉料一块重十

浆水玉料一块重十一斤

二斤八两

浆水玉料一块重二斤八两

…………

根据文字记录，最小的一块一斤十两，最大的一块四十八斤。有一块写明十三斤，发掘人员试称则是十六斤半，不知是当初的失误，还是明代度量衡与今天的差异，或者玉料本身发生了变化。其中一块玉料似有一条锯过的缺口，大概是当初用绳索之类的东西捆勒而成。在另一块玉料上，还特别标明"验收人"三字。

中国历代帝王的殉葬品中，大多放有玉料，即所谓的"金井玉葬"。"金井"是为了接地气，保证灵魂长生不灭，"玉葬"则是为

孝端皇后随葬器物箱中出土的玉佩

了保证尸体不腐烂变质。据《汉书·杨王孙传》称"口含玉石，欲化不得，郁为枯腊"。

玉料殉葬自战国时期开始有了新的变化。在河南洛阳的考古发掘中，曾清理过一批战国时期的墓葬，发现有些死者的面部有一组像人脸形的石片，身上也有石片，脚下还有两件兽形石片。这些石片上都有穿孔，可能是为了编缀在一起以便覆盖在死者的面部和身上，这就是后来出土的玉衣的雏形。

到西汉时期，帝王对玉料护体更深信不疑。他们不再满足于用玉料殉葬，而是把玉片制成衣服，套在尸体之上，一同入葬，以期尸体永世长存。这种观念在东汉时期达到了极致。河北满城汉墓出土的刘胜、窦绾夫妇的金缕玉衣，为此提供了证据，同时也打破了《汉书》记载的"口含玉石，欲化不得，郁为枯腊"的神话。尽管刘胜和窦绾除身穿金缕玉衣外，还在胸部和背部放置了许多玉璧，且口有玉含，鼻有玉塞，两眼有玉石掩盖，两耳有玉填，结果，1968年发掘人员清理他们的墓葬时，却见玉衣尚存，而其中的尸骨朽烂得仅剩几枚残齿和一些骨渣。

以玉衣作为葬服，从西汉一直延续到东汉末年，到三国后期，魏文帝曹丕认为，此乃"愚俗作为"而下令禁止使用。从考古发掘的情况看，也确未发现魏晋以后的玉衣，由此推断，这种习俗可能从魏以后真的被废除了。

魏晋以后的帝王陵寝中，虽然也有玉料、玉器出土，但从规模和质量来看，不再考究，只是一种象征而已。定陵玄宫出土的三十一块玉料中，只有浆水玉、菜玉两种。浆水玉略带浅青色，表面稍有些润泽，菜玉像枯萎的白菜叶，浅黄中伴有浅绿。据《格古要论》的评述，两种均为玉中下品，很可能来自新疆、甘肃等地。

但从随葬木箱中清理出的玉制容器来看，却是别具一番风采。这些碗、盆、壶、耳杯、爵等器物，质料细腻润泽，琢工精致，不少器物上都配有金制附件，镶有宝石、珠玉，显得光彩照人。细心的观光者如果注意一下摆在定陵博物馆橱窗里的那只玉碗，就不难窥见这批玉器纯美的质地和精湛的艺术造型，即使站在镶有玻璃的橱窗外，也能在碗的一面透视到另一面。其通体之细薄，造型之优美，光彩之夺目，如果不具备先进的技艺、奇特的构思和熟练的操作能力，是断然达不到如此辉煌灿烂的程度的。

第十三章　地宫中的两个女人

把殉葬的玉料和容器进行比较与研究，不难看出明代对玉葬的观念，已不在保护尸体，而仅仅是一种形式了。孝端皇后的棺木很快被撬开，里面露出一床绣有莲花和九龙纹的织锦被及殉葬的衣服、金器、漆盒等物。发掘人员小心翼翼地一件件取出，皇后的尸体出现了。

只见她上身穿一件绣龙袄，下着绣龙裙和黄缎裤，静静地躺着。绣龙袄袖筒肥大，通体用黄线缂丝制成，绣有蝙蝠、寿字和令人恐怖的"卍"符号。两袖之上，由于织品的宽幅不够，出现了接头的痕迹，但接上的用料寿字倒写，蝙蝠也是头向下，别的衣服也常有字迹倒过来的现象。这显然不是一种失误，而隐含有一种"福到来"和"寿到来"的寓意。这是一种建立在方块字加丰富想象力基础上的独特文化，大概只有中国人才可能有这种文字游戏和思维方式。三个世纪后，在中国城乡到处出现了姓名倒写的"打倒×××"的木牌，大概就是这种文化传统的延续。

孝端皇后棺内出土的织金罗立领女衣纹样

孝端皇后的肌肉已经腐烂，但骨架完好。她头西足东，左臂下垂，手放腰部，右臂直伸；下肢交叠，左脚在上，右

孝端皇后棺内出土的金八棱形盒（开启）　　孝端皇后棺内出土的黄琉璃香瓶

329

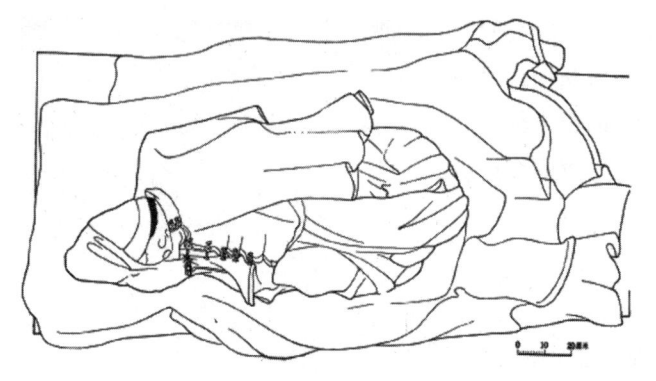

孝端皇后尸体着衣情况

脚在下。裤管扎在袜子内，脚腕外用细带勒住，下穿一双软底黄缎鞋；依然像在皇宫一样，端庄文雅，向南侧卧。

万历一朝，在张居正死后三十余年的漫长岁月中，朝廷逐步走向混乱和衰亡，皇帝昏庸，廷臣无道，相互钩心斗角，厮杀得不可开交。这时只有两个人清醒着，一个是首辅申时行，另一个就是孝端皇后王氏。

中国历朝的制度，按理应当说是不能听任党争发展的。尤其在万历一朝这种混乱的局势下，只有使全部文官按照"经书"的教导，以忠厚之道待人接物，约束自己的私心，尊重别人的利益，大事化小，小事化无，朝廷才能上下一心，同舟共济。要是官员们口颂经典中的词句，称自己为君子，别人为小人，在道德的掩盖下夺利争权，这就是把原则整个颠倒了。这种做法无疑会导致文官集团的涣散，进而导致帝国无法治理。这不必等到1620年，万历的棺椁抬到大峪山下葬的时候才明白，早在1587年，申时行就曾鹤立鸡群地站在帝国的最高处，得出"自古国家未有如此而能长治久安者"的结论。在大明帝国江河日下的危急时刻，申时行竭尽全力，以种种方法缝补皇帝与臣僚、臣僚与臣僚之间的裂痕。可惜，这种调和折中的苦心，在帝国制度强大的惯性面前显得捉襟见肘，最后以失败告终。

尽管孝端王氏从来没有真正得到过万历皇帝的爱，但她能够清醒地认识到自己的地位和处境，以一个中国女性特有的驯服与忍耐力，做着自己应该做的一切。她在道德与人性二者的夹缝中，找到了一条适合于自己生存的道路，并以她的殷勤、守制，给万历的母亲和臣僚留下了良好的印象。足以体现她清醒的事例,是对"国本之争"的处理。在长达数十年道德与政治的旋涡中,她既不倾向臣僚,也不指责万历,只是以她的聪明与机智,站在二者之外,洞若观火,使争斗双方都对她无可奈何。即使后来万历皇帝在争斗失利之后,想对她施以打击,废掉她的皇后地位,却由于她在处理诸多问题上完美无瑕,而不得不打消这个念头。

她一生无子,而又得不到皇帝的爱,作为最有权力享受一切的皇后来说,这无疑是个悲剧。但她面对现实把痛苦埋在心里,清醒地认识到在这场悲剧中自己要扮演的角色,并义无反顾地演下去,才没有像王恭妃、郑贵妃,以及其他宫女妃嫔那样更加悲惨。或许这也算作一种不幸之中的万幸吧。

她安详地躺在万历皇帝身边,头枕一个长方形锦制枕头,残存的发绺上插满了镶有宝石的金簪,冷眼观望着世间的一切。她那交叠的双腿,给人的印象依然是超尘脱俗、看破阴阳两个世界的非凡女性。

她头上的装饰显然比孝靖皇后的昂贵与华丽,几乎每一根金钗玉簪上,都镶有祖母绿和猫睛石。猫睛石在万历一朝曾是宝石中最珍贵的品种,据说它产于南洋一带,物以稀为贵,堪称无价之宝。史书中曾有这样一段记载:江南一位少妇,头带一支镶有猫睛石的簪子,虽然猫睛石并不

孝端棺内出土的镶珠宝金簪

孝端皇后棺内出土的镶宝镏金银簪、玉龙戏珠金簪、镶宝镏金银簪

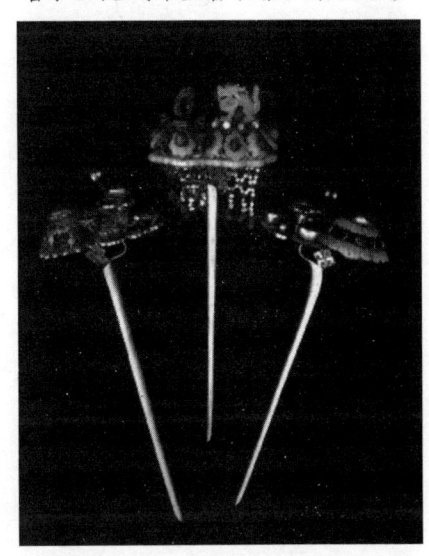

风雪定陵

出自随葬器物箱中的孝端皇后的六龙三凤冠

孝端皇后的六龙三凤冠（局部）

太大，但被一位商人发现后，用极为昂贵的代价仍未到手。于是，狡猾的商人设法结识了她的丈夫，且终日以酒席相待。如此两年，最后商人才透露了他的心愿，猫睛石方到手中。这个故事不免具有野史性质，但由此可见猫睛石的稀有。

在孝端皇后尸骨的下面，铺有一床缀着整整一百枚金钱的褥子，金钱上铸有"消灾延寿"的字样。褥子两侧，放置了大量的金钱元宝。元宝两面都刻有文字，刻文内填朱。其文字为：

上：九成色金十两

底：万历四十六年户部进到宛平县铺户徐光禄等买完

金钱拓本及摹本

332

上：九成色金十两

底：万历四十六年户部进到大兴县铺户严洪等买完

从元宝的刻字看，都是九成色金十两锭，且均为万历四十六年（1618年）宛平与大兴二县所进，铺户也只有徐光禄和严洪两家。这就更加证实了史料中关于除"金取于滇"之外，京师的专设铺户也必须为宫廷重价购买的记载。

孝端棺中的金银元宝为孝靖所没有，有些史学家认为是万历对孝靖的薄葬造成二者的差异。这个说法难免有些偏颇。因为孝靖葬时仅为皇贵妃，而孝端葬时则为皇后，按照当时的等级制度，自然不会等同。

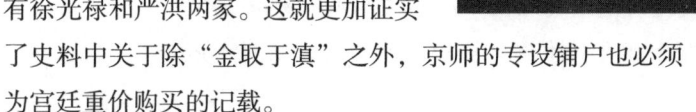

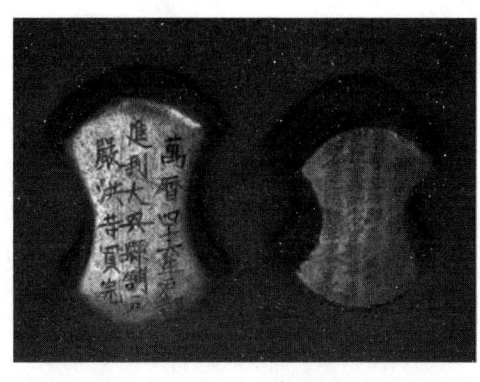

孝端皇后棺内出土的金锭

注释：

①谥册：又称"哀册"。古代帝后死后，将后世祭祀与加封文字刻于册上，埋入陵中，称谥册。

②谥宝：古代帝后陵墓中，刻有其谥号的玺印。用石、玉、木不等。

③辫绣：古代刺绣针法的一种，因针法形如辫子股，故名。

④平绣：刺绣针法之一种，根据设计图案绣平。

⑤接针绣：图案纹饰略大，则针法出入相接刺绣。

⑥套针绣：刺绣法的一种。在第一批针路间留有空隙，然后套入第二批针路；在第二批针路间又套入第三批针路，依此类推。

⑦缠针绣：图案纹饰特殊时，入针时绣线缠针刺绣，使纹饰略有突起。

⑧抢针绣：亦称"戗针绣"，刺绣针法之一种。用短直针前后相连一批一批地刺绣，有正抢、反抢之分。多用于绣花瓣或蝴蝶，具有装饰美。

⑨轮班、住坐：明代户口分军民匠灶四类，各有其赋役方式。匠户又分两种，一为轮班匠，住在全国各地，以距京师远近，别其应役期限之短长，每隔数年轮一班；另一为住坐匠，住在京师及其附近，服役时间较长，每月上班十日。

第十四章
打开皇帝的棺椁

风雪定陵

随着发掘工作的进行，一场风暴席卷而来，发掘人员由此陷进了动荡的旋涡。春色正浓，然而花已落去。在一个男人和两个女人的玄宫里，人们时而忧心忡忡，时而乍惊乍喜——

无可奈何花落去

正当发掘人员忙于清理帝后的尸骨及殉葬品的关键时刻，一场反右的政治风暴在席卷广袤的城乡之后，又沿着曲折的山道，刮进定陵这片阴阳交汇的世界。

这时的发掘队，已不再受长陵发掘委员会直接领导，而是和定陵博物馆的筹建人员组成了一个新的集体。确切地说，发掘队已由博物馆筹建组接管。发掘人员根据筹建组领导人的指示，立即停止清理工作，走出玄宫，参加已经开始的政治运动。

尽管夏鼐几次向长陵发掘委员会反映情况，说明停止工作将会造成怎样的损失及危害，但此时委员会的人员已是自身难保，只有为之叹息和沉默了。

这场风暴已在夏鼐的预料之中，却没有想到竟会在这个时刻到来。也只有在此时，赵其昌才悟出几个月前，夏鼐在发现金刚墙后，留下的那番话的真正含义："赶快想办法打开地宫大门，不然就来不及了。"现在就已经来不及了。

尽管队员们夜以继日地开门、启棺、清理，尽管夏鼐强忍着严重的胃溃疡病痛，用枕头垫在胸前，整日趴在棺椁上劳作，可依然无济于事。随着队员们恋恋不舍地放下手中的尸骨和器物，痛苦而又别无选择地走出地下玄宫，定陵的发掘，就注定要成为新中国考古史上前所未有的一场悲剧了。

郭沫若（左二）、夏鼐（左三）在地宫后殿

第十四章 打开皇帝的棺椁

夏鼐必须回考古研究所参加反右运动，就要走了。"夏老师，还有什么要嘱咐的？"赵其昌紧握着老师的双手不忍松开。

夏鼐哽咽了几下，深情地说："学习之余要留心点文物，如发现不祥之兆，赶紧告诉我。"赵其昌点点头，泪珠溅到了紧握的手上。

考古人员清理完玄宫棺椁与随葬箱中的衣物后，移交定陵博物馆筹建组人员保管

"多保重吧！"夏鼐那像秋叶般枯黄的脸上带着一丝苦笑，枯瘦的手在空中无力地挥动了两下，转身向停放在定陵大门前广场上的汽车走去。冷风鼓荡着他的外衣，显出瘦骨嶙峋却依然直挺的身躯。汽车一启动，赵其昌那紧缩的心仿佛骤然迸裂，热血正从那里溢出。他转身大步地走进陵园，一口气爬上宝城，面对苍翠嵯峨的大峪山，重重地呼出了几口浊气。

对发掘人员来说，新的生活开始了。他们不再钻进阴森可怖的地下玄宫，在昏暗的灯光和霉气的污染中，进行艰辛繁重的操作，而是围坐在木板房内，听新来的一位领导人传达反右运动的意义和步骤。

8月22日下午，全体人员开会，这位新领导首先批评赵其昌领导的工作队，三个月来竟以各种借口没有参加政治学习，没有召开生活检讨会，没有汇报思想，没有进行批评和自我批评，没有……他说："这还像是个社会主义国家的工作机关吗？还像是一个社会主义国家的机关干部吗？"大有黑云压顶之势。赵其昌一时间不知所措。

这位已有十年党龄的领导者，冷眼瞧了一下赵其昌："你要带头做自我检查，认真学习文件，紧跟形势，批判右派思想，自觉地改造自己的资产阶级世界观……"会场一片沉默，鸦雀无声。

白万玉坐在赵其昌旁边，赶紧推了推他，悄悄说："快检讨吧！"赵其昌只好硬着头皮带头检讨，他检查自己政治学习抓得不紧，没有自觉地进行思想改造……不料话没说完，又遭到这位领导的严厉批评："什么政治学习抓得不紧，你根本就没抓！这是你世界观的问题，应该认真地学习文件，深挖思想根源，你甭想蒙混过关，这是严肃的政治运动，否则，后果你自己清楚。"

赵其昌忍气吞声，再做检讨。他从自己的出身、历史问题，直到目前的表现，什么个人主义、"白专"道路、名利思想、成名成家等等，一股脑儿地往自己头上扣。他虽然心里感到委屈、难过，但毕竟还要改造思想，渡过这一关，政治运动嘛！

他回想起在发掘工作最繁忙的那些日子里，他曾亲自去购买柴油机、发电机和卷扬机，亲自去联系一些工程事宜，还要时常进城汇报发掘情况；白天要到工地看看，晚上在一盏煤油灯下记日记、做记录、写简报、看文献，每天都要熬到深夜，这样夜以继日拼死拼活地干，为了什么？不就是为了把自己学得的考古知识应用到实际工作中去，为在考古发掘中能够做出一点成绩，为新中国的考古事业贡献出自己的一份心血吗？这又有什么错误呢？

为了下一步发掘工作能够顺利进行，赵其昌强忍一腔怨气，按照新领导的指示，老老实实地改造世界观，否则，划成"右派"，后果真就不堪设想了。他没有任何怨言，没有表示任何不满，更不敢发泄任何牢骚，仍然一心一意地想着发掘工作，想着如何尽快打开万历的棺椁。

白万玉、刘精义和李树兴等工作队员，也认认真真地做了自我检查。木板房被一团沉闷和压抑的空气笼罩着、包裹着，再也听不到冼自强清脆的歌声和曹国鉴悠扬的二胡曲了。开心的玩笑，畅怀的交谈，白老那引人入胜的探险生涯，赵其昌大嗓门述说的历史逸闻，刘精义诙谐滑稽的取闹，都一一消失了。

就在社会上反右斗争风起云涌、已成燎原之势，工作队人人自危的时候，谁也没有料到，历史的报复也随之悄悄地来临了。

已经贴在有机玻璃上，并做过简单技术处理的织锦品，经过冷空气的侵

第十四章　打开皇帝的棺椁

蚀，慢慢变硬、变脆、变色；光彩艳丽的刺绣珍品，也在空气的侵蚀中，出现大面积的黑斑，并开始整体霉烂。深藏在棺椁中的尸体，会怎么样呢？

一天，白万玉把赵其昌约到陵园内一个僻静处，悄悄地说："听仓库保管员嘀咕，里边的东西全变质了。"

赵其昌一惊，脑子里嗡嗡地响起来。他一把抓住白老的手，心情激愤，眼里射出可怕的光："这是真的？"

"是保管员偷着和筹建组领导汇报时，我从旁边听到的。"白老解释说。

赵其昌捶着脑袋："完了！"

这个信息如同一声炸雷，使他几乎昏了过去，半晌没有作声。白万玉焦急地问："怎么办？你倒是说话呀！"他这才想起夏鼐临走时的嘱托："如发现不祥之兆，赶紧告诉我。"

目前的情况已经不再是"不祥之兆"，而是一种无法挽回的惨痛事实了。"赶快告诉夏所长，让他想办法吧！"赵其昌急切地对白万玉说。

白万玉当天就赶回城里。消息传到了北京，夏鼐立即来到了定陵。仓库打开了。夏鼐和赵其昌等人走了进去。昏暗的屋子里，一股腐烂发霉的气味扑鼻而来，一块块有机玻璃靠墙排列着，上面粘贴着的织锦品，早已失去了往昔的华姿与丽彩，不管原先是鹅黄、淡青，还是绯红，都变成了乌黑的云朵。夏鼐以为是尘土封盖和灯光昏暗的作用，产生了这奇特的效果。可是，当他把一块玻璃拿到亮处观看时，眼泪却唰地流了下来。温暖的阳光照在玻璃上，织锦品如同一块核桃皮，皱巴巴地缩成一团。他伸出颤巍巍的手抚摩着，织锦品不再柔软华丽，软绵绵的身子变成一块僵硬得刺手的黑铁片，翘起的部位经手一触，便哗啦啦掉到地上，如同腐朽的树皮，在飓风的吹动中飘然离开母体。夏鼐颤抖着放下手中的"织品"，一言不发，在仓库里来回走动。

皇陵发掘的前前后后，夏鼐是一位最清醒的参加者。他的清醒不只是对考古知识的精湛研究，而且是对中国政治、文化及其现状的深刻了解。在定陵发掘之初，他就预感到了未来的结局。对他的高瞻远瞩，不必要等到三具尸骨升腾起冲天大火时再做结论。目前的状况，已经初露端倪了。

面对几十匹松树皮似的织锦品，夏鼐带着无尽的悲愤和无可奈何的哀叹，当日返回北京。

不久，消息又从北京传回定陵，暂时改变了定陵发掘人员和出土尸骨及器物的命运，使这场悲剧在尚未达到高潮之前，暂时降下帷幕。发掘工作再度以喜剧的形式出现。而恰恰是这段喜剧，才增添了整个悲剧的氛围。八年之后，当它真正达到高潮时，即使是共和国的巨人也无回天之力，而只能望空兴叹了。

灯光重新闪亮

阴森潮湿的地下玄宫，又亮起了昏淡的灯光，清理工作在停止了近半年之后，终于重新开始。对发掘人员来说，历史既然再次给予他们这个良机，就不能轻易地失去。目前最紧迫的任务，就是迅速打开万历皇帝的棺椁。

这个宽、高均为1.8米，通长3.9米的巨大棺椁，依然悠闲自得地稳坐在玄堂中央。历史让这位帝国皇帝的亡魂，在玄堂上多停留了近半年，今天终于气数殆尽，在明亮的水银灯下，被推到了亿万观众面前。朱红色的椁板为松木精制而成，四壁以银锭形卯榫压住，再用铁钉钉牢。虽历经三个多世纪，仍不失当初的威严和庄重。盖底板异常厚重，两侧钉入4枚大铜环，想必这是为了梓宫运送及入葬时拖运方便而设。因为有铜环相助，这巨大的棺椁就可从百里之外平安地运到玄宫。椁板之上，放置着木制仪杖幡旗之类的殉葬品，形式排列有序，大有两军对垒、兵戎相见之势。

夏鼐大师亲临现场，队员们用铁制的锐器将椁板慢慢撬开拆除，一口楠木制成的梓

棺盖上铭旌残迹
"大行皇帝梓宫"

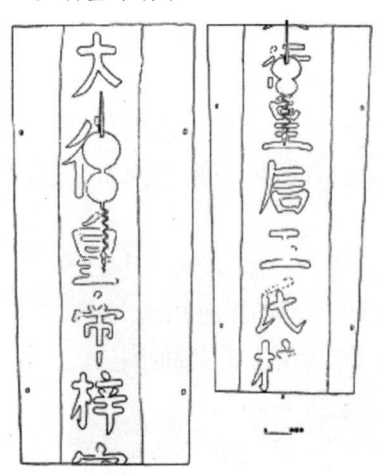

第十四章 打开皇帝的棺椁

宫露了出来。只见棺木上方盖有一块黄色丝织铭旌，两端镶有木制龙牌。铭旌中央金书六个醒目的大字："大行皇帝梓宫。"

棺木外披朱漆，从四周无一丝缝隙说明，朱漆是在皇帝的尸体入棺后才涂的。梓宫与椁形制相同，前高后低，前宽后窄。从棺前正视，上部略窄，下部稍宽，中部宽大；两侧呈弧形向外突出，使棺内中部有较大的空间；棺盖则用四个大铁钉牢牢钉住。

最后一日梓宫就要开启，幽深的玄宫内悄无声息。发掘人员撬动棺盖，锈蚀的铁钉在缓缓晃动，厚重的棺盖露出了隙缝，锐器沿缝隙向里推进，咯吱、咯吱的声响，如同棺内的主人发出的呻吟声。

也难为这位万历皇帝，在地下，愧对列祖列宗，来到尘世，又羞于面对世人。所以，唯一的办法是死死地抓住棺盖不放。

然而，虚弱的阴魂在这些血气方刚的小伙子面前，显得苍白无力了。阳能克阴，这是两个世界经过千百年的争夺得出的最后结论。在这阴阳双方交手的关键时刻，万历皇帝再度像对待他的帝国一样，索性撒手任凭天命。随着"咔嚓"一声闷响，朱红色的棺盖被高高地撬了起来。四个黑色的铁钉也如同大明帝国的廷臣守将，自顾不暇，弃关而去，只留下他这个光杆皇帝。

厚重的棺盖板被撬开移于一旁

队员们用手把住棺盖，憋足力气，随着夏鼐大师一声令下，厚重的棺盖倏然而起，然后队员们摇摇晃晃地将棺盖放在了棺床上。

大家欢呼着拥向这位大行皇帝的梓宫，只见里

341

风雪定陵

郑振铎（左一）、夏鼐（左二）与考古人员在万历棺椁前察看随葬器物并亲自动手发掘

夏鼐（右一）指导考古队长赵其昌（右二）等人如何在木架上清理棺内器物

面塞满了各种光彩夺目的奇珍异宝。一床红地绣金的锦缎花被，闪着灿灿荧光，护卫着各色的金银玉器、织锦龙袍。这无疑是一个集大明帝国璀璨物质、文化、艺术于一身的宝库，是一部详尽的明代帝国史书。

赵其昌拿起照相机，随着镁光灯的闪烁，拍下了开棺后的第一批资料。冼自强手拿画板，描绘着梓宫与器物的形制。其他队员忙着测量、编号、记录、登记……一切都按照考古手段有条不紊地进行着。

夏鼐和赵其昌默默地围绕着棺木仔细查看，俩人的心情相同，都在考虑着如何清理棺中这数以百计的殉葬品。万历的梓宫不同于两位皇后，它完好无损，高达1.5米，即使站在凳子上，也无法进行操作。如何既便于操作，又不损坏棺木和随葬品，这是首先要解决的问题。

当天晚上，夏鼐把赵其昌找来，谈了自己的设想："在棺木四周搭起木架，架上再铺木板，这样人可以趴在木板上进行清理。"赵其昌听后犹豫地说："这样做，好倒是好，可太辛苦了。我们年轻人受得住，您正在病中，怎么支持得了？"然而，俩人考虑再三，拿不出更好的办法，只好按这个方案试一试。

很快，万历梓宫的四周搭起了木架，铺上木板，人趴在木板上，探身棺内进行操作。掀开锦被，里边露出了形态各异、色彩纷呈的道袍、中衣、龙袍等服饰。发掘人员按照放置的顺序，小心地拿出上层的一件道

342

袍。道袍为素黄绫做成，设有纱里，右面开襟，腋下有带巧妙地将开襟绑住；道袍通体肥大，外形同今日道士所穿服装相类似，不同的是背后有错襟，两侧开口以至两腋，这样的造型，穿起来也许更方便些。底襟里面有丝线绣字，字迹清晰：

万历皇帝棺内西端随葬器物

万历四十三年正月十八日造
长三尺九寸六分
绵九两

袍的里面放有字条，文字除和绣字相同的外，另有：

本色素绫大袖衬道袍
袍身宽二尺一寸

袍内填有棉絮，但分布极不均匀。根据制造年月和袍的成色进行分析，这件道袍万历生前并未穿过。事实上，整个明朝的君主都崇尚佛教，而对道教都比较冷淡。朱元璋和朱棣两朝，都有佛门高僧辅佐政事。而当年还是燕王的朱棣，正是靠庆寿寺僧人道衍即姚广孝的帮助才夺得了帝位。万历的生母慈圣太后，生前多次捐献银两修缮佛庙，万历和郑贵妃邂逅之后，也时常双双到佛寺进香，以求佛祖保佑他们百年之好。明代君主对佛教的崇拜，是否与他们的祖先开国皇帝朱元璋曾当过和尚有关，尚无结论，但这方面的因素至少会对他们的思想产生影响。

除去嘉靖皇帝之外明代君主对道教冷漠，但并不排斥，仍然将其作为一种文化遗产加以容纳。万历皇帝棺内的道袍或许可做实证。这件道袍的出现,绝非偶然,它同故宫、天坛、紫禁城那辉煌的建筑一样,说明了处在资本主义萌芽时期的帝国在对待文化方面的胸襟和情怀。这与清朝后期渐已形成的小巧精致的建筑及封闭的文化心态形成鲜明的对照。不管郑和率庞大的船队七下西洋的最终目的和结果如何,就其气魄而言,是后来的大清帝国所不能企及的。假如资本主义工业文明提前三百年引进中国,明代的君臣也绝不会像慈禧太后惧怕火车一样恐慌不安。可惜,历史的进步从来就不是随着时间的流动而前进的。

在各类袍服、衣料的下层,深藏着一件稀世珍宝,这就是万历皇帝的缂丝十二团龙十二章衮服龙袍。衮服是皇帝在祭拜天地、宗庙、社稷、先农、册拜、圣节和举行大典时所穿的礼服,是龙袍中最为珍贵的精品。

衮服底纹织有"卍""寿"字、蝙蝠、如意云,象征"万寿洪福";十二团龙分别缂制在前后身及两袖部位,每一团龙又单独构成一组圆形图案,中心为一条蛟龙,两侧为"八吉祥"纹样。蛟龙之上,再饰流云,龙下饰海水、江崖。"八吉祥"纹是八种图案纹样,即轮、罗、伞、盖、花、罐、鱼、盘长。在十二团龙图案之外,又缂十二章纹样,这就是帝王特有的十二章衮服。十二章也是十二种纹样,即日、月、星辰、山、龙、华虫、宗彝、藻、火、粉米、黼、黻。纹样各有含义,日、月、星辰,昼夜有光,表示普照天下;山取"镇"土,龙取"变化无方";华虫是雉鸡,翎毛华美,表示"文采昭著";宗彝是尊彝之上再做上长尾猴形,古代相传长尾巴猴子孝顺,栖息于树,老猴子

万历皇帝棺内出土的缂丝十二章福寿如意衮服(复制件)

第十四章 打开皇帝的棺椁

缂丝十二章福寿如意衮服后襟右袖纹样

在最上面，依次相排，小猴子在最下面，守卫长辈的安全，故宗彝取"孝"义，不忘祖先恩德；藻是有花纹的水草，取其有"文"；火即火焰，取其"明亮"；粉米是粮食，人离不开米面，取义养人；黼是斧头的形状，取义"果断""权威"；黻是两个弓相背，取义"见善背恶"。总之，意在象征皇帝文武兼备，处政英明果断，圣光普照大地，恩泽施于四方。遗憾的是，这位万历皇帝除了理事专断之外，其余诸条却一无所具。面对祖制图案的良苦用心，不知做何感想。

关于衮服织法的研究，在没有新的论断问世之前，其缂丝"通经断纬"的技法，应当说是起源于汉魏。

缂丝十二章福寿如意衮服左前襟纹样

1959年，考古学家在新疆巴楚东北托库孜萨来古城遗址中，曾发现过一块用通经断纬技法织成的红地宝相花缂毛残片，按时间推断，它和1906年英国考古学家斯坦因在新疆古楼兰发现的一片具有"通经断纬"技法和希腊风格的毛织人像不相上下，均为汉代中期的产物。1973年，我国考古工作者又在吐鲁番阿斯塔那一带，发现一套缂丝织成的绦带，经推断为盛唐时期的产物。

至宋代，缂丝在中华内陆盛行开来，今天我们还可以从《紫鸾鹊谱》《紫汤荷花》《红花树》等

宋代织机图

著述的封面或卷首中，找到以缂丝为装裱的实物，而关于缂丝在宋代盛行的文字证据，也同样可以找到。庄绰在所著的《鸡肋篇》中曾有这样的记载："定州织刻（缂）丝，不用大机，以熟色丝经于木杼上，随所欲作花草禽兽状。以小梭织纬时，先留其处，方以染色线缀于经纬之上，合以成文。若不相连，承空视之，如雕镂之象，故名刻丝。如妇人一衣，终岁可就。虽作百花，使不相类亦可，盖纬线非通梭所作也。"庄绰为宋代人，可见缂丝通经断纬的技法，已为他的同时代织匠所用。

明代初期，禁用缂丝做服，以示节俭。至宣德年间，随着节俭之风被享乐腐化所代替，缂丝才重新发展盛行起来。朝廷设内造司，专以缂丝通经断纬的技法制造衮服（皇帝大典专用服）。由于衮服的制造工艺复杂，造价昂贵，即使最熟练的织匠，每天最多也只能织一寸二分，织完一件衮服，大约需要十年时间。定陵出土万历皇帝的这件十二章福寿如意缂丝衮服，应算是目前我国所见到的唯一的缂丝衮服珍品。到1983年，定陵博物馆委托南京云锦研究所研究复制一件，该所积三十多年的经验，花费了整整五年时间，终于织造完成，填补了明代龙袍织造技术失传三百余年的空白。

这件袍料的全名为："孔雀羽、织金妆花、柿蒂过肩龙、直袖、膝栏、四合如意云纹纱、袍面料。"为恢复龙袍的本来面目，必须对原物进行"追色分析"和"经纬分析"。具有三十年织锦经验的南京云锦所老艺师王道惠，在色如灰土的龙袍前夜以继日地描摹四十八天，才完成了龙袍的摹稿，录下精确的数据。一件龙袍重900克，而挑结的花

第十四章 打开皇帝的棺椁

本①即重几十公斤，用线121,370根，首尾长达五十多丈。孔雀羽更要经过精心挑选、劈丝、搓接成线，与彩色丝线盘织成云龙图案，再与真金线交织在一起，别有一种高贵华丽的装饰效果。难怪有关专家认为，这件明代皇帝龙袍的复制品在选料、织纹、色彩、图案和织造技艺上都与历史真品相同，堪称"传世稀珍"，终于在1984年第四届全国工艺美术品百花奖评审会上获得殊荣——金杯奖。

当发掘人员清理到第十一层时，发现一条两边对折的锦被。打开锦被，万历皇帝的尸骨显露出来。一个令大家猜测了两年的谜，终于揭开了。

棺内露出了万历皇帝尸骨

他已不是保存完好的尸蜡，而是一具形貌可怖的骷髅。这位"大行皇帝"静静地躺在一床锦被上，骨架头西脚东，毫无血肉的面颊稍向南偏，左臂下垂，手压在腹部，细长的手骨攥着一串念珠，像在祈祷神灵的保佑。右臂向上弯曲，手放在下颏附近，一缕黄褐色胡须挂在唇边，似在悠然自得地捋着胡须，畅谈军国大事，显然是入葬时人为摆设而成。脊柱上部稍有弯曲，左腿伸直，右腿微屈，两脚向外撇开。身穿的龙袍大都腐烂，腰部束一条玉带，头戴"翼善冠"，发髻梳理完好，足登高筒长靴，裤脚装在靴子内。上身打扮像是一位儒士，而下身及长靴又给人一种武士的感觉。如此

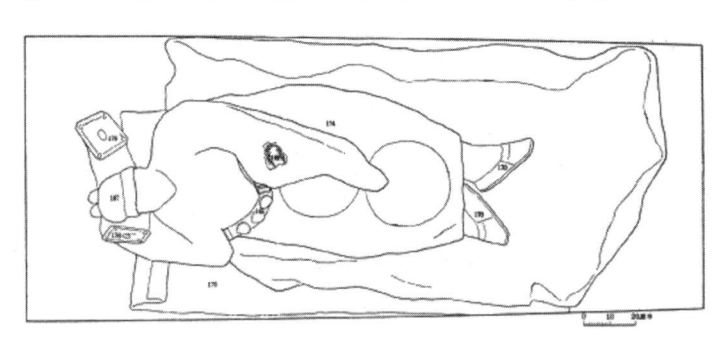

万历皇帝尸体着衣情况

347

文武兼备的服饰，在其他陵墓的出土中很少见到。

根据两位皇后和万历帝的骨架情形来看，明代帝后的葬式，似乎比较随意，并无特别之处。这位一生享尽荣华富贵，精神却备受磨难的皇帝，在地下生活了三百三十八年之后，终于又返世还阳了。假如他的灵魂真的活着，面对人世沧桑，又该想些什么？

他所驾驭的帝国古船业已沉沦，他所钟爱的女人早已化为灰土，就连取其祖宗基业而代之的大清帝国，也已成为昨天的故事。历史就是这样造就着一切，又毁灭着一切。大江滚滚东去，浪淘尽千古风流人物！

有哲学家说，人生是尘世间的一种幻觉。生与死同样是生命所达到的最完美的高峰和境界。不知道万历皇帝在阴间的世界里，生活了三百余年后，是否真的得到了这种生命的体验？也许只有经历了这生与死的炼狱之后，他才感到倾尽国力建造这座寿宫，不惜生命去爱一个女人，是多么滑稽和无聊。尘世间的每一个人，都在刻意幻想一种永恒，其实，真正意义上的永恒是没有的，任何事物都是时光隧道中短暂的瞬间。生活于世间的人类，如果普遍认识了这一点，或许可免去许多痛苦与麻烦。但要真正领悟这个普通的哲理，又是如此艰难。正如人要抓着自己的头发倒悬于空中一样，永远无法做到。

万历的尸骨被轻轻地拿出棺外。尽管他的头颅尚在，但今天的人们已无法和他对话，至于他生前的身体形状、恩恩怨怨、悲欢离合以及生活习俗，只能间接地加以辨析，以求历史的相对真实了。经北京口腔医学院教授周大成鉴定，对万历皇帝及两位皇后的口腔和牙齿状况，得出如下结论：

万历的口腔疾患较复杂，除患过严重的龋齿和牙周病之外，还有楔状缺损、氟牙症、偏侧咀嚼等症；孝靖后亦有很多龋齿和中等程度的牙周病；只有孝端后的牙齿比较健康。

三个头骨所具备的共同特点是，牙齿的磨耗程度非常轻微，有的牙齿几乎看不出磨耗的痕迹。据我国出土的一些材料证明，无论是北京猿人、山顶洞人、新石器时代人还是战国时代人的牙齿颌面磨耗都相当严重，这与他们的食物粗糙是分不开的。而这三个头骨牙齿的颌面磨耗如此轻微，足以说明他们的食物极为精细；也正是过细的食物，造成了他们的龋齿和牙周病。

第二个特点是，万历及孝靖后的一些牙齿上都有楔状缺损，这是由于刷牙方法不合理所致。可见当时宫廷里使用牙刷已相当普遍。

第三个特点是万历的氟牙症。中国最早的氟牙症化石实物是1978年5月在山西和河北交界处的许家窑村发现的。这是属于旧石器时代中期的三个人牙化石，上面都有明显的黄褐色小窝及斑点。据了解，今天生活在那里的人，仍然都患有氟牙症。许家窑村人的氟牙症和万历帝的氟牙症极为相似。这在我国古代口腔疾病史上，是一项重要发现，渊源有待进一步查证。

经北京市公安局刑事科学技术研究所对万历和孝靖皇后残存的头发鉴定，结论如下：

万历一束，孝靖一束。
万历一束为生前梳理时的脱发，一束为尸体上所留。孝靖亦为尸体所留。
孝靖后头发血型为B型。
注：孝端后残存头发，同尸骨一起毁于"文革"，无从查证。

经中国科学院古脊椎动物与古人类研究所研究人员对万历尸骨的复原，得出结论：

万历生前，体形上部为驼背。从骨骼测定，头顶到左脚长1.64米。

璀璨的瑰宝

发掘人员揭开万历皇帝尸骨下已腐烂的绵褥，一个新的奇迹出现了。巨大的棺内整齐密集地排列着一层织锦匹料，其色彩之绚丽，质地之华贵，前所未见，更撼人心魄的是，这层织锦品多达六十九卷。如此规模庞大的殉葬织锦珍品，不只国内前所未见，即使是在世界陵墓的出土中也属罕见。

织锦各自成卷，在两端和中间又各用一道丝线捆住，称作"腰封"，中间捆线分开做人字形。人字形捆线下方，大都贴有方纸，纸上贴有织品的名称、产地、匠作及织造年月，有的在年月上方盖有朱红色印章。由于长期埋藏于地下，纸上的文字大都模糊不清，发掘人员想尽办法，但能辨认出来的仍是少数。

  上用月白暗苍龙云肩通
  袖龙栏直身袍暗线……
  ……云地熟绫一匹长
  五丈五尺四寸龙领全
  南京供应机房织造
  上用纱柘黄织金彩妆缠
  枝连花托捌吉祥壹
  匹宽贰尺长四丈
  万历三十八年闰三月
  万历二十六年
  ……山西……石胜保

  明代的织锦业，在中华纺织工业史以及工艺美术史上，都曾大放异彩，占有辉煌的篇章，并以其织工精细、色彩艳丽、品种繁多著称于世。明代资本主义的萌芽，首先表现在纺织业，它几乎把古代纺织技术推向了顶峰。但是，随着时间的流逝，明代织锦品几乎损毁殆尽，存留至今的实物已是凤毛麟角。博物馆、研究所和收藏家偶有收藏，又多系袍服剪裁下的零星碎品，原装成匹的明代织锦已近绝迹。新中国成立以后的明代织锦品研究者只有到佛经封皮上去捡拾渐已霉烂的残片加以探究和考证了。

  万历棺中织锦品的出现，无疑为研究明代纺织工业史及工艺美术水平，提供了丰富而详尽的宝贵实物资料。

  定陵出土的织锦品，之所以后来被考古工作者称为三千多件出土器物中的首宝，不只因为它有对明代纺织业及工艺美术水平的研究价值，它的珍贵还在于，同时对中国古代种桑、养蚕、缫丝、并丝、织绸、纹饰、染色等生产技术的研讨都有所启示。

这批丝织品几乎集我国汉唐以来历代纹样之大成，织物组织也品类齐全，从平纹、斜纹、缎纹、变化组织、二重组织到纱罗复杂组织，无不具备。尤其是织物组织配合纹样的变化，使丝织品较汉唐更加华丽精美，达到了炉火纯青的地步。更为珍贵的是匹料上的文字记录，既是研究古代纺织科学技术的珍贵文献，又是明代纺织工业史的注释。

明朝自永乐皇帝迁都北京后，因北方地广人稀，土地大多荒芜，宫廷所用大量物资，常依赖于江南。从定陵出土的丝织品可以看出这样一个事实，无论是作为帝后袍服的织成匹料，还是别有用途的宫廷藏品，多数来自江南。江南气候温和湿润，适合种植桑麻，早在明朝初期，南京、苏州、杭州等地，就设有宫廷专用的织染局，朝廷委派专人负责监督，并有严格的上交数额和检查制度。"腰封"上的文字正是为了检查方便所记。随着大明帝国日趋衰落，织染局制造匹数却逐年增加，到万历一朝达到了高潮。文献记载，织染局上交岁额总数原为两万匹，而万历初期已达到了十几万匹，超出岁额总数的几倍。

明代的苏州，曾是锦缎织造中心，这里聚有大量的织染工匠，每个工匠每日仅能织二三寸，而面对这惊人的上交数额，不得不整日劳作，把丝一条条织成锦缎，又一匹匹送往皇宫，而作为织染匠，却终日不得温饱，其凄苦之状不忍目睹。史料记载：万历二十九年（1601年）六月，织染匠们终于开始怒吼了，以葛贤为首的两万余人掀起了反抗朝廷和官吏的大规模暴动。文献上记载了这一事实，三百多年前拿起大刀长矛反抗朝廷和官吏的，不正是万历棺内织品上发现的赵绪、倪全、薛孝、邹宽、沈阿狗等这些社会底层的人物吗！

水能载舟，亦能覆舟。这个浅显的道理，不知万历皇帝生前是否想过。

发掘人员将丝织品一卷卷拿出，梓宫内又出现七十九锭发散着光芒的金锭。多数是十两一锭，五两或更小的不多。金元宝绝大部分背面都有字迹，记录着征收年月、委官、金户和金匠的姓名。例如：

云南布政司计解万历三十五年分足色金一锭重拾两安宁州同知江铱金户高如山金匠沈教

云南布政司计解万历四十壹年分足色金壹锭重拾两委官绍傅金户杜良金

匠沈教

云南布政司计解万历三十六年分足色金壹锭重拾两委官通判张荐金匠沈教

云南布政司计解万历四十四年分足色金壹锭重拾两委官魏元勋金户吴相金匠沈教

从中可以看出，金锭的贡地多在云南。尽管从文献上看，万历时的云南并不盛产黄金，但宫廷的搜刮仍然指向了这片偏远的边陲之地，该省每年要向朝廷纳黄金五千两，成为当时的一项沉重负担。有正直的朝臣看出了征收贡金的危害，上书劝谏："云南大害，莫甚贡金榷税之事。"户部主事洪启初在给万历的上疏中也直言不讳地指出："滇之害无如贡金一事。"然而万历始终没有理睬他们的奏请，贡金数量依然逐年增加。云南当地政府在无法满足朝廷供应的情况下，不得不向四川、贵州等地远道购买，有时甚至到京师通过商人高价收购，然后再转交宫廷。

万历棺内出土金锭铭文拓本

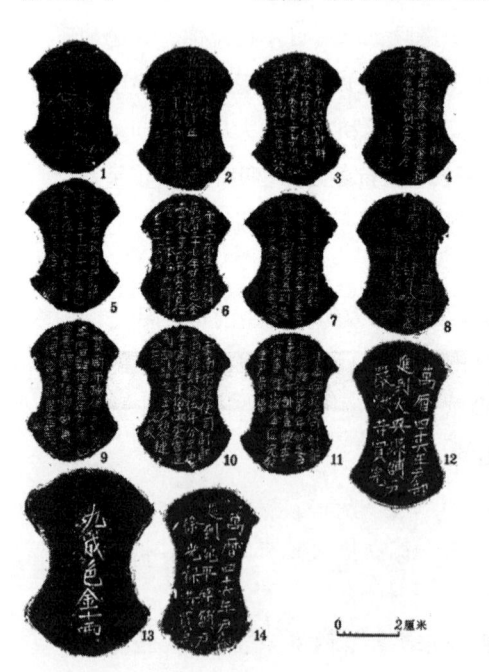

交纳的贡金虽由地方官吏筹措，但最终还是要转嫁到百姓头上，当地百姓不仅要负担贡金的税收，还要经历运送之苦。由云南到北京万里迢迢，其艰难困苦可想而知。史料中曾记载过一支护送贡金的大队，在渡过云南境内的盘江时，正赶上山洪暴发，五十多人被大水淹没，断送了性命。云南百姓在长期苦役的煎熬中，终于揭竿而起。万历三十四年（1606年），一万多人包围了矿监衙门，杀死了万历派驻云南的太监杨荣和二百余名官吏。杨荣的府宅被烧，尸体在烈火中化为灰烬。

当时的政治家魏允贞在评析万历一

朝的时政时，曾指出："金取于滇，不足不止；珠取于海，不罄不止；锦绮取于吴越，不极奇巧不止。"这段记载在揭露时弊的同时，也说明，当时的黄金多取自云南，正像丝织品多取自江浙一样。定陵出土的丝织品和金锭，与历史记载相互印证，达到了记载和实物的统一。

在万历棺内众多的殉葬品中，有两只不太显眼的药罐。罐为金制，镶有长柄，却没有其他金银玉器那样光泽鲜艳。金罐表面有多处磕碰磨损的痕迹，似经长期使用所致，很可能就是专为万历皇帝煎熬御药的药罐。

万历棺内出土的金带柄药罐

明代皇帝有病，煎服药物有一套完整的制度和规定。太医院奉旨要派出四至六名御医，前去宫内诊视；在御榻前，先要膝行跪诊，然后合议处方开药。一种药要用两剂合成一服装在药罐中，罐口贴上"御药谨封"的封条，由太医院太医和内监共同监视熬药。待药煎好后，再分成两份，由御医或内监先试服一剂，证实无不良效果后，才将另一剂进呈皇帝服用。这套严格的制度，其主要目的是为皇帝的安全负责。

万历一生多病，经常服药一事，文献都有记载。但随着"国本之争"越演越烈，他以消极的方法怠工后，臣僚们便把他的病源归罪于酒色过度、精气亏损。早在万历十二年（1584年），御史范俊就曾上疏谈到"人欲宜防"，并以禹不喜酒、汤不近色为例，恳请万历皇帝以美女、酗酒为戒。这位御史也许没有考虑到"汤不近色"的真伪，更不会怀疑万历的病因。即使今天的明史研究者，尚有一些人与三百年前的臣僚持同一观点。其实，面对定陵出土的实证，应该打破这种近似偏见的结论。因为无论是棺内万历右腿蜷曲的痛苦形状，还是尸骨复原后，右腿明显地比左腿短的情形，都

万历皇帝的翼善金冠

考古人员提取谥册后，专门邀请化工工程师祝福祥前来揭取

足以说明这位皇帝生前确实患有严重的足疾。有了这样的实物作证，而再以陈腐的观念，把万历的"足心疼痛、步履艰难"一味地归结于贪恋酒色所致，这就难免有失历史公允了。

在万历头骨的右侧，放置着一个不大的圆形盒子。这个盒子的出现，开始并未引起大家的注意，只当是盛置小型精品的一般殉葬物。当梓宫的器物清理接近尾声时，发掘人员才将盒子打开。一经开启，几乎令人目瞪口呆：小小的盒子内，竟是一顶金光闪烁、富丽堂皇的翼善金冠！

这顶翼善冠，通体用极为精细的金丝编结而成，重量仅为826克。半圆形的帽山之上，挺立着两个状似兔耳的金丝网片，一颗太阳状的明珠高悬在两耳中间，两条金色的行龙足登帽山，正昂首眺望明珠，大有腾云追日之势。若能戴在头上，则天地人融为一体，给人以主宰苍生、容纳寰宇之感。像这样气魄宏大、造型精美的金冠，还是首次出土，堪称国宝。翼善冠的珍贵，除质地全为金线之外，还在于整体的拔丝、编织、焊接等方面的高超技术。它的出现，标志着中国古代缕织工艺已达到了登峰造极的境地。

随着梓宫清理临近尾声，棺床的木箱也一个个被打开。在万历棺椁的旁边，发掘人员发现了一箱著有文字的谥册。册为檀香木板做成，原本木色，不髹不染，每册十板，用丝绳缀结而成，外被织锦，内刻谥文。文皆阴文正楷，直行读，自右至左。

册的两端木板不刻字，描金云龙纹。谥册的文字，实际是对万历一生功绩的概括和总结，全文次第排列如下：

维万历四十八年次庚申九月乙亥朔初
显皇帝
庙号
神宗伏冀
……
上帝左右俾冲入永赖洪麻觐
文考烈光四子孙茂膺繁祉谨言

谥册通篇写尽溢美之词，字里行间充溢着一股皇恩浩荡、强民富国的韵味。假如不了解万历一朝的历史真情，仅凭谥册推断，那该是一派多么欣欣向荣、四海升平、辉煌灿烂的景象。可惜，可悲的现实毕竟不是凭几位儒臣的华丽辞藻就能掩饰得了的。在这一点上，万历及其臣僚远没有太祖朱元璋的直爽和聪明。朱元璋在为皇陵立碑时，为避免儒臣对他及帝国的粉饰，而亲自主笔，以真挚的情感、冷峻的笔锋，客观地描绘了自己的生平和创业的艰辛。撇开他那文采飞扬、气魄恢宏的碑文不论，仅凭直面人生和面对现实的勇气，就足以让后人称道。而万历的谥文，除了对他悲怆的人生及业已沦丧的帝国有一丝安慰外，于世人又有何裨益呢？

人类的历史从来都是以人类自身的血肉黏合而成的。

注释：

①花本：明朝的织锦技术很复杂，而龙袍的织作更复杂。织机上面有花楼，用丝除各色丝线之外，又有用极薄的金箔捻成丝线的金线，有时也加入孔雀羽线以增加光泽，如此复杂的技术，常要在楼中下机二人操作。织作之初，要先设计出纹样图案，按纹样再规定各种丝线的经纬交错结构，做成与成品形式颜色完全相同的样品，然后照样品织作。这种样品即花本。由于花本的用线要比成品粗得多，因而，一个花本比成品要长得多，也重得多，一匹织锦重一二斤，花本常重至数十斤或百斤。

第十五章 面对沉重的遗产

时代的足音伴着远古的文化走出地下玄宫,登上神武门城楼。现实与历史在这里碰撞出灿烂的火花。面对这沉重的文化遗产,年轻的共和国难以承受它的强大压力,最终只能将其推下宝城——

命运的转折

当发掘人员清理到万历梓宫下部时，虽然有搭起的木板相助，但几乎将半个身子探下去，也仍无法再接到器物。这是考古的科学发掘，毕竟不是孙殿英用炸药盗墓，必须认真细致地按照科学的程序操作，稍有疏忽，都会造成难以弥补的损失。时间紧迫，不能迟疑，严酷的政治形势和眼前的处境，使大家焦虑不安。而最感焦虑的则是年轻的冼自强，他的主要任务是负责器物原始状态的描摹，先按照实物的原貌，把图样画出来，再贴上标签号码，然后才能对器物进行清理。他问夏鼐："夏所长，怎么办？半个身子都探进去了还是够不到，我总不能蹲在棺材里面操作吧！"的确，棺木中尚有不少殉葬品未得到清理，毫无立足的空隙，而又不能置器物于不顾，任意践踏。

纵观海外其他国家的同期考古情况，比这规模小的殉葬品，其处理方法是先用石膏将器物在原地灌注，待凝固后拿到实验室再进行清理，它的好处在于随时可以用仪器测定，进行各种化学试验。这一切，在当时的地下宫殿内，面对偌大的皇帝棺木却无法做到，必须按照现有的条件，老老实实地在原地进行清理。

赵其昌跟着夏鼐大师焦急地围着棺木转，耳边又响起了冼自强的话："我总不能蹲在棺材里操作吧！"一个念头闪过他的脑际：冼自强真还必须蹲在棺材里操作，但是如何蹲法，得想出个办法来。他望着冼自强瘦小的身躯，琢磨

白万玉在搭起的木架上于万历皇帝棺内提取随葬器物，右为夏鼐

着，然后把自己的设计方案告诉了夏鼐。夏鼐点着头："也只好如此，委屈他了。"

赵其昌走到冼自强面前，问道："我把你吊在棺材里可以吗？""怎么个吊法？"冼自强未解其意，瞪着眼睛迷茫地问道。赵其昌用手比画着说："我把一个四方凳子翻过来，四条腿朝上，吊在木架的横梁上，你蹲在凳子里，不就可以绘图了吗？"说完又补了一句："只是你太辛苦了。"不料冼自强高兴地说："没关系，只要能画图，什么办法都可以，我不怕！"

别无更好的选择，大家只有按这个土办法，做了一个方形的小木箱，箱子四角钉上四条长长的木腿，木腿顶端再横钉两根木杠。为使木箱移动方便，又不损坏棺木，他们将原来的木架拆除，另外沿着棺木两侧再钉一个稍稍高出棺木的长方形木架，把木箱上的两根木杠搭在木架上，就平稳地吊在棺内了。木箱既不会对器物造成挤压，又可以随时前后移动。冼自强蹲在小木箱内，手拿画板继续着他的工作。现代化的发掘和古老的方法交织在一起，谱写出新中国考古史上的独特韵律。

幽深的地宫，阴雾凄凄，虽然已到炎热的夏季，但发掘人员还必须身穿厚厚的绒衣，甚至棉衣，才能抵御袭人的寒气。霉烂的腐臭和刺鼻的福尔马林味融合在一起，呛进人们的肺管，使大家经常咳嗽不止。

还是在清理随葬品中皇帝的冠冕、皮弁等物时，由于串珠的丝绳霉烂，玉珠已经散落，零乱地摊放在梓官一角，且实物腐朽叠压严重，形制很难辨认。冕、弁关系到礼仪制度，世间没有实物存留，目睹这种情形，夏鼐亲自承担了清理任务。他拖着病体爬上了木架，把一个枕头垫在胸部，趴在木板上，整整用了四天四夜的时间，把冕冠和皮弁的形式、结构、尺寸、色泽以及串珠的系结式样、数目，一一记录下来，并绘制了草图，为日后的复制工作提供了重要依据。

器物的清理，要求有详尽的记录，稍有疏忽，便会给以后的研究工作带来困难。赵其昌每天做的文字记录不下千言，都要送交夏鼐过目。因此，深夜，工作队下工后，夏鼐还不能休息。他阅读记录十分认真，提出很多疑问，在记录上圈圈点点，有时还夹上几张写满密密麻麻小字的纸条，经常是通宵达旦。因为操劳过度，使胃溃疡病加重，但他一直坚持到清理工作告一段落，才住进了小汤山疗养院。

风雪定陵

考古人员在清理文物

定陵发掘自1956年5月破土动工，到1958年7月底，清理工作基本结束，历时两年零两个月，以总计用工两万余个、耗资四十余万元的代价，终于使这座深藏三百六十八年的地下玄宫重见天日。

1958年9月6日，新华通讯社向世界播发了新中国第一座皇陵发掘的消息：

新中国成立以来，有计划的以科学研究为目的，主动发掘的第一座皇帝陵——明十三陵中的定陵已被打开……有关部门将在这里建立一个地下博物馆。

这条封锁了将近三年的消息一经公开披露，立即引起世界考古界的震动，海外多家报纸和通讯社争相转播了这条来自古老东方的爆炸性新闻。为搜集到更详尽的资料和情报，某国驻华大使馆派出了一个秘书，夹杂在前来参观的文化界人员之中，混入定陵。尽管发掘消息已经向世界公布，但定陵却严禁外国人入内，公安战士认出了这位秘书，阻止了他的行动。

在故宫展出的万历皇帝棺内出土的三彩瓷花觚

1958年9月，万历帝后的殉葬品走出地下宫殿，登上了故宫神武门城楼，向群众展出。这是一个金风送爽、万里秋光的上午，长陵发掘委员会的郭沫若、沈雁冰、郑振铎、吴晗、邓拓、王昆仑、夏鼐

第十五章 面对沉重的遗产

等文化巨匠，前来参加剪彩仪式。在光华照人、精美绝伦的金冠、凤冠和千姿百态、造型奇巧的各种织锦、首饰面前，看得出，吴晗格外兴奋和激动。尽管定陵的发掘出现了许多波折，但最终还是按照他的意志和设想完成了。城楼上的这批珍贵的历史文化遗产，实则是对他所为之做出的努力的最后鉴定。穿行在这璀璨的文化艺术长廊里，吴晗的身心几乎全部沉浸在胜利的喜悦之中。在这辉煌的时刻，他绝对想不到死神已悄悄向他走来。而主持布置陈列的赵其昌，在开幕的前一天便已回到定陵工地。他心中隐约感到不安，在这辉煌的时刻过后，又将会有什么样的命运降临到自己的头上呢？

赵其昌的预感，在神武门展览之后的第三天就开始应验了。他正整理资料，博物馆筹建组负责人朱欣陶来到木板房，轻轻地坐到他的跟前。赵其昌抬起头，见一向和蔼可亲、谈笑风生的老人面色阴沉而严肃，便停下手中的工作，问道："朱老，有什么事吗？"

朱欣陶的嘴角轻轻动了一下，露出了一丝淡淡的苦笑："其昌，我跟你说件事，你要有所准备，我说出来你不要激动。"

"天塌下来有山顶着，你就说吧！"赵其昌满不在乎地

在故宫展出的万历皇帝乌纱翼善冠（帽胎复原）

在故宫展出的万历皇帝玉带钩

表示，心中却"咚咚"地敲起了小鼓。

朱欣陶脸上涨起了一阵红晕："根据文化局的指示，发掘队的人员要下放劳动，你是第一批，到良乡窦店农场。"

赵其昌一惊，两眼呆呆地望着面前的朱欣陶，没有说话。命运的悲剧性转折早在他的预料之中，但一旦真的到来，他竟也感到茫然不知所措。他站起身来，在木板房里转了两转，有些激动地问道："为什么？"

朱欣陶伸出手，示意赵其昌坐下，脸越发通红："这话我也许不该告诉你，既然你提出来，我只好给你透点风，原打算让你明年开春后再下去，可是……"他停顿了一下，把到了嘴边的话又收了回去，改口道："我也无力挽回局势。"他摊开了双手，一副无可奈何的样子。

赵其昌皱紧眉头，一脸怒气："就我自己？"朱欣陶用安慰的语气说："白万玉已回考古所了，就你一个人，你只好先走一步了。"赵其昌似在自言自语，又像在寻找着答案："我不记得在工作上犯过什么错误……"朱欣陶望着他那张纯朴又带点傻气的脸，有些憋不住了："可是有人说你在地宫里放毒气，行使特权。"然后用加重的语气补充道："再加上你的历史问题。"

赵其昌的脑袋轰的一下，自己的历史问题是避不开的，然而毒气呢？他渐渐冷静下来，一屁股坐在床上。他回想起来，还是在清理万历的棺木时，为防止霉菌的侵蚀，他们不时在地宫中喷洒福尔马林药水和酒精混合液，以便进行消毒防腐。当时有个领导领着老婆孩子来参观，正赶上他们喷洒药水，刺鼻的气味弥漫开来，那位领导还能勉强支持，可他的老婆却不停地咳嗽，用手帕擦着溢出的眼泪，两个孩子也叫喊起来。这位领导见状，只得举家迅速离去。

那时的赵其昌，怎么也想不到会引出今天的故事。

尽管事实清楚，如果真是毒气，他和他的队员们能在毒气中周旋数月之久吗？但他还是按捺不住冲动之情，一股怒火在心中燃烧起来，他感到委屈，又感到悲愤。他无论如何也不明白，喷洒药水怎么能和"特权"联系在一起？这种是非混淆、黑白颠倒的局面，倒可以清楚地表明，到底是谁在行使"特权"！

一切都无须再问，什么也不用解释，事已至此，只有面对现实。

第十五章 面对沉重的遗产

"什么时候走?"赵其昌问。

"上级领导说今天,我看时间来不及,你收拾一下,明天后天都行。"

"那发掘报告还写不写了?"赵其昌指着近三年来积累的数百万字的发掘记录。

朱欣陶一时没有回答。身为定陵博物馆筹建组领导人,他清楚地知道发掘报告的分量。无论是国内还是国外的考古发掘,都是按严格的程序进行的。要发掘一座遗址或陵墓,先从实际勘察着手,在掌握了大量的线索和证据后,再进行现场发掘。这个过程要配合照相、测量、绘图和记录进行,不能有半点疏忽和遗漏。待实际发掘工作结束后,就应立即撰写带有科学研究成果的发掘报告,以不同形式公之于世,为研究者提供进一步探索的科学性原始依据。定陵发掘出土文物的展出,仅仅是发掘工作的一个段落,整个工作的完成,要以发掘报告的问世作为终点。面对这常识性的问题,今天的朱欣陶也无法解答了。

赵其昌决定第二天离开定陵到窦店农场去接受改造。他单身一人,无牵无挂,不想告诉城内的老父,但他需要向他的队员们告别。晚上,他正在紧张地收拾行李,刘精义提着一个布包悄悄地走进木板房,声音低沉而又沙哑地问道:"明天真的要走?"

"真的。"赵其昌抬起头,四目相对,不用言语。昏暗的灯光下,两人静静地对望着,往事烟云,多少欢乐悲苦、友谊真情,在心中翻滚开来。

刘精义原就读于南开大学历史系,因突患严重的神经官能症而中途辍学。病愈后,年迈的母亲领着唯一的儿子从包头来京寻找工作,在北京市文物调查研究组和赵其昌邂逅相识。此时定陵急需人手,在赵其昌的力荐下,刘精义加入发掘队来到定陵。自此,两个人便结下了深厚的友情。

刘精义是独子,母亲早年孀居,他从小养成了一副倔强的脾气,对待工作却极为认真细致。就在发掘人员面对地宫大门无计可施的时候,正是刘精义夜以继日,埋头苦读,从浩如烟海的古籍中找到了"拐钉钥匙"的记载,为地宫的打开做出了贡献。

在殉葬品清理的后期,由于寒气袭人和每天近二十个小时的蹲地操作,赵其昌的腰部受寒,整日疼痛不止,既无时间又缺乏医疗条件,只好在晚上烧几块砖头,垫上毛巾倒换着进行热敷。当刘精义在德胜门外乘车进城再转车去十三陵时，看到一家药铺门前贴着专治腰痛的中药"坎离砂"的广告，他如获至宝地买了几包，每天晚上临睡前，用醋调和，耐心地给赵其昌敷在腰上。这种神奇的铁砂加醋搅拌，释放出大量热能，经过一段土法治疗，赵其昌的腰病一时痊愈了……

似乎一切都在眼前，一切又都成为遥远的过去。在这即将分手的时刻，他们要说些什么？

依然是相对无语。

最后，刘精义敞开布包，拿出一套毛线衣裤："这是今天下午从长陵公社买来的，送给你御寒。"

赵其昌望着，眼泪唰地流了下来，立即抽出跟随他多年的派克自来水金笔，双手送上。两双大手在静谧寒冷的北国之夜，紧紧地握在一起……

赵其昌就要走了。

深秋的朝阳洒进陵园，映照着他黝黑的脸，凄冷的寒风掠过大地，刮起一阵尘土，笼罩着他的身躯和苍翠的树林。崎岖的山路上，他背着铺盖，手提一包发掘记录，向长陵公社的粮站走去。他将从那里搭车进城，再转车去所要去的地方。手中的包袱沉甸甸的，让他心烦，又让他欣慰。和他相伴三年的定陵就要从身边离去了，那雄伟的大殿，那苍老的柏松，那给予他温暖的木板房，那倾注了他鲜血的地下玄宫……这一切，都将随着那一幕幕悲欢离合的往事，成为昔日的梦境了。只有这一包沉甸甸的发掘资料还在身边，这是他从定陵带走的最珍贵的东西。他知道它的珍贵和价值。他记住了朱欣陶老人的话："去吧！把资料带走吧，只有你才能写出定陵发掘报告。"雄奇的大峪山在他的泪眼中渐渐地模糊起来。历史让这个开皇陵发掘之先河的发掘队长走了。他的命运无疑是一个不幸的转折。然而这个转折导致的结果，却比他自身的不幸要严重得多。在不久之后，将有更加凄壮的故事发生，不过，那已不再是一个人的悲剧，而是整个民族的灾难了。

第十五章 面对沉重的遗产

第一座皇陵博物馆

　　神武门展览之后，定陵博物馆筹建人员加快了修补、保护、复制殉葬器物的步伐。

　　首先要修补、复制的自然是三具尸骨。当时正在中国帮助工作的苏联著名雕塑家格拉西莫夫听到此事，主动找来请求把尸骨带回苏联，做修补和模型复制。在这之前，格氏已为北京博物馆修补和制作了古人类头骨的模型。有关方面怕在这个问题上出现漏洞，婉言谢绝了他的请求。

　　三具头骨送往中国科学院古脊椎动物与古人类研究所进行修补。同时，找了两位从事雕塑的老师，做万历帝后的模型。由于万历皇帝在他们心中是封建地主阶级的杰出代表，模型的制作自然要按照地主的形象进行艺术加工。两个月后，万历帝后的三具人体石膏模型送往定陵。只见万历头戴瓜皮金丝小帽，横眉怒目，鹰钩鼻子下挂着一张血盆大口，摆出一副要吃人的架势。左腿长，右腿短，身体极不平衡地站立着，手握皮鞭，侧身站立。似在追赶，又似在战斗和殴打。这独特的造型给人的感觉是一个穷凶极恶的大地主，正在对交不起田租的穷人进行残酷的践踏。其动作和形象都惟肖惟妙，淋漓尽致地表现了封建地主阶级吃人的凶恶本相。两个皇后则穿红着绿，涂脂抹粉，头戴鲜花首饰，妖冶而凶残，一副典型的地主婆形象，真是富于想象、高于生活的革命创作！就在塑造万历帝后的同时，陵园内正忙于对出土的织锦匹料进行技术处理和保护。有人建议，丝织匹料可以像古画一样进行托裱，背后衬用韧性大的纸张，以便卷舒；有人建议，糨糊内加入防腐剂，以便长久保存。但是，托裱工作并无专业人员现场指挥或指导。装裱完毕，著名文学家，后来又成为专门研究古代服饰的沈从文先生来了。他想看看匹料，做一点研究，将裱品展开，用放大镜一件件仔细观察，迷惑不解地问：

　　"怎么有的装裱成品显露的是织品反面？"

　　"研究织品的结构不是要看反面吗？"一位工作人员急中生智说。

　　一句话激怒了沈从文，但他还是面带微笑地说："研究织品结构，要看反面，更要看正面。如果为显示反面结构，留下1厘米、2厘米，最多5厘米也足够了，整匹反面，我看是装裱的错误。"他的直言不讳，特别是说到错误，使站在旁边的负责人显得十分尴尬。

沈从文不愿再看下去，走出接待室，对同来的助手说："囊括了中华纺织技艺精华的明代织锦遗产，如此轻率地对待，还做这样不负责任的解释，不是出于无知，就是有意欺骗！"

有些袍服的处理，也不尽如人意。比如用"聚甲基丙烯酸甲酯"（一种塑料）加入软化剂涂在半腐的衣服上，时间稍久，衣服颜色变深，软化剂蒸发，质料变硬，硬作一块，不能展开。未经反复实验，匆匆上手，效果不佳，只能停止。科学一旦嫁给愚昧，就注定要遭其蹂躏，而不甘沦亡的科学反过来又将予以致命的报复。这一哲理，在这座皇家陵园再次得到验证。

定陵丝织品损坏的消息传到北京，郑振铎、夏鼐等大吃一惊。正在焦虑不安、痛心疾首之际，外地传来消息，有的省份正在组织人力，跃跃欲试，要向皇帝陵墓进军。还有的省份也不甘落后，纷纷效仿。汉陵、唐陵、清陵等等，都响起了开掘号子……面对此种情景，负责全国文物保护、考古发掘的郑振铎、夏鼐心急如焚，立即上书国务院，请求对这种极不正常的发掘之风予以制止。这份报告很快得到周恩来总理批准，并通令全国，一股邪风终于停止。巨人力挽狂澜，使行将有灭顶之灾的中国文化遗产免遭劫难。

唐高宗和武则天合葬的乾陵，在定陵发掘之风熏染下，被当地部门派人掘开一条隧道，差点酿成不可挽回的损失

经过一年的艰苦努力，定陵的出土文物基本上已修补、复制完毕。损坏的不再有，完好的自然还要公之于世，以显示其成果。

1959年9月30日，定陵博物馆正式宣告成立，即将开放。

1961年3月，国务院公布将

第十五章　面对沉重的遗产

明十三陵列为国家重点文物保护单位，包括这座中华大地上首次洞开的地下玄宫。

定陵与杠铃

定陵博物馆一经开放，游客蜂拥而至，纷纷踏进这座将近四百年的地下宫殿，要亲眼看一看那壮丽豪华的建筑，一睹帝后的风采，领略一下古代陵寝的气息。

遗憾的是，在这深达27米的地宫深处，他们看到的只是一座空荡荡的洞穴。后殿的玄堂上，尽管摆着三口巨大的棺椁，却不是金丝楠木制作，而是用白灰和水泥做成的复制品。朱红色的棺椁散发着油漆的气味，像是司空见惯的躺柜，静静地摆在游人面前。远古的气息荡然无存，现代化的意味却充溢着整个玄宫后殿。不少游客都满怀失望地问道："皇帝皇后的原棺原椁哪里去了？打开地宫的时候不是还在吗？"

可是，现在却消失了。

颇具戏剧性的是，它的消失和定陵博物馆的成立，竟是在同一天。

面对游客的质疑，定陵博物馆只好用水泥石灰制成了三口棺椁与周边的随葬箱展出，"文革"中遭砸毁，此为后来制成的展出品

367

风雪定陵

1959年9月30日晨,曾铲下定陵第一揪土的民工王启发,接到博物馆办公室主任的指示:"马上就要开馆了,既然复制的棺椁已经做好,原来的棺椁就没用处了。你带几个人到地宫清扫,把那些棺木抬出来,好迎接领导来检查清洁卫生。"

定陵地宫打开后,大部分民工已回村,只有王启发等几位为发掘工作立下过汗马功劳的人,留在博物馆继续工作。他接到指示,立即召集几个职工,将宫中的棺木抬了出来。

"棺木放在哪里?"王启发问主任。

主任将手习惯性地放在额下,做着沉思状,没有发话。

"是不是放在仓库里。要不下雨就淋坏了。"王启发做着提示。

"你先回去,待会儿我再告诉你。"主任终于有了良策。

王启发正在屋里歇息,办公室主任走了进来。"仓库没有地方,你带几个人把它扔出去。"

王启发心中一颤。他想起发掘时白万玉老人经常说的话:"发掘的东西,哪怕是一根针、一块瓦也是无价之宝,千万不能糟蹋了。"如今老人走了,这话却在他心中铭记不忘。

"这不合适吧?"王启发没有动。

发掘之后万历皇帝棺下方铜环清晰可见

"什么不合适,让咋干你就咋干,把棺底的铜环劈下来,听我的没错。快去,别耽误了领导来检查。"主任催促道。

王启发不情愿地走了出去。

几个职工围住楠木棺,要取四周的铜

第十五章 面对沉重的遗产

环，挥镐劈了起来。沉重的镐头落到棺木上，发出咚咚的撞击声。棺木虽经三百多年的腐蚀，但除外层稍有朽痕外，依然完好如初，坚硬如石，不愧为木中之瑰宝。也无怪乎万历皇帝会选中它来做自己的寿棺。

当职工们将几个铜环劈下来时，已累得满头大汗，气喘吁吁。王启发望着四个硕大的铜环鸣响着落到地上，心中莫名其妙地掠过一丝哀痛。三年的风风雨雨，悲欢离合，有多少人为这座皇陵的发掘付出了心血与汗水。这一切为了什么？还不是要找到帝后的棺椁与尸体吗？

可今天找到了，棺椁就在眼前，却要把它劈开扔掉。这又是为什么？他只读了两年私塾，但已不是开始发掘时那个迷信神鬼狐仙的人了。他对发掘的意义及出土文物的价值，并不太懂，却觉得白万玉老人说得有道理，人家搞了一辈子发掘，还和外国人合伙干过，是内行啊。这个办公室主任从队伍上刚来了几天，能懂个啥？怎么能按他说的蛮干？想到这里，王启发制止了众人，再度来到了办公室。

"主任，那棺木不能再劈了，找个墙角放着吧。"王启发近似哀求地说着。

主任正忙于接待前的准备，冲王启发一瞪眼，说出一句令人心寒意冷的话："你是不是想留下给自己？""轰"的一声，王启发的脑子如同炸开一般，热血骤然升腾起来，脸热得发烫。他想表示点什么，但又想到此时正是自己命运的转折关头，便强按怒火，退出办公室，回到自己的木板房抽起了闷烟。

外面的人见自己的工头已罢工，也放下手中的镐头，提着四个铜环回到了各自的宿舍。

主任见大家四散而去，放下手中的工作，嘴里急呼呼地嘟哝着："我就不信死了驴就不能推磨了，离了你们地球照样转……"向警卫连走去。

几十名警卫战士跟着主任来到棺木前。"大家辛苦一下，把这些木头板子给我扔了。"主任似乎又回到了过去作为军官的岁月，极为娴熟地指挥起来。

年轻的战士自然不管事情的凶吉，执行命令是他们恪守的天职。何况像这样的卫生清理，对他们而言已成家常便饭。

战士们在主任的指挥下喊着号子，将沉重的棺木抬起，来到宝城上。随着主任一声威严的口令"扔——"战士们一齐用力，三具巨大的棺椁被掀下墙外，哗啦啦滚入山沟。

主任眼望着所有的棺木被扔进城外的山沟，才像了却了一件陈年旧事一样，长长地嘘了一口气。

一个星期后，定陵棺木被扔的消息传到夏鼐耳中。这位大师全身发抖，脸色煞白，不停地在房里走动，马上打电话让博物馆重新捡回棺木，加以保护。可是，空荡的山谷早已不见了棺木的踪影。

三十一年之后，当我来到颐和园，找到当年的发掘队员李树兴了解这段历史公案时，那位主任竟然戏剧性地和我们相遇了。真是山不转水转，天地太大也太小，在这偶然的背后，实在是蕴藏着一种不可捉摸的必然。

当年的主任两鬓雪丝，已经退休了。今天，他正以"老骥伏枥"的精神，为党的事业再献余热。尽管我们知道他为扔棺的事，后来受了个警告处分，从而成为他心中最为敏感的政治伤痛，不便提起，但既然有缘相逢，还是顺便问一句好。

"听说那棺木是你决定扔的？"有点明知故问。

他的脸轻微地抽搐了一下，眼梢掠过一丝淡淡的悲哀与痛楚，声音低沉无力："就算是吧。"

"其实在扔之前，我已请示过领导，包括文化局领导。你想我一个办公室主任怎么敢做出那样的决定？"他的声音比先前大了些，显然有些激动，"当事情追查起来时，这些领导就不再承认了，我也就只好自认倒霉吧。"

望着他那有些悲怆的面容和真挚的哀叹，我们相信他的话是真实的。如果没有更高层领导的指示，他一个小小的办公室主任，是断然不敢这样自作主张的。可惜没有人再出来承担这个责任，历史的罪过至少在一段时间内，还要记在他的身上。想来他也实在是一个让人同情的悲剧人物。

采访完毕回到城里，我的心情难以平静，仍在思索着这件事情的前因后果。无论责任在谁，棺木被扔却是事实。令人百思不得其解的是，如果一座皇陵博物馆连帝后的棺木都不能容纳，它还能容纳什么？还需要它做什么？烦恼困扰着我们，正在我百思不得其解之时，电视机里传出了一阵骚乱的杂音。只见一个光着膀子的彪形大汉，正要举一对大得吓人的杠铃。这是在北京召开的第十一届亚运会的实况转播，一场精彩项目的角逐。只见这位

第十五章 面对沉重的遗产

运动员活动了一下筋骨，抓把白粉在手中搓搓，潇洒地来到杠铃跟前，弯腰弓背，两手死死抓住铁杠，随着气贯丹田、力运双臂的一刹那，杠铃腾空而起，骤然落在他的肩头，电视机里再度爆发起喝彩嘈杂之声。他想借余力再一用劲，以便将杠铃举过头顶，遗憾的是，他已经做不到了。他的腿哆嗦起来，整个身体都在摇动。尽管他二目圆睁，全神贯注，但自身的筋骨承受不住这强大的压力，意志与精神得向肉体屈服。杠铃终被扔了下来，险些砸了自己的双脚。这个惊险的动作，冥冥中透出一股强大的难以名状的辐射力，使我顿悟。电视机中的杠铃和我们发掘的定陵，竟有着某种富有哲理的联系。一座定陵，囊括了华夏民族几千年文化的精髓，无论是从它的建筑还是葬制中，都能探寻到中华文化的源头和发展脉络，几乎每一件殉葬品都镌刻着苦难的历史足迹和人类行进中的气息，标志着华夏文化与政治制度的成熟与衰亡。对今天的人们，或许这个包裹太沉重了，沉重得如同运动员手中的杠铃。要背负起这个包裹，就必须具有承受重压的心态和身体素质，以及丰富的经验和精湛的技艺。而那时的共和国，只不过如同一个10岁的少年，骨骼正在成长，肌肉尚未发达，血液仍是鲜嫩的浆汁，虽已慢步行走，却不能健步如飞，10岁少年纵有千里之志，毕竟尚难仓促行进。如果凭一时的兴趣或冲动，其结果必然是步履不稳，像这位运动员对待沉重的杠铃一样，带着无尽的遗憾与痛苦，将包裹扔在脚下。若躲闪不及，伤了自身的腿脚，从此一蹶不振，也未必没有可能。

这一令人回味的哲理，倒是在定陵之外的颐和园得到启示。或许这就是中华民族的宿命吧。

第十六章 大风起兮云飞扬

风暴卷着狂潮漫过十三陵，涌进定陵地下玄宫。火光骤起，三具尸骨和它们的发掘者、保护者，顿时成为"专政对象"。随着烈焰的升腾，中国考古史记下了最悲惨的一页——

帷幕悄悄拉开

1966年,华夏大地上一场惊天动地的响雷滚滚而来,"史无前例的无产阶级'文化大革命'"开始了。

"四海翻腾云水怒,五洲震荡风雷激。"数以百万计的红卫兵,擦去脸上激动的热泪,怀着对革命的满腔热情和对封建文化的无比仇恨,离开天安门广场,奔向寺庙、园林、古建筑群和文物遗址,以所向披靡、摧枯拉朽之势,实施"横扫一切"的革命行动。

风暴卷起漫天尘沙,浩浩荡荡的红卫兵大军高举战旗,出北京,渡沙河,翻山越岭,如同三百年前李自成的大顺军,沿着历史的荒野古道,一路喊杀着来到尚处于宁静中的定陵。

大军既至,立即将陵园封锁起来。这时的定陵博物馆早已停止对外开放,工作人员正在闭馆学习最新指示。忽见绿色大军以乌云盖顶之势闯了进来,个个心惊胆战,不知所措。

"把当权派押起来。"一个十五六岁的女红卫兵首领,发出了来定陵后的第一道命令。

很快,博物馆馆长朱欣陶等人被关进了一间仓库,从此与世隔绝。

这些大多来自上海、武汉等地的革命小将,在见惯了江河湖海之后,对这青山古庙、荒冢绿林感到格外新奇。尤其是这座以飞檐异兽的古建筑和苍松劲柏组成的辉煌艺术陵园,更是这些十几岁的孩子前所未见的。那幽深凄冷的地下玄宫,只在人们讲的故事中听到过。今天,命运赋予了他们一个难得的机会,一切梦幻中的景物都不是海市蜃楼,而是实实在在地展现在面前。既然历史已经敞开胸怀,坦诚而无偿地馈赠,就要义不容辞地抓住它、利用它,按照自己的意

第十六章 大风起兮云飞扬

志去实现昨天的梦想和今天的誓言。

今天，他们是定陵理所当然的主人。

红卫兵们心怀一种好奇和仇恨的复杂心态，将地面的景物浏览一遍后，兴致盎然地要进地宫，砸烂这几百年封建王朝的老窝。

"老东西，快交出钥匙，我们红色小将要进地下宫殿去批斗地主头子！"一个学生穿着的男孩来到仓库，指着朱欣陶老人有些光秃的脑门指示道。

朱欣陶心里一惊，光滑的脑门上渗出细细的汗珠。他知道一旦打开地宫，他们下去的结局会是什么。老人望着眼前稚气未脱的小男孩，没有吱声，脸上露出颇有些不屑一顾的神态。

男孩像受了极大的羞辱，心中怒火腾地燃起，他扬起白皙的右手，左腿后撤一步，胳膊抡圆了，猛力向老人的脸颊抽来。"啪"的一声脆响，朱欣陶身子摇晃了几下，布满皱纹的脸上涨起三道红色的印痕。

"为什么打人?！"仓库中的人群愤怒了，眼里挂着血丝，欲与男孩拼命一搏。

这个红卫兵见几个大汉围将上来，心中不免胆怯。他机智地对后面的同伴们叫嚷着："不给钥匙，我们也能进去，走！"

大队人马随着这个红卫兵的呼喊吵嚷着来到地宫门口。一扇黑色的铁门横在眼前，如持枪挥棒的战士，使红卫兵无法前行。

"找东西把锁砸开。"一位女红卫兵首领发出命令。

一块块砖头石块被捡起，又

开放后的定陵地下玄宫入口

一块块带着仇恨与愤怒向铁门射来。地宫门前人流涌动，砖石乱飞，喊声一片，势同三百年前李闯王率领大军攻克北京；石块撞击铁门的金石之声，恰似咚咚战鼓为三军将士呐喊助威。在经过一阵暴风骤雨般的袭击之后，宫门仍未被砸开。这时，有几个壮汉不知从哪个角落抬来一根巨大的松木桩，大声叫喊着："闪开，快闪开，看我们的！"众人见运来新式武器，大喜过望，又围上几十人，抱住粗大的木桩，一齐向宫门撞去。

"咚——"一声巨响，整座陵园似乎都在颤抖，地宫券门唰唰地落下灰尘土块，乌黑的铁门嗡嗡作响，平整的门面凹陷下一个深坑。

"下定决心！不怕牺牲！排除万难！争取胜利！"女首领在这种力量的交锋中，显然难以展示自己的才能，便站在一个凸处，不失时机地进行鼓动。在让她的军队增强信念的同时，也再次预告了她的存在和不可动摇的政治地位。

果然，这次撞击的力量比先前迅猛沉重，随着"咚、咚"几声地动山摇的巨响，铁门招架不住，只好敞开自己的心扉，任人宰割了。眼看胜利在望，红卫兵们抱住木桩，攒足力气，喊着号子，拼命向前撞去。就在木桩接触铁门的刹那间，"哗"的一声，门钩脱落，轰然洞开，木桩斜插着钻进地宫隧道，大批人流倒在地上。

"胜利了，我们胜利了！"地宫门前一片欢腾。欢腾过后，又是一阵犹疑和恐惧，面对这座黑暗阴森的地宫，没有人敢下去，大家只好互相张望着。

"派人向他们要手电，抓一个来带路。"那位刚才背诵语录的女首领，再一次显示了她的指挥才能，向不知所措的人群献计。

手电筒要来了。同时有四个大汉架着老职工王启发的胳膊，簇拥着来到地宫门前。

"老头子，你带我们下去，看看这个地主阶级头子，是什么样的反动面目。我们要坚决把他批倒批臭！"女首领说着，一挥手，王启发被人推着走进地宫，后面的人流竟争先恐后地向玄宫底层涌去。一只手电筒发着微弱的光亮，在王启发身边晃动。人流悄无声息，神秘幽深的地宫，使红卫兵心中高度紧张甚至畏惧。过惯了城市车水马龙的生活，对这里自然感到格外陌生。这是一个超越他们想象而缥缈于尘世之外的天地。人流似无声的浪涛，

第十六章 大风起兮云飞扬

漫过前殿、中殿,直到后殿的玄堂。

一切都暴露出来了。站在大殿的尽头,他们开始感到失望,原想这座地下宫殿,肯定会像梦中那样刺激人,妖怪、小鬼、骷髅、死尸……惊心动魄,胆战心惊,可这里除三口复制的躺柜状的棺椁和二十几个箱子外,梦中的一切俱不存在。希望一旦变成失望,接着而来的就是报复。

人群几乎将地宫塞满,在普遍感到无聊之后,便想起要对这里的文化进行"革命"了。文化在哪里?地宫之内的景物哪些算"文化"?这命应当怎样"革"?一连串的问题,几个首领也糊涂起来。这个黑乎乎的洞穴就是文化?这几口朱漆棺椁也算文化?但有一点他们心中却是清楚的,这座地下宫殿是旧东西,这里头的主人就是地主阶级的总代表、反动头子。只有砸烂一个旧世界,才能建设一个新世界。不管哪些是文化,砸就是革命,就是胜利了。不知是谁从地宫外找来了几把破笤帚,插进中殿宝座前的"万年灯"里,将缸中的油料沾在笤帚上(定陵玄宫器物清理之后,青花大瓷缸和缸中的油料仍放在地宫未动),然后,燃起了大火。

玄宫不再凄冷阴暗,十几支火把将宫内照得如同白昼。人群开始骚动起来,复仇的欲望急剧地升腾、暴涨。先是有人跳到宝座上当起了"皇帝"和"皇后",接着有人将宝座连同上面的"皇帝"和"皇后"一起掀翻。打闹的人群因一时找不到锤子,只好用脚去踢、踹汉白玉雕成的宝座。

就在中殿的汉白玉宝座被掀翻踢打的同时,后殿里也开始了行动。巨大

定陵地宫中殿的石五供和青花油缸

的棺椁无法掀动,有人开始把殉葬的木箱子搬起来,在玄堂上摔打。随着"噗噗"的声响,一个个用白灰复制的木箱瞬间变成了土块。

王启发望着眼前的一切,先是震惊,接着发出撕心裂肺的号叫:"你们不要这样,破坏了文物,你们要受到惩罚的啊!"他扑倒在木箱上,双手张开,眼中布满血丝。他仗着自己出身贫农,也不知道哪里来的一股横劲,做出要与这伙人拼命的架势。

他的反常表现,同样使面前的红卫兵们大吃一惊,想不到这个干巴老头还有如此的气魄,敢在强大的红卫兵面前耍威风。只听人群一声喊:"给我们把他拖下来!"话音刚落,几个强壮的汉子将王启发拖了下来,按倒在地。王启发还想挣扎爬起,只觉头发被人抓住,头皮热辣辣地刺痛,身子向玄宫墙壁撞去。随着"咚"一声,一股鲜血溅了出来,喷洒在洁白光滑的墙石上,他的身子随着血的涌动,慢慢地瘫软了。

"革命"仍在进行。有人把箱子一个个地抬起来,压在万历皇帝的棺椁上,让这位地主阶级的总代表永世不得翻身。为了达到"再踏上一只脚"的革命效果,一位首领不顾箱子的摇动,奋力爬上去,站在顶端,两手叉腰,在熊熊的火焰中,以巨人的气派演讲起"星星之火,可以燎原"……

经过一天的"横扫"和"砸烂",红卫兵开始感到疲惫和乏味,他们离开了定陵,一路高喊着革命口号,打着红旗,向昌平县城涌去。

大军远去,定陵工作人员才稍稍松了口气。几位当权者心中如一块石头落地,暗自庆幸这场风暴迅疾过去。正当他们渴望雨过天晴不会再有意外时,不料,一场更加凄厉肆虐的风暴却又渐成气候。

"战斗队"的勇士们

狂风顿起。正处在惊诧、观望、捉摸不定的境况下的定陵博物馆部分工作人员,随着红卫兵的到来而有所领悟并行动起来。他们对这场革命风暴不再感到困惑与迷惘,而是觉得有一条新的道路铺展在面前,这条道路如同雨后的彩虹,辉煌绮丽,使命重大,只要踏上双脚,人生的意义则其味

第十六章 大风起兮云飞扬

无穷。

几乎每一个人都按捺不住内心的激动了。面对这个"四海翻腾"的伟大时代，他们以满腔的热情和澎湃的激情，汇入时代的洪流之中。于是，定陵博物馆朱欣陶等当权者被打翻在地，新的"革命委员会"宣告成立。

几乎是在一夜之间，博物馆的工作人员分成了"真理战斗队""红旗战斗队""七尺枪战斗队"等若干派别。在他们尚未发展到自相残杀之前，共同的"革命"目标和专政对象，则是定陵的文物和原先的当权者。由此，一场"史无前例"的浩劫开始了。

"革命"有条不紊地进行。各战斗队一致通过：先将朱欣陶等走资派、黑帮押起来，关进仓库，日夜轮班看守，防止他们跑出来破坏"革命行动"。同时组织一切力量，尽可能地摧毁定陵园内的建筑物和代表封建主义的一切。

决议一经通过，各派人员纷纷响应。几十人争先恐后地拥到陵园前的漫水桥下，要以这里为革命的起点，依次向前推进，直至地宫深处。

20岁的女讲解员，已失去姑娘的羞涩与娇娜，她站在桥头，双手叉腰，以革命委员会主任的身份和气度，向她的部下宣布："革命现在开始！"

"轰"的一声，早已跃跃欲试的战斗队成员，向自己选准的目标扑去。一座不大的石桥，被几十人团团围住，挥锹抡锤，手扒脚踩，以不同的方式、不同的角度、不同的路数毁坏开来。人群争吵着，抢夺着，如同一堆黑色的蚂蚁啃抢一个奶油蛋糕，不大的石桥瞬间变成了废墟，七零八落的石块，如同一堆白骨横躺在荒山野地里。

众人见小桥已无肉可食，便按照原方案采取第二步行动——推倒陵前的无字碑。

一根绳子套在二丈多高的巨大石碑上，20岁的女主任W一声喊，众队员运足气力拼命拉拽。

"一、二、三！"

"一、二、三！"

不管这位W怎样呼喊，尽管所有的人都拿出了吃奶的劲头，但无字碑仍纹丝不动，巍然屹立在蓝天白云之下。只有它身下的龟趺瞪着吓人的眼睛，龇牙咧嘴，似在痛苦的忍耐中，伺机复仇。绳索仍在一松一紧地拽动，

定陵陵园内的明楼

革命的口号依然在陵园前一声高过一声地随风震荡。尽管每个人的额头上都冒出了油亮的汗珠，尽管每个人的手心都勒起了血红的印痕，麻木之后的疼痛开始刺激每一根神经。但，没有人提出停止，更没有人撒手不干。队员们依旧面颊绯红，二目挂着血丝，真诚而不惜一切气力地弯腰弓背，在号子声中死命地拉动。在他们心中，革命的胜利就在眼前，革命的成败，就看这块无字碑是站着还是倒下。倒下便是成功，站着就意味失败。在这"民族危机"的严峻时刻，作为革命的先锋队员，自然不能置国家民族安危于不顾，私自逃离这如火如荼的最为壮怀激烈的阵地前沿。他们义不容辞地要把这块巨碑拉倒，以迎接"文化革命"胜利的曙光。在这关键时刻，只听"咔嚓"一声，绳索断为两截，人群纷纷倒地，压在一起，滚成一团。

望着两截断绳和顶天立地的石碑，战斗队的成员开始泄气了。有人在小声嘀咕："当年努尔哈赤和李自成的大军，都没有拉倒它，何况我们……"这层薄薄的窗户纸一经点破，里边硕大的世界就变得分明起来。也只有面对这个世界，才感到自己的渺小和可悲。眼前这几十个队员，无论是和努尔哈赤的几十万铁骑，还是和李闯王的近百万大军相比，的确是相差太远了。尽管自己有满腔的革命热血和坚定的革命意志，依然无济于事。蚍蜉撼树，谈何容易？巨人的诗句不是戏言。再一意孤行，显然不是明智之举。这次"革命"失败了，再接再厉争取下一次的成功吧。作为总指挥的W当机立断，决定放弃无字碑，集中火力攻打明楼。

显然，这个抉择再一次犯了没有借鉴历史经验的错误。

第十六章 大风起兮云飞扬

当年清军入关，兵践十三陵，定陵园内烈焰升起，几乎一切建筑都焚烧殆尽，唯独这座明楼安然无恙，因为它的每一根筋骨都是由坚硬的石料构成的。纵然是气吞万里的清军，对这座明楼也无可奈何，赤手空拳的他们，同样也只能望楼兴叹。

明楼上的匾牌

坚硬的明楼无法捣毁，总要想办法给予有力的打击，以显示革命造反派的气魄和不畏困难的精神吧？这时，队伍中有一个自称"小诸葛"的人，望着手足无措的W，微微一笑，上前说："我看把楼上刻着'定陵'两个字的竖匾刷上油漆比捣毁它还要革命。"

"小诸葛"的建议，立即得到了W姑娘的赞成和众人的拥护。几乎每一个人都在痛恨自己，为什么这样的高招是"小诸葛"首先想出的，而不是自己？故宫前天安门城楼上不是已经挂上了毛泽东像了吗？这是多么伟大的启示：中国的历史，是红旗如海的天安门城楼上，由那只频频摇动的巨手开始书写的。既然像天安门那样不破坏它，就给它改变一下面貌。W吩咐众人立即找梯子、油漆、刷子……一切很快完成。

W在人群中扫视了一下，用征询的口气问道："谁上去刷？"众人望望这由七架梯子接起来的如同通往天国的桥梁，都把头往脖颈里缩，不再吭声。

W见众人畏缩不前，像受到了羞辱，一股无名之火在胸中燃烧，暴怒地喊道："到底有没有人敢去完成这项革命的重任？"说完，她的目光落到了一个21岁的小个子身上。

小个子青年出身将门，中学毕业后继承父志，投笔从戎，来到部队穿起了宽大的军装，接受血与火的最神圣的考验。三年后，来到了定陵博物馆。血气方刚的他，在军队三年，未能得到像父辈那样荣立赫赫战功的机会。今天，机遇分明来了。无论是这通往天国的桥梁，还是W姑娘火辣辣的目光，都在无声地召唤他挺身而出。梯高楼耸，大军纷纷退缩。谁敢横刀立马？唯有自己才能当此重任。小个子想到此处，举起了拳头，冲W大声喊道："我上去！"

W满意地笑笑，威严而庄重地把油漆交给了他，像是将军对士兵，小声叮嘱："小心点。"

"嗯。"小个子心领神会，一股力量涌向全身。他手提半桶油漆，向"天梯"奔去。只见他短而粗壮的脚，踏着横梁一步步向上攀登。所有的人都瞪大眼睛，仰头观望，随着梯子开始抖动，忐忑不安的心也悬了起来。

小个子已爬到了20多米的高度了。这时梯子开始大幅度晃动起来，他的身体也随着飘摇不定，如同细长的树枝挂着的枯叶，在微风的吹拂中悠悠晃晃大有摇摇欲坠之势。小个子开始动摇了，后悔当初不该逞能，走上这条稍一失足就要丢掉生命的险途。但事已至此，退却是不可能的，只有豁出性命走上去。他想起在部队练习爬木梯时学过的本领，再次显示了他自己的机智与勇敢，面对剧烈抖动的木梯，不顾头晕目眩，毅然做出了令脚下所有人为之瞠目结舌的动作：他弓腰曲背，沿着横梁噔噔地跑了起来，只有这样，梯子的重心才能下移，他才有可能不在抖动中跌落下去。

他成功了，两腿站在40多米的高空中。

小个子不敢回看下面的景物，他知道只要一回头，就有因晕眩栽倒的可能。下面的人说些什么，是助威还是加油，是喝彩还是担心，他不再去管。他要做的是必须用漆迅速涂掉眼前这2米高的刻着"定陵"两字的巨匾。他稳住身子，蘸上油漆，在高高的巨匾上涂抹起来……

经过将近半小时的艰苦奋战，他成功了。当他以胜利者的姿态，在众人的欢呼声中回到地面时，又突发奇想：为什么不在匾上贴一张毛主席像，让红太阳的光辉永远照亮这个牛鬼蛇神出没无常的阴暗角落呢？

W欣然同意了这个革命建议，立即命人找来领袖像和糨糊桶，并将这个光荣使命又一次托付给他。

"天梯"又抖动起来，小个子大踏步向上攀去。摇晃动荡产生的恐惧已经消失，代之而生的是一种赴汤蹈火的无畏与庄严。然而遗憾的是，刚刚上到10多米，他便一脚踩空，连同掀翻的糨糊桶，稀里哗啦地跌落下来……

向帝后尸骨进军

尽管小个子被众人接住，但还是受了伤，不得不送医院包扎。

出师未捷，先伤大将，这对新成立的"革命委员会"来说，实在是一个不祥的预兆。W连夜召集几位队长制定下一步行动方案。经过一夜的讨论密谋，终于产生了新的计划：先下地宫砸碎棺椁。各战斗队立即采取行动。队员们手执铁锤、铁锨、铁镐、铁钩……一切具有打击和破坏力的铁器，均被搜集来用于"革命行动"。当W率大队人马闯入地宫时，想不到情况发生了变化，保卫干部孙志忠，职工李树兴、王启发等十余人，已抢先进入地宫后殿，手拿木棍，杀气腾腾地站在棺椁两侧，注视着后来的人群。

双方的冲突早在W率领战斗队拆桥时就开始了，只是未步入这种程度。被对方指责为"保皇派"的孙志忠、李亚娟、李树兴、王启发等，一开始就站在了"革委会"的对立面，以大字报的形式与造反派展开论战。尽管定陵园内已快成为白纸铺天盖地的世界，但这依然

开放后的地宫入口与地宫情形

不能阻止造反派的"革命行动"。眼看大势已去，孙志忠等人不再论战，而是采取文武并举的方针，要和造反派决一雌雄。

形势异常严峻，武斗迫在眉睫。

火把照得地宫忽暗忽明，双方瞪大眼睛，屏住呼吸，听候战斗的命令。在这一触即发的时刻，W挺身上前，厉声问道："你们为什么阻止我们的革命行动，保护地主阶级的财产？"

孙志忠把手中的棍子在W面前晃了几下，以同样的口气和威风反驳："这不是地主的财产，这是文物。是党派我们来保护的，谁要是敢动一下，我们就砸扁他的脑袋。"

"万历皇帝就是最大的地主头子，他的棺材怎么不是地主阶级的财产？"W后退一步，右手攥住孙志忠的棍子，继续争辩。

"万历的棺材早就扔掉了，这是我领人用三百袋洋灰重新做的，万历连见都没见过，怎么说是地主的财产？"王启发将棍子在棺椁上略略地敲了两下。

W眨了一下眼皮，没再说话。形势陷入僵局。

"咱还是回去商量一下吧。"红旗战斗队队长在W耳边小声提示。

W重重地哼了一声，一咬牙，冲孙志忠愤愤地说道："你等着，我们早晚要跟你算清这笔账。"转过身，率人马撤出地宫。

一连十八个昼夜，"造反派"与"保皇派"在棺椁问题上争论不休，相持不下。W窥视进攻的良机，孙志忠则严阵以待，时刻准备血战玄宫。

正在这时，一个令人毛骨悚然的消息传入定陵。在离定陵不远的黑山寨大队，红卫兵将村中的地主分子王占保全家揪出批斗，由于王占保不老实交代罪行，他和他的儿子惨死在一顿乱棍之下。

黑山寨的消息，给W一个新的启示。她按捺不住内心的激昂，连夜草就一张大字报贴了出来。内容如下：

我们该怎么办

东风劲吹，红旗招展。在轰轰烈烈的无产阶级文化大革命的运动中，我们定陵博物馆的红色革命委员会，在毛主席革命路线指引下，蓬勃发展，

第十六章 大风起兮云飞扬

势如燎原。在革命的艰苦岁月中，我们同阶级敌人斗，同保皇派斗，同当权派斗，同天斗，同地斗，我们在斗争中成长，在革命的风口浪尖上得到了锻炼。

尽管我们革命委员会取得了一定的成绩，但离毛主席他老人家的要求还相差十万八千里。现在，最大的地主阶级头子就隐藏在仓库的木箱中，我们不能视而不见，一定要把他抓出来，交给人民群众审判。黑山寨大队已经给我们做出了榜样，我们工人阶级是革命的先锋队，我们决不能甘心落后，让地主阶级头子逍遥法外。我们一定要把他批倒批臭，踏上千万只脚，让他永世不得翻身！

革命的号角已经吹响，我们定陵博物馆的工人阶级，一定要将无产阶级文化大革命进行到底！

打倒当权派！

打倒保皇派！

打倒地主阶级的头子万历！

这张似通非通的大字报一贴出，立即在定陵园内掀起了巨大波澜。谁也没有想到，就在他们的眼皮底下，居然还有一个地主阶级的头子隐藏着。大字报的提示，使他们恍然大悟，暗自佩服这位W主任的高瞻远瞩和超人智慧。如果没有她的及时提醒，这位地主阶级的最大头子就可能长期隐藏下去，他的滔天罪行就不可能被劳动人民所认识，果真如此，后果不堪设想。好险！

造反派不再进入地宫砸棺椁，目前最紧迫的任务是把万历这个地主头子抬出来，进行审判。在W的带领下，造反派疯狂地向仓库冲去。

"快交出仓库钥匙，我们要抓万历！"W对仓库保管员李亚娟下命令。

"没有领导的签字，我不能开库，这是规定。"李亚娟冷冷地说。

"什么领导，我就是这里的领导，快给打开！"W一反姑娘应有的温柔，恶狠狠地对李亚娟耍起威风。

保卫干部孙志忠等人闻讯赶来了。W不再退让，她决定以流血来达到革命的目的，似乎也只有如此才能取得成功。这决心早就在她写那张大字报的时候就下定了。

"给我堵住!"W命令身边的"真理战斗队"队长。

于是,几十条汉子疾速冲出和孙志忠等人交起手来。一刻钟后,孙志忠等人寡不敌众,被推到一边,造反派恶狠狠地说:"你们要再保护地主阶级的总头子,就把你们和当权派一样关起来。"

"现在你给不给钥匙?"W斜视着李亚娟,以胜利者的姿态做最后通牒。

"没有领导的签字,我不能给。你身为革委会主任,这点道理应该知道。"李亚娟依旧冷言相对。

W咬咬牙,低沉地说了声"好吧",转身便走。

仓库的大门打开,W拿着一张纸条和一支钢笔,递到博物馆办公室上任不久的刘主任跟前:"签个字吧。"刘主任接过纸条,只见上面歪歪斜斜地写着一行字:

我们要抓万历进行审判

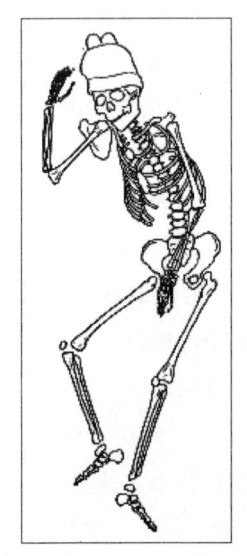

出土时万历皇帝骨架形状　　出土时孝端皇后骨架形状　　出土时孝靖皇后骨架形状

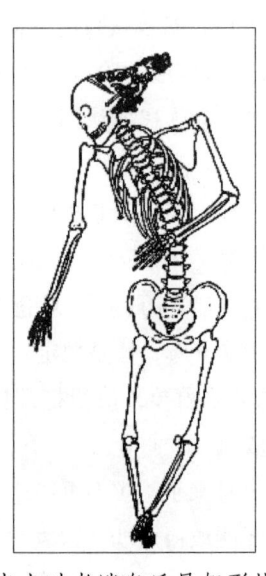

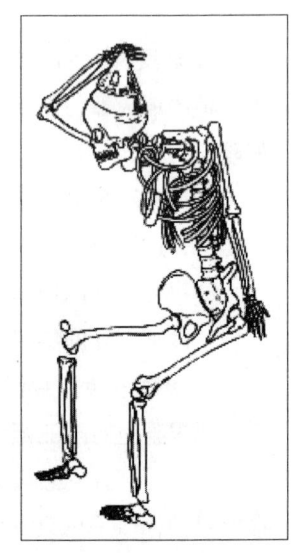

第十六章 大风起兮云飞扬

"这个字我不能签。"刘主任可怜巴巴地望着W，想得到一点同情。

"啪！"一个耳光扇到脸上，头发被一只大手揪住，办公室主任瘦弱的身体向墙壁飞去。随着"扑"的一声响动，身子慢慢倒了下去，鼻孔里蹿出一股红色的血浆。

"签不签？""红旗战斗队"队长揪着刘主任的头发，又咚咚地朝墙壁碰了两下。

"我签。"刘主任闭着双目，接过钢笔，身子倚在墙上，手指颤抖着在纸条上画上了"同意"两个字，然后写上了自己的名字。

W拿着纸条在李亚娟眼前晃动了一下："现在你还有什么可说的？"

李亚娟接过纸条看罢，眼前一片模糊。她不再说话，慢吞吞地掏出钥匙，打开铁锁，领造反派来到几个木箱前，说："全在这里。"

箱子被一个个打开，只见万历皇帝和皇后的尸骨完整地躺在里面。中国科学院古脊椎动物与古人类研究所工作人员，经过一年的努力，才把三具零散的尸骨用铁丝穿制成一个完善的整体。"文革"前，三具尸骨一直放在该研究所保存，"文革"爆发后，领导人怕有闪失，决定物归原主，以图安全，想不到劫难还是来临了。1966年8月24日，这是中华考古史上最为悲怆的祭日。据定陵博物馆职工师锋后来回忆，这一天从早到晚，始终未见到太阳。

三具尸骨被摆到定陵博物馆大红门前的广场上，由W组织人员进行批斗。除尸骨外，还有一箱帝后的画像、照片等资料性的"罪证"和尸骨一同被抬了出来。帝后的三幅画像是清理地宫时，发掘队员曹国鉴精描细绘画成的。仅画像上的金粉就用了二两之多。

W为了显示这次批斗大会声势浩大不同寻常，特意做了一番精心安排。她派人到长陵管理处、长陵供销社、林场、粮站、学校等单位联系，要求他们派人前来声援。与此同时，有人建议批斗结束后，将帝后尸骨砸碎焚烧，以示革命进行到底的决定和气魄。W当机立断，拍手赞成。下午2点15分，定陵园内的广场上已是人山人海。除邀请的几个单位人员外，还有附近农村的农民、红卫兵、学生，人们纷纷前来，要亲眼看看这壮丽辉煌的场面。

三具尸骨整齐地摆放在一起。万历皇帝的尸骨在中，两个皇后分居两

定陵博物馆广场

侧。周围堆放着帝后画像和照片资料等实物罪证。一切准备就绪，W开始带头高喊革命口号：

"打倒当权派！"

"打倒保皇派！"

"横扫一切牛鬼蛇神！"

"打倒地主阶级头子万历！"

"坚决将无产阶级文化大革命进行到底！"

…………

口号刚一结束，W就冲人群大喊一声："革命现在开始！"

话音刚落，十几个大汉便把怀中抱得太久的石块，猛力向尸骨投去。随着一阵"噼噼啪啪"的响动，三具尸骨被击得七零八落，一片狼藉。

人群开始涌动，惊讶、困惑、麻木、赞叹、欢喜……各种目光一齐向W射来。W心中一热，立即吩咐身边的人员："点火烧了它们！"一声令下，烈焰腾起，广场一片火海。木柴伴着尸骨，在烈焰中"噼啪"炸响，似在呻吟，又像在反抗。浓黑的烟雾扭成一股股烟柱，交错着，拥抱着，不情愿地向天空飘去。烟灰四散飘落，纷纷扬扬，空气中散发着刺人肺腑的气味。

第十六章 大风起兮云飞扬

不知是尘世上狂热的冲动和盲目的激情感动了上帝，还是万历帝后的灵魂作祟，正在升腾、浓烟喷射之时，随着一声惊天动地的炸雷，大雨倾盆而下。观光的人群四散奔逃，烈火无声无息地熄灭，燃烧的尸骨在涌动的水流中浮荡，与翻起的泥土融为一体，重新回到了广袤的大自然之中。

为时太晚的反思

在万历帝后的尸骨被焚二十三年之后，我们来到了十三陵特区，以历史记录者的身份，寻访在那动荡岁月中留下的残迹。

在陵园的机器房里，我们见到了当时亲手用朱漆刷明楼巨匾并参与焚烧尸骨的小个子青年S。S已不年轻，显然比当年成熟多了，昔日的狂热在他的身上已很难见到。当我们想证实他的出身时，他没有直接回答，只是从抽屉里拿出一本小册子递过来。这是"八一"小学的纪念册。S说："八一小学是聂荣臻元帅创办的，因此又叫聂荣臻小学。当时在这个学校读书的，全是名门之后。"打开扉页，是毛泽东、朱德、周恩来等和学生们的合影。一所小学校能得到如此众多的巨人的关照，实属罕见。翻到1956年的毕业合影，S指着右上方的一个矮矮胖胖的、逗人喜欢的孩子说："这就是我。左边是×××，右边是×××……"他一个个地说着名字，以及他们的父

1990年秋，赵其昌（中）与夫人杨仕（左）、岳南（右），在十三陵特区采访后于当年烧毁帝后尸骨的定陵博物馆广场留影

母,似乎为那天真烂漫、辉煌壮丽的少年时代而陶醉,而自豪。这种自豪一定长久地注入他的心中,并有可能成为他生活中的支柱。要不,他是不会把这个纪念册带到机器房来的。

当我们拐弯抹角地将话题扯到焚烧尸骨一事时,本想他会不高兴或者对这段事实及自己的行为加以掩饰,可他的坦诚令我们吃惊。他对那段往事毫不遮掩和否认,对自己当时的行为直言不讳,还对一些细节做了补充和解释。他说:"'文化大革命'害了一代人,同时也损害了一大批文化遗产。你们问的两件事都是真的,我上明楼用漆刷匾,那天风很大,梯子绑得又不牢靠,真像天梯一样,走到顶点就能感觉到湿乎乎的云雾从耳边擦过。那时候可真有点'为有牺牲多壮志,敢教日月换新天'的劲头。要是现在啊,给我多少钱也不敢干。你想想,如果摔死不就白死了?现在我腿上和头上的伤疤,不但没人管,自己也不好意思讲,像小偷去偷东西伤了身体一样。那时候也真叫傻,人家匾上那定陵两个字碍着我什么事?可我当时却认为是反动标语,非要上去遮盖、用漆涂掉不可。这是何苦呢?但还是一本正经地去干了。

"前些日子文化局又来人调查焚烧尸骨的事,让当事人签名。我签了。自己做的事就要承认,我不像有些人,砸的时候风头出得比谁都狂,可一旦追究下来,又像个老鼠一样缩进洞里不敢露头。好汉做事好汉当嘛。况且这是在'文革'的大气候中干的,像这样的浩劫,几乎全国每个文化遗址、博物馆、园林都有。尽管现在公安部门把定陵焚烧尸骨、第二毛纺厂武斗、黑山寨劈孩子列入昌平'文革'三大要案,可到现在一个人也没处理,法不责众嘛。这是中国的古话。退一步说,真要是进监狱,大家一起去。承认的要去,不承认的也要去,××的官司从来是重证据不重口供的,何必躲躲闪闪?不过话又说回来,就是把我们这些人抓进监狱也不觉过分。尸骨毁得太可惜了,这不是我们吃饭的碗和筷子,砸了断了还可买同样的。可这尸骨又哪儿去买?即使买来也不是万历帝后而是别人的了。你们要把这场悲剧写出来,告诉后人,不要再折腾了,再折腾下去中国的文化就完了……"

S不愧是名门之后。说这段历史时,仍不失大家风度。他的神态、动作和口若悬河的解说,似乎让人感到是在做一次学术演讲,或者是胜利后的总结报告,抑或是在叙述一个和自己毫不相干的别人的事。在他的身上,我们领悟到了太极拳的奥妙。太极拳为中国所独创，太极拳刚柔相济的精华，就是中国人的处世哲理。

与小个子S相反，当我们在昌平县城见到当年那位"文革"女主任W时，她满脸忧郁，两鬓过早地染上了雪丝。她在农村长大，从小饱尝贫寒之苦，至今仍不富裕，两间不大的屋子，除了一台黑白电视机外，找不到更值钱的东西。也许愚昧和无知使她过早地走向衰老。

当我们把话题扯到"文革"那段岁月时，她对自己一生最为显赫的时代，并不感到自豪和骄傲。她的脸尽管也抹上了淡淡的红晕，但看得出是因羞涩和痛悔所致。她没有提及自己当年如何指挥的那场轰轰烈烈的"革命行动"，只是说自那场"革命"之后，几乎天天都做噩梦，梦见万历帝和两个皇后，拿着大刀要杀她。每次梦醒之后，都发现枕头被冷汗浸湿一片。这个梦缠绕了她二十多年，致使她青春早逝，并患了严重的神经衰弱症。她的身体越来越虚弱，常常感到步履艰难，气力不支。她说也许这是报应，后悔当初不该那样无知和狂妄。

临别的时候，她疲乏的眼里流出了热泪。她真诚地把我们送出好远好远。望着她瘦削的身体和满脸的倦容，我们怎么也想象不出这就是当年叱咤风云，创造了震惊中外考古界巨大的悲剧的导演和主角。人真是个难以捉摸的怪物。

当我们把S和W此时的心情告诉当年的"保皇派"领袖孙志忠时，这位已到知天命之年的汉子愤愤地说道："现在他们后悔了，当年要不是他们的愚昧和野蛮，何以连祖宗的尸骨都没能保住？"

任何一种文明都是人类宝贵的财富。可惜，无论是S还是W，都悔悟得太晚了。

第十七章

海瑞与吴晗

历史的海瑞，现实的吴晗，阴差阳错，三百年后纠缠在一起。不同的时代，相似的际遇，死者为活者打开了心灵的闸门。一出《海瑞罢官》，成为"文化大革命"的导火索——

风雪定陵

风雪定陵

◎ 消失的偶像

万历十五年（1587年），也就是万历皇帝的定陵修建的第三年，南京都察院右都御史海瑞在他的住所与世长辞。

这是一个极富传奇色彩的人物，对他的是非功过应该如何评论，人们曾发生过尖锐的争执。这争执一直延续了三百多年，而在中华人民共和国成立之后，再度掀起了浪潮，并由此引发出一场人类文化的大劫难。

海瑞，字汝贤，号刚峰，广东琼山（今属海南）人，嘉靖年间举人。海瑞中了举人以后，因无力再读书，便出仕做官。开始被委任为福建一个县的儒学教官。一次提学御史来学校视察，别人都下跪迎接，只有海瑞不下跪，站在中间像个笔架，后来得了一个"笔架博士"的绰号。

他在福建儒学任期四年，到1558年升任浙江严州淳安县知县的时候，已经是45岁了。淳安县山多地少，地方穷苦。地主大多有三四百亩的田产，却没有分毫的捐税，而农民收不到多少粮食，却得交百十亩的税差。于是富的愈富，穷的愈穷。

海瑞像

面对这种情形，海瑞为百姓做了不少好事，改革了许多弊政。几年后，他总结经验，并把这些措施编成一部书，叫作《淳安政事》。

海瑞在淳安县做了两件事，使这个七品官的名声开始为人所知。一件是挡了都御史鄢懋卿的大驾，一件是拿办总督胡宗宪的公子。

鄢懋卿是当朝宰相严嵩的党羽，以都御史奉命巡查盐政，南北各省的食盐征收专卖，都归他节制，以期更有效地增加朝廷的

第十七章 海瑞与吴晗

收入,从而增加抵抗倭寇的财力。不想这位钦差大臣却带着小妾,坐着五彩舆乘到处贪污勒索,使得地方官员疲于供应。而鄢懋卿本人却大言不惭地先发出通令,称自己"素性简朴,不喜承迎。凡饮食供帐俱宜简朴为尚,毋得过为华奢,靡费里甲",以便为自己的奢靡遮掩并达到沽名钓誉的目的。

海瑞巧妙地利用了这个机会。在鄢懋卿的节使尚未到达淳安时,鄢懋卿已经接到了一个禀帖,开头就恭恭敬敬地写着:"严州府淳安县知县海瑞谨禀。"接着就把通令的原文节录于后,并说淳安地方小,容不下鄢老爷的大驾。听到他以前所到的地方,铺张供应,每次酒席费银三四百两,并有金花银缎奉献,甚至连溺器也是银制的。最后直言不讳地说,如果不能拒绝地方官这样的阿谀奉承,将来势必无法做到秉公办事,完成皇上委托的重任。鄢懋卿接到禀帖后,没敢进淳安,而是绕道去了。

胡宗宪像

胡宗宪是直浙总督,也是严嵩的亲信,虽在浙江任职,但一家老少却住在原籍安徽。一次,他的儿子从浙江杭州带着父亲给的三千两银子回安徽老家。淳安县是三省的交通要道,也是胡公子落脚由水路转乘车马的必经之地。

胡公子率领一伙人住进淳安驿站,想不到驿卒送来的饮菜竟是豆腐煮青菜。胡公子勃然大怒,立

安徽绩溪胡宗宪尚书府

即吩咐随行人员把驿卒和驿丞捆绑起来，悬吊在梁上痛打。驿站的人慌了手脚，赶紧把消息告诉海瑞，海瑞不慌不忙地说："我自有办法。"立即带领衙役赶来。海瑞明知故问："你是什么人？"

公子说："我乃直浙总督胡大人的长公子，你淳安县有眼无珠，竟用这种粗饭来招待我？"

"胡说！"海瑞大怒，"胡大人何等清正廉明，他的公子也必斯文有礼，知道规矩，岂像你这样的胡作非为之辈，看来你必是一个冒充胡大人公子的匪徒。给我拿下！"

胡公子束手就擒，其余随行人员也一同被捆了起来。海瑞命人搜查了胡公子的行李，发现三千两银子后，没收入库。随后给总督胡宗宪写了一份禀帖，说明在淳安县捉到了一伙冒充大人公子的匪徒，现已派人将其中二名押往省城，请大人辨认虚实，亲自处理，以免坏了大人清廉的名声。

胡宗宪见到儿子和海瑞的禀帖后，明知海瑞是在捉弄自己，却有苦难言，还不得不将错就错，并夸奖海瑞治盗有方。海瑞从此声名大振，因为当朝敢于捉弄总督大人的知县除海瑞再无他人。

当然，总督大人是不会白白咽下这口窝囊气的。因为得罪了胡宗宪和鄢懋卿，虽然海瑞治理淳安的政绩很好，但还是被排挤调职。不久，在胡宗宪等人的授意下，海瑞被参劾，本应升职的他，却被调往更加偏远落后的江西兴国做知县。

但他不畏权势、刚直不阿的性格却始终不变。在任期间，他亲自审理过许多当地知名的大案、要案和疑案。他的不懈努力，得到百

明代审案图

姓的认可，于是他得到了一个"海青天"的雅号。

在兴国一年半的时间内，他办了许多好事，清丈了田亩，减少了冗官，减轻了百姓的负担。其中最大快人心的事是惩处恶少张豹、张魁。张鏊做过兵部尚书，在南昌养老享福。而他的两个侄子张豹、张魁，却依仗叔父的权势，作威作福，无恶不作，一次到兴国买木材，以势欺人，鱼肉百姓。百姓到县衙诉苦告状，海瑞派人传讯张豹、张魁。这两个恶少不但不听，还突然跑到县衙大吵大闹。海瑞大怒，拿下二人送到知府衙门，知府不但判他们无罪，居然把这两个恶少放回了家。海瑞气极，写信向上司力争。张鏊虽然设法四处求情，又出面写信求海瑞高抬贵手，但海瑞不理，终于把这两个横行欺市的家伙判了罪，大快了人心。

嘉靖四十一年（1562年），历任首辅二十年的大学士严嵩被嘉靖皇帝罢官，而严嵩所扶植的私党也相继倒台，其中包括胡宗宪和鄢懋卿。由于海瑞在他们当权的时候，敢于和他们抗衡，为此他的声望再度大增。这就使他在权势更替的时期分外引人瞩目，并成为众人心目中的偶像。三年之后，由新任吏部人选司郎中陆光祖推荐，海瑞做了户部主事，由江西调到北京。但不久发生的一件震惊朝野的奇事，却使他差点丢了性命。

在严嵩罢职三年后的1565年8月，嘉靖皇帝突然在几案上和被子里发现了一粒金丹和一只桃子，急忙询问是谁所为，然而左右侍卫没人承认。长期祈祷神灵、寻觅道家秘方以求长生不死的嘉靖，见无人承认，便鬼迷心窍，认为是上天的恩赐，当场服下，并洋洋自得地到太极殿去拜谢天地，随后又到太庙告知祖先。这件事，朝廷上下议论纷纷。有人祝贺，也有人不满，暗中讥笑。这种天赐仙桃的把戏，不

嘉靖皇帝像

过是皇帝身边的内侍所为，无非是想博得皇帝的欢喜。因为嘉靖时常为寻不到仙药和秘方而痛打内侍，使得他们为此胆战心寒，不得不想点办法对付。果然，嘉靖上当了。

对皇帝的这种愚昧行为，海瑞当然明察。于是，他经过一番考虑，决定冒死上疏，来揭穿这场闹剧。他在奏疏中说，日前严嵩罢相，严世蕃受到极刑，算是大快人心。但严嵩罢相之后，同之前的情况相差无几，当今政治并不清明，比之汉文帝差之甚远。他说，天下不满陛下已久矣。古代君王有过，靠臣子匡正，今陛下修斋建醮，群臣相来进香。陛下得仙桃、天药，群臣纷纷称贺。陛下之事错，群臣顺从陛下亦为错矣。而满朝群臣没有一人肯来向陛下说出"真情"，实为谄谀之人，并为欺君之罪！而陛下最大的过错莫过于斋醮炼药以求长生。陛下受长生之术于陶仲文，并称为师。然陶仲文已死矣，他自不能长生，陛下又怎独求长生？仙桃天药，尤其怪妄。桃必采而后得，药必制而后成。今无故得之，是自跑来还是天有手送至？实为陛下左右奸人欺骗所为，而陛下以为真，实为大错矣……今愚民们传言，嘉者，家也；靖者，尽也！嘉靖的寓意则是"民穷财尽，家家皆净"！疏文的结尾说："今群臣为保禄位而谄谀，百姓则惧怕责罚而闭言，臣实乃不胜愤恨，冒死上疏，以表区区微忱，敬希陛下垂听。"

海瑞的疏文洋洋洒洒数百言，深刻尖锐，咄咄逼人，实乃古今罕见。连三百年后中国的一位新生巨人毛泽东都大加称赞。但当时的嘉靖读罢，却暴跳如雷，将疏文扔在地上，颤抖着身子喊道："快把海瑞抓起来，别让他跑了。"

有太监在一旁回答："这个海瑞根本无逃跑之意，听说他连棺材都做好了，还安排了后事。同时把他的老仆人也打发回家，免得受到牵连。"

嘉靖一听，愤怒中不免吃了一惊。他又拾起疏文看了一遍，觉得海瑞说得似乎有些道理，但那尖刻的笔锋和语言让他感到极为气愤。嘉靖迟疑很久，然后和首辅徐阶商量。徐阶替海瑞说了一些好话。嘉靖思前想后，没有找到一个合适的处理海瑞的办法，只好把疏文留中不发。

嘉靖四十五年（1566年）二月底，嘉靖皇帝终于一病不起。他感到胸腹坠闷，肠胃疼痛，再也不敢吞服金丹，而不得不请太医来诊治。病中的皇帝想起海瑞的疏文，还气愤难平，下令锦衣卫把他逮捕，押到东厂禁锢。海瑞

第十七章 海瑞与吴晗

在监狱一住就是十个月。

一天,狱中忽然设酒相待。海瑞以为自己死期已至,这是生前最后一餐,便对狱卒说:"这一天终于到了。"说完,神色不变,同往常一样地吃喝起来。提牢主事走到海瑞跟前,悄悄告诉他:"皇帝业已升天,并留有遗诏。"说着把从宫中抄来的皇帝遗诏递给海瑞。只见上面写道:

朕奉宗庙四十五年,享国长久,累朝无有,一念惓惓,惟敬天勤民是务。只缘多病,过求长生,遂至奸人诳惑。自今建言得罪诸臣,存者召用,殁者恤录,现在监者即释复原职。特此遗谕!

海瑞看完遗诏,双膝跪下,伏地大哭,伤心得呕吐不止,最后倒地昏迷不醒了。

60岁的嘉靖皇帝终于命归西天,葬入十三陵中的永陵。他的儿子朱载垕继位,是为隆庆皇帝。

隆庆帝按照先皇的遗诏,一一做了处理,海瑞也回到了户部。至于海瑞的官职问题,却是一件令人头痛的事。内阁大学士和吏部尚书再三思量,决定把他调出户部,加升为尚宝司丞,即管理皇帝大印的尚宝司的主官,官为正五品。由于他的一贯廉洁、忠心和刚正不阿的品格,上任不久就遭到一些同僚的反对。在这种情形下,吏部又将他调至大理寺担任寺丞。而海瑞的意见往往跟上司相左,很快又受到臣僚的仇视。在万般无奈中,吏部决定干脆将他闲置起来,但官职却是显赫的南京通政司通政使,官阶也由五品升为正三品。

之所以说他被闲置起来,是因为此时留守南京的官员大多无事可干,无职可尽。通政司的职责,也只是把南方各省的奏章看后,再封好转往北京的通政司,由北京通政司转交皇帝。海瑞自然而然地被架空了。可怜这位三品朝廷命官,落了个英雄无用武之地。

海瑞当然不会安于现状,愤然向皇帝陈请:自己才疏学浅,连这个只管转送文件而无行政责任的差使都没做好,打算辞职为民。

这种"陈请"的方式果然奏效。当年夏天,即隆庆三年(1569年)他就被任命为南直隶巡抚,驻节巡抚衙门设在苏州。这南直隶共辖十府,其地明显地分为富贵与贫贱两大类，贫富悬殊，难以治理，许多朝廷大员都曾在此地栽过跟头。而任命他的内阁大学士张居正和吏部，也正是利用这只难缠的"刺猬"，在政治上置他于死地。

但对决策人的用心，海瑞没有察觉，即使察觉，也不会回头。海瑞最恨贪污，一上任便发出布告，严禁贪污，打击豪强，属下的地方官有贪污行为的，吓得胆战心惊，罪恶较大的自动提出辞职。有的大户本来用朱红油漆大门，听说海瑞巡抚来了，吓得把显眼的朱红大门改漆成黑色。管织造的太监，一向坐八抬大轿，这时也吓得改乘二人小轿了。

大地主们知道海瑞一贯主张限田，人人自危，坐卧不安。海瑞在江南做巡抚的短短八个月中，主要做了两件大事。一件是"除弊"，一件是"兴利"。

除弊，主要是打击豪强和大地主，要他们把非法侵占的农田退出一部分还给农民。这件事海瑞做得非常坚决，就连曾在嘉靖面前替他说好话、救过他一命而罢官在家的首辅徐阶也不放过。徐阶只好退出一部分。海瑞很不满意，写信给徐阶，要他退出大半，徐阶虽然怀恨在心，也只好照办。还有徐阶的弟弟徐陟，做过侍郎，在乡里为非作歹，残害百姓，海瑞同样没有给徐阶留面子，逮捕了徐陟依法制裁。

兴利，是兴修水利。江苏的吴淞江，沿江的田亩全靠这条江水灌溉，但年久失修，河道淤积，一有暴雨，便成小灾，淹没田地，水利变成水害，海瑞亲自进行调查，决定治理。正月动工，结合赈济饥民，用工代赈；他亲自坐小船往来江上，监视工

位于海南省海口市明代府城北门外海宅塘村，今镇红城湖畔的海瑞故居。海瑞一生在故居生活时间较长。39岁前，除赴京应试外，不离乡土。嘉靖三十二年（1553年）40岁至隆庆四年（1570年）57岁，共18年在外任职。隆庆五年（1571年）至万历十二年（1584年）71岁，致仕归田约15年。万历十三年（1585年）在南京任职，至万历十五年（1587年）74岁逝世。海瑞前后共计在故里生活53年

第十七章 海瑞与吴晗

程的进行，不久就完工了，百姓大得利益。

海瑞的这一切做法却被在朝的官僚、在野的乡官大族痛恨至极。

他们找出种种借口，先后向皇帝告状，说海瑞偏激过火，包庇坏人，打击乡绅，只图自己的好名声，而破坏朝廷的政策。一时海瑞成为大官僚、大地主的公敌。果然，海瑞上任八个月后便被迫退职，回到天涯海角的琼州老家闲住。这样的结局对海瑞来说，无疑是一种莫大的痛苦。

海瑞在忧郁的精神状态中孤零零地耕耘祖传的四十亩土地。退隐在荒凉瘴疠之地，如果有一个美好幸福的家庭，也许多少还能排遣一些寂寞和空虚，然而海瑞在这方面却没能得到任何慰藉。他曾三次结婚，又有两个小妾，他的三位夫人先后为他生过三个儿子，但都不幸夭折。他的两位夫人都在性格乖僻的母亲的吵闹中，先后离他而去，刚娶的小妾也在太夫人的威逼下不明不白地死去。他已没有任何亲人可以倾吐愤懑，只是把心中的积愤与痛苦连同他从政以来的文件信函加以整理印发，聊补生活的缺憾。

万历十三年（1585年），已退职十五载的海瑞被万历皇帝重新起用，任命为南京右佥都御史，后改为南京吏部右侍郎。这时的海瑞已是72岁的高龄了。

海瑞风尘仆仆地从海南来到南京，一路上的劳顿还没恢复，便立即给皇帝上了一篇疏文，大意说："陛下励精图治，而吏治却很不理想，原因就是对贪官的刑罚太轻。诸臣找不到这个原因，反而说只要待官们以'礼'，他们自会廉直，这其实是文过饰非。这样的'待士以礼'，老百姓又怎么办？太祖洪武三十年明定刑律，凡贪污枉法八十贯的，便处绞刑。贪污再多的，依太祖的规定是剥下皮来装上稻草，公开示众。现在也应该这么做。"

海瑞此议一出，舆论鼎沸，反对的居多数，认为这不符合本朝提倡的"仁政"。但也受到青年学子和下级官员的拥护，结果不但在朝廷上，也在社会上掀起了一场大辩论。那时海瑞已改任南京都御史。他的一个部下，提学御史房寰竟破例参劾了自己的顶头上司，说他到任后"无一善状"，只知道"诈伪荒诞，夸耀自己，贬低别人"；又玩弄造谣诽谤的故技，无中生有地捏造说他"以圣人自许，奚落孔孟，蔑视天子"。这种抓住片言只语便想绳人以罪的手法博得一些人的喝彩，但也遭到一些人的愤怒驳斥。

两京的官员为这件事纷纷扰扰争吵不休。万历便叫吏部考虑个妥善办

海南省海口市西郊滨涯村的海瑞墓

法。吏部的官员们商讨之后，提出处理意见，认为海瑞那剥皮实草的主张过于偏执，"不协于公论"，建议不任命他以重要实职，但仍保留他都御史的正二品的官阶待遇。万历同意了这个意见，批示说："海瑞屡经荐举，故特旨简用。近日条陈重刑之说，有乖政体，指责朕躬，过于迂戆。朕并不怪罪而加以优容。不过海瑞虽然当局任事，恐非所长，而用以镇雅俗、厉颓风，未为无补，合令本官照旧供职。"

这份诏令由给事中六科衙门抄发公布，由各地的邸报传遍天下，海瑞还能有什么作为呢？连皇帝都说他"迂戆"，说他任事"非所长"，而他的"照旧供职"，也仅仅起个"镇雅俗、厉颓风"的作用，他这个堂堂的二品大员，还有什么理由再干下去？海瑞愤而上疏辞请，一连上了七次辞呈，但每次的御批都是照例的四个字："所请不准。"这样，海瑞整日在欲干不能、欲罢不休的处境中艰难度日。

万历十五年（1587年），74岁的海瑞，终于在极度的忧郁愤懑中走完了他的人生途程，在南京都察院的住所里逝世。

办理丧事的南京佥都御史王用汲，见这位骨瘦如柴、白发似雪的青天海大人躺在一张破旧的木床上，身边堆积着陈旧的粗布被褥和衣衫，不禁潸然泪下。海瑞唯一的积蓄只有十两纹银，还不够买一口棺材。王用汲在悲痛之余回到南京都察院，发动同乡捐款，才没有使海瑞暴尸荒野。

海瑞死后的情景催人泪下，恸彻肝肠。百姓万分悲痛，哀伤不已。街市停止营业，穿戴白色衣冠的送丧行列，夹着江岸悼祭哀哭的悲声，惊天动地，连成一片，百里不绝，无

第十七章　海瑞与吴晗

不显示了江南父老乡亲，对这位曾为他们造福的前南直隶巡抚的哀悼之情。

海瑞从政二十多年，充满了各种各样的纠纷。他的信条和个性使他既被人尊重，又被人遗弃。正当万历皇帝和臣僚们集中精力和财力修筑定陵寿宫时，传来海瑞的死讯。他的谢世，无疑使万历皇帝本人和京都负责人事的官员又大大地松了一口气，他们再也用不着为这位大众心目中的清官去操心，为这位到处"惹是生非"的人物再做安排了。为数不少的臣僚，也为自己面前少了一位对手而庆幸。

死尸复活

就在海瑞谢世三百多年后的1959年4月，他的死尸"复活"，并登上了中国的政治舞台。这位海大人的出现，引起的社会震动要比他当年骂嘉靖皇帝强烈得多。由此发生的整个国家民族的浩劫，大概也是这位封建时代的正直官吏所无法预料的。

自1957年反右斗争扩大化后，不少干部怕招惹是非，开始对自己的言行细加斟酌了。在1958年的"大跃进"和人民公社化运动中，出现了以高指标、瞎指挥、浮夸风和"共产风"为主要标志的"左"倾错误，更使一些干部缄口无言，对许多问题报喜不报忧。毛泽东察觉了这个问题，并在1959年3月至4月党中央召开的上海会议上，对这种不敢讲真话的作风提出了批评。一次，毛泽东正津津有味地看家乡的湘剧《生死牌》，戏到结尾时出现了海瑞。戏散后，他把《明史·海瑞传》找来翻阅。

第二天，毛泽东向一位分管宣传的领导人讲了一段海瑞的故事：海瑞这个人对皇帝骂得很厉害，骂嘉靖是"家家皆净"，他还把这话写在给皇帝的上疏里，以致被关进监狱。有一天，看狱的人忽然拿酒菜给他吃，他很奇怪，便问看监的老头，才知道嘉靖皇帝死了。他大哭，把吃的东西都吐了出来。尽管海瑞攻击皇帝很厉害，但对皇帝本人还是忠心耿耿的……毛泽东讲完，指示这位领导要宣传海瑞刚正不阿的精神，找几个历史学家研究一下，从什么角度、用什么方法做好宣传工作。

涉及明史，就不能不想到作为专家的吴晗。这位领导把毛泽东的指示给吴晗讲过之后，鼓励他来写有关海瑞的文章。于是，吴晗施展才华很快写成了一篇《海瑞骂皇帝》刊登在同年6月16日的《人民日报》上。这篇文章的内容，基本上就是毛泽东讲的那段海瑞的故事，也是《明史·海瑞传》中的内容，中心思想突出一个"敢"字。之后，吴晗以极大的热情和驾轻就熟的技巧，又写了《海瑞》《清官海瑞》《海瑞的故事》等文章，其宗旨和主要内容，仍然是按照毛泽东的意见，着重宣传海瑞敢说话、敢说真话的精神。

翻阅当年的报刊，我们不难发现，吴晗在所写的关于海瑞的一系列文章中，最重要的当是《论海瑞》一篇。此文写于1959年庐山会议之前，发表于庐山会议之后。文章比较系统地论述了海瑞一生的功绩，对海瑞做了充分的肯定。在"海瑞的历史地位"小标题下，作者谈了他研究海瑞的目的和意图：

我们肯定、歌颂他一生反对坏人坏事；肯定、歌颂他一生反对贪污，反对奢侈浪费，反对乡愿；我们肯定、歌颂他一生处处事事为百姓设想，为民谋利；我们肯定、歌颂他一生不向困难低头，百折不挠的斗争精神；我们肯定、歌颂他一生言行一致，里外如一的实践精神。这些品质都是我们今天所需学习和提倡的，而且只有社会主义时代，这些品质才能得到充分发扬，虽然我们今天需要的海瑞和封建时代的海瑞在社会内容上有原则的不同。

在今天，建设社会主义社会的今天，我们需要站在人民立场、工人阶级立场的海瑞，为建设社会主义而进行百折不挠斗争的海瑞，反对旧时代的乡愿和今天的官僚主义的海瑞，深入群众、领导群众、鼓足干劲、力争上游的海瑞。这样，封建时代的海瑞还是值得我们学习的。

显然，吴晗这一系列文章，已远不是清华园时期为研究历史而研究历史了。他要按照毛泽东提出的"古为今用"的意图去描写历史、再现历史，使腐朽的历史人物又有了新的含义。据研究者透露，庐山会议之后，吴晗把这篇文章送给参加过这次会议的一位领导同志看时，这位领导把毛泽东说的是提倡真海瑞，不是假海瑞，是提倡左派海瑞，不是提倡右派海瑞的意思对吴晗讲了出来。因此，出于政治和形势的需要，在发表这篇文章之前，吴晗画

第十七章 海瑞与吴晗

蛇添足地加入了一段反对右倾机会主义分子假冒海瑞的文字。这段文字和全文毫不相干,而是根据当时的形势加上去的一段话。其用意及所指已很明显。

1959年9月,北京京剧团演员马连良约吴晗把海瑞的事迹改编成戏。尽管吴晗并不熟悉戏剧,但由于朋友的期望和海瑞精神的鼓舞及形势的需要,他还是答应下来,硬着头皮在京剧界知名人士的帮助下,于1960年3月写成五场京剧《海瑞》的剧本。为慎重起见,吴晗在征求了文化界、戏剧界负责人及朋友的意见后,才于1960年底开始彩排,并将剧本改名为《海瑞罢官》。

这时的吴晗和马连良没有想到,《海瑞罢官》一剧公演之后,得到的反应是"毛主席很高兴",并在家里接见了主演海瑞的马连良,同他一起吃饭,还说:"戏好,海瑞是好人。"马连良回来告诉吴晗说:"主席真伟大,礼贤下士,接近群众。"吴晗听了自然是喜出望外。能得到主席的赞赏,可见这出戏的确是成功的。而对《海瑞罢官》喝彩最强烈的文艺界则认为一个历史学家居然能写出京剧剧本来,它打破了"史"和"戏"的界限,提供了一个新的良好开端。廖沫沙在《"史"和"戏"——贺吴晗的〈海瑞罢官〉演出》一文中说:"我认为你写《海瑞罢官》,总算开始打破'史'和'戏'这两家的门户,从姓史的一家踏进姓戏的一家去了。这就很难得,是个创造性的工作。"

马连良《海瑞罢官》扮相

《海瑞罢官》和其他剧本的不同之处在于,它是由一位历史工作者而不是戏剧工作者写成的。这种史学家和戏剧家的协作,理所当然地在文化界、学术界人士中引起强

烈的反响。另一方面，《海瑞罢官》在写海瑞同恶势力斗争中，表现出刚直不阿的精神，不但伸张了历史正气，而且对现实也有一定的教育意义。直到今天来看，这个剧本从创作意图到题材都是积极的，体现了毛泽东主席的文艺观点，按说不应有所异议。但是谁也没有料到，江青、张春桥、姚文元等人，早已在暗中磨刀霍霍了。一场史无前例的浩劫，将围绕着海瑞这具复活的僵尸开始。

吹皱一池清水

1965年11月11日，吴晗从外地开会回来，像往常一样来到寓所西屋的书桌旁，翻阅当天的报纸和有关历史资料。他做梦也没有想到，放在他书桌上的那堆当天的报纸里，会有一篇文章竟是要把他置于死地的信号。

吴晗刚坐下，妻子袁震就从正房走过来。她脸色惨白，指着桌上那张头一天的《文汇报》，怔怔地站了一会儿，没说一句话就悄声走开了。吴晗顺手打开报纸，原来刊登着一篇姚文元《评新编历史剧〈海瑞罢官〉》的文章。他粗粗地看了一遍，觉得过于牵强附会，所用史料也有不少是断章取义，大有蛮不讲理的势头。本想不去理会，但出于一种政治的敏感，他又不得不认真地看了一遍。当他读到文章最后一部分时，不禁大吃一惊。"《海瑞罢官》这张'大字报'的'现实意义'究竟是什么？对我们社会主义时期的中国人民究竟起了什么作用？要回答这个问题，就要研究一下作品产生的背景。大家知道，1961年，正是我国连续三年严重困难的时候，在帝国主义、各国反动派和现代修正主义一再发动反华高潮的情况下，牛鬼蛇神们刮过一阵'单干风''翻案风'。他们鼓吹什么单干的优越性，要求恢复个体经济，要求'退田'。这就是要拆人民公社的台，恢复地主富农的罪恶统治。那些在旧社会中为劳动人民制造了无数冤狱的帝国主义者和'地富反坏右'，他们失掉了制造冤狱的权利，他们觉得被打倒是'冤枉'的，大肆叫嚣什么'平冤狱'，他们希望有那么一个代表他们利益的人物出来，充当他们的政治代理人，同无产阶级专政对抗，为他们抱不平，为他们'翻案'，

第十七章 海瑞与吴晗

使他们再上台执政。'退田''平冤狱'，这就是当时资产阶级反对无产阶级专政和社会主义革命的斗争焦点……《海瑞罢官》并不是芬芳的香花，而是一株毒草。它虽然是头几年发表和演出的，但是歌颂的文章连篇累牍，类似的作品和文章大量流传，影响很大，流毒很广，不加以澄清，对人民的事业是十分有害的。"吴晗读了这段话后，愤慨之余，静下心来细细琢磨一番，他觉得这不是一篇学术讨论的文章，也不太相信这篇文章仅仅出自姚文元一人之手。他隐约地感到，一场风暴就要到来了。

吴晗与袁震在清华园西院12号家中留影

十天之后，当吴晗得知姚文元的文章已在上海出了单行本时，心情越发沉重起来。一篇学术讨论的文章竟然发行单行本，这意味着什么？可是，吴晗不会想到，江青为了炮制姚文元这篇文章，早在1962年就以她的特殊身份，找了中宣部、文化部的四个正副部长，别有用心地提出要批《海瑞罢官》。1964年的下半年，江青又亲自出面，要北京一个作者写批判《海瑞罢官》的文章，遭到拒绝后，又跑到上海找她的老搭档张春桥着手组织人马。1965年初，姚文元奉命把初稿炮制出来，并由张春桥亲自修改。这样，他们"暗中藏着评《海瑞罢官》这篇文章，来往于京沪路上，保密了七八个月之久"。江青特别交代，文章"不用叫周恩来看"。

迫于当时的形势，11月底，北京各报不得不相继转载姚文元的文章。《北京日报》于11月29日被迫转载此文时，在按语中特别强调了毛泽东一贯倡导的"百家争鸣"的方针，并说："几年来，学术界、文艺界对《海瑞罢官》这出戏和吴晗同志写的其他文章是有不同意见的。我们认为，

批判"三家村"宣传画

吴晗、袁震夫妇在平山县李家庄劳动改造

有不同意见应该展开讨论。"第二天,《人民日报》也被迫转载了姚文元的文章。按语指出,"对海瑞和《海瑞罢官》的评价,实际上牵涉到如何对待历史人物和历史剧问题,用什么样的观点来研究历史和怎样用艺术形式来反映历史人物和历史事件的问题","我们希望,通过这次辩论,能够进一步发展各种意见之间的互相争论和互相批评"。并强调我们的方针是:既允许批评的自由,也允许反批评的自由;对错误意见,我们也采取说理的方法,实事求是,以理服人。值得注意的是,《北京日报》《人民日报》转载时所加的按语事先经周恩来和彭真审阅过,从中不难看出,他们为保护吴晗的良苦用心。

1966年2月7日,中央"文革"五人小组向中共中央提出《关于当前学术讨论的汇报提纲》,试图对学术讨论中"左"的偏向加以适当的限制。提纲强调了学术问题应通过"百家争鸣",辨明是非。对当时关于《海瑞罢官》问题的讨论,明确认为是学术讨论的性质。并指出:讨论"要坚持实事求是,在真理面前人人平等的原则,要以理服人,不要像学阀一样武断和以势压人"。但林彪、江青却置之不理,从3月份起,便把矛头直接对准了包括吴晗在内的"三家村",批判对象的范围扩大到中共北京市委书记处书记邓拓、统战部部长廖沫沙,

并用工农兵的名义,要揪"三家村"的后台。

1966年3月,由北京市委书记处书记万里出面,让吴晗下乡去参加农村"四清"工作。显然,市委领导是想保护吴晗,让他换一个环境。当吴晗来到北京郊区昌平大东流村时,对"三家村"的声讨已经遍及全国。吴晗下乡时化名李明光,群众并不知道他就是要批斗的吴晗。村里开会批判吴晗、"三家村"时都请他去参加,整天广播喇叭都在喊"打倒吴晗"。有一天公社批斗一个流氓小偷,揭发批判时,有人居然说这个流氓小偷是受吴晗的影响和腐蚀的。此时的吴晗心如刀绞,他怎么也想不通自己的一番心血竟会成为令人痛心的众矢之的。

自5月8日开始,京沪两地各大报刊纷纷发表姚文元、关锋、戚本禹等人的文章,矛头直指北京市委。八天之后的5月16日,毛泽东亲自主持制定了《五一六通知》,"文化大革命"正式开始。斗争目标从吴晗扩展到党政军各级领导干部和文艺、理论、教育、新闻、出版等各界的知识分子。此时,吴晗已被称作"反动学术权威""反党反社会主义的资产阶级代表人物",逐步失去人身自由,被揪到各处批斗,经受更加严峻残酷的迫害。

走向人生终点

1966年5月,吴晗被正式揪出来为长达十年的"文化大革命"开刀祭旗了。他几乎每天都要接受揪斗,饱尝难以忍受的痛苦与屈辱。当时8岁的儿子后来在回忆文章中写道:"我永远忘不了他们把爸爸跪绑在烈日下的枯树干上,往他脖子里灌晒得滚烫的沙子。他们抡起皮带抽他,揪他的头发,拧他的耳朵,用各种想得出来的法子侮辱他。爸爸三天两头被拉去游斗,学校要斗,区里要斗,县里要斗,这里要斗,那里也要斗。"

在批斗之初,吴晗全家住在北长街原来的住处,但后来被扫地出门。红卫兵勒令他和妻子袁震每天到北长街扫街道,并且随时把他们夫妇揪出来侮辱。酷暑烈日下,吴晗被拖到马路上,跪在粗硬的瓦砾上,遭受残酷的毒打。每次爬起来之后,都是膝盖皮肤划破,鲜血染红双腿和土地。而这时的吴晗，一拐一瘸地回到住处，擦去身上的血迹，便拿起毛泽东主席签名送他的著作来看。但他越看越觉得自己委屈，不知道自己的一片赤诚之心，为什么会遭到如此的报应。

1949年1月31日，北平和平解放。当人民解放军举行浩大的入城仪式时，吴晗随同一些党、政、军负责人一起参加了这一隆重仪式。几天之后，他和钱俊瑞等人受党中央之托，接管北京大学、清华大学，同时被任命为清华大学历史系主任、文学院长、校务委员会副主任等职。

由于地下党事先做了大量工作，清华大学的绝大部分师生都留在了学校。新中国成立后，吴晗曾经对一起搞民主运动的地下党人说过："你们如果工作做好了，还是可以把胡适留下来的。"实际上，早在新中国成立前夕，吴晗在上海和北平都亲自试图争取把在学术上曾给过自己很大影响的胡适留下来，但都没有成功。1946年，吴晗亲自到北大去见胡适，结果是话不投机，恩师与高徒只谈了两句就僵持起来。后来胡适对别人说："吴晗可惜，走错了路。"而吴晗却认为胡适走错了路。

1949年11月，吴晗应邀到苏联参加十月革命三十二周年纪念活动，途中听到了自己当选为北京市副市长的消息。他曾多次设想新中国成立后，仍旧从事明史研究工作，从来没有从政做官的打算和准备。当他听到广播后，曾打电报给周总理，申明自己的想法。回国后，周总理亲自找他谈了一整夜，才使他接受了这一工作。此后，他以极大的热情开始了自己的新生活。

早在1949年1月14日，吴晗就给毛泽东主席写信，要求加入共产党。毛泽东表示同意他的要求，只是在复信中谈到"惟实行时机尚值得研究，详情请恩来同志面告"。此后的几年中，吴晗又多次真诚而恳切地向市委提出入党要求，但一直没有被批准。1954年，吴晗在给彭真的一封长信中，表达了自己要求加入中国共产党的迫切心情：

过去几年，我没有偷懒，相反是忙乱。每天都很疲倦，但是工作抓不住重心。

参加了许多工作，也用了心，也出了力。但是从来不知道哪些是做对了的，哪些是做错了的。也没有人告诉我做对的总结下去，再深入搞。做错了，为什么错，如何改正。

第十七章 海瑞与吴晗

因为我不能参加党,党对我是客气的,优容的。

我没有放弃要求参加党的想法,我想以努力工作来争取,今年不成,到明年,五年不成,十年,二十年,只要不死,总有一天会达到的。目的没有什么,只是要求得到教育,做好工作……

1957年初春,北京市委第二书记刘仁找吴晗谈话,通知他中央正式批准他加入中国共产党。吴晗以他对工作的热情和对党组织的忠诚,终于实现了自己梦寐以求的心愿。唯此,他的遭遇也就显得更加悲壮。

吴晗经受了长期野蛮的毒打和折磨后,终于躺倒了。在这残酷的困境中,他思绪万千,想到他的学生时代,想到周恩来的教导,想到毛泽东主席的英明。他觉得当前发生的一切,都和毛泽东以前的教导不相符。那么毛泽东为什么不出来制止这些过火的行动呢?这个问号像一个谜团,久久困惑着他的心,直到他生命的最后一刻也没有解开。

1968年3月,吴晗被捕入狱。在此之前,他和夏鼐在党校的一个角落里相遇。四目相对,两位文化大师热泪盈眶。当他们谈到定陵的发掘一事时,吴晗以极度的悲伤说:"文献记载:罂粟在明朝中叶就已传入中国,作为药用,我总在怀疑万历生前抽过大烟,可惜这方面的证据不足。本来万历的骨头可以拿来化验一下好证实真伪,然而一把火,就什么也别想了。"

夏鼐表情复杂无可奈何地点点头。

"作铭,在定陵发掘这件事上,到现在我才明白,当初我们的论争,你和老郑是对的。你比我看得更远……"吴晗说着,泪珠又落了下来。

就在吴晗入狱的第二个月,他的妻子袁震也被送入"劳改队",实行"群众专政"。

吴晗和妻子袁震几十年同甘共苦,很为熟知他们的人所称道。袁震长期身患重病,不能生育。新中国成立后,他们的家庭生活比较安定,袁震的身体也慢慢地好了起来。这时,夫妻俩都想有个孩子。康克清得知他们的心事后,建议他们从孤儿院领个孩子抚养。吴晗接受了康大姐的建议,从孤儿院借来几张孩子的照片,并看中了小彦。这个小姑娘长得很机灵,很讨人喜欢。吴晗亲自到孤儿院把她抱回来。不久,又从孤儿院抱回一个男孩,取名吴彰。从此他们的家庭增添了新的成员和欢乐。

吴小彦与弟弟吴彰合影

在全国一片声讨"三家村"的喧嚣声中，这个温暖的家庭被破坏了。吴彰在《幸存者的回忆》中写道："深夜里的猛烈砸门声常常把人吓醒，我缩在妈妈怀里。他们翻过围墙，破门而入。整个院子里贴满了'该死''砸烂'的大标语。外国友人送给爸爸的礼品当作'四旧'被砸烂了，电视机也不能幸免。就连爸爸珍存着的姐姐从3岁起画的图画，都在斥骂声里付之一炬……"

进入1969年，一件件更加悲惨的事向这个家庭不断袭来。3月17日，袁震被允许从劳改队回家看病。当晚，住同院的万里听说袁震回家的消息，特地送来了一碗红豆稀粥。谁也没有想到，这竟是她的"最后的晚餐"。备受折磨、身体已垮的袁震，当天夜里突然病情加重，大口喘气，全身抽搐。小彦和吴彰立即把母亲送到北京某医院，但由于她是吴晗的家属，同时又是"右派"，医院把她视作敌人，没有进行抢救。翌日凌晨，一生苦难的袁震撇下了两个未成年的孩子，与世长辞了。直到小彦去太平间为她更衣时，袁震的双眼还半睁半闭，面颊上残留着几滴清泪。她死不瞑目。因为她不知道自己死后，吴晗和孩子的命运将会怎样。

1969年10月11日，突然有人来叫小彦和吴彰去看他们的爸爸。姐弟俩异常兴奋。他们将近一年未见爸爸的面了，以为这次是造反派大发善心，让他们探监。但当他们出门时，一股阴风扑面而来，来接的汽车竟是医院的牌子。姐弟俩预感到这是不祥之兆。果然，来人对他们冷冷地说："你爸爸今天早晨死了。"

晴空一声霹雳。小彦瘫坐在地上，号啕大哭。她双手抱住来人的腿追问:"我爸爸怎么不想看看我们呀?"

来人回答:"昨晚他提出要见你们,我们不知道你们住在哪儿。"姐弟俩哭声更高,小彦昏倒在地。在场的医生抱起她,眼里流出同情的泪水。

这时,车后走过一个人,对姐弟俩大声训斥道:"你爸爸是个坏人,如果不和他划清界限,没有你们的好处……这件事不许告诉任何人,否则饶不了你们!"

汽车远去,吴晗的尸体被带走,只有一条血迹斑斑的裤子留在了姐弟俩手中。从此,一双悲痛欲绝的少年相依为命,苦度人生。

1975年,小彦被捕入狱。被抓走那天,她刚动过阑尾炎手术,身上还有医生当日开具的证明。她脚戴镣铐,阑尾疼痛就给止痛片,哭喊就注射"冬眠灵",门牙被打掉了,额头上打开了口子……农历八月十五之夜,小彦在牢房里想起了全家一起度过的最后那个中秋节,此时彼时,此地彼地,死者生者,百种滋味交杂缠绕。她毅然用死向当权者们提出了抗议,但未能如愿,她刚被抢救过来,就又被送回了牢房。

1976年9月23日,在黎明到来之前的黑暗中,22岁的小彦死在了狱中。就在这位可怜的姑娘死去半个月后,"四人帮"走下了政治舞台,中国历史开始改写。吴晗以真挚的热忱,让海瑞这具政治僵尸再度复活,结果反使自己和两位亲人相继丧命。富有戏剧性的是,海瑞和吴晗,尽管相隔三个多世纪,但无论是人生遭遇、政治主张、道德观念,还是个人生活,都有着惊人的相似之处。海瑞生前崇尚"富贵不能淫,贫贱不能移,威武不能屈"的名言,三百年后的吴晗,同样也把它当作生活信条。只是吴晗似乎远不如海瑞幸运,至少那位"海青天"的人生结局,还不至于悲惨到如此程度。

第十八章
活着的与死去的

一盏油灯，在荒野古墓中跳动着希望之光，发掘报告的书写工作被迫转入地下。当赵其昌在风浪中浮出水面时，山水依旧，人事已非，昔日喧闹的情感世界，顿成一片死亡之海——

风雪定陵

古墓里亮起一豆灯光

赵其昌来到了窦店农场，开始了他的劳动改造生活。农场位于北京西南郊，四周有起伏的群山丘陵环绕，因地理位置偏僻，交通不便，加上风沙不断，人烟稀少。

赵其昌从定陵来时，地里的庄稼即将收割完毕。无垠的土地飘荡着白茫茫的荒草，凄冷的风，卷着沙土，尖叫着，不住地滚动，向几十间破烂不堪的房屋涌来，天地一片昏黄。

第二天，他就在农场的一个小组长的监督下，开始挖沟筑堤，这是农场整个冬天的劳动任务。此时的赵其昌心中清楚地知道自己的政治地位。他已不是令人钦佩的北大毕业生，也不再是踌躇满志的定陵考古队队长，而是作为一名历史反革命分子来接受劳动改造的。年轻气盛、力大勇猛的他，当年"步测秦川八百里"，对劳动并不感到棘手和惧怕。定陵近三年的发掘生活，已使他习惯了体力劳动，况且，从小生活在农村，已经饱尝了田野劳动的苦辣辛酸，这小小的农活又算得了什么？再大的劳动强度，也压不垮这位血气方刚的汉子。

但是，精神上的苦闷却使他难以承受。失去了心爱的工作，听不到同伴熟悉的声音，看不见黄色的琉璃瓦和翠绿的松柏，在这陌生的世界里，一股难以名状的窒息与痛苦包围着他，一双双警惕而鄙视的目光，无时不在刺伤着他流血的心房，使他越发感到孤独与悲哀。好在还有一样东西，在这凄清迷茫的世界里散发着一丝微弱的光芒，昭示着前方的漫漫途程。

他时刻惦念着从定陵带来的一包发掘资料，这是他在苦难的岁月中生存下去的唯一精神支柱。

他在思索着如何利用这些原始资料，把定陵发掘报告尽

第十八章　活着的与死去的

快写出来，以了却吴晗、夏鼐和发掘队员以及自己的心愿。显然，报告在宿舍是写不成的，必须采取秘密行动。

夜深人静，赵其昌躺在土坑上，眼望漆黑的屋顶，聆听窗外寒风的呼啸，思绪翻腾。半个月过去了，依然没有找到合适的地方。他想以学习毛泽东著作为掩护，躲在坑头上偷偷书写，可资料太多太杂，行动极不方便，容易引起人们的注意。他想躲进仓库，可仓库里放着器物和粮食，更不可能。尤其是仓库保管员那双鄙视警觉的眼睛，老盯着自己，愤怒之中又有些惊慌，假如有一天仓库被盗，第一个被怀疑的肯定不是别人。在这片荒原里，他无法找到属于自己的安全领地。他有些绝望了。

天气越发寒冷，土屋被冻得一块块爆裂开来。修堤劳动仍未停止。不过，工地上很少见到农场领导与职工，迎风劳作的是和赵其昌同样的几个被改造分子。

"赵其昌，你回场里向保管员要两把镐来，这块土太他妈的硬了。"小组长望着冻土层，骂骂咧咧地发着牢骚。

赵其昌听到命令，恭恭敬敬地向这位监工的小组长点点头，撒开双腿，向场部跑去。

在离场部大院好几百米的地方，有一个闪光的东西吸引着他改变了方向。这是一条不太宽的山沟，沟的一侧长满枯草，枯草环绕着一座破旧的古墓，半截断碑躺在一边，被阳光照射着发出光。赵其昌来到古墓跟前。

古墓不大，从形制上看它的主人可能出生在一个中等之家。墓穴全为长砖起券，暴露的一头显然是前几年挖沟筑堤时撬开的。赵其昌扒开枯草，俯身往穴内窥视，里面空空荡荡，棺木尸骨早已腐烂，形成一堆土灰。赵其昌见状，心中一动，真是"踏破铁鞋无觅处"，这座古墓不正是定陵发掘报告写作的理想之地吗？

他一路小跑来到场部，除要来两把镐外，又拿了一把铁锹。他没有直奔三里路外的工地，而是偷偷拐到古墓前蹲下，见四下无人，便像一个盗墓的老手，扒开枯草，"噌"地钻进墓穴，把铁锹悄悄地拽进来。这座司空见惯的古墓，显然无法和定陵的地下玄宫相比，既不幽深也不黑暗，温暖的阳光照着墓口，里边的景物也见得分明。只是墓穴太小，他的身子不能完全站起来，铁锹也不能自如地挥动，只有弯腰弓背，进行着清理工作……

赵其昌爬出墓穴，把打扫出来的棺木、尸骨埋入沟里，见无痕迹留下，才长吁一口气，抹去额头上沁出的汗水，向工地走去。

晚上，他刚参加完场部组织的学习、讨论会，就小偷一样溜到仓库旁边，扛起白天选好的一块木板，借着夜幕的掩护，听听四周没有异常动静，便大着胆子将木板扔出墙外，随之身子一跃，翻过矮墙跳入荒野。

他挟起木板，在寒风的伴奏声中，向古墓奔去。有了木板，自然要有支撑的东西。他从周围捡来了几块方砖，借着月光将木板支在墓穴的一侧，制成一张特殊的书案。

第二天，他又从垃圾堆里捡来一个墨水瓶，灌满煤油，制成了一盏油灯，万事俱备。当黑夜再度来临时，他用捡来的一块麻袋片，包着发掘资料潜入墓穴。他把资料放在书案上，用麻袋片挡住墓口，点亮油灯，开始了写作。

从此，在这旷野的墓穴深处，一个后来担任首都博物馆馆长的考古学家，开始了他极富传奇色彩又难为后人置信的苦难历程。

报告的写作很棘手，除了一堆现场记录的原始资料，没有别的史书、文献可供参考。而这样的学术报告没有史料可查，没有助手协作，只是凭一堆原始资料，即使再伟大的天才一个人也是难以完成的。此时的赵其昌心中清楚，要写的报告仅是一个雏形。即使如此，自己今天的行动仍然具有重要的意义。

白天劳动，夜晚写作。几天过去了，写作进展顺利，这一秘密行动没有被人察觉。赵其昌暗自庆幸。一开始每晚零点以前，不论是正处于亢奋的创作冲动之

赵其昌在墓中用的灯盏

第十八章 活着的与死去的

中,还是痛苦地思索因史料不足而带来的难题,一到这个时刻,必须装作去厕所,再提心吊胆地回到宿舍睡觉。十几天后,他见众人,特别是监督的小组长没有反应,而同屋的"右派"老头,整天胃痛肝痛,已自顾不暇,便胆子越来越大,有时到黎明才回宿舍。黄昏连着黑夜,黑夜连着黎明,赵其昌在昂奋与痛苦中迎来了元旦。

晚上,在他参加场部的"1959年庆祝新年晚会"上,再一次痛斥了自己的"反动思想",并在表示了"在新的一年里坚决改正错误,认真接受改造"的决心之后,又悄悄潜入墓穴。

一豆灯光在狭窄阴冷的古墓里燃起,赵其昌端坐案前,望着跳动的昏黄灯光,思绪如潮水翻腾暴涨开来。他想起了两年前那个元旦的晚上,想起了那铺满皑皑白雪的皇家陵园,想起了白万玉老人那绝妙的对联和悲凉的爱情故事,想起了刘精义、冼自强、曹国鉴几个人孩子般的调皮与欢笑,甚至想起了那个曾给予自己欢乐与痛苦的"嘉尔曼"。一切都在眼前,一切都已成为遥远的过去。他无心再写下去了,压抑与茫然使他放弃了报告的写作,开始沿着翻腾的思绪追忆过去的岁月,思考走过的人生旅途,咀嚼生命存在的意义与甘苦。墓穴极静,静得能听到自己的呼吸声。灯光不住地颤动,似在为他的遭遇哭泣。墓穴外呼啸的寒风渐渐消失,枯草中传来窸窸窣窣的响动。赵其昌起身爬出墓口,见地上铺了一层洁白的银毡,天空下起了大雪。

他昂起头,冰凉的雪花簌簌地飘落到脸上,令他感到一丝惬意,心中的哀愁与怨艾在雪花的亲吻中渐渐隐去,一种精神与意志交融的力量在奔流的血液中涌动升腾。赵其昌重新钻进墓穴,点燃了一堆准备好的木柴,将一只粗大的茶缸放在支起的方砖上,煮起节日的佳肴。他要在这阴冷凄苦的墓穴里,过一个别开生面的新年。

在那艰难的年月里,用搪瓷茶缸煮饭菜已不是第一次。伙房里每顿分发的窝头,对力大如牛的赵其昌来说,远不能满足生命消耗的需要,每当夜深人静伏案疾书时,不争气的肚子总是咕咕地叫个不停,令他神志不安,无力继续写作。赵其昌终于有了办法,白天劳动时,设法捡些地瓜头、萝卜根、白菜叶,洗净后放进茶缸,晚上带到墓穴点火烧煮,用以充饥。这一创造性的行动,同他的墓内写作一样,尚未暴露,并渐渐成为他生活中不可缺少的一个组成部分。

赵其昌煮鼠肉用的搪瓷茶缸

据考古材料所知，人类食鼠已有很悠久的历史。在五十万年前的"北京人"洞穴遗址的灰烬中，残留着大量烤焦了的老鼠骨头。美国考古学家在安第斯山下挖掘到一万两千年前的印第安人遗址，也出土了大量被人啃咬过的鼠骨，这证明古印第安人也是猎鼠吃的。周代的中国，新鲜鼠肉已成为市场上交易的商品，统治者吃鼠肉渐渐吃出花样，进而腊制鼠肉干。在长沙汉代马王堆二号墓以及河北保定中山靖王刘胜墓中，都挖出过坛封鼠肉干。另外，赵其昌通过查阅明代文献，知明朝京师以鼠为美味，而十三陵区天寿山北的黄花镇所产黄鼠，在很长一段时间内成为特供皇宫制御膳的上等食品

今天晚上，菜缸里的菜肴和往日有所不同，除了洗得发白的瓜菜外，还有一只羊蹄、几片羊肉和一块鼠肉。羊肉是上午弄来的，为庆祝元旦，场部伙房宰了一只绵羊，特为晚餐食用。当然，这令人垂涎三尺的佳肴只有场里干部和职工才有权享受，改造分子是没有这份口福的。这种做法天经地义，理所当然，没有一个干部提出异议，更没有一个被改造分子胆敢当众抱怨或背后议论。这里是劳动改造农场，不是大鸣大放的会场。历史就是这样毫不留情。

赵其昌明知吃肉无望，便心生一计，利用自己的气力过人的条件，主动帮助伙房师傅宰羊。一刀下去，鲜血喷涌，羊皮被慢慢剥落之后，他不露声色地讨来了晒羊皮的任务，托着羊皮找个僻静角落，掏出折叠刀，快速刮下皮上残肉，顺手又割一只羊蹄，才恋恋不舍地把羊皮撑到墙上晾晒。

火越烧越旺，茶缸里的水沸腾起来，墓穴里散发出扑鼻的肉香和淡淡的膻味。赵其昌嗅嗅鼻子，将溢出的口水咽下，把茶缸端到木板上。缸盖揭开，蒸腾的热气中，羊肉和

第十八章 活着的与死去的

鼠肉起伏翻滚，似在欢乐地舞蹈。

老鼠是昨天夜里抓到的。当他伏案疾书时，隐约感到脚边有东西蠕动，低头一看，一只硕大的老鼠在肆无忌惮地啃咬他的鞋帮。这使他大为光火，不由放下手中的笔。灰鼠像感应到了什么，停止咀嚼，抬起闪烁的豆眼直视着他。

"杀死这只害人精！"顿时一种无名怒火占据了他，以致被这种怒火烧得浑身战栗。他抬脚猛地踩去，老鼠转身逃走，在墓穴里四处躲藏。他抓起地上一块砖头，不顾一切地砸去，老鼠被打倒了。他提起尾巴想扔到墓外，但沉甸甸的老鼠，使他忽然想起《诗经》中《硕鼠》一诗："硕鼠硕鼠，三岁贯汝，莫我肯顾。"好啊！人类把你养得肥肥的，却一点也不感谢人类。今天，我非扒了你的皮，煮了你的肉，尝尝你到底是什么滋味！于是，一块肥肥的老鼠肉，成了赵其昌的杯中羹。

他喝着别具风味的羊肉鼠肉瓜菜根叶的三鲜汤，满头大汗地望着熊熊的火苗、蒸腾的热气，还有案头完成的一摞底稿，一股几个月来从未有过的惬意和快感流遍全身。

他点燃一支烟，想活动活动筋骨。他爬出洞外，面前一片茫茫的银色世界，那样洁白，那样晶莹。寒风夹着雪片吹打在脸上，顿觉凉爽轻松，仿佛肩上的千斤重担一下子卸掉了。当他刚要对着这沉寂空旷的雪野吐出久久压在心头的郁气时，远处传来了几声犬吠。他不由得全身一震，一股怒火涌到心头。他知道这叫声出自农场副场长的那条忠实走狗，真是狗仗人势，每次见到主人对他横眉竖目，它就在一旁虎视眈眈地狂吠几声。此刻，他感到这每一声狗叫，都变成了"打倒赵其昌"的吼声。

他爬进墓穴，火已熄灭，灯火在昏暗中摇曳着。他感到疲倦，感到瘫软，趴在木板上昏昏地睡着了。

一缕晨曦透进墓中，他打了个哈欠，伸了伸懒腰，带着叹息爬出墓穴时，积雪已覆盖了原野，天地一片纯白，只有山边还残留着一点枯黄的痕迹。这是一个多么美的冰雪世界啊，然而，这是一种凄冷的美。远处传来几声隐约的鸡鸣，新的一年到来了。

令人失望的定时炸弹

1959年1月3日,对赵其昌来说,无疑是一个雪上加霜的日子,使他心中残存的一线希望之火彻底熄灭。他也由此开始了更为悲壮的人生历程。

大雪纷纷扬扬地下了两天两夜,积雪几乎没过脚背。3日晨,雪过天晴,皑皑的原野上,洒满点点金辉。这是一个打猎出游的好天气。

副场长扛上猎枪,带着几个平日追随他的部下和那条忠实的猎犬,洋洋自得地踏上荒原雪野,寻找野兔的踪迹。副场长原是军人出身,打猎出游是他的嗜好,其迷恋程度仅次于他平常下棋、打扑克。几个人出了场部院门向旷野走去,在离古墓100米处,进入了深沟。按照经验,野兔这时经常躲藏在沟中的干草里。

脚步在积雪中跋涉,猎狗嗅着地面,突然急速地向古墓奔去。副场长发现沟沿上有脚印,便加快了速度。猎狗在前面奔着,终于在古墓前停下,向着墓穴狂吠。

队伍聚集在古墓前。"像是有人来过。"一个部下抢先提示副场长。"过去看看。"副场长警觉地命令着。

有人来到墓口处,朝着积雪覆盖的枯草猛烈踢去,"哗啦"的一声,用麻袋片遮掩的门帘陷进墓穴,露出一个洞口,众人立即围了上来。墓口一经捅开,里面的景物暴露无遗:木板、油灯、书箱……一一展现在游猎者面前。

"可能是要饭的叫花子在这里住过。"有人提醒副场长。又是一阵疯狂的犬吠。副场长望了望爱犬,摇摇头,弯下腰,以军人特有的敏锐观察片刻,冲身边的部下低声说道:"进去看看。"两个人带着狗爬了进去,随后,副场长也钻进墓穴……

接下去的一幕是可想而知的。赵其昌被两个大汉扭住胳膊,押到场部办公室。领导端坐桌前,面带怒容,惊奇地望着赵其昌,似是第一次相识。赵其昌懵懵懂懂地在屋里扫视了一眼,猛地发现墓穴里那个鼓囊囊的包袱放在椅子上,他的头"嗡"的一声,心中暗自叫着:"完了!"

别无选择,赵其昌只好老老实实地交代了自己的"罪行"。

第十八章 活着的与死去的

下午，按照场部的命令，全场人员都集中到几百米外的古墓前开批斗大会。批斗大会对场里的每一个干部、职工，甚至孩子而言，都不感到新鲜，无休止的学习、批斗，使许多人越来越感到厌烦。而这次却例外，围着一座古墓开批斗会是他们未曾见过的，何况有关赵其昌的秘闻已经通过不同的途径传播开来。人们都怀着极为惊奇的心情，要亲眼看一下这个神秘人物的真实面目。

人们在雪地里议论纷纷，急切地等待着赵其昌的出现。狭小的古墓如同刚刚打开的定陵地下玄宫，吸引众人争相观望。一伙人刚爬出去，另一伙人又急不可待地钻进去，有些不耐烦的人开始起哄，做各种恶作剧，人群骚动起来。

赵其昌终于出现了。两个彪形大汉反扭着他的胳膊，使他整个身子呈90°弯曲，如同一辆平板车在雪地里推进。众人狂叫着拥过来，把他团团围住。赵其昌身后重重地挨了一脚，猛一晃动，"扑通"一声跪在雪地上，棉帽从头上掉下来，一头蓬乱的黑发在寒风中遮住了眼睛，活脱脱一名囚犯。

"真看不出，平时不声不响的，还干出这种事来。"一个中年妇女在小声嘀咕。

"人心难测啊。"一位老者故作深沉地随声附和。

"这种事又不是偷盗、抢劫，碍他们什么事，非要整人？"一个身穿军上衣的青年大胆地提出了自己的观点。

人群正在骚动之时，场部领导一字儿排列着向古墓走来。场长身穿军大衣，脚蹬黄色翻毛牛皮鞋，来到人群中间，威风凛凛地左右环视一眼，找个高处站上去，大声宣布："现场批斗会现在开始，把阶级敌人赵其昌押上来！"

两个大汉把赵其昌拖到场长面前。场长清清嗓子，望着下面黑压压的一片人头，精神抖擞，像是得胜归来的将军，声音洪亮地开口了："看来我不说，大家也已经知道了。今天上午，副场长带领几个民兵，按照场部预先研究的方案，顺藤摸瓜，经过艰苦卓绝的奋战，终于在这座古墓里挖出了一颗定时炸弹和变天账。"场长说到这里，戛然刹住。静心聆听的人群几乎同时"啊"了一声，谁也没有想到，能在这里挖出一颗定时炸弹，看来故事的真相远比他们了解的要精彩得多。这一双双期待的眼睛急切地注视着场长殷红的面颊，希图尽快看看定时炸弹和变天账的模样。

场长见时机已到，一挥手，让副场长把包袱打开，大声宣布："赵其昌就是定时炸弹，这包东西就是变天账……"

"嗨——"不等场长说完，人群如同泄了气的皮球，骚动起来。有的人上前捡起几本资料看看，又愤怒地扔下。显然，这愤怒是冲场长来的。

"明明是个大活人，怎么说成是定时炸弹，是不是场领导的眼睛有毛病……"几个青年人在人群中游说，开始争取更多人的反击。

场长不再顾及大家的情绪，按照他的思维逻辑继续讲下去。

"不错，赵其昌是个大活人，也正是他活着，才成为埋在我们身边的定时炸弹，他想什么时候跳出来炸毁共产党的江山，就什么时候出来。大家说这不是定时炸弹又是什么。"他弯腰捡起几本定陵发掘资料，在空中抖动着："大家不要小看这些东西，这上面全是封建地主阶级剥削劳动人民的铁证。什么金锭50，银锭102，织锦161匹……赵其昌是典型的剥削阶级代言人，这些数字就是他准备反攻倒算的变天账。他时刻想推翻无数革命先烈抛头颅、洒热血打下的天下，这份变天账充分地说明了他的狼子野心……"

场长讲完，由副场长叙述挖定时炸弹和变天账的经过。副场长以他那出色的编故事的才能，使这偶然而平淡无奇的发现，变成了一个惊心动魄、跌宕起伏的侦探故事，栩栩如生的刻画，活灵活现的描绘，使他瞬间变成了一个顶天立地的英雄。众人无不为之瞠目。半年之后，曾有人以此为素材写了篇小说，题目叫《古墓捉鬼记》。

为表示同阶级敌人斗争的彻底性，场长命人将古墓捣毁，把赵其昌押进一间仓库看管起来，"变天账"准备送交上级请功领赏……

也许是巧合，几天之后北京有信函到来，要赵其昌立刻回京，编写定陵发掘简报的下半部分，完成后仍回农场。信中特别注明，此次回京，不是编制定陵发掘的大报告，而是"简要报告"。赵其昌暂时离开了农场。

《定陵发掘简要报告》的上半部分，是他下放农场前夕，用了几个夜晚草成的，刊于1958年《考古通讯》第7期。而此次编写的"简要报告"，于1959年《考古》第7期刊出，都是第7期，又是一个巧合，时间却整整隔了一年，而且未署作者姓名，这在考古学史上实属少见。半个月后"简报"

写完，赵其昌返回农场，继续劳动改造。在以后十年的岁月里，他注定还要经受严酷的肉体与精神的双重摧残。他辗转多处，颠沛流离，关牛棚、挨批斗、挖防空壕、烧砖、盖房等等，差不多经历了那个时代大多数有追求、有建树、有良知的知识分子所遭遇过的全部痛苦。

无尽的哀思

1969年底，赵其昌完成了他的改造课程，回到原来的工作岗位——北京市文物调查研究组。

当他放下行李，来到吴晗家，想找恩师倾诉离愁别苦时，只见屋舍依旧，却已换了房主，吴晗、袁震均已谢世归天。赵其昌不禁泪如雨下。他怎么也想不到，刚刚六十岁的吴晗竟匆匆离去。他清楚地记得，吴晗不止一次地对他说过："等定陵发掘工作完成了，咱俩合作，写一本定陵研究的书，解决几个历史疑案。比如说万历抽鸦片的问题，关于传说他是瘸子的问题，以及明代的葬制、器物、帝后服制等问题……"想不到这一切都成为一个破碎的梦。作为明史专家的吴晗，力主发掘明陵，但是一直没能，而且再也不能以定陵的发掘资料写一篇研究文章了。他的惨死已不是他个人的不幸，而是中国史学界的悲哀，是一个无法弥补的重大损失。

赵其昌来到夏鼐的家，想向这位老师畅述自己今后的打算。可夏鼐大师住进牛棚不久就下放了。他又想起了郑振铎，他

吴晗生前居住的北京北长街38号西院

与这位当年曾经反对发掘，但一经总理批示，遂立即担负起发掘指挥工作的文化巨匠，在筹备神武门定陵出土文物展览时见过最后一面。展览会后不久，他出访阿富汗和阿拉伯联合共和国，中途飞机失事，不幸遇难，成为定陵发掘主持者中第一个作古之人。赵其昌心中不胜酸楚，他带着极大的哀痛，步履沉重地摸到西直门内老虎庙9号。这是白万玉老人的家。自从老人离开定陵回北京后，就再没有听到他的消息，不知如今是什么情况。赵其昌想立刻见到这位对待年轻人像慈父一般的长者。

然而，当他来到老人的房前时，却见一把大锁将门牢牢地锁住，铁锁已生出锈斑，说明很久未开启过，他心中一震，呆呆地望着面前的一切。他已经明白，这又是一幕悲剧的预告。果然，邻居告诉他："白万玉的老伴去世后，搬到广渠门他妹妹家去了……"

赵其昌到广渠门一带四处询问，没有找到老人的下落。他不甘心，向熟人打听，不久又去寻找。当他敲开房门时，只见一个镶着黑边的镜框挂在墙上。镜框中白老神采奕奕，正向他微笑。老人的妹妹说："我哥哥自从老伴去世后，就有些神志不清，说话总是颠三倒四，几天前因脑溢血突然去世了。"

赵其昌不知自己是怎样走出门来的。从前每次去看望老人，老人总是把他送出门外，他走出好远回头望时，还见老人在望着自己微笑。这次心里就像有一块铅砣，压得他喘不过气来。没能见到老人最后一面，他追悔莫及。他恨自己没

白万玉向前往定陵参观的陈毅元帅（中）讲解玄宫大门开启经过

第十八章 活着的与死去的

有及时找到老人,更没有预料到老人会这样匆匆离开这个世界……

赵其昌含着眼泪,回忆起自己与白老将近三年朝夕相处的日子。在定陵发掘中,不论严寒酷暑,老人总是兢兢业业地坚持在探沟旁边,使发掘工作得以顺利地进行。他付出了全部的光热,却清贫得没有一床多余的棉被。临来定陵前,他向考古所申请领取一条棉被,当时考古所的同志们还感慨地对他说:"你看白老多么可怜,每次外出田野工作,都要申请被子。"

赵其昌不止一次去过老人家,每次见到的都是绳床陋室,四壁空空。这样一位曾经跋涉大漠,闯荡戈壁,历尽艰苦,穿行在灿烂的历史文化长廊中,为中华考古事业奉献一生的人,最后竟没有遗物留下,甚至没有留下一篇文章。他像春蚕吐丝,像蜡烛燃烧,默默无闻地奉献自己,又默默无闻地离开人世。华夏神州不就因为有着无数这样默默无闻的子孙,忍辱负重,自强不息,才得以繁衍兴盛吗?他们创造了历史,书写着历史,他们正是我们中华民族的脊梁!

赵其昌怀着沉重的心情,再度走进这座皇家陵园,眼望明楼翠柏,黄瓦红墙,不由悲从中来,禁不住潸然泪下。十五年前,他是作为新中国第一批考古专业的大学生,来到这里追寻青春之梦的。这座陵园,是他事业的起点,爱情的萌芽地,是他走进社会认识人生的第一本教科书。在这里,他得到了人与人之间真诚的关心与友谊,得到了爱情的欢乐与幸福,懂得了一个人投身于社会之中所具有的价值与意义,同时也饱尝过人生的艰辛、失恋的痛苦、命运的折磨。他为它而歌而哭,洒下悲喜交融的泪水。

故地重返,一切都不再是往昔的面貌。零乱的园林,遍地砖瓦石块,涂满黑字的白纸,在墙上、树上、朱漆的圆柱和洁白的石碑上飘摇抖动,翠绿的陵园变成一个白色的世界。陵园不再神秘,不再令人留恋,它已变成了一个恐怖的政治决斗场。

赵其昌没有见到朱欣陶,这位老人被当作特务,押上了专设的审判台,"造反派"一顿拳脚棍棒,将他的肋骨打断,致其昏倒台上,幸亏精通医务的女儿冒死抢救,才保住了性命。

定陵博物馆已不是当初的情况。当年的发掘队员刘精义走了,于树功走了,冼自强、曹国鉴、王杰、庞中威也都回考古所了。只有王启发、孙献宝等几个民工是赵其昌所熟悉的,故友相见,自是一番感慨。当他问起往日一

427

同发掘定陵的民工时，才知道他们中一些人已经病故。尤其令赵其昌悲痛和怀念的是上吊自杀的摄影师刘德安。

  他无法忘怀刘德安与自己生活的那一段时光。这位平凡的摄影师，在定陵的地下玄宫里，面对黑暗凄冷和刺人肺腑的腐烂霉气，没有退缩过、畏惧过，对工作的极端热忱和对事业的执着追求，使他克服了重重困难，顽强地挺了过来。然而十年浩劫，发生在朗朗乾坤之中的非人折磨，却使他拥抱了死神。

  明楼依旧在，只是朱颜改，梦中陵园的辉煌壮丽，俱往矣！赵其昌从定陵空手而归。他没有拿到资料，也没有人愿意把资料交给他。他怀着无尽的怅惘和悲凉，回到北京，继续接受劳动改造。而《定陵发掘报告》的成书与出版并获得两项大奖，则又是二十多年以后的事情了。

第十九章
在历史的档案里

往事如同玫瑰色的彩云。定陵历史的档案里，记录着形形色色令人眼花缭乱、百思不解的故事与逸闻：由于岁月的锈蚀，越发变得神秘莫测、扑朔迷离，令人神往——

风雪定陵

◎ 陵园里来了"胡伯伯"

1958年夏末，一辆轿车驶入定陵园内，车里走下一位下颔留有长须的老人。只见他上身穿一件略显肥大的粗布白褂，脚穿一双胶皮"抗战鞋"，瘦削的面容露出睿智。随同的黄文欢外长向迎来的夏鼐、朱欣陶等人介绍："这就是我们越南抗战的领袖胡志明主席。"

胡志明微笑着同工作人员一一握手，用流利的广东话客气地说道："今天给你们添麻烦了。"

工作人员请胡志明进木板房接待室，可他似乎没有在意，眼睛在草地瞟了一下说："屋里闷，还是先在这儿坐一会儿吧。"径自坐在松树下的大石上面，众人也只好坐下来陪他说话。

"这陵园真美，在越南见不到。"当他爬上高高的明楼时，胡志明望着面前的景物赞叹地说。

夏鼐答道："越南的陵园也有它独到的特点，中国也同样见不到。"赵其昌抢拍了一组镜头，胡志明摆摆手说："请不要拍照吧。"说罢系着鞋带，微微笑起来。赵其昌赶忙收起了照相机。

一刻钟后，胡志明起身跟工作人员参观了部分展品，然后走下地宫。

接待室里，胡志明脸上仍然显露着喜悦与兴奋，他微微地摇摇头："这么豪华的地下宫殿和器物，真是难以想象。这次可是没有白来啊！"

朱欣陶拿出一张白纸铺展在胡志明面前："胡主席，您是第一位来这里参观的外国领

胡志明（右二）在夏鼐等人陪同下参观定陵地宫出土器物

导人，请您在上面留句话做个纪念吧。"说着将毛笔递过来。

胡志明拿着毛笔，望望身边的黄文欢说："这次来中国，外界没有报道，题字的事还是下一次再说吧。"说着，在纸的右下侧写了"胡志明"三个字，放下了笔。

后来，据《参考消息》披露，胡志明确是秘密来华和毛主席进行了会谈。会谈的内容新闻界未做公开报道，外人也无从知道。若干年后，有关人士透露，胡志明主席的这次来访，主要是商谈中国援越的具体事宜。

周恩来对死人不感兴趣

1965年9月，周恩来总理陪同巴基斯坦总统阿尤布·汗来到定陵。随行的还有陈毅、吴晗等中央和北京市政府要人。

一下车，周总理便吩咐随行的服务人员到售票口买票。门票买好后，总理问："这票多少钱一张？"

服务人员回答："三毛。"

周恩来皱了一下眉头，转问身边的吴晗："是不是贵了点？"吴晗微微一笑："不贵，总理您可知道，这里复制一顶凤冠就要几千块哪！三毛钱一张要几年才能收回来呢。"

周总理点点头，不再作声，陪同阿尤布·汗走进展览厅。吴晗指着一顶凤冠对总理说："这是请通县花丝镶嵌厂的老艺人复制的，您看怎么样？"

总理望着凤冠端详了一会儿，说道："还是蛮好的。阿尤布·汗总统，你看呢？"周恩来把脸转向客人。

翻译转达总统的话："很好，真是太美了。"

走出展厅，总理陪客人向地宫走去。来到明楼前，众人驻足观望。雄伟壮观的明楼在阳光的照射中，分外神奇秀丽，飞檐上的螭兽禽鸟，在蓝天白云的烘托下，跃跃欲飞。阿尤布·汗兴奋地涨红了脸。正在这时，有个负责文化和定陵博物馆的人，来到周恩来面前，满脸堆笑地说："总理，您看是不是在这明楼上挂一幅红军长征的图画？"

总理"嗯"了一声，惊奇地看了一眼面前的人，面带不易察觉的愠怒，对陪同人员说道："我参加过长征，我不会画，你们谁会画？"

献策者红着脸躲到众人身后，不再吭气了。

从地宫出来，阿尤布·汗总统摇摇头（在巴基斯坦文化中，摇头表示肯定、称赞等含义），伸出拇指。翻译将他的话译过来："这地下宫殿太伟大了，如此辉煌的建筑和气势，真了不起。"

总理脸上流露出兴奋之情："这里有十三座帝王陵墓，每一座都是这个样子。"

吴晗及时地接过总理的话："长陵比这定陵规模还要大，要是发掘，一定更为壮观，研究价值也大于定陵。"

定陵发掘后，由于全国兴起了挖掘帝王陵墓的热潮，在郑振铎、夏鼐的建议下，国务院下发了停止对一切皇帝陵墓发掘的文件，因而定陵发掘的名义是"试掘"，但吴晗、郭沫若等文化名人却一直想发掘长陵，实现当年的夙愿。此刻他见机会难得，便接着刚才的话问总理："我们是否再发掘长陵？"

"需要多少钱？"

"大约要四十万。"吴晗有些激动。朱欣陶用手捅捅吴晗，小声说："不够，四十万不够。"

总理没有说话，向停放在不远处的轿车走去。吴晗着急地问："总理，您看这长陵发掘的事？"周恩来沉思片刻说道："我对死人不感兴趣！"

也正因为这句话，明成祖朱棣才在他的陵寝里安睡至今。中国文化瑰宝又免遭一次劫难。巨人的抉择，是整个华夏民族的幸运。

根据出土原物复制的孝靖皇后的十二龙九凤冠

宋庆龄进入地下宫殿

1958年，莫斯科世界和平大会闭幕后，郭沫若、宋庆龄同机回国，在闲谈中郭沫若说："定陵地下宫殿打开了，你不去看看？"

"怎么？地下还有宫殿？"宋庆龄问。

郭沫若把定陵发掘的前前后后告诉了她，引起了她的极大兴趣。回到北京不久，在发掘委员北京市副市长王昆仑陪同下，宋庆龄来到定陵。

她缓缓地走下临时木梯，进入地下宫殿，全不顾腐霉气味、寒冷潮湿，一处一处、一殿一殿，看得特别仔细。她用双手抚摩着石墙石门，赞不绝口地说："中国文化源远流长，博大精深，太伟大了！"

这时，她的大衣一角不慎沾染了石墙上一点水渍，随行的摄影记者侯波女士随手拿出手帕，想为她擦拭一下。

"不必擦了！在这文化殿堂里，我能沾染一点水泽，也算是幸运吧！"她微笑着，觉得到处是珍宝。

走出地宫，她兴致不减，又坐在木板房内看出土文物，听赵其昌讲述定陵历史、发掘过程和文物出土情况，还不时地提出一些文物的研究、考证问题。她问得很多，听得很仔细，赵其昌随口说："万历皇帝建造了陵墓，他

宋庆龄在定陵明楼圣德碑前。前排右起：朱欣陶、宋庆龄秘书、宋庆龄、王昆仑（刘精义提供）

死了，把'文化'留给了我们。"她不同意，微笑着摇摇头说："不！文化不仅仅属于我们，它高于民族，属于人类。"

临行前，她顺手拿出一枚世界和平大会的纪念章，别在赵其昌胸前，亲切地握着赵其昌的手："你们很辛苦，为发掘中华文化做出了贡献，谢谢你们。"赵其昌挺直腰板，深深地鞠了一躬，说："谢谢副主席的鼓励。"作为最高的奖赏，他把这枚金光熠熠的纪念章视为珍宝，珍藏至今。

在十三陵水库建设高潮中，陈毅副总理带着外交部的官员，在水库紧张劳动之后也来到定陵。看完了出土文物、地下宫殿，他和同事们围坐在柏树下的石条上休息。

夫人张茜递过一杯热茶，他一饮而尽，敞开衣襟，拖着浓厚的四川乡音对着大家高谈阔论起来。

"今天真高兴！我们看到了祖国文化，中华文化源远流长，有了它，祖国文化才更丰富。这里埋葬的已经不是皇帝老倌儿，而是文化！"他又喝了一杯热茶，站起身来，用敞开的衣襟扇着风，有些激动了。

"前几年，陕西要在丰镐遗址建砖窑、烧砖，被制止了。丰京、镐京是周代文化的发祥地，文化遗址要烧砖，把祖宗文化烧光了，这怎么行？我们到哪里找祖先去？"

稍停一会儿，他又面对赵其昌说："发掘定陵，这事我知道，我管文化，签过意见，我同意。你们这个工作队还不错，我看你们年龄都不大，科学发掘，时间不长，收获不小。再加把劲，抓紧研究，出书，搞陈列，让国内外宾客都来看，看看我们祖国灿烂的文化。"赵其昌汇报说："出土文物正在整理、修复、研究、出书、陈列都要搞。建陈列室，经费稍嫌不足。"

陈毅沉思片刻，说："宣扬祖国文化是大好事，我大力支持，赞成。外宾参观嘛！我看外交部可以补助些经费。"外交部的官员们表示同意。

"这样吧，今天说定，立字为证，拿笔来。"说完他接过一支笔，大笔一挥，写道：

为定陵建馆开放参观，外交部补助六万元。

陈毅

事后不久，外交部果然拨款六万元，补助建馆。

摄影师悬梁自尽

在地宫内清理文物，是发掘过程中最关键的一环，极为艰巨、复杂。

考古程序要求，一件器物出土，既要详细地记录它本身的位置与上下层次和周围的关系，又要制图、拍照，以取得最重要的现场资料，作为研究工作最可靠的依据。

可以想象，那些殉葬品并不都保存完整。如果是一件已腐或半腐的战枪、甲胄等等，有关它的质地、尺寸、形式、装饰物等等，如果不能在现场弄清楚、记录明确，而是留下一笔糊涂账，也就失去了发掘的意义。这不仅是工作队的失职，也可以说是对文化的亵渎或犯罪。正因如此，这一发掘与清理器物工作本身就是研究。它不仅要求广博的学识，更要求技术的配合，在目前，则更需要时间。

工作队把清理的工作时间定为每日至少十二小时。实际上，整日在黑暗的玄宫里不见天日，灯光如豆，分不清黑夜白天，已经没有什么时间概念了。

正忙得不可开交，又插入拍摄电影，一大群人来来往往，真是忙中添乱。

中央新闻纪录电影制片厂导演张庆鸿、摄影师沈杰带来了一支近二十人的队伍，设备、器材、男男女女四卡车。特制的摄影机座搬入地宫，厂内仅有的三部发电车无法进入陵园，不得不安排在宝城外面的荒郊野外，而把成捆成捆的电线通入地宫，需要发电时，摇动电话呼叫。

年轻的摄影师沈杰，性情爽朗，带着一股青春气息，他和赵其昌一见如故。

"老赵，你等着看，我要用光的效果让中外人士看看皇陵！"

赵其昌毫不示弱，拍拍他的肩膀："好哇！老兄，我等着呢。有一点不合格，我可敢砸了你的摄影机！"为了不影响清理工作，摄影师和导演商议，把摄影时间全部放在夜晚进行。这一来可难住了赵其昌，他不得不把时间再次调整，十二小时之外再加四个小时拍电影。午夜时分，全体队员再下地宫，把一天来的清理工作再做"重复表演"。这样，影片拍摄的仍旧是现场实况，但又不完全是实况。为了时间，也只能如此。

至于赵其昌本人，清理工作全部经手，一刻不离，夜间电影拍完，他还要整理一天的记录，核对图片，同导演一起编写解说词，安排明天的工作。天刚亮，沈杰又来拉他起床，不是爬陵后的大峪山，就是去陵园广场前踢足球。

电影拍摄很不顺利。深埋在地下的石头建筑内，潮湿的水汽混杂着腐朽的霉味，再加上福尔马林与酒精的混合气体，本来就刺人鼻眼，加之十来盏炽热的摄影灯的烘烤，使地宫成了雾的世界，严重影响着影片的质量。只好拍拍停停，停停再拍，一盘胶片拍完，连夜送回厂里洗印车间看效果，效果不佳，必须重新拍摄。

制片厂的三辆发电车全部拉到定陵，厂里停产，厂长派人来要发电车。结果只得两头兼顾，白日里两部发电车回厂应急，夜晚再赶回定陵，车辆人员，日日夜夜，来往于北京与定陵之间，一连四个多月，影片终于完成。

两个多小时的纪录片《地下宫殿》，不仅在国内放映引起了轰动，国外放映时，在新加坡、菲律宾等地的华侨中，也赢得了一片喝彩声。

就在拍摄电影的同时，另一位摄影师也在默默地工作着。他就是工作队专门请来的刘德安，一

中央新闻纪录电影制片厂导演张庆鸿、摄影师沈杰等摄制组拍摄的电影胶片

位年近五十的中年人。他不声不响，整日在地宫内奔忙，清理一件拍一件，清理一层拍一层。一层层一件件，日夜不断。

正常情况下，拍照并不困难。但是在地下宫殿这一特殊环境下，拍一张质量较好的照片，也确非易事。地宫潮湿，照相机进入地宫，镜箱镜头就沾满潮气露珠，必须先吹风、烘烤，使水汽散尽才能使用。发电机电力不足，灯光微弱，拍完一层，必须显示效果，否则，下一层清理工作不能进行。这就逼得刘德安将地宫殿内当作临时暗房，拍完一张便立即冲洗。一年多的时间，几千张照片就是这样完成的。

最困难的是拍摄地宫内部全景。赵其昌要求，必须将前殿到后殿、石门楼、墙壁、三口棺椁作为一个整体拍摄下来，既要显示殿堂的雄伟壮观，又要具有深邃的立体感，同时还不能出现电线、灯架的痕迹。刘德安整整用了一周的时间，经过无数次的反复实验，调整角度、位置与灯光，终于拍下了殿内的全貌。神秘的殿堂，光洁的石门和墙壁，巨大的棺椁，都在照片上清晰地显示出来，达到了现实与艺术交融的完美境界。若干年后，这张珍贵的照片被选作发掘报告的封面，显示当时玄宫洞开时的独特风采。

1959年前后，正当纪录片《地下宫殿》轰动中外时，沈杰随同我国女子登山队拍纪录片，在海拔7200米的冰山上遇到暴风雪，他抱着机器坚持拍摄，不幸身负重伤，被截去全部脚趾。三十多年中，他参加拍摄了一百多部纪录片，获得六个国内奖、九个国际奖。他的业余爱好是喂养鸽子。现在除去在电影摄影师学会负责之外，他还是信鸽协会的主要成员之一。

刘德安是北京昌平沙河人，从小爱好摄影，在北京一座照相馆学徒，后来自己开了一间照相馆。公私合营后，在长陵经营照相业务。地宫打开，急需建暗室，把他请了来。"文革"中，有人说他是"资本家"，万历皇帝的"孝子贤孙"，一阵苦斗，他挺不住，撇下爱妻和三个未成年的孩子，悬梁自尽了。

他的死，使赵其昌深感不安。当初要不是自己的邀请，也许他能躲过这场灾难。赵其昌总感到有责任，又不知道责任何在。他曾经几次去沙河，想找刘德安的亲人，但没有下落。他又翻阅照片资料，想选取几张放大，作为纪念并送给刘德安的亲人，但是，在刘德安拍摄的那么多照片中，竟没有一张是拍摄他本人的。

江青深夜进入地宫

1971年8月的一个深夜，定陵博物馆值班人员突然接到电话，说："江青同志要去定陵参观，现已动身起程，请做好接待准备。"

值班人员放下电话，急忙叫醒熟睡中的新任馆长刘军汇报情况。尽管这位年轻的馆长对江青深夜来访大为不解，但还是不敢怠慢，指示工作人员快速做好一切准备。

凌晨3点，两辆轿车和一辆卡车驶进定陵园内。灯光中，江青面容疲倦地走出轿车，朝寂静的夜空张开双臂打个哈欠，才跟随工作人员走进接待室。

"天气太闷，睡不着啊，到你们这个世外桃源休息一会儿。"江青自我介绍来定陵的意图。

一个随行人员把刘军悄悄叫到室外说："江青同志想在这里过夜，赶快准备房间让她休息。"

"接待室的被褥都不太干净，这……"刘军为难地解释。

"不要紧，这一切东西我们都带来了，你只管找个好一点的房间就行。"来人说着催促刘军，"快去准备吧，要不江青同志又要发火了。"

夜色中，几个人正从卡车上七手八脚地搬床，抱被褥和蚊帐、竹竿，看来确实一切俱备。

床和蚊帐很快安装停当，只有一个沙发似的木制器物不知如何摆放。刘军问来人："这个放在哪里合适？"

"噢——"来人笑笑，"这是个简易厕所，先随便找个地方放着，江青同志用时，拿出来用布在周围搭个棚子就可以了。"说完，打开一个木箱，指着里面淡绿色的布："这些就是。"

在场的工作人员望着眼前的简易厕所，都忍不住偷偷笑起来。参观定陵带厕所，他们未曾见过，今天也算是大开眼界了。

第二天上午，江青脸上的倦容已经消失，代之而来的是一种雄视一切的高傲。在工作人员陪同下，她先步入展厅，浏览了一遍出土器物，脸上流露出不屑一顾的神态。她指着万历皇帝使用的药罐，轻微地晃了一下头，极为

第十九章　在历史的档案里

厌恶地说道："什么破烂货也往这陵墓里放，这个死皇帝也真是不值钱。"众人不作声，只是陪着苦笑。

江青来到凤冠跟前，顿时精神大振。她弯下腰，右手扶住眼镜框，头几乎贴到玻璃上，静静地观望一阵后，抬起头，对众人说：

"这个嘛，还不错。能拿出来戴一下吗？"

"能，能……"刘军点头答应，让讲解员抽开玻璃拿了出来。

"嘀，真漂亮。不过这上面的点缀是不是也多了一点。"江青捧着凤冠，面颊泛起几缕红润，看上去有些激动。她轻轻地把凤冠戴到头上，两腮越发红起来。"好看吗？"她有些不好意思地问身边的一个陪同人员。

"好看，太好看了。"陪同人员异口同声地恭维着，仿佛此时的江青果真已成了当代女皇。

"太沉了，戴一天准得叫它压死。看来这皇后也是不容易当的。"江青叹息着把凤冠摘下，交给工作人员，向泥塑"收租院"陈列室走去。

万历皇帝和刘文彩、周扒皮等一组泥像展现在面前，一个个奇丑无比，拿着秤杆、算盘，正收租子。江青先是怔愣了一下，经讲解员一番介绍，才若有所思地点点头。

江青看完泥塑，走出展厅，神采飞扬地对刘军说："你们办了一件好事，让更多的人受到阶级教育，我看这个经验应该推广，如果每个旅游区都能像定陵一样办个收租院，阶级教育的效果会更好……"江青边走边滔滔不绝地讲着，随行的一个人员在小本子上认真地做着记录。

当她在一位女服务员的搀扶下，慢慢走下地宫台阶，进入幽深阴暗的大殿时，脸上立即罩起灰白色的色调，她不再说话，面容严肃起来。随着回荡的脚步声，她来到后殿的棺床跟前。

三口朱红色棺椁静静地立于玄堂之上，在灰暗的电灯照耀下泛着淡淡的青光。阴冷的寒风沿着地宫隧道钻进来，浸入肌骨。江青打了个冷战，在棺椁前轻轻踱了几步，然后站在地上一动不动。等讲解员说完，大家转过脸来，蓦然发现江青表情痴呆，神色沮丧，不禁感到诧异。一个随行人员悄悄来到她面前，轻声问道："咱们是不是该回去了？"

江青点点头，摘下眼镜，掏出手帕在镜片上擦了两下，朝三口棺材深深地鞠了一躬，转身向外走去。

439

来到地宫外面的小道上，江青仍满脸阴沉。她指着道边的木槿花，严厉地说："怎么栽些这么贱的花，太寒碜人了。要换成牡丹，马上派人去办！"陪同人员连连点头称是。

在接待室里，江青仰坐在沙发上，望着面前的茶水，就像带着怨恨似的对随行的两个女服务员说："把我的花生米拿来，给大家分一分。"

两个服务员来到她的临时卧室，将一袋子花生米提过来，挨个分发起来。快到江青跟前时，服务员的腿撞到茶几上，茶水溅了出来。

江青抬起头，两个镜片闪着明晃晃的光，脸比刚才更灰白。"你们两个就知道吃，你看看，你看看……"她抬手指着茶杯，大声指责呵斥。

接待室的气氛变得紧张起来，工作人员大多低着头，不再看面前这位气派非凡、喜怒无常的第一夫人。

"你们公社社员一个劳动日合多少钱？"江青望着博物馆馆长刘军，打破了沉默。

"我不知道。"刘军红着脸，眼睛躲过江青灼人的目光。

"什么你都不知道！"江青再次动怒，手在沙发上咚咚地敲了两下。这时，一个随行的高级干部插话说："这里归北京市管理，不参与当地的分红。"

江青把头扭向一边，不再追问。

午饭后，江青躺在床上迷迷糊糊地入睡，突然屋顶上麻雀叽叽喳喳地叫唤起来。她翻身坐起，怒气冲冲地吩咐身边的工作人员："快去把这些该死的东西给我轰走。真是一群废物，连个觉都不让睡安稳……"

博物馆长接到任务，亲率十几个人在房前屋后轰起麻雀来。可那小东西似乎故意作对，在房顶上跳来跳去，不肯离开，叫声越来越响，越来越嘈杂。刘军抹了把额头的热汗，急中生智，跑到警卫部队找来十余名战士，竖起梯子，轮流站到梯子上，用杆子吓唬、轰赶。江青见屋外再无响动，这才渐入梦乡。晚上9点，江青一行拔寨起程，三辆汽车消失在夜色中。

不久，林彪出逃，在温都尔汗机毁身亡。江青夜闯定陵的行动，也就越发让人难以捉摸。是一时心血来潮，还是另有原因，大概只有她本人才能解释了。

第十九章 在历史的档案里

🌀 金锭失窃案

1977年9月25日夜，阴霾的天空终于释放出蕴蓄已久的沉重，狂风夹着暴雨终于呼啸着扑进陵园。古松摇撼，砖瓦震响，沉寂的皇家陵园在风雨的吹打中不停地颤动呻吟。

借着迷蒙的夜色，一个黑影穿过雨雾，来到一号展厅的房后蹲了下来。密集的雨点敲打着玻璃窗，发出咚咚的声响。黑影见四面无人，贴着墙皮慢慢直起身，掏出随身带的螺丝刀，在后窗玻璃和木框交接处，快速划动起来。不一会儿，哗啦一声，玻璃脱框而落。黑影伸出手，将窗内的插销拔出，启开窗户，然后抓住竖立的钢筋，猛力向外拉动，随着一声惊天动地的响雷，黑影纵身跳入展厅……

第二天，风雨停息，天空晴朗。当讲解员进入展厅开始接待游客时，突然发现窗子敞开，展厅内器物被盗，十七个金锭不翼而飞。

案发后，公安部门立即进行侦查，可是三个月没有结果。

四个月后，有消息传进定陵，盗窃金锭的罪犯在山西落网。

原来，风雨之夜潜入展厅盗窃金锭的，曾是定陵的一个临时警卫人员。当他得知自己要回山西农村老家时，便萌生了盗窃金锭的欲念。经过仔细勘察，他选中了一号展厅的后窗为突破口，并借着风雨的掩护，实施了自己的计划。

他凭借很强的反侦查能力，躲过了公安人员的盘问与搜查，将十七个金锭顺利

定陵博物馆展出的金锭

带回老家。为怕事情败露，三个月内没有声张。随着时间的流逝，他那颗悬着的心渐渐平稳下来，便急不可待地将十七个金锭拿到县城集市上销售。结果终于败露，他被押到了公安局接受审问。盗窃者没有想到，这金锭原是用锡铸成的赝品，只是在表面涂了一层金粉而已。一场虚幻的黄金梦，使他实实在在地蹲了几年牢房。

夜擒盗宝贼

1995年2月22日深夜，惨淡的月光被一片黑云渐渐吞掉。十三陵区出奇地寂静，定陵陵区内更显得阴森、恐怖。突然，一个黑影在陵墙外的杂草枯叶中闪现开来，他匍匐着慢慢向前移动。这时，骤然而起的西北风夹杂着零星的雪花呼啸而来，干裂的枯树枝发出"咔嚓、咔嚓"怕人的声响——月黑风高，整个陵区像一个无形的幽灵在抖动。

那个伏在杂草枯叶中的黑影，摸到了墙下一棵古树攀了上去。他在一个树杈上坐定，迅速从背上的背包里掏出一根背包带，系在树杈上，然后手拽背包带，一个猿猴荡秋千的动作，飞离树杈落到了高大深邃的陵园围墙之上。他忍着刺骨的寒风和恐怖的气息，在围墙之上足足趴了两个多小时，直到他认为可以采取行动时，才慢慢沿围墙向珍宝展厅爬去……

又是半个多小时过去了，黑影终于潜行到与定陵珍宝展厅平行的墙檐，他沿墙攀上一棵古松，又在树枝上拴紧一根背包带，然后拽着背包带滑到陵园内。他蹲在树下静听了一会儿，除了风雪树木瓦砾吹动碰撞之声，并未听到人的声音，便强按住怦怦跳动的心，悄悄来到展厅门口。当他看到铁门紧闭，并知无

定陵博物馆展出的金托玉执壶（万历皇帝棺内出土）

第十九章 在历史的档案里

从下手后，又迅速爬上了一棵松树，用刚才的方法将绳子拴在树枝上，而后借着北风轻轻荡到展厅房顶上。他伸出快要冻僵的手，开始一片片地揭掀房顶上的瓦，想借此开个天窗，然后凭窗而下，潜入展厅。当这个天窗就要打开，定陵展厅珍宝将遭劫难之时，一阵强劲的北风骤然吹来，劲风和雪粒重重地抽打在他的脸上、身上，黑影觉得两眼发黑，头昏脑涨，身不由己砰地倒了下去。与此同时，几片被揭开的瓦片也随风飘起，重重地摔在房顶和地下，发出一连串"啪、啪"的声响。更为奇特的是，守护陵园的武警战士夜巡也刚好至此。

这一连串奇特的巧合，完成了一个不再奇特的故事。武警战士听到响声立即端枪注视，子弹哗哗推入枪膛，随之一束强烈的电光射上房顶，黑影被电光和枪口包围。

从昏厥中醒来的黑影，看到眼前的境况，出于本能的指使，想起身逃跑。只听一位武警战士大喊一声："别动，动就打死你！"而另一名武警战士此时已拉响了报警器，数十名护陵武警官兵和保安人员迅速赶来并包围了展厅。黑影自知自己已是插翅难逃，又不愿做枪下之鬼，便缩作一团，面无血色地爬下屋顶束手就擒。

在昌平公安局的审讯室里，黑影用颤抖的声音交代了自己的犯罪经过。

此人名叫梁沼华，系北京市怀柔农民。前几年，初中毕业的梁沼华，先是在县里干了几年临时工，他嫌活累挣钱少，便辞职在家门口支了个煎饼摊。这个时候的他倒也能干，每天起早贪黑地忙碌，两年下来竟积攒了一笔钱。有了钱，他的胃口也随之增大，又在县城雁栖湖风景区租了一片工艺品的摊位，开始了更大规模的经营。为了广开渠道，扩大财源，他不断地出外打听信息，学习同行们的经验。当他来到十三陵时，不知为什么，他被定陵展厅玻璃橱内的金银器具和皇室用品所吸引，并如痴如醉，久久舍不得离去。当时，他的心底涌出了一股可怕的邪念或者叫作自私情结，他在想，要是这些东西归自己所有，那么此生的吃穿住行便可随心所欲——这个念头在他心中闪电一样地划过之后，便很快消失了。最后，他还是清清白白地离开了定陵展厅，尽管恋恋不舍。

1992年初，梁沼华在怀柔县城北租了两亩地，借款投资十万多元，建起了一座300平方米营业面积的饭馆，由自己和妻子经营。同时，他还在后院养猪、养鸡、种菜,想以多种经营、全面出击的方式在三年内赚回本钱。如果上苍有眼,肯助他一臂之力,那么他命运的结局或许是另一种模样。但是,上天没有格外照顾,他的饭馆由于地势偏僻,顾客稀少,加之管理无方,三年下来,不仅没有赚到大钱,连偿还借款都没指望。眼看到了还款的日期,梁沼华开始坐立不安。半个月后,上门讨债的人接踵而至。梁沼华先是采用拖延、搪塞等中国商人惯用的招数加以应付,可时间一长,没有人再能耐住性子等待这个善良的欺骗了。眼看年关已近,债主们便搭帮结伙以优势兵力开赴他家静坐等待,任凭梁沼华再怎么施展招数,这帮人是王八吃秤砣——铁了心地等下去,不见到钱就不挪窝。无奈中的梁沼华最后只得用饭馆做抵押,并指天戳地诅咒发誓,债主们才答应给他最后一次机会并宣布"撤兵"。"撤兵"前梁沼华签了还账日期不超过2月底的合同。

大年三十晚上,街坊四邻张灯结彩,热闹异常,他却像热锅上的蚂蚁,坐卧不安,他一根一根地抽着烟,闷头想着这欠款的事,绞尽脑汁思量着一个个应付方案。黎明时分,他感到又困又乏,便斜卧在床上迷糊起来。忽然,他的脑海中蓦地掠过在定陵时的情景。要是能把展厅里的珍宝盗出来,何愁债不能还,日子过不好。他这样想着,心中不觉激动起来,热血在脉管加快了流速,脸也变得有些发烫。他站起身,重又点燃一支烟,在屋里来回踱步。他在渴望那个辉煌前景的同时,也有些担惊害怕,万一此事败露,后果将不堪设想。手铐、监狱、枪口……想到这些,他又有些害怕起来,他觉得脊梁骨一阵比一阵凉……当他抽完最后一支烟,并将烟蒂踩灭的瞬间,还是做出了一个改变他命运的抉择——干!

于是,他开始抛弃一切烦恼,白天黑夜地精心制定盗窃方案,翻墙入院、靠近展厅、上房挖洞、悬绳入室、逃离现场等,每个环节都仔细算出所需的时间。为防意外,他还对行动中可能出现的各种意外情况,进行了假设和化险为夷的应付措施。与此同时,他还准备了钳子、改锥、玻璃刀、剔骨刀、手电筒、面具、塑料仿真手枪及攀登用的背包带等作案工具。当这一切都准备妥当后,梁沼华便怀着一颗忐忑不安的心踏上了去往定陵之路。

2月22日上午,他登上了348次由怀柔北开往北京的火车,到昌平站下车后,又换乘汽车来到定陵。他买了一张门票直奔展厅,先是观察室外地形地物，再进入展厅，对橱内的金冠、金爵、金盆、金元宝等仔细观察所在位置，并选择了取宝的最佳进入点……当一切胸有成竹后，他走出展厅，来到定陵北墙外，观察好地形，找了个僻静之处歇息起来。当深夜来临时，他按预先设想的计划开始行动起来。万万没有想到，他竟栽了，等待他的恰恰就是他不愿意看到的一切。

定陵博物馆展出的金托金爵（万历皇帝棺内出土）

帝后棺椁与七条人命

1990年秋，当我们来到定陵打捞历史的碎片时，听到了一个恐怖而又令人不解的消息：当年扔掉的棺椁被当地农民捡去，并有七人为它丧了命。1959年，万历和两个皇后的楠木棺椁，在定陵博物馆办公室主任的指挥下被扔进宝城外面的山沟后，当天下午就被附近的农民一抢而光。大家见到这块表面剥蚀、整体却完好如新的棺木，如获至宝。有一对年迈的夫妇，特地用这珍贵的楠木请人打作棺材，以备后事。事情竟如此巧合，第一具棺木制成后，老伴蹬腿归天；第二具刚刚完工，老头子也一命呜呼，前后不到半个月。

老夫妻的突然去世，使知道底细的人大为震惊，这个故事也就越传越神秘。然而，五个月后，一个更加神秘恐怖的故事又发生了。在捡棺木的公社社员中，农民××收获最大。棺木被扔下宝城时，他正和老婆在陵墙外的山坡上劳动。他意识到这是难得的好木料，于是立即行动和老婆一起

445

将宽大厚实的金丝楠木板一块块连拖带拉弄到自己地里。其他人在他的启示下，这才开始了行动。

××把木板拉到家中，立即找人做成了两个躺柜，端端正正地摆在堂屋里。村人有的羡慕他发了一笔横财，有的则不无忌妒地警告说："皇帝的东西不是随便可以用的，要是没那福分，消受不起，还会搭上性命……"

这些话，××没放在心上，然而令人意想不到的是，悲剧真的发生了。

这是一个星期日的中午，××和老婆带着满身泥水收工回家时，突然发现四个孩子不见了。他老婆的心"怦怦"直跳，冥冥中一种不祥的预感似乎在催促着她，顾不上做饭，便急忙院内院外四处寻找呼喊。当夫妻俩转了一圈重新回到屋里时，蓦然发现躺柜边放着四双小鞋。俩人只觉头部"嗡"的一声炸响，迅速打开柜盖，只见四个孩子相互挤压着，早已气绝身亡。孩子们的手指根部渗出了血渍，柜壁布满了抓过的痕迹。

警车鸣叫着开进裕陵村，闪光灯在躺柜前"啪啪"闪烁。当地公安人员将四个孩子（三男一女，最大的12岁，最小的女孩仅5岁）的死因做了详细分析后，得出"系缺氧憋死"的结论。

我们来到当地农民××家中，见一位身材高大的汉子站在院子中间，满头花白的头发遮掩着一张黑土似的脸，浓密的胡须像丛生的野草，呆滞的目光怔怔地望着我们，竟看不出表情上的变化。

当年那四个孩子死后，夫妻俩在短短的几年中又生了四个（这次是三女一男）。令人悲叹和困惑的是，他唯一的儿子高中毕业不久，未能施展自己的抱负，却在一个静谧的深夜，趴在躺柜上神秘地死去。据说是因为用煤烧地炕，引起一氧化碳中毒而死。

我们走进屋里，一种恐怖、凄凉的情绪迷雾一样在心中升腾翻滚。潮湿阴暗的堂屋中，两个朱漆躺柜静静地依墙而卧，俨然两副棺椁，令人毛骨悚然。××的妹妹见哥哥无力解释孩子的死因，便主动上前掀开柜盖给我们讲述三十年前那悲惨的一幕。她说："在柜盖和柜壁之间有一个铁挂钩，柜盖盖严后可以锁上，孩子们一定是钻进躺柜里打闹时，不料盖子自动落下，挂钩正好挂住。这样，任凭里边怎样叫喊挣扎，也只有死路一条。"

面对两个棺椁状的躺柜和近乎痴呆的××，一个莫名其妙的念头涌上我们的心头：会不会因为这两个躺柜再生不测？当我们问××为什么不将

第十九章　在历史的档案里

躺柜扔掉，以免看着它伤心时，他似乎没有听懂我们的问话，木然地望着，没有回答。他的妹妹说："好多人都劝他扔掉，说这柜子里附了鬼魂。我就不同意这点，这些迷信的说法不可信。我看一切都是命中注定。没有这个躺柜，五个孩子也不一定能保住……"

转了一圈又回到命上。不知她所说的"命"算不算迷信。

尾声

阴霾散开，华夏初晴，《定陵发掘报告》历尽劫难而复生。面对定陵——一个浓缩的帝国，第一部打开的大明帝国的百科全书，不能不令人感慨系之。但愿我们冲出"怪圈"，构筑起民族文化的大厦，让五千年文明古国再展雄风——

复生的希望

1989年8月21日,《北京晚报》在头版头条位置报道了这样一条消息——

明定陵考古历30年而完成
——一批发掘报告已开始陆续出版

30年前明定陵的发掘曾震动中外,今天,随着延迟了30年的明定陵发掘报告出版问世,十三陵将再次引起中外文化界的注目。目前,编制定陵发掘报告的工作已完毕,经文物出版社的努力,已有一部辑有136帧皇陵墓葬出土文物精品彩照的《定陵掇英》大型图册先行出版,其中还收有近40幅当年发掘现场的墓葬照片;内容包括近50万文字、380余幅墨线图的发掘学术报告《定陵》即将排印,于近期内出版……报告内容包括十三陵概况,定陵的营建、结构、形制,出土遗物的记录考证,以及几份有关的考古鉴定专题报告附录等。专家认为,定陵综合发掘学术报告的出版,将为我国的明史研究和考古专题研究提供极其丰富的基础材料。

遗憾!这一切,对为此付出心血乃至生命的夏鼐大师来说,无疑来得太迟了,他永远无法见到了。亲自指导定陵发掘的夏鼐大师深知报告的撰写对研究的重要性。如果一座陵墓或一处遗址,只将里面的器物或原貌呈现出来,不做任何历史的探索与研究,未能从中清晰地窥视历史的政治、经济、文化及社会关系的风貌,那么,这考古发掘又有

夏鼐在办公室

尾 声

何益？

但是，当时正在干校劳动改造的夏鼐，纵有鸿鹄之志，也由不得他了。改造与学习是他的首要任务，尽管他对此越来越感到厌倦、困惑、痛苦甚至绝望，但依然别无选择地承受。

"林彪事件"之后，夏鼐重新返回工作岗位，主持中国考古研究所的工作。

1972年8月，越南考古学代表团访问中国，夏鼐负责接待。席间，越南代表问夏鼐：

"明定陵是贵国成立后发掘的第一座皇帝陵，您是发掘的具体指导人。我国的胡志明主席曾去参观过这一伟大的发掘奇迹，不知现在发掘报告是否已出版？我们想带回去拜读。"

面对异国同行的关心与要求，夏鼐的脸微微泛起一层红晕，以歉疚的心情说道："我们目前正在搞文化革命，发掘人员和指导者都忙于这项工作，定陵发掘报告还一时无暇顾及，等他日出版，一定请你们指教。"

越南代表微笑着点点头，表示理解，并对夏鼐亲切的话语和友好的态度感到满意。此时，他们当然不会知道定陵发掘人员和指导者们的悲惨遭遇，更不会理解夏鼐心中的凄苦与面临的境况是何其艰难。

在这之后，夏鼐不断收到国内外考古专家和考古爱好者的来信，询问定陵发掘报告的情况。他先是认真地一一解释，随着信函的增多和询问者语言的尖刻，他感到解释已是徒劳，想尽一切办法尽快写出发掘报告才是首要的。从此他对一切询问都只能表示沉默。

1976年12月6日，山西一位中学教师冒着刺骨的寒风，来到夏鼐的办公室。这位教师是考古爱好者，同时对《明史》有一定的研究。自定陵发掘的消息公布后，他就关注着报告的诞生，希望能从中得到教益。"文革"中他被打成"漏网右派"，送进农场劳动改造，但对考古的嗜好和《明史》的研究从未放弃。今天，他专程来到北京，向夏鼐大师请教《明史》中的疑难问题，并询问定陵发掘报告的情况。

相同的命运，相同的志向，夏鼐望着面前这位教师真诚的举动和渴求的眼神，沉寂的心潮再度翻滚开来。他感到自己不能沉默了。前方已经燃起希望之光，一个新时代的到来必然要唤醒一个科学的春天。送走了中学教师，

451

他开始酝酿发掘报告的撰写计划。

1977年10月，以夏鼐为团长的中国考古代表团访问伊朗，并参加伊朗考古学中心召开的伊朗考古学年会。会上，夏鼐做了关于中国考古成果的报告，当介绍到定陵发掘的情况时，与会代表开始提问："夏鼐先生，定陵发掘报告是否已经在国内出版？"

"尚未出版。"夏鼐最担心的问题终于被提了出来，他只好硬着头皮照实回答。

"像这样伟大的发掘，二十年不出学术报告，是不是你们的考古习惯？"问话变得刻薄起来。

"中国考古的习惯和世界各国几乎是一样的，定陵发掘报告之所以推迟出版日期，是由于我们经历了十年'文化大革命'的缘故，这应算作一个特殊的情况。"夏鼐毫不犹豫地回答。

"中国'文化大革命'我们只是从报刊电台上了解到点滴情况，请夏先生讲一下这革命的具体内容好吗？"

夏鼐心中一震。是啊，这"文化大革命"的具体内容是什么？是把知识分子赶进牛棚？是把共和国主席、北京市副市长折磨致死？是将万历帝后的尸骨砸碎焚烧？……这一切，他没有回答，也无法回答。

面对一双双期待的眼睛，夏鼐以他的睿智机敏和超人的应变能力说道："中国的'文化大革命'是一个复杂的课题，欢迎诸位到中国访问和了解。我要告诉大家的是，定陵发掘报告不久就将出版问世，到时请诸位朋友们指教。"

夏鼐结束伊朗的访问回国后，第二天晚上便匆匆来到赵其昌家里。这时的赵其昌已回到北京市文物局开始了正常工作。师生相见，百感交集，话题自然扯到激荡过他们心灵的定陵和定陵遭到的劫难。当夏鼐谈起要集中力量撰写发掘报告时，赵其昌已热泪盈眶。他从箱子里抱出一叠信函，一并递给夏鼐："这些年，我收到了近百封询问报告情况的信件，大多数都没有答复。我感到这是我们的耻辱，我没脸向他们解释……"

夏鼐望着赵其昌激动的脸颊，按捺住心中奔涌的热流，笑了笑说："我们雪耻的日子已经到来了，准备一下吧，争取把这个报告写出一流的水平。"

尾　声

1979年4月，中国考古学会成立大会暨考古学规划会议在古城西安召开。夏鼐以考古学会理事长及考古研究所所长的身份，在会上宣布定陵发掘报告的编撰工程已列为国家"六五"社科重点项目，并立即组织人力开展工作。

会后，已任首都博物馆馆长的赵其昌和中国社科院考古研究所副研究员王岩，立即放下手中的工作，赶赴定陵博物馆，开始了这项长达五年的艰辛繁杂的浩大工程。

迟到的报告

当赵其昌、王岩来到定陵，同定陵的青年考古工作者王秀玲找到文物仓库保管员李亚娟，李亚娟拿出当年被称作"变天账"的发掘原始资料时，不禁大为震惊。几百份资料、数千幅照片，特别是那几大册现场记录，历二十年沧桑竟完好无损，这不能不算作不幸之中的大幸！

李亚娟原是北京市一位普通的家庭妇女。1958年定陵出土器物在神武门展览时，她被临时招聘为解说员，以后便来到定陵博物馆负责仓库管理工作。在大多数人失去理智的"文革"狂潮中，李亚娟始终以清醒的头脑，不惜代价以尽职责。当万历帝后的尸骨在无奈中被迫交出时，随着升腾的火焰和缥缈的尘灰，她曾流下过痛苦的泪水。也就在那时，她下定决心，哪怕要以生命作为代价，也要保住仓库中的一切器物。"造反派"火烧尸骨后，曾多次威逼她交出万历帝后的服饰、金冠。她被打得口鼻流血，几次昏倒在仓库门前，但她却以难以想象的意志与精神，使这些稀世珍宝免遭劫难。尽管她家里有四个孩子，其中一个患先天痴呆症，需要照料，但在1966至1968年形势最严峻的三年中，她几乎和家中断绝了来往，一个人孤零零地住在定陵博物馆，日夜守护仓库，使造反派无可奈何。随着形势的好转，她又开始对仓库中的器物进行整理，并采取力所能及的保护措施。数千幅照片底版，正是在她不断地晾晒和保护下，才完好如初没有出现发黄变质现象。

李亚娟只是一个具有初中文化的女性，对文物的保护与管理，则是出

453

编写发掘报告的情形
左起：王秀玲、赵其昌、王岩

于职责的考虑，未必来源于对中国文化的深层认识。直到1985年她患肺癌去世时，仍是一个普通的仓库保管员。通观她的人生经历，的确是极为平凡的，就像江河湖海中的一滴水珠，没有腾起过壮阔的波澜，也没有留下洪大的声响。但从某种意义上讲，她又是一位伟大的女性。事实上，也正是像她这样的"小人物"，在共和国艰难的进程中，胼手胝足，用热血和赤诚默默地书写着人类文明的发展史。

面对一堆原始发掘材料，赵其昌、王岩和王秀玲日夜兼程地整理编写，从十三陵概况、定陵的规模形制，一直到各类出土珍品的形态及来源、背景，不少器物还要进行修复。三人一边守着资料实物测量、绘图，一边来往于定陵与北京之间查阅文献，同时请专家对器物进行鉴定、化验分析，并考虑复制。

皇陵出土的器物品类繁多，这明代物质文化的精髓，是一个极为复杂的研究课题，即便初步整理，也涉及多种学科与专门知识的配合。特别是那些半腐的织锦，人间近乎绝迹，技艺早已失传，如果不能分析、解剖、追踪，从缫丝、染色、织造成型等一系列复杂的工艺流程研究起，就很难看清它的庐山真面目，当然也就谈不上继承，更谈不上"古为今用"发扬光大了。

苏州，这座美丽的城市，在明代是织锦的中心之一。苏州织品研究所有一位工程师吴平，这位年近不惑的单身女士告别了多年来相依为命的七旬老父，来到定陵，一坐就是三年。她夜以继日，在空荡荡的库房中面对那些既不易展开又不能触动的明代织锦遗物，绘制出几百张织锦、服饰图片，写下了几百页分析资料。直到任务完成，她才离开。最后的

尾 声

研究工作由北京纺织科学研究所的刘柏茂、罗瑞林等专家扶病完成，撰写出"专题报告"。

苏州刺绣研究所所长顾文霞女士，为复制缂丝衮服组成专门班子，挑选最好的技艺能手，三上定陵，面对出土实物分析研究，然后回所用三年时间终于完成了稀世珍品的衮服复制品。该所的孙佩兰女士也完成了衮服织造的技术报告。

在明代，南京也是丝织品的重要产地之一，定陵出土的织锦匹料、袍服，有的"腰封"已经注明为南京织造。南京云锦研究所所长汪印然接受复制"织金孔雀羽装花纱龙袍"的邀请后，拖着"文革"中挨打落下的腰伤病体，带领着技师和高级研究员对出土实物进行分析，特制了明代习用的提花木楼机，绘制出长长的专用花本，并追踪早已失传的明代染色技术。为了寻找锤打金箔的绝技，几度寻访，终于在南京郊区找到了明代打金箔工的后裔，当即在该处建立了打箔作坊，恢复了用金箔缠裹蚕丝的绝技。为了用金丝结合孔雀羽毛在透明显花的纱地上织成永不变色、金翠交辉的龙纹，十三陵特区文物科长魏玉清跑遍了全国的禽鸟养殖场和动物园，才汇集到仅有的一团孔雀羽。

赵其昌（左一），王岩（右一）陪同文物出版社编审、《定陵考古发掘报告》责任编辑楼宇栋，在十三陵特区办事处库房查看出土的丝织品

南京云锦研究所特制的明代大花楼木织机。云锦织机，高4米，长5.6米，宽1.5米，需由两人操作，一人坐在织机上提线，一人在织机下控制

地宫中的长明灯灯油，在地下储存三百多年，这样的实物在国内是仅见的。对此进行化验分析，取得数据，对我们今天的油料储存无疑是可资借鉴的。找到粮食部谷物油脂化学研究所，青年研究人员樊铁愉快地接受了邀请。但他时间太紧，正准备资料出国讲学，因而只好连夜分析化验，写出专题报告，次日清晨就出国远行去了。

帝、后的牙齿需要鉴定，但是头骨牙齿毁于"文革"，怎么办？赵其昌想起了北京市口腔医院的周大成教授，他是口腔医学史专家，写过不少关于古人牙齿的论文。地宫打开之后，他到过定陵，能否从他那儿找到一点资料？谁知见面他就哈哈大笑说："好哇！早已写好了，拿去吧！"二十多年前的资料他还保存着，这是不幸中之大幸，可算专题报告最为顺利的一项。首饰、木制品等项的鉴定，在北京花丝镶嵌厂的柳淑兰和中国林业科学研究院木材工业研究所的刘鹏的热情协助下，也很快顺利完成。

骨骼毁了，无法鉴定。头发中微量元素含量的鉴定，由中国社会科学院考古研究所的李虎侯自愿承担，并请来北京市刑事科学技术研究所的高富愿，做头发的血型鉴定。幸而保存下了万历和孝靖的两束发髻，孝端的则毁于"文革"。

为宝石、玉石的鉴定，赵其昌和王岩来到地质部80岁高龄的老专家杨杰家中，请他帮忙。对宝石、玉石的鉴定，杨杰教授堪称国内最著名的权威。他青年时代在德国留学十三年，专攻宝石玉石，回国后又从事这方面的研究。1968年满城汉墓出土稀世珍宝"金缕玉衣"就是由他鉴定的。当他们说明来意后，老教授感慨地说："我等了你们二十年，今天终于来了！"可惜来晚了，尽管老教授支撑着病体，断断续续地进行鉴定、分析、化验，但未及全部完成，他就谢世了。未竟的事业，不得不请地质博物馆的中年研究员赵松龄等专家继续完成。

老专家的去世，不能不说是件憾事。但是，更大的遗憾则是三具尸骨的消失。

对尸骨，郭沫若早就有过建议：要多方面化验。在清理万历皇帝尸骨时，郭老又对赵其昌说："外国人有古代病理学研究，一是研究死亡原因，那是法医学上的问题。我们也希望知道万历的死因。他一生多病，有人说他是个瘸子，有史料记载他吸过鸦片，但是到底是什么病使他的身体变形，却

尾　声

成了不解之谜。将来可用多种手段测试，凡能做到的都要详细地分析研究。这样可以使我们知道到底是什么病致他于死命，并可知道什么病在什么时候就有了。比如梅毒，在明代末期才有记载。美洲的印第安人无此病，是欧洲人到美洲后才有的，过去此病在中国叫广东癌，万历有没有？我们都要追踪一下，积累一些确切的资料……"

可是当他们要找尸骨进行测试和研究时，已经晚矣。赵其昌、王岩和王秀玲满怀悲愤与悔恨，在定陵前广场和陵园外的土地上搜寻了整整一个上午，连一片骨渣也未发现，只有那个悲壮的故事还残留在人们心中。

1985年3月，定陵发掘报告的撰写工作进入尾声。夏鼐大师听取了赵其昌、王岩的汇报后，兴奋地说道："考古所的工作，我可以少管、不管，定陵发掘报告的事我要管到底。困难我帮你们解决，争取尽快完成。"

1985年6月15日上午，夏鼐像往常一样正在办公室忙碌。他突然急剧地咳嗽起来，一股热流从胸中升起，沿食道喷涌出来。一低头，两口鲜血溅到地上，他觉得头昏眼花全身无力。多年的田野考古工作，使他的胃、肝和心脏受到极大的损害，疾病越来越多地缠绕着他的身心，消耗着他的生命。夏鼐预感到今天的征兆不同寻常，便放下手中正在批阅的一份文件，缓缓地来到院内，想呼吸几口新鲜空气，活动一下筋骨，以便继续坚持工作，待稍有空闲时，再去医院诊治。

夏鼐在院子里踱了几步，又猛然立住脚，转身向办公室走去。他要通了定陵博物馆的电话，让赵其昌立即将发掘报告的初稿送来。

报告当天下午便送到夏鼐办公室，但夏鼐已病发而被送进医院。赵其昌和一位工作人员将报告送至医院，病情稍得缓和的夏鼐捧着厚厚的书稿，仰起苍白憔悴的脸，微笑着对赵其昌说："看到它，我就放心了，走后对老同学、老朋友也有个交代。"

此时的赵其昌自然不明白大师话中的全部含义。当他醒悟时已经晚了，任他怎样捶胸顿足也无济于事。

1985年6月19日，夏鼐病情转危，医护人员抢救无效，离开人世，享年75岁。这位新中国考古工作的主要指导者和组织者，中国现代考古学奠基人之一，中国科学院院士，曾被英国学术院、德意志考古研究所、美国国家科学院等七家外国最高学术机构颁发荣誉称号，人称"七国院士"的一代

457

大师，在被抢救的最后一刻，床头还放着定陵发掘报告的初稿，稿纸上留下了用铅笔圈画的密密麻麻的字迹。

就在这一年的冬天，定陵博物馆原馆长，88岁高龄的朱欣陶，也在广州某医院与世长辞。昌平县委和十三陵特区党委在定陵举行隆重的追悼会，并遵照老人遗愿，将他的骨灰撒在了十三陵这片他从青年时代作为党的地下工作者时起就开始奉献自己青春和热血的土地上。

让历史告诉未来

1995年10月中旬，我们又来到十三陵特区进行最后一次采访。此时正是收获的季节，田野里柿子红得诱人，山坡上树叶在秋霜的亲吻中变得红艳艳的，恰似少女羞涩的脸颊。置身于群山树影的怀抱，面对大自然的旖旎风情，恍惚进入一个博大宽广的大千境界。染色的树林覆盖了黄褐色的土地，升腾缥缈的雾气，掩映着雄伟的红墙和金红色的琉璃殿宇，在激荡澎湃的雾海中若隐若现，时有时无。登上高大宽坦的宝城陵墙，顿感心胸豁然开朗，时间和空间在这里凝固，忘却了自己的存在如同步入世间仙境。美哉秋色，壮哉山陵！此情此景令人油然生发出百般思绪，千种情怀。浩浩乎天地，茫茫乎苍生，匆匆岁月，逝者如斯。

十三陵，真是一处世

天寿山下的长陵园风景

尾　声

间难得的好地方，不愧为皇家圣土。在这块古老神奇的土地上，叠刻着历史与现实、过去与未来的印痕。每一座殿宇，每一座陵园，都是一部历史的画册，国家民族的兴亡盛衰，帝王将相的悲欢离合，黎民百姓的喜怒哀乐，都在这里淋漓尽致地展示出来。这是一个浓缩的帝国，大明帝国近三百年历史风情的总记录。

穿越在这琉璃飞檐、苍松翠柏组成的历史画廊里，我们的心情又分外沉重。一个曾经叱咤风云、呼风唤雨、改天换地的帝国，终于走向了衰亡；散落在这一隅之地，令人不禁心怀怆然。除长、定、昭三陵尚存之外，其余诸陵当年辉煌的殿宇、磅礴的明楼、宏伟的朱墙，已是残破不堪，满身疮痍，容貌全非。历史长河奔腾不息，漂荡跳跃的浪花总会消失。一切事物来自自然，最后的结局也只能是重新回归自然。这是永恒的真理。

黄昏隐去，夜幕降临。我们穿行在陵区的乡村采访。陵区一片寂静，漆黑的夜幕覆盖了壮丽的殿宇和苍郁的松林。秋风吹过，树叶飘零，在无垠的夜色中发出唰唰啦啦的声响。这响声使我们想起皇宫的鼓乐，万历无力的哀叹，郑贵妃痛苦的呻吟，张居正革新的诉说和愤怒的呐喊。

风越来越大，浓雾在山坳中升腾飘浮，前方一片迷蒙。在苍茫的山间小路上，如同走进远古的岁月，整个身心都和历史风云融为一体。作为个体的人，已成为那段史诗中的一个符号。我们早已忘却了自己的现实使命，似乎成为明帝国的一个士兵……李自成的马蹄声越来越清晰，努尔哈赤大军盔甲刀枪的碰撞声越发分明可辨。明帝国灭亡在即，历史从此开始改写。一种莫可名状的悲哀充溢着我们的胸臆，使我们感到透不过气来。

深夜，我们在定陵博物馆投宿。尽管楼下现代化的电视正播放流行歌曲，但我们的心仍在历史的长廊里徘徊。有人说，居庸关为蒙古高原通往北京的咽喉，天寿山则为北京北部的重要屏障。居庸关、天寿山与北京一存俱存，一亡俱亡，所以有人认为明帝国在军事上失利于北京守御分兵太散，从而失去了防御重点。因为天津要守，以保漕运、海运；通州要守，这是北京最重要的屯粮之地；涿州要守，这是北京南行的门户；西山要守，这是北方通往北京的咽喉；天寿山要守，这是北京的北部屏障，又是祖陵所在地；加之京师九门要守，皇宫要守，处处分兵，其结果为合兵来犯者击破，故遭败北。

实际上，明帝国的灭亡，不在军事上的失利，而在政治制度的衰落和颓丧。居庸关、十三陵与北京也非一亡俱亡。正统十四年（1449年）"土木之变"后，大军从紫荆关进入天寿山，焚长、献二陵。虽抵北京城下，但北京未克。嘉靖二十九年（1550年）"庚戌之变"，俺答汗大军自古北口进入，犯十三陵，北京依然固守……当一个人口众多的国家，其君臣百姓的行动全被一种简单粗浅和僵死的传统观念所限制，而法律又缺乏统一性和原则性时，无论皇帝励精图治还是庸庸碌碌，首辅独裁还是八面玲珑，高级将领富于创造还是苟且偷安，文官集团清正廉洁还是徇私舞弊，最后的结果，只能是不分善恶，难辨是非，个人无所建树，国家更谈不上兴旺发达。"国法不行而人心去也"，明帝国的灭亡乃必然。

经过一夜痛苦的沉思，我们拖着疲惫的身体在旭日东升中随着昂奋的人流走进定陵地下玄宫。这是明帝国向后人敞开的第一本百科全书。阴森、神秘、恐怖、苍凉、辉煌、热烈、悲壮……各种情绪召唤着我们去寻究这个已经消失了的帝国之谜，去一睹帝国主人昔日的风采英姿。可惜的是他却早已灰飞烟灭，无法见到了。不甘心的游客用指甲在朱漆的棺椁上用力抠挖，致使棺椁露出一个个白色的深窝，不知道是出于好奇，还是发泄心中的愤懑，或是两者俱在其中。

对发掘这座皇陵的得失，现在做出结论恐怕还为时过早。但它留下的诸多事实，又不能不令我们静心反思。历史中确有属于未来的东西。

两千多年前，阿房宫

赵其昌在明定陵发掘五十周年纪念会上发表演讲，呼吁各级政府和社会各界人士要重视文物保护

尾　声

和秦始皇陵相继升起冲天烈焰；两千多年后，明定陵园内又燃起了大火。悲剧总是在这块古老的土地上不断地上演，中国的文明几经兴衰沉浮，变得残缺不全，给后人留下了许多无法弥补的遗憾。我们最早地拥有了火药，却不能有效地保卫国家，而备受洋枪炮舰的袭击。我们拥有灿烂的敦煌瑰宝，却眼看着外国人一车车运走。直至今天，尚有人不惜一切代价，将祖国珍宝偷运出境，以牟取暴利。在世界的每一家博物馆里，几乎都有中国的文物，而我们却很少有外国文物的收藏与展出。破坏与出卖，几乎形成一个独特的文化怪圈，困惑着我们的身心。不知何时才能冲破这个怪圈，重新认识和保护我们的文明，并以热情与责任构筑起民族文化的大厦，使这个五千年文明古国再展昔日的盖世雄风。

纪伯伦说过："当你们中间有人跌倒的时候，他是为后面的人而跌倒，是一块绊脚石的警告。"这极富哲理的箴言，对定陵的发掘和今天的我们，都是一个深刻的启示。

失去的，永不再有。
现存的，应该珍视。

让我们肩负起中华五千年的古老文明，同我们的祖国一同走向二十一世纪新的征程。

附录一　怀念赵其昌同志

著名文博考古学者、中国共产党优秀党员赵其昌同志，2010年12月14日在北京病逝，享年84岁。

赵其昌同志1949年考入北京大学历史系第一届考古专业学习，1953年9月毕业后至1988年6月退休，一直在北京市文物系统工作，历任北京市政府文物调查组、北京市文物工作队、首都博物馆业务干部，首都博物馆副馆长、馆长，对北京市的考古和文物研究做出了重要贡献。他曾被选为北京市政协第六、七届委员和第八、九届文史资料委员会特邀委员；还曾担任中国博物馆学会理事，北京博物馆学会常务理事，北京史研究会副会长，北京市对外友协理事，十三陵明代帝陵研究会名誉会长等职务，并享受国务院政府特殊津贴待遇。

赵其昌同志是北京文博界的耆宿，毕生致力于学术研究。在"文革"时期遭受政治迫害，仍矢志不渝坚持自己的专业研究。他是我国以科学考古手段发掘的第一座帝王陵墓——定陵的考古队长，主持编写了《定陵发掘报告》，两度摘编《明实录北京资料》，编写了《京华集》等专著和多篇文章，成果卓著。其中《定陵发掘报告》获得中国社科院优秀科学成果奖和夏鼐考古学研究成果奖。在北京史地研究领域，赵其昌同志独树一帜，为该领域的研究做出了重大贡献。

定陵发掘出土文物四千多件，为明朝历史研究提供了重要的实物证据。作为考古队长，赵其昌同志在其中贡献甚多。

一个时期中，社会上出现不少对定陵发掘神秘化和歪曲事实的现象，赵其昌同志对此进行了驳斥。他说，应该客观看待历史，不能篡改，尤其是专业人员不能用猎奇的眼光，一味迎合某些人口味，否则势必假象丛生，不符合事实，不利于文化的繁荣和发展。他还进一步强调，发掘活动不是盗墓，而是科学考古，要还历史原貌，用实物说话。

作为发掘定陵的考古队长，有人称他是定陵发掘"第一人"，赵其昌不认同，他说："考古不是探险，没有所谓的第一、第二。"更加难能可贵的是，赵其昌坦陈定陵发掘的不足遗憾：当年由于受发掘设备、条件的限制，一些丝织品在发掘中遭到一定损坏，成为发掘工作留下的最大遗憾。

赵其昌同志学风严谨。《明实录》是明代历朝官修的编年体史书，记录了明太祖朱元璋到明熹宗朱由校共十五代皇帝的史实，卷帙浩繁。赵其昌同志三十年如一日，两度摘编《明实录北京资料》，为北京地方史志研究提供了重要的基础性史料。

赵其昌同志襟怀坦荡、大公无私。主持首都博物馆工作期间，勤勉自律、勇于改革创新。他广泛吸纳人才，策划主持"北京简史陈列"等重大展览；创办《首都博物馆丛刊》；组建专门机构，抢救征集文物。去世后家属遵其生前所愿，将赵其昌同志毕生所藏书籍、笔记等文献资料全部捐献给首都博物馆。赵其昌同志为首都博物馆的建设和发展奠定了坚实的基础，做出了不可磨灭的贡献。

赵其昌同志为文博考古事业奉献终生。谨代表全国文物工作者向赵其昌同志致以深深的敬意。

单霁翔

（单霁翔，时任国家文物局局长。此文刊于《中国文物报》
2011年1月7日3版。）

附录二　夏鼐与定陵发掘

《夏鼐日记》摘抄

编者按：

1956年，经国务院批准第一次有计划地发掘中国古代帝陵——北京明十三陵中的定陵，于5月19日开工，这是我国考古学史上的一件大事。明定陵，当年在夏鼐先生的主持下成功地进行发掘，后又在夏鼐先生的督促下编写发掘报告。夏鼐为此呕心沥血，殚精竭虑，做出了卓越的贡献。《夏鼐日记》详细记载了他屡次忍受病痛亲临现场指导定陵发掘，以及发掘结束后搁置二十年方才编写报告的情况。

人所共知，当年夏鼐与郑振铎一起，对吴晗倡议发掘明陵，原本都持反对态度。《夏鼐日记》，对此未作明确的记述。不过，他在《我所知道的史学家吴晗同志》（《社会科学战线》1980年2期，又见《夏鼐文集》下卷）一文中提到："郑振铎同志反对这件事，以为当时考古工作很忙，这些不急之务可以暂缓。我还替郑同志做说客，知道吴晗同志是此一举的发起人，亲自劝说他不要急于搞这项发掘工作。"该文还提到，自己除1950年7月刚到考古所任职时，"乘间到清华园访友"，曾与当时仍住在清华的吴晗匆促会晤外，"始终没有去过他的副市长'官邸'，只在公共场合或会议上曾几度见面"。据此推断，夏鼐很可能是在1956年3月28日和4月13日的两次开会时，或其他未见记载的场合，劝说吴晗不要急于搞明陵发掘。

日记没有记载定陵发掘领导小组和发掘队的组成情况，但确切地表明：发掘是在夏鼐本人的直接领导和实际主持下进行的。掌握发掘工地全盘的北京市文物组主任朱欣陶，与夏鼐经常保持联系。业务骨干赵其昌和白万玉，则不时向夏鼐请示发掘工作的具体事宜。夏鼐对赵其昌甚为倚重，两年多的发掘期间个别商谈二十余次。定陵的发掘记录出自赵其昌之手，发掘简报由赵其昌执笔撰写，均经夏鼐审阅。发掘报告则由赵其昌和考古所王岩共同执笔，夏鼐逝世前尚未完稿。

为纪念定陵发掘五十五周年，特摘录发表《夏鼐日记》中有关定陵发掘的记载，以飨读者。据了解，《夏鼐日记》系中国社科院考古所研究员王世民与夏鼐子女夏素琴等共同整理，全书十卷四百余万字。

1955年

12月7日（星期三）：下午，文物局张葱玉同志谓北京市政府约明日赴长陵参观，以便决定发掘计划，晚间阅刘敦桢：《易县清西陵》一文。

12月8日（星期四）：上午市政府派人偕往十三陵，勘察长陵。所中苏秉琦、王仲殊，文物局张葱玉、顾铁符，市政府朱欣陶、赵其昌等6人，共车二辆赴长陵。勘察结果，似有盗坑。又至宣德景陵参观。归途至红山口之景泰陵一观，亦系新修理者，但规模太小，无享殿及方城明楼。返家时已6时余。

1956年

3月22日（星期四）：下午至尹达同志处商谈所务（远景计划、埃及专家来华讲学、明陵发掘事）。

3月28日（星期三）：下午赴北京市政府，参加吴晗所召集的发掘长陵计划问题会议。

4月13日（星期五）：上午市政府开会，由吴晗同志主持，讨论发掘长陵计划。散会后与陈（滋德）处长偕至尹达同志处商谈。

4月14日（星期六）：赴明十三陵，同行的有市文物组朱欣陶、赵其昌，文物局陈滋德等，先参观洪熙献陵及泰昌庆陵，返管理处用午餐后，又至（万历）定陵，然后返城，已5时许。

7月14日（星期六）：上午，北京市文物组赵其昌同志来谈，约我离京前去明陵一趟。

7月16日（星期一）：上午赵其昌同志来，偕赴明陵去参观挖掘情况，所中黄展岳、周永珍同志亦偕往，北京市文物组朱欣陶主任陪我们一起去，即在明陵食堂进餐。

8月15日（星期三）：白万玉同志来谈定陵发掘情况。

8月17日（星期五）：下午赵其昌同志来，谈明陵发掘事，我建议将定陵停工，改作献陵，请其回去与领导商酌。

8月19日（星期日）：上午与陈滋德、朱欣陶、赵其昌诸同志一起至西郊公园，与吴晗同志商谈明陵发掘事，他们仍主张（除赵君外）继续发掘定陵。

9月24日（星期一）：下午白万玉及王仲殊同志来谈明陵发掘事，已找到墓道另一侧的砖墙，并发现一石碑指明离金刚墙前皮十六丈深三丈五尺，仍须要几个月的工作。

1957年

4月8日（星期一）：下午赵其昌同志来谈明定陵发掘的现状，谓仍未抵墓门，但已开始准备墓门打开后的清理设备。

5月3日（星期五）：上午赴北海公园庆宵楼，吴晗及王昆仑副市长宴请，并讨论发掘定陵问题。

5月12日（星期日）：今日市政府派余鸣谦秘书来，偕往明陵，以定陵工程将近墓门，闻已费10万元有余。与赵其昌及白万玉两同志谈工作问题。恰巧朱德总司令今日亦来定陵参观发掘工作。下午返城，约白万玉同志来城再商谈（[妻]秀君与炎儿一同赴定陵）。

6月9日（星期日）：下午至所，所中同人赴十三陵参观定陵发掘。

6月27日（星期四）：市文物组约明日赴明陵。

6月28日（星期五）：上午赴明陵，吴晗副市长、王冶秋局长及市建设工程局工程师皆来，商谈金刚墙上端塌方问题，设法解决。参观一遍，中午即返城。

7月25日（星期四）：上午与白万玉同志谈定陵发掘事，预备下星期前往主持。

8月6日（星期二）：上午，赵其昌同志来谈定陵发掘事，与苏秉琦同志商谈借用北大照相人员事。

8月11日（星期日）：今日赴明十三陵，观定陵发掘工作，又参观长陵祾恩殿受雷震情况。同行者除暄儿外，尚有靳（尚谦）主任及王伯洪、王仲殊二同志。

8月17日（星期六）：上午赴所与赵思训、赵铨同志谈明陵发掘照相问题，他们随苏秉琦同志赴现场视察，我下星期再去。

8月21日（星期三）：北京市文物组来车接往观定陵发掘电影预演。

8月24日（星期六）：上午，赵其昌同志来谈定陵发掘事。

9月9日（星期一）：上午赵其昌、白万玉二同志来谈定陵发掘事。

9月13日（星期五）：上午赴定陵工地视察，安志敏同志等随往。

9月20日（星期五）：上午，定陵发掘队来电话，说正拆开封砖，发现内有石门。

9月22日（星期日）：上午赴定陵，郭子衡（宝钧）、楼宇栋二同志同行，住在定陵发掘队中。金刚墙已拆去一段，露出墓门，大理石制檐楣，甚精美。民族事务委员会乌兰夫同志等来参观。午后与赵其昌和白万玉同志商谈发掘计划，即宿定陵。

9月23日（星期一）：上午将所发现之木栅门绘图测尺寸，以便复制。下午市建设局工程师，商谈保护安全计划。阅赵其昌同志等摘抄有关十三陵的卡片。

9月24日（星期二）：上午测绘金刚墙内至石门的甬路平面图。午后至昭陵一观。下午王伯洪、王仲殊、马得志等同志来参观。阅梁份：《帝陵图说》。

9月25日（星期三）：测绘封门乱砖及前甬道平面。阅《明实录》摘抄，讨论孝靖皇后祔葬的时间。因为赵其昌同志都以为是天启以后重开隧道祔葬的，实则文献及实迹皆属一次，即万历十八年开隧道时入葬。

10月6日（星期日）：下午偕石兴邦、杨建芳及陈淮同志赴定陵工地。第一道石门已掘开，过道铺有大木板，第二道石门后，似有供案、大缸，两侧似有边门通耳室。朱欣陶主任亦来，共商今后工作进行。

10月15日（星期二）：上午赴所，电影制片厂沈杰同志等商谈关于定陵发掘摄制电影事。

10月18日（星期五）：今天偕苏秉琦、林寿晋二君去十三陵。定陵发掘打开第二道石门，进明堂，有放置宝册的石座三及五供、长明灯。第三道石门后即金堂，有红漆木椁。明堂两侧各有券门一。

10月20日（星期日）：上午去院部乘车赴明十三陵，至定陵工地，今日参观者又甚多，当达四百人以上。下午开最后一石门，随葬品不多，为万历与孝端、孝靖二后的漆椁并行，两侧室似原拟作妃嫔之墓，但未曾入葬，空无一物，另有隧道向后，当与右道及左道相通。下午郭院长、范老、邓拓同志等皆来参观。傍晚与朱主任及赵其昌、白万玉同志等商谈今后工作。

10月22日（星期二）：晚间赵其昌同志来谈明陵工作。

11月17日（星期日）：与苏秉琦同志偕往定陵工地，秀君及暄、炎二儿亦偕往，已将近一个月未赴定陵，连一个平面图尚未绘就，但参观者甚多。与朱欣陶及赵其昌同志谈工作。

11月19日（星期二）：上午朱欣陶同志来所，商谈定陵工作事。

11月24日（星期日）：上午赴文化俱乐部，参加长陵发掘委员会，讨论定陵博物馆问题。

11月25日（星期一）：上午刘观民同志由定陵返所，略谈工作情况。

11月26日（星期二）：上午赵其昌同志由定陵来，略谈工作情况。

12月5日（星期四）：上午北京市文物组朱欣陶来电话，说保存丝织品的方法，已实验成功。邀我前往一观，并闲谈保存文物事。

12月8日（星期日）：上午赵其昌、苏天钧二同志来谈。

12月9日（星期一）：下午北京市文物组约我去电影制片厂，观定陵发掘影片。

12月15日（星期日）：下午刘观民同志来，说明天拟返定陵继续工作。

1958年

1月6日（星期一）：下午正中垤来，去苏联一年多，最近始返国，约他星期五到定陵去，商洽加固墓室及朽木石化问题。

1月10日（星期五）：晨间偕正中垤一起赴明十三陵，参观定陵发掘工地，征求其对于保存朽木及石头结构的方法。现下工地只有赵其昌同志一人，白万玉生病，王杰、庞中威返所参加整风运动。墓室床上绘图已完毕，现正做照片记录。在工地午餐后,赴长陵一游,即行返城。

1月30日(星期四):朱欣陶同志来谈定陵发掘。

2月12日(星期三):下午赴所,与刘观民同志谈清理定陵问题。

3月9日(星期日):原拟今日赴定陵,以孝靖皇后棺拟今日开视,但以昨宵病发,今日临时作罢。

3月21日(星期五):今日赴定陵工地,偕往者有祝福祥、安志敏二同志及院图书馆范(新三)馆长。至工地墓室,已清理至孝端皇后棺底,棺中所出织金锦缎多匹,祝同志以有机玻璃加以巩固。在工地午餐后范馆长先返城,我们4时许始动身。

4月25日(星期五):上午朱欣陶同志来谈定陵工作。

5月13日(星期二):下午王世民同志打电话来,说朱欣陶主任约我明天一起赴定陵工地。

5月14日(星期三):上午与所中董德山同志一起赴定陵,朱主任派汽车来接,刘开渠同志夫妇亦同去。近午抵定陵,门口正在修路,并建造门口广场。午饭后,入地宫参观,孝靖棺已清理完毕。历史博物馆张书铭同志亦来,拟陈列设计。电影制片厂张庆鸿数人亦来,拟续拍摄。傍晚偕赵其昌同志赴九龙池。

5月15日(星期四):上午由朱欣陶主任召开小组会,有赵其昌、白万玉、马科长等参加,谈今后工作。下午阅Reisner&Smith, *Tomb of Hetep-Heres*(赖斯纳与史密斯:《海泰斐丽丝的陵墓》,"海泰斐丽丝"为埃及最著名的胡夫金字塔墓主——古王国时期第四王朝胡夫法老之母,该墓于1925年发掘,随葬品保存甚佳),以其复杂情况,与定陵棺室中殊相类似也。与朱主任闲谈北京市文物工作。傍晚与赵其昌同志赴西井,乃永乐从前妃嫔之墓,有宫殿及围墙。闻抗战期中曾被盗,有人见及木俑,今尚有盗坑痕迹。

5月16日(星期五):上午入墓室,视察石室座上之残留物。设计院有人来,拟将来进口处工程问题。

5月18日(星期日):阅赵其昌同志的定陵记录。

5月19日(星期一):晚间阅定陵纪录,并签注一些意见。

5月20日(星期二):上午出城赴定陵工地。下午赴永陵及长陵一游。归途遇雨,与赵其昌及刘精义二同志由小径返定陵,过献陵一览,见一双眼井，乃明代物，旁有万历时所立之汉白玉小碑。晚间为《考古通讯》写《考古工作也要厚今薄古》。

5月21日（星期三）：上午将昨天所草的一文修改誊清，适有参观者返城，即托之带回所中，以《考古通讯》六期的三校校样，后日即须送还也。新影今日运来发电机。下午继续阅定陵发掘记录（第二本），及刘（精义）同志摘记的卡片。

5月22日（星期四）：将赵（其昌）、刘（精义）二同志所做的摘记卡片阅过一遍。上午朱欣陶同志由城中来工地。下午有莫斯科市府代表团来工地参观。代表团走后，我们工作人员下去，检视万历及孝端的漆棺，商量如何打开。

5月23日（星期五）：上午测量定陵发掘坑位，虽发掘开始已逾二年（1956年5月19日开工），但迄今还没有一个坑位图，屡次催促没有效果，今天我自己动手，但半天不能测毕。下午入地宫将万历棺木的两侧棺表面漆皮剥下，已可看到内面有玉器，但尸身当已不能保存完好。

5月24日（星期六）：阅毕王崇武《明靖难史事考证稿》（第1—146页）。今天紧张了一天，将定陵的万历一棺打开。晨间郑振铎、王昆仑、邓拓诸同志来。我们将棺端及棺盖上的漆皮卸下后，见棺盖已塌下一块，腐朽得很厉害，乃将足端的竖板锯去一块，视察棺中情况，然后将棺盖分块取下，则已是中午，露出玉爵、玉碗等，锦被破处露出王冠。午后清理棺内由棺上塌下的碎木等。至傍晚搭新影厂的车子进城。

5月26日（星期一）：8时许赴定陵工地，秀君、若渊（婿）、素琴（女）亦随往参观，并陪他们去长陵，即在长陵用午餐。午后我独返定陵。下午将孝端后的棺盖亦打开，这棺保存较佳，故将棺盖切去一块后，即可逐渐将棺盖再分成二块取下，露出有铜镜及镜架、锦被等。晚间在赵其昌、刘精义同志房中闲谈。

5月27日（星期二）：阅毕滕固《唐宋绘画史》（第1—115页）。清理定陵万历及孝端二棺，测绘棺木结构及棺中器物分布图。上午胡志明主席来参观。新闻制片厂以事未来续拍，故将提取东西延到明天再开始。

5月28日（星期三）：上午开始提取万历棺中随葬物，并拍摄电影片，将头部左侧的玉爵、金爵、玉碗带金座与金盖、金香盒（中盛玉瓯），逐一

471

取出。其中香盒，以细金丝盘成龙纹，碗盖则镂空；其他金器则刻花或镂成凸凹龙纹，都极精美；玉碗的琢制也极工细。下午测绘下一层的器物图，继续提取头部左侧的宝石簪子匣子及帽匣中的金丝制成的帽子。这帽子全部以金丝制成，再堆上双龙，极为精美，前所未见。晚间8时又下地宫工作，为明天的工作做准备，做成一可悬空的站凳，以便站在棺中清理。

5月29日（星期四）：继续清理万历棺中随葬品，主要的是头部右侧（西南角）的器物，有玉壶、金壶、青龙碗（带金盖及托）、双耳小玉杯（带金托）、镶金龙的丝带钩，头上的金冠及白玉脸盆也逐渐露出，又取出头部左侧的三个小金壶与一小面盆（皆无花纹，成色亦差）。又一小木匣中有金匣，装一刷子，有类牙刷，可能是刷头发的。下午补拍影片万历棺中取物及补拍进金刚墙缺口。拍摄电影，告一段落。晚间团中开会，谈筹备展览及预算事。

5月30日（星期五）：今日继续清理。上午协助董德山同志做修理古物工作，将所出丝织品加固。下午将孝端后棺中的漆盒及铜镜、漆镜架等取出。晚间开会谈展览会提取陈列品事，明日起做卡片。阅朱东润《张居正大传》。

5月31日（星期六）：阅毕《张居正大传》（第1—391页）。上午继续清理万历棺中物，将冠冕（有旒）取出。下午测图。4时半离工作站赴长陵，恰巧长途公共汽车开走，只好等候了一个半小时，次班车6时半开行，抵家已近9时矣。

6月5日（星期四）：晚间白万玉同志来谈定陵工作事。

6月6日（星期五）：下午赴所，知联络局有电话，明日陪李约瑟教授赴定陵。傍晚赵其昌同志来，始知定陵尚未答应，叫联络局与北京市府接头，我遂亦回绝联络局。审阅赵其昌同志所写《定陵发掘简报》的稿子。

7月7日（星期一）：下午赵其昌同志来谈定陵工作，不久即可告一段落。

7月29日（星期二）：下午赵其昌同志来谈，定陵已清理完毕，现搬进城，筹备在神武门展览。

8月1日（星期五）：傍晚王世民同志和朱欣陶同志来探视，朱谈到定陵的问题，要再留考古所的人员一时期。

9月9日（星期二）：上午赵其昌同志来谈，谓展览会的布置已完毕，不日开放，他也于日内下放到周口店附近农村劳动去。

12月23日（星期二）：北京市文物组朱欣陶同志来谈定陵发掘事。

1959年

3月1日（星期日）：阅《明史·舆服志》及《明会典》，为定陵出土衣冠等找考据材料也。

3月16日（星期一）：晚间赵其昌同志来，谓下放请假归来整理定陵发掘品。

此后，定陵博物馆建立并开放，但发掘资料的整理研究却长期无人过问。"十年动乱"中，包括万历帝后尸骨在内的重要资料，竟然遭到损毁，造成无法挽回的损失。直到二十年后的1979年，在夏鼐先生的督促和筹划下，方才将"定陵发掘报告"列入国家"六五"期间社会科学规划重点项目，并且由中国社会科学院考古研究所派遣得力人员，参与发掘报告的编写及照相绘图工作。夏鼐1979—1985年的日记，多次提到他关注报告编写工作的情况，从安排资料整理，审阅编写提纲，到确定开本，关怀备至。1985年3月13日最后一次听取汇报时，"决定5月底以前交初稿"。令人遗憾的是夏鼐没有能够看到定陵报告的完成，他逝世半年以后的1986年初《定陵》终于定稿，1990年由文物出版社出版。

（原载《中国文物报》2011年6月24日8版）

王世民摘抄并说明

主要参考文献

谈迁：《国榷》，中华书局1958年。

《明实录·神宗实录》，南京影印本。

《钞本万历起居注》，定陵藏重抄本。

何宝善等：《万历皇帝朱翊钧》，北京燕山出版社，1990年。

黄仁宇：《万历十五年》，中华书局，1982年。

朱东润：《张居正大传》，湖北人民出版社，1957年。

罗哲文、罗扬：《中国历代帝王陵寝》，上海文化出版社，1984年。

吴梦起：《大明兴衰》，辽宁少儿出版社，1989年。

中科院考古所编著：《满城汉墓》，文物出版社，1978年。

苏双碧、王宏志：《吴晗传》，北京出版社，1984年。

夏鼐、苏双碧等：《吴晗的学术生涯》，浙江人民出版社，1984年。

缪荃孙等：《光绪昌平州志》，北京古籍出版社，1989年。

徐晓光、高峥：《世界文化之谜》，文化艺术出版社，1987年。

夏鼐：《中国文明的起源》，文物出版社，1985年。

常霞青：《麝香之路上的西藏宗教文化》，浙江人民出版社，1988年。

孙学明等：《喜马拉雅之谜》，人民文学出版社，1989年。

许大龄：《漫谈明十三陵》，《燕都》1986年第4期。

刘精义：《明神宗纯懿皇贵妃王氏圹志考》，北京史研究会1982年印。

金涛：《他在田野上辛勤耕耘》，《光明日报》1985年9月8日。

黄修明、张力：《中国十大高僧》，延边大学出版社，1992年。

长陵发掘委员会工作队：《定陵试掘简报（上）》，《考古通讯》1958

年第7期。

长陵发掘委员会工作队：《定陵试掘简报（下)》，《考古》1959年第7期。

王岩、王秀玲：《明十三陵的陪葬墓》，《考古》1986年第6期。

胡汉生：《明定陵玄宫制度考》，《考古》1987年第4期。

胡汉生：《明陵建筑的风水与风格》，《考古》1988年第3期。

门岿：《中国后妃的生死歌哭》，科学出版社，1989年。

赵其昌、王岩：《定陵》，文物出版社，1990年。

王岩、赵其昌、楼宇栋：《定陵掇英》，文物出版社，1990年。

后 记

  谨向以上列目参考书已故的、健在的著者、编者致以诚挚的谢意。
  在本书采访过程中,得到了十三陵特区办事处的关怀和支持,受到定陵博物馆、中国社科院考古研究所和当年参加发掘人员的热情协助,谨向何宝善、师锋、王秀玲、胡汉生、王岩、赵其昌、刘精义、李树兴、冼自强、王启发、李德森、李佩儒等同志致以谢意!

岳南